紫禁城的黄昏

TWILIGHT
in
the Forbidden City

Reginald E. Johnston

〔英〕庄士敦 著　陶尚芸 译

郑州大学出版社

图书在版编目（CIP）数据

紫禁城的黄昏 /（英）庄士敦著；陶尚芸译. — 郑州：郑州大学出版社，2021.12
ISBN 978-7-5645-8301-9

Ⅰ.①紫… Ⅱ.①庄… ②陶… Ⅲ.①爱新觉罗·溥仪（1906-1967）-生平事迹②中国历史-史料-清后期 Ⅳ.①K827=7②K252.06

中国版本图书馆CIP数据核字(2021)第224580号

紫禁城的黄昏
ZIJINCHENG DE HUANGHUN

策划编辑	郜 毅	封面设计	书心瞬意
责任编辑	郜 毅	版式设计	孙美琦
责任校对	席静雅	责任监制	凌 青 李瑞卿

出版发行	郑州大学出版社	地　　址	郑州市大学路40号（450052）
出版人	孙保营	网　　址	http://www.zzup.cn
经　销	全国新华书店	发行电话	0371-66966070
印　刷	中煤（北京）印务有限公司		
开　本	710mm×960mm　1/16		
印　张	21	字　　数	356千字
版　次	2021年12月第1版	印　　次	2021年12月第1次印刷
书　号	ISBN 978-7-5645-8301-9	定　　价	58.00元

本书如有印装质量问题，请与本社联系调换。

紫禁城乾清宫御座上，溥仪正襟危坐

谨以此书献给溥仪皇帝

为了纪念 15 年前在紫禁城开始的一段美好关系，

并殷切地希望，在漫漫黄昏和悠悠长夜之后，

迎来一个更加快乐的新日子，为他自己，也为长城内外的他的子民

——帝师雷金纳德·庄士敦，也是皇帝的忠实而深情的仆人

代　序

甲子十月，予自北府入日本使馆。庄士敦师傅首翼予出于险地，且先见日使芳泽言之，芳泽乃礼予，假馆以避乱军。乙丑二月，予复移居天津，距今七年。而庄士敦前后从予于北京、天津之间者约十三年，中更患难。仓皇颠沛之际，唯庄士敦知之最详，今乃能秉笔记其所历，多他人所不及知者。嗟夫！丧乱之余，得此目击身经之实录，信乎其可贵也。庄士敦雄文高行，为中国儒者所不及。此书既出，予知其为当世所重必矣。辛未九月。

前 言

1901年7月25日上午11点左右，一位腼腆的少年登上了中国香港（当时是英国殖民地）的海岸，只见他一副中国贵族的装扮——身穿华美的丝绸外套，顶戴红色花翎。不过，他的随从却寥寥无几。这一小队人马在码头上邂逅了代表当地政府前来接风的英国官员，本书作者（我）就是其中之一。现场的治安警察负责阻拦那些好奇却不张扬的中国看客零距离围观，并护送4名红衣轿夫抬着这位少年贵宾迅速离开了码头。15分钟后，他的轿子落在了总督府的门前，并在此受到了英国殖民地总督的倒屣相迎。

这位尊贵的来宾就是当时中国皇帝之弟醇亲王殿下[1]。接待他的东道主是英王爱德华七世陛下在中国香港的代表亨利·布莱克爵士阁下。

多么令人难忘的一幕！可惜，按照醇亲王的嘱咐，英国当局只得省去了本该浩浩荡荡的欢迎仪式。当他乘坐德国的"拜仁"号船进入港口时，没有英国军舰或海岸炮台的庄严致敬，登陆时也没有仪仗队的迎接阵型。不过，这正合醇亲王的心愿，因为他在执行一项耻辱的任务，作为皇室血裔的亲王，如今却壮志未酬，因此不敢功劳自居。那么，这到底是什么任务呢？故事要从一年零三十五天之前说起——1900年6月20日，德国驻华公使冯·克林德男爵在北京街头被一个"义和团匪民"谋杀。这一事件在全世界引起了强烈的反响，因为它标志着一段悲惨插曲的开端——史称"八国联军侵华战争"。而就在此时，根据获胜联军强加给中国的"和平条约"之一，这位满族皇室的亲王正在前往德国的路上，他要

---

[1] 此处的醇亲王指的是第二代醇亲王爱新觉罗·载沣，第一代醇亲王爱新觉罗·奕譞之第五子，光绪帝之同父异母弟，宣统帝溥仪之父。

代表"天子"向德皇捎去卑微的忏悔和屈尊的歉意,而这一受拜的小国,在当下中国人眼里充其量只是一个附属国,其首领只能算是一个傲慢的蛮族小王。

载沣与溥仪(站立者)、溥杰合影(摄于1909年2月28日)

我当时写了一点心得,后来体现在唐宁街[1]现行的一份文件中,下面是我摘录的几句话:"虽然按照中国的朝代习俗,醇亲王本人不能成为皇位的候选人,但如果他有子嗣,那他的儿子以后就有可能成为大清皇帝。这必将使醇亲王本人成为中国未来政治的一个非常重要之因素。"

这句话准确地预示了醇亲王将会有怎样的命运。他从德国回来后,慈禧让他娶了她的亲信兼亲戚——内阁大学士荣禄的女儿。1906年年初,他们的第一个儿子出生了,名叫溥仪,此人就是中国大清王朝的最后一个君主;而醇亲王自己,

---

[1] 英国首相及财政大臣的居所,一条位于伦敦的街道,泛指英国政府。——译者注

作为自己儿子的摄政王，在几年里成了实际统治者[1]。

醇亲王离开香港之后不久，另一名皇室成员也途经香港，他要执行一项并不辱国的使命。因此，他受到的皇家礼仪待遇丝毫没有打折扣。这位就是载振，后来（继承了他父亲的职位）的庆亲王，他也代表君主——正在前往英国参加爱德华国王的加冕礼。

正是在这两个场合，我第一次接触到了满族皇室的成员，此后很长一段时间，他俩一直是我最熟知的中国人——没有例外。但是，我还认识了一个人，他的命运也与清王朝的命运息息相关，他将被载入中国史册，并凌驾于上文中的两位亲王之上，而且当之无愧。此人就是"戊戌变法"的领导者康有为。

我第一次来到香港是在1898年（中国之戊戌年）的圣诞节，当时，我还是一名刚从莫德林中学毕业的"东方见习生"。这一年，中国发生了划时代的政变，领导戊戌变法的维新志士们以难民的身份抵达香港。我第一次见到康有为是在总督府，他是当时中国人眼里的矛盾集合体——最受钦佩也最受憎恨：那些既忠于朝廷又渴望看到祖国备受世界推崇的人，非常尊敬他，甚至膜拜他；而那些认为中国无须向西方"蛮族"学习，中国皇帝理应就是"万王之王"的人，极度憎恨他，但也惧怕他。

当我第一次见到这位"圣之时者"大改革家的时候，他正在为"戊戌六君子"哀悼。那六位殉道者没有像他这样幸运逃生，而是遗憾沦为慈禧太后及其奴才骗子们报仇泄愤的牺牲品。"六君子"中有一个是他的弟弟康广仁，他本人也陷入被巨额悬赏缉拿的险境——生擒活捉有赏，收到尸体也有赏。他在香港，尽管处于英国政府的严密保护之下，但也随时面临遭遇暗杀的危险。有一天，他在警察的护送之下，前去拜访了一位英国人——查尔斯·贝思福勋爵（而非逃难去远东），两人进行了一场有趣的谈话。后来，这番谈话被贝思福勋爵录入其著作《中国的崩溃》（记叙他的游历和印象）[2]。康有为在香港短暂逗留之后，便去了日本、加拿大、美国和欧洲——大清朝廷一直在高价悬赏要他的人头，他全程

---

[1]　在我第一次与醇亲王会面的18年后，我在紫禁城为他的皇帝儿子效力；又过了14年，就在泰晤士河畔我的家中，醇亲王的长孙出生了（1933年2月15日）。

[2]　参见查尔斯·贝思福勋爵的《中国的崩溃》（1899年：哈伯兄弟出版社），第196—200页。

都在冒着帝国政府间谍和密探追踪的生命危险。只要老太后还活着,他就一直是一个无家可归的人。甚至在他回到自己的祖国之后,依然是一个无家可归的人。

本书拟定书名为《紫禁城的黄昏》,宗旨为描述满族占领紫禁城期间的故事。从1912年初建立民国,到1924年11月"基督将军"冯玉祥及其同僚将溥仪(宣统皇帝)逐出皇宫,共13个年头。在此,为了让那些不熟悉中国近代政治史的人读懂这段故事,我觉得有必要讲一下书名中的"黄昏"——傍晚之前被乌云遮住的黄昏,以及黄昏之后的暴风雨之夜。

这里的"黄昏"是一道霞光,或许是朝霞,或许是晚霞,抑或是本书中描述的"吞没了暮色"的黑夜之光。不久以后,就会出现另一抹霞光,它将照亮一个阳光灿烂的新日子。这是所有钦佩和尊敬中国人民(熟悉他们的人,谁不会萌生敬仰之情呢)的人所热切希望或坚定相信的景象。我们许多人深信中国的未来可期,在某些人眼中,貌似这是天空中最黑暗的一块地盘,可我们已经探测到新的黎明到来之前的第一缕曙光。然而,这只是晚霞,而不是朝霞。这一点,我们将在下面几章中直面探讨。因此,我的故事将延续34年——开始于1898年,郁郁寡欢的光绪皇帝试图实行康有为提出的全面改革方案,情操高尚却终为断肠;结束于1931年年底,中国最后一个满族皇帝溥仪被赶回自己的故乡。第二年爆发的"满洲危机"给这段历史画上了一个遗憾的句号,从此,中国成了世界政治的风暴焦点之一。

1901年,醇亲王与亨利·布莱克的合影

目　录

第一章	1898年戊戌风云	001
第二章	百日维新	007
第三章	太后反击与义和团运动	019
第四章	龙在囚笼	027
第五章	慈禧太后	037
第六章	辛亥革命	049
第七章	优待条款	063
第八章	「窃国大盗」	077
第九章	张勋复辟	093
第十章	《松寿老人自传》	105
第十一章	帝师如父	111
第十二章	亦官亦师	127
第十三章	暮色城池	139
第十四章	内务府	149
第十五章	青涩幼龙	161
第十六章	君主制之梦	177

第十七章	龙躁	189
第十八章	龙腾	199
第十九章	龙凤呈祥	219
第二十章	阴谋之下	231
第二十一章	御花园岁月	245
第二十二章	颐和园内风波	255
第二十三章	基督将军发动政变	271
第二十四章	军阀角逐	285
第二十五章	龙飞	295
尾声	龙归	311

第一章　1898年戊戌风云

整个19世纪，中国满族统治的权力和威望一直在崩塌。国内叛乱和灾难性的对外战争不仅动摇了皇位的根基，还成为中国"崩溃"的前奏曲，这自然为查尔斯·贝思福勋爵于1899年出版的著作《中国的崩溃》提供了一个他自以为最合适的书名。就在4年前，大中华帝国被她一直在鄙视和招惹的小岛国日本打得一蹶不振——这不是第一次，也不是最后一次。中国台湾成为日本帝国的一部分[1]；如果没有欧洲三大列强（德国、俄国和法国）的干预，她就会失去包括旅顺港和大连港在内的满洲的重要领土（辽东半岛）[2]。然而，仅仅3年之后，她便真的失去了它，当时，俄国不仅以佯装的宽宏大量夺取了他曾迫使日本归还给中国的领土，还因此加强了自己在"满洲"（帝国主义列强入侵东北后，妄称东北三省为"满洲"）的军事地位，并控制了满族皇室的龙兴之地。1898年居住在此的英国商人们说，"俄国对中国的鲸吞蚕食，就在他们的眼皮底下进行着"。有一位著名的英国传教士宣称，"他本人及其传教团都把满洲人看作俄国人——除了名字"。对于那些想了解当今满洲问题背景的人来说，这些事实不可被遗忘！中国人没有做过将俄国人赶出满洲的任何努力；毫无疑问，如果日本没有于1904—1905年在满洲大地上与俄国作战并将之击败，那么，不仅辽东半岛，而且整个满

---

[1] 1895年，清朝与日本签订《马关条约》，割让台湾岛及其附属岛屿、澎湖列岛给日本。
[2] 1895年，俄国、德国、法国干涉日本占领辽东半岛，使得中国以3000万两白银从日本手中将其赎回。3年后，东北又沦为俄国的势力范围。

洲，无论是实际上还是名义上，都将成为今天俄国的一个省。[1]

但是，到1898年年底，中国台湾和满洲并不是中华帝国唯一落入洋人手中的领土。那一年是西方列强争夺中国沿海港口和租界以及划定势力范围的顶峰之年。胶州湾及其秀丽壮观的青岛港都被德国占领了；威海卫有将近300平方英里[2]的领土"租"给了英国，在接下来的32年里，它被当作英国殖民地管理；另一个面积相当的地区——香港——也沦为英国殖民地，"租期"为99年；广东南部沿海的广州湾也同样"租"给了法国。意大利宣称要拥有浙江省沿海的一个港口，当中国成功地抵制了这一要求时（那是在墨索里尼时代以前），意大利人因为在这场大规模土地掠夺游戏中未能得逞而感到狼狈不堪，与之相对应的是，中国人对自己胆敢如此硬气地拒绝而感到惊讶不已。

如果西方国家认为，它们瓜分中国的勾当可以轻松愉快地进行下去，中国政府和中国人民连眉头都不敢皱一下，那么，它们很快就会发现自己错了。外来侵略开始将一种"文明模式"注入一个民族的血液中。那些以前几乎不知道"爱国主义"意味着什么的中国人开始意识到，他们生活在一个充满竞争的世界里，而这个世界往往由对立的民族团体组成。中华民族团体在数量上是最大的，并且占据了（如果包括殖民地）比任何其他国家更大的地理区域。可惜，与许多拥有不到中国1/20的领土和人口的西方国家相比，中国的影响力却更小，受到的尊重也更少。

那时的中国人民和现在一样，是一个过于骄傲和敏感的民族，他们不甘心在

---

[1] 参见亚历克西斯·克劳斯《衰退中的中国》（伦敦：1900年）第184页，"俄国采取的措施……相当于对满洲的非正式兼并……满洲实际上不仅是俄国的一个省，而且已经由俄国军队投资，等待俄国首都开放和发展的时机"。鉴于满洲地区的现状，克劳斯的以下补充说明值得关注。他说，"这个国家的人口大约有1400万，大致可以分为两大类：农人和土匪。后者总是掠夺前者……接下来的一代人也是这样的状况，唯一的变化就是人口翻倍了。"《泰晤士报》在评论杨格窝尔德《满洲的国际关系》（1929年：剑桥大学出版社）一书时说："可以肯定的是，如果不是日本发动了一场战争，满洲和蒙古早就被沙皇俄国吞并了。"这篇文章发表于1930年2月6日《泰晤士报文学增刊》，比1931年9月18日（日本在满洲发动"九一八事变"）早19个月之多。

此处的1904—1905年战事是指日本与俄国为争夺各自利益而在中国东北大地上掀起的一场帝国主义兼并战。

[2] 1英里=1.609344千米。——译者注

世界各民族中处于永久的劣势地位。不要指望他们默许西方人或日本人的种族优越感；显而易见，任何种族优越性理论（在最了解该理论的人看来）都是错误的。中国人民拒绝这种谬论的原因远远不只是虚荣心在作祟。因此，当受过教育和富有思想的阶级考虑到自己国家的实际情况，并将之与自己心中的祖国形象相比较时，他们必定会在可以改变的环境中或在可以纠正的错误中寻找这种恶果的根源，而不是与自然法则做徒劳的斗争。因此，中国维新派的崛起是不可避免的。同样不可避免的是，该党派又分裂为两大派系。右派（保守派）相信循序渐进的发展，不会出现灾难性的政治剧变；左派（改革派）坚持认为，在新的基础上对国家生活进行根本性的重建是救国的必要条件，只要允许清王朝（他们认为清朝是垂死的、无能的、极度腐败的）出面捣乱，这样的重建就是不可能的。

康有为的家乡在广东南海，他的弟子们因此称呼他"南海"，他是19世纪最后10年里中国维新改良运动中最杰出的人物，由于他对皇帝忠贞不渝，因此要另外归类——"温和派"。然而，在绝大多数中国的当权派看来，他写给皇帝的奏折直接导致了1898年著名的"百日维新"，表明他是中华帝国最危险的"极端派"。他和他的著作充满了对汉族和满族官僚中正统且"可敬"成员的恐惧和仇恨，犹如中世纪欧洲异教和巫术引起的恐怖，抑或当今法西斯主义和希特勒主义在各自反对者中引起的憎恶。如果允许跨时空比喻的话，那么，康有为就是1898年中国的"布尔什维克党领袖"。他坚持的观点贯穿他的一生，基本没有什么变化，于是，仅仅15年之后，他注定会成为"死硬派"和"守旧派"，遭遇轻蔑和漠视、嘲弄和拒绝。其实，在世界的各个角落和各个时代，都会有类似的厄运降临在大量宗教改革家、社会改革家和政治改革家的身上。[1]

早在康有为"异端学说"的具体思路呈给皇上之前，他就已经在自己的家乡

---

[1] 刘易斯·爱因斯坦先生（美国驻捷克斯洛伐克部长）在1928年11月的《双周评论》（第581页）中告诉我们，赫伯特·克拉克·胡佛先生（美国第31任总统）1899年访问中国时，刘易斯被任命为政府工程师，就是因为这个事实——"当时，年轻的光绪在孙中山的建议下，试图将西方的改革引入中国，并希望一名美国工程师担任新成立的矿务局局长"。不用说，孙中山从来没有向光绪皇帝提过建议。试想一下，还有什么比"把康有为同孙中山搞混"更让康有为苦恼的事情吗？既然他们都已经踏上了"这些声音之外的和平之路"，或许他俩都会认识到对方曾以各自的方式为祖国振兴大业鞠躬尽瘁。

广州树立了美好的声誉。他是一位热衷于政治和社会改革的倡导者，也是一位大胆而有独创性的儒家经典评论家，还是"今文派"的领袖（章太炎是"古文派"领袖）。他始终是皇帝的忠实臣民，也始终是孔子的虔诚信徒，并视之为"中华文明的精神之父"。到1898年，他周围已经聚集了一大波求知若渴的学生。康有为作为年轻人的导师和激励者，其美誉从广东传遍了中国各地，他的教育造诣最终引起了湖南巡抚陈宝箴[1]、翰林学士兼监察御史许景澄、帝师翁同龢等具有较高官方影响力和威望之人士的关注。

翁同龢，祖籍江苏，他是当时最伟大的学者之一。1856年，他在三年一次的科举考试中获得第一名，并获得了中国学术界最高的荣誉——状元。从此，他踏入官场，并平步青云，历任户部尚书、军机大臣、同文馆（当时在北京新成立的外语学院）总教习。作为学者、诗人和书法家，他在中国文学界被视为18世纪作家刘墉的精神传人，而后者正是乾隆盛世时期的文人代表，也是装饰门面的人物。翁同龢的学者生涯以其被任命为帝师而达到顶峰，他在这一职位上连续侍奉了同治和光绪两任皇帝。

翁同龢是儒家学派的大师，是传统文化的一流学者，也是一个思想开阔自由的人，对康有为的著作有着浓厚的兴趣。他请教了几个志同道合的朋友，其中有陈宝箴、许景澄，早在决定命运的1898年，他就向皇帝力荐康有为，并与他的皇帝学生讨论了这位广东改革家的政治信条之要点。尽管到1898年，光绪皇帝已年近三十，不再是个"学生"了，但翁同龢还是能够畅通无阻地觐见皇帝，因为帝师的职位具有终身的特权，包括私人谒见的权利。此外，帝师有权在皇帝跟前畅所欲言，省去了其他官员（无论官位多么尊贵）必须遵循的传统而烦琐的君臣礼节。

像翁同龢这样位高权重的人，居然能使康有为的政治主张得到皇帝的赞许，这本身就是一件很了不起的事。一方面，它为翁同龢的性格提供了一个有趣的视角，并显示出他完全没有心生嫉妒（当时中国朝廷官员的一种恶习），也不受那个时代文人的迂腐保守主义之束缚；另一方面，它也表明，皇帝本人绝不是某些作家笔下的"白痴、弱智、脑袋里一团糨糊、自命不凡的庸人"，那只是为博取

---

[1] 不要将"陈宝箴"与"陈宝琛"混淆，后者后来成了宣统皇帝的老师。

读者怜悯和挑起看客嘲弄的文学手段。几乎可以肯定的是,翁同龢比朝廷里任何人(包括慈禧太后在内)都更了解光绪的性格和能力;况且,如果这位皇帝真是"烂泥扶不上墙"的话,翁同龢也会认为,没有必要与一个既不懂改革之道也不愿付诸实施的小皇帝讨论康有为的改革计划。

1898年的春天,康有为第一次觐见少年皇帝,后者在前者的心坎上留下了一种毋庸置疑的印象。许多年以后,我曾有几次机会同康有为讨论那一年发生的事,他谈到光绪皇帝的时候,每次都带着近乎崇敬的语气。如果当时的热情改革家发现自己的国君和支持者缺乏智慧、爱国主义或改革热忱,那他很可能会加入那些逐渐壮大且认定"天命已不再归于皇家,清王朝是中国进步道路上必须清除的障碍"的革命阵营。如果说康有为早年有过这样的想法,那么他在见到君主的一刹那间,就把这些念头从脑海中统统赶跑了,因为这位君主不仅支持和赞同维新运动,而且渴望担起其领袖责任。

有人说,康有为就是帝师。其实,他从未担任过这个职位,他与皇帝的会面也很少。但在一次觐见中,皇帝授予他一种崇高的特权,即不通过普通的官方渠道而直接向皇帝呈递奏章。康有为欣然接受了这种特权,接着,他的一系列奏折引来了一系列著名的改革诏令,并于1898年夏天逐一出台、匆忙颁布,这就是所谓的"百日维新"。在当时的中国,这些诏令既让寥若晨星的自由主义者感到满意和欣慰,也让绝大多数的保守主义者感到震惊并提出了强烈抗议。

人们习惯于批判康有为的改革方案及其载体——改革诏令,认为他的构思过于草率,不适合当时中国的政治和社会生活条件,与中华文明之精神格格不入。这些批驳的观点并非都是不合理的,但批驳者们自己也想尝试把康有为的设想变为现实,只不过是通过革命的方式把中国快速转变为西方民主模式,与康有为通过缓和的改良手段形成对立。人过中年之后,康有为也承认自己的

康有为

一些改革计划是不明智的,比如,建议放弃中国服装,转而选择西方服装,这将意味着中国丝绸工业的毁灭。但是,他的大部分改革设想或为此进行的论战,并没有异想天开或不合理之处。遗憾的是,康有为及其"帝王同谋"建立梦想新中国的努力以完败收场了,不是因为他们的梦想本身是荒谬的,或者是不可能实现的,而是那些非个人性格和智力方面的原因导致的。在接下来的章节中,我们会讲到这些问题。

第二章　百日维新

为了正确理解导致"百日维新"戛然而止的种种事件，有必要对研究中国近代史的西方学者们从未充分探讨过的问题做一些初步分析。我指的是关于伦理和法律的理论与实践问题，这些因素促使慈禧太后实际（或名义上）领导下的宫廷政变大获全胜——即便不是必然，也会成为可能。

从1875年光绪登基，一直到1888年，皇权的行使都掌握在皇太后的手中，她就是慈禧太后，叶赫那拉氏，咸丰皇帝（1850—1861年在位）的遗孀，也是咸丰继任者同治皇帝（没有子嗣）载淳（1861—1875年在位）的母亲。慈禧太后又叫"西太后"，因为她住在紫禁城西宫。顺便插一句，咸丰皇帝还有一个正宫娘娘，叫"东太后"，先于西太后去世。后来，慈禧太后也被尊称为"老佛爷"和"老祖宗"。

1875—1888年，慈禧太后的职位实际上是摄政王，但在中国，摄政王的头衔从未授予过女性。皇后或太后行使摄政职能被称为"垂帘听政"，意为"摄政王在处理国家事务时，把自己威严的形象隐藏在屏风后面"。这个成语从唐高宗（649—683年在位）时期就开始投入使用了。慈禧太后在皇帝成年时向皇帝交出摄政的权力，被称为"归政"（交还政权）或"撤帘"（归政于皇帝）。宋朝（约10—13世纪）有两位太后[1]行使了与慈禧太后类似的摄政职能。

1888年，清廷颁布了两条重要的诏令，一条宣布光绪皇帝即将结婚（按照中国习俗，这意味着他已成年），另一条是第二年二月慈禧太后将"归政"——辞去职务，将权力移交给光绪皇帝。同年，官方宣布新的夏日皇宫（颐和园）的建

---

[1] 宋真宗章献明肃刘皇后（刘娥）和宋英宗宣仁圣烈高皇后（高滔滔）。——译者注

筑已接近完工，在宫廷圈子里，众所周知，慈禧太后希望退休之后把那座宫殿作为她的乡村住宅。

1889年年初，皇家婚礼如期举行，当时皇帝只有19岁，随后，他便亲自履行了帝王的职责和特权——举行"亲政"仪式。他的皇后（后来的隆裕皇后）是慈禧太后之弟桂祥的女儿。慈禧希望通过促成这一联姻，进一步巩固自己及叶赫那拉氏的影响力和威望。

根据习俗，皇帝还同时娶了很多嫔妃。这些年轻妃子中有两个是姐妹，15岁的姐姐被封为"瑾妃"，于1924年去世，谥号"端康皇贵妃"；13岁的妹妹被封为"珍妃"，于25岁时不幸去世，后文会详述她的悲惨故事。

慈禧曾经两次摄政[1]，既没有功勋卓著，也没有声名狼藉，每次归政也都貌似心甘情愿地将权力移交给了皇帝。那年，她54岁。作为对新秩序的默许，她遵循了一套公认的宫廷习俗，改变了她在紫禁城的官方住所，从慈宁宫搬到了宁寿宫。这一举动可以被描述为太后归政让皇帝统揽帝国责任的一种外在礼节，其意义在于严格沿袭先例，为朝廷所充分理解。例如，1795年，在位60年的乾隆皇帝退位，把自己的住所从紫禁城的一个地方搬到了另一个地方。94年以后，慈禧太后所选的晚年寝宫，正是当年的乾隆大帝（更准确的称呼是清高宗）为类似目的而选的宁寿宫。她之所以选择这里，很可能因为这是清朝历史上著名君主乾隆的最后归宿，他取给它的名字也恰到好处。

乾隆皇帝和慈禧太后都没有因为名义上放弃皇权而蒙受尊严、威望甚至权力的损失。这一点对本书的主题产生了现实的意义，也可能被不熟悉中国王朝习俗礼仪的读者所忽略。如果使用"退位"和"退休"这两个词形容1795年的乾隆、1872年和1889年的慈禧太后之举动，很可能在西方人的心中造成错误的印象。先说乾隆，1795年，他在隆重的禧年庆典之后，便提前"让位"给了其继任者，称号由"皇帝"改为"太上皇"，这表明他的余生还保留着优先于皇帝的权力。乾隆退位后，却成了一位在朝廷和帝国中比往日更威严、更辉煌的人物。他的崇高地位也不是纯粹的荣誉或虚名。虽然被解除了王权的日常职能，但他有权保留对

---

[1] 慈禧太后两次摄政：第一次，从1862年其子同治皇帝登基到10年后成婚；第二次，从1875年到1888年，她一直是光绪的"摄政王"。

一切重大问题的最后拍板权,并且,如果他愿意,还可以凌驾和搁置皇帝的授权和决策。毫无疑问,如果太上皇厌倦了君主制度的负担和束缚,或者真心专注地研究长生不老之道,他就会乐于让自己的继任者不受干扰地享受帝国特权;但他仍将被国之重臣们视为权威的终极来源和申诉的最终裁决者。所有的诏书都把他的名字立在皇帝的名字之上,这就是让所有"会看门道"的人明白,在帝国里还有一个活着的大人物,即使皇帝也得向他卑躬屈膝。

虽然说慈禧太后"退休"之后的地位不如"太上皇"乾隆,但在其他方面,无论是理论还是实践,她都要高于皇帝。"老佛爷"是何等的荣誉,授予什么都不过分[1]。由于她在皇族家谱表上的地位,这些荣耀皆归属于她;即使从未担任过摄政王,她也会优先于光绪皇帝,不仅因为她是前任皇帝的母亲,还因为她是长辈。同样,大家都知道,如果她活得比皇帝长,当新皇继位时,她还有资格成为头衔更高的"太皇太后"。事实上,我们将会后面的章节中看到,1908年光绪皇帝驾崩之后,她在生命的最后几个小时里成了"太皇太后",并以此身份下葬,在大清王朝的编年史中占据了一个重要席位。

因此,我们看到,英语词汇"太后"并不能诠释出中国字眼"太"的韵味,确实,英语中没有确切的与之对应的词。而事实上,尊称老太后为"老佛爷",本身就倾向于让人相信她必定是一位具有非凡能力和性格力量的奇女子。否则,试问一下,她,区区一个丧夫的老婆子,怎么可能在朝廷上拥有无上的权力呢?如此反问的人都是搞不清状况的人——不但"皇太后"要优先于皇帝和皇后,连已故皇帝的妃子"皇太妃",也要优先于在位的皇帝和皇后。这一先例得到了如此广泛的认可,以至于当皇帝和皇后觐见皇太后或皇太妃时,或者在自己的宫殿里接驾她们时,是不能当面落座的——除非后者邀请前者入座。有几次,我跟随宣统皇帝去前任皇帝光绪的妃子"端康皇太妃"的寝宫,当时就发现了端倪:由

---

[1] 参见埃莉萨·鲁马·锡楚德莫尔《中国,长寿的帝国》(伦敦:1900年)第120页,"她来自后宫,没有受过教育,对朝廷公务一无所知;但她凭借自己的才干、意志和精明,获得了至高无上的权力。她的每一步胜利都是最伟大的个人成就,凝集着她的精神力量、坚强个性和强势人格;几个世纪以来的先例和东方礼仪的枷锁都被她娴熟的策略和不屈不挠的意志所征服了"。这些文字显示了对于把至高权力交给皇太后的势态之极大误解,但这也是许多西方作家采纳的观点。

于太妃的地位高于现任皇帝，所以，皇帝始终对太妃毕恭毕敬，更不用说对皇太后的敬畏之情了。因此，关于慈禧太后及其宫廷事务的报道，当我们读到西方流行的说法，"她坐在了比光绪皇帝更高的宝座之上"，千万别误以为这种安排有什么反常之处或是在羞辱皇帝。1898年9月以后，慈禧太后怀着恶意和报复的快感，对皇帝进行侮辱，这是事实，但是，如果仅凭她把自己的政见高举在皇帝之上的行为，并不能还原这段历史的真相。[1]

我不希望有人如此推断——所有的先皇遗孀，无论她们是否担任过皇后的职位，都被期望或允许在行使其皇权时取代现任皇帝。在实践中，作为皇太妃的次妃，无论如何都是不可能这样做的，至少在她被册封为"皇太后"之前是不可能的；而且，即使是太后（比如"老佛爷"）也得"垂帘听政"[2]，才能完全取代皇帝。太后的地位之所以"高于"皇帝，关键是让太后有权在紧急情况下颁布"诏令"（中国的诏令其实相当于英国的宪法），能暂时或永久地推翻皇帝的统治——至少无须发动暴力革命。如果她自知在政府圈子里得不到足够的支持，她自然会避免这样做，因为此时此刻的政治局势实在难以控制。国家大臣中可能有某种"罢工"的性质。显而易见，她的地位可能让她成为倒皇派的领袖，带领同类去"砍掉皇帝的左膀右臂"。

也许我们可以说，在中国，慈禧太后的职能在某种程度上类似于英国上议院。即使不去"垂帘"，她也可以审查宪法（皇帝诏令）并紧急立法（太后懿旨）；如果她的背后有国家（朝廷）的支持，那么，她的影响力或权威将不可

---

[1] 皇上在写给慈禧的书信中使用了敬辞，这是表明慈禧太后地位高的诸多迹象之一。研究汉语的学者都知道，在中国官员（无论地位如何）写给皇帝的所有奏章中，都必须自称"臣"。然而，当得知皇帝在对慈禧太后讲话也必须自称"儿臣"时，许多人可能会感到惊讶。他还受到了自古以来的惯例约束，不得不使用"上言"之类的表达方式，这也传达了他比自己所称呼的尊贵人物低一等级，还得跪在王座下面向她"献词"之意。这种礼仪并不局限于光绪皇帝与慈禧太后的关系。这是常规程序——不管慈禧太后是不是摄政王。例如，我所侍奉的宣统皇帝，在隆裕太后（光绪皇帝的遗孀）面前，不得不自称"儿臣"。值得注意的是，皇帝虽然是满族人，但没有用更卑微的"奴才"一词自称。这个词只是满族人在皇帝面前的自贬称呼。满族亲王对皇帝说话时，"臣"和"奴才"皆可用。

[2] 太后或皇后临朝听政，殿上用帘子遮隔。——译者注

限量。

　　上文中的铺垫也许有助于我们理解这样的现象：为什么即使在中国最忠诚的保皇派中，也很少有人对光绪的不幸遭遇表示一丁点儿同情呢。他们对皇权的忠诚往往使他们对慈禧太后的过失和罪行漠不关心，对光绪皇帝的命运也同样视若无睹，因为在他们眼中，代表皇权体系最高点的是"老佛爷"，而不是光绪帝，因此，皇太后才是他们真正效忠的主子。[1]

　　我经常和中国人讨论这个问题，他们都以效忠于清王朝和皇权而自豪，他们自己也因为固守忠诚而遭受了巨大的痛苦。只有康有为及其弟子，以及少数怀有政治信仰的学者认识到了中国人眼中的皇权背后或之上的权力（有时处于休眠状态，但通常处于活跃状态）所涉及的危险和缺憾。此外，我发现，很少有人愿意站在皇帝一边反对皇太后。当然，共和派以及所有那些对保皇思想深恶痛绝的人，自然都准备好谴责太后阻挠改革的行为；但即使是他们，也对殉难的皇帝几乎没有什么敬意。貌似他们这么做的主要原因就是不愿意承认某些好东西可能源于满洲（更确切地说，是清王朝）。我们可以预料，在革命狂热过去之后，中国的史学家和政治学者会越来越多地倾向于将光绪皇帝擢升到中国史册上的适当位置，并对他的回忆录做出公正的评价。

　　在西方人看来，"慈禧太后凌驾于君主之上"的理论似乎令人费解，而在中国传统的道德规范中，孝道是道义中第一位和最基本的美德。在中国人看来，年长的一代永远不能完全放弃对年轻一代的权威职能；年幼的孩子必须尊重和服从年长的孩子。这是中国家庭关系的规则（一直延续至今），并寄厚望于皇室为整个帝国树立一个榜样。比如，伟大的康熙皇帝（1661—1722年在位），毫无疑问，他是中国历史上一位极强大、极能干的君主，而他颁布诏书的措辞充分证明了他对当时的皇太后表现出深深的敬意，以及他接受那位显赫女士的"懿旨"并付诸行动的孝心。不要问，中国皇座上的康熙及其继承者们是否真诚地奉献孝道的原则。也许他们有时只是在口头上敷衍自己熟知的中国伦理之基本法则。无论

---

[1] 辜鸿铭在爱丁堡受过教育，能用流利的英语写作，我们也许可以在他的著作中找到一个非常明显的例子。比如，提及皇帝，他带着尊敬的语气；而提及慈禧太后，他是出于近乎狂热的忠诚。

如何,他们充分意识到了虔诚的语言对儒家文人的卓越影响,而这些文人墨客的支持和忠诚对皇朝的稳定发展至关重要。

太后行使权力的典型例证,可以在道光二年(1822年)11月的诏书中找到——"朕祗遵慈命,立继妃佟佳氏为皇后"。从这一点我们可以看出,即使是诸如规定妃子的等级和地位等纯私事,也不由皇帝摆布,而是由皇太后敲定。这种做法是严格按照先例进行的,也没什么值得大惊小怪的。只要太后还活着,就不可能以任何方式随意地将一个妃子提升为皇后。即使是皇帝的婚礼也必须由太后主持,而且是太后选择皇后(至少在理论上是这样)和确定婚期。

现在,当我们意识到慈禧太后"退休"后的地位有多高,以及只要她乐意,就能将权力和特权之手伸得有多长,我们就不难理解她是如何从隐居状态中走出来,并碾压了闷闷不乐的少年皇帝,又让中国的维新派吞下了困惑和沮丧的苦果。我们毫无必要像西方那些职业看客一样做假设——太后的成功证明了她自身性格和才智的力量和活力,而皇帝的失败则证明了他自己的软弱和愚蠢。比如马士[1],他把康有为贬为"只会空想的狂热分子",而把皇帝贬为"缺乏经验的懦夫",这是不公平的。无论在理论上还是在实践中,慈禧太后的地位都远远超越了光绪皇帝。从理论上讲,她的地位凌驾于皇帝之上,不是因为她有才干,而是因为她是长辈;从实践中看,由于她的尊贵地位,中华帝国的保守势力自然会向她求助,寻找反对维新的集结点。保守派求助于她,并不是因为她具有高超的政治家风范和领导才能,也不是因为他们认为她是智慧的化身和审慎治国的典范,而是因为好战的保守派希望诱导她成为武力干涉的领袖,并在其掩护之下借助礼法的"枪杆子"来消灭维新运动。

如果没有皇太后,保守派可能会尝试一场宫廷政变。他们本可以成功地除掉光绪,让一个不那么"危险"的皇室成员来取而代之。但是,宫廷政变并不总是局限于宫廷内部;保守派最怕的事就是宫廷政变的熊熊烈火蔓延不到紫禁城之外。如今,显而易见,拯救当下燃眉之急,彻底摧毁维新运动,并继续借助"礼法"和"非政变"旗号的唯一途径就是求助于中国的一个人,此人可以主张"礼

---

[1] 1874—1908年在大清皇家海关总税务司服务的美国人,代表著作《中华帝国对外关系史》。——译者注

法"和（在中国更重要的是）支配皇帝的道德权力，她就是慈禧太后。

她的再次参政绝不是意料之中的事儿。起初，康有为和光绪帝都热切地希望她会拒绝重返政坛。你瞧，她对自己的"新玩物"颐和园挺满意，她对自己的野餐和戏剧（颐和园里有她的两个剧院）有一种近乎孩子气的乐趣，她喜欢以独特的方式涉足艺术和诗歌，她还是一个虔诚的佛教徒。她在乡下的新家里过着宁静的生活，对很多东西兴趣盎然，谁也没理由认为，她会感到厌倦或渴望刺激。诚然，她对任何形式的改革方案都没有共鸣，但如果改革的重点涉及并影响到皇室成员的地位和特权，以及朝中官员和贵妇们的优先地位和奖惩分配，那么，她就要登台抢回自己的主角光芒了。例如，正是在她的命令下，瑾妃和珍妃这对姐妹在1895年因被指控铺张浪费而受到谴责，并暂时降级为"贵人"——地位较低的嫔妃。皇帝对此事是什么态度，谁也不知道，即便知道也不会去在意。1896年，载澍亲王[1]违抗了她的命令，被剥夺了官阶，并被移交给了宗人府，挨了八十大板，最后被"永远"监禁在一间空屋子里。我们还可以列举出她在"退休"期间肆意干涉朝廷事务和皇家规矩的许多其他事例。她可能会干涉更重大国事的最不祥迹象就是，她要求（皇帝必须服从）将帝师翁同龢免职，因为后者支持改革。然而，她在这件事情上并没有按常理出牌，貌似她一度愿意让皇帝及其参谋们来处理国家的日常事务，而不必征求她的意见。因此，少年皇帝觉得，至少有理由希望，她不要干预自己的政治和社会改革措施，因为这毕竟与她坚持要发号施令的后宫琐事和皇家私事毫无瓜葛。

至于皇帝希望破灭的过程，以及导致戊戌变法的戏剧性插曲，有不止一个版本。根据一份靠谱的报告，据说，皇帝"大刀阔斧"的节俭和改革政策严重威胁了那些满汉官员及其有利可图的闲职人员，这让他们惊恐不已，于是派遣了一个以监察御史杨崇伊为首的代表团前往天津总部去拜访当时的京城步军统领荣禄，说服他去恳恳求老太后重掌摄政权。

荣禄出身于满族，他的成长环境使他自然地同情保守派；但他是一个能干又开明的人，也是一个诚实而忠诚的国家公仆。不幸的是，由于上文提到的原因，以及一些更私人的因素，他把忠诚献给了皇太后而不是皇帝。然而，他是否会主

---

[1] 康熙帝长子爱新觉罗·胤禔的玄孙奕瞻之子。——译者注

动对维新派采取措施,这是非常值得怀疑的,因为有理由相信,他虽然是保守派,但也是满族高官中为数不多的几个前瞻人士之一,这些人意识到,如果要把中国从其受到的内部威胁和外部危险中拯救出来,就得效仿日本的维新道路。更值得怀疑的是,监察御史杨崇伊及其同僚们的鼓动是否可以让荣禄放弃不干涉内政的主张呢?其实,促使他采取行动的是比监察御史的煽风点火更有分量的人——慈禧太后。

光绪皇帝并没有忘记他和康有为所要对抗的势力之强大。这也是他们决定在反对派积聚力量之前尽快颁布维新变法诏令的原因之一。光绪知道维新之路上险象环生,但他还是全力以赴去"虎口拔牙"。他知道,如果逐步推行改革,他的对手将有足够的时间来巩固势力、组织力量和奋起反抗。光绪和康有为都认为,对也好,错也罢,无论有多危险,大胆而迅速的政策会比怯懦的"等着瞧"模式之观望政策更有成功的机会。[1]

光绪也并非没有想到,如果给反对派时间和机会去考虑作战计划,他们可能会采取多么恶劣的行径。皇帝明白,他们会在皇太后身上下功夫,因为她就是个现成的支持者。皇帝也清楚,皇太后憎恨和鄙视洋人和外国风俗。任何政治或社会改革的计划,只要暗示承认外国模式和制度优于中国或值得中国采纳,在她看来都是自取其辱的败笔。皇帝还知道,尽管皇太后已在9年前归政,但她在朝廷中的地位和权威一直远高于自己。在光绪皇帝的眼里,慈禧太后既无知又迷信,而且特别爱听恭维话,因此,反对派可能会把她看作一个心甘情愿、积极主动、无所不能的领导人,这真是个险局。正如上文中所述,太后已经迫使皇帝罢免了帝师翁同龢,虽然她还没有否决他已颁布的维新诏书,但她随时可以下令取消这些法令。光绪皇帝非常清楚所有的事实和可能性,他坚信只有一种方法可以让自己避开颐和园主子的威胁——就是立即采取措施阻止反对派将老太后"搬上台

---

[1] 关于该话题,请参考文庆《中国内部之危机》(伦敦:1901年)第57页,"康有为的许多朋友都指责他鲁莽地促成了光绪和满族之间的冲突。其实,康有为一点儿也不鲁莽,因为在一次觐见中,皇帝向他指出了朝中元老们对维新主张的强烈反对,并征求他的意见……但冲突是不可避免的……事实上,若想人们服从和改革成功,唯一的力量源自改革者的权高位重"。此外,还可参见高恩与霍尔合著的《中国历史概论》(纽约:1929年)第312页。

面"。换句话说,皇帝必须邀请一个人来帮助自己,而此人的权力和影响力必须足以使其在官场上受人敬畏——他必须指挥一支高效的军队,他必须是一个强大而足智多谋的行动者,他必须在改革问题上持有开明的观点,他必须绝对不会背叛皇上的伟大信任。光绪选中的这个人(袁世凯)具备了他想要的一切条件——除了最后一点。

颐和园的岛上游廊(局部)

  这位孤独的少年皇帝并没有从袁世凯的性格中看出致命点,这是无可指责的。无论是他还是别人,谁又能预见到,皇帝所信之人会自我暴露为中国历史上最大的叛徒之一呢?谁又会猜想到,袁世凯在1898年背叛皇上之后,又在1911年背叛皇权,再在1915年背叛中华民国呢?

  皇帝托付给了袁世凯一项微妙的职责——防止慈禧太后重新进入公众视线并站在反对派一边。据说,1898年9月初,袁世凯秘密觐见光绪帝,并领旨承诺依照命令行事。关于这份谕旨的内容是什么,存在各种各样的说法,让人存疑的是,现在是否有活着的人知道这个故事的真相。某些与皇宫有联系的人透露说,皇帝的命令是由第三者转达给袁世凯的,此人为了自己的目的而歪曲了谕旨。无论如何,这种故事的可能性很小。在这个故事中,皇帝命令袁世凯除掉荣禄,必要时采用暗杀的办法，并把慈禧太后囚禁起来[1]。显然这两种勾当都不利于皇帝，也不利于他心中的维新事业。政治暗杀在当时的中国比现在更稀有；对皇太后采取激烈的行动会引起一场他永远无法平息的公众丑闻。我们也没有丝毫理由相信，光绪的本性不是嗜血就是复仇。如果袁世凯精密部署军队，使反对派无法与慈禧直接联系，她也无法回到紫禁城的住处，那就足以解决光绪帝担忧的一切实际问题了，貌似这也是他的全部心愿吧。

袁世凯一接到皇帝的命令，就把整个秘密泄露给了荣禄。至于荣禄是否已经从监察御史杨崇伊那里得到了充分信息，以至于决定把此事交给皇太后处理，我们就不得而知了。然而，仅仅是对"陷害"皇太后和他本人之阴谋的怀疑，就足以使他毫不迟疑地采取果断行动。于是，他立即派遣信使前往颐和园去报告"老佛爷"——也许她的生命尚未受到威胁，但她的自由已经受到控制，如果她现在不能迅速有力地采取行动，那么，可能永远也不会出现新的生机了。

无疑，关于皇帝及其维新派打算在控制皇太后之后再进行无情处置的浮夸传言使这位老妇人摆脱了懒散的倾向。她将被羞辱！被贬低！被监禁！被饿死！也许，这些谎言的制造者与其说是想要抹黑皇帝的人格和放大其罪行，不如说是相信只有迫在眉睫的危险才能刺激老太后采取有效行动。无论如何，在保守派看来，老太后所采用的对付手段是很厉害的。第二天，慈禧太后便发动了宫廷政变。9月的一个明媚的早晨，她走出了"富丽堂皇的乐寿堂"（这是她为了慰藉自己的晚年挪用海军军费建造的享乐宫），戏剧性地突然出现在紫禁城，站立在那个瑟瑟发抖的无助受害者（光绪）面前，展现出愤怒的威严和雷鸣般的光辉。她用极端恶语斥责他的背叛和忘恩负义，还指控他谋害自己，最后派人将他关押在毗邻紫禁城的一座海上岛屿（中南海瀛台）上。接着，她重新登上了自己于1889年腾出来的宝座，以大清皇帝的名义颁布了有史以来最具羞辱性的一道诏令。该诏书宣布，皇帝现在昭告天下，他已经意识到自己的无能和无法胜任一国之君。于是，他反复恳求皇太后屈尊"出山"，再次摄政。蓦然回首，就在几年前，皇太后以卓越的能力和才干完成过一次类似的重任。诏书最后还说，皇帝将

---

[1] 然而，无论是过去还是当下，都有很多人相信这是真事儿。参见史丹利·史密斯《从内部看中国》（1901年：伦敦）第11—16页。

在皇太后的宝座前跪拜,以代表全国子民答谢她的大恩大德,感谢她再次挑起朝廷之大任。

与此同时,清廷发布了一个简短的通告,只言片语却凶兆毕露——"帝遇疾,皇太后复训政"。

第三章　太后反击与义和团运动

"帝遇疾，皇太后复训政。"

北京的公众对"大内"[1]发生的严重事件知之甚少。但他们很快意识到这一简短通告的真正含义——他们的皇帝面临着迫在眉睫的生命危险，但与病魔的纠缠无关。

接着谣言四起，剧情离奇却让一些容易轻信的中国人信以为真——当老佛爷从颐和园前往紫禁城（大约7英里，相当于11千米）的途中时，皇帝得知太后阴谋之后便做了孤注一掷的逃命努力，乔装改扮去往英国使馆。从本质上讲，这并没有什么不可能或荒谬的地方，但接下来的情节却让整个故事变得荒诞不稽。其大意是这样的：英国公使拒绝在使馆里招待他，并强迫他回紫禁城去直面审判与囚禁他的母后。可是，但英国使馆并不是驻京的唯一外国使馆，即使"英国使馆在帝王逃犯的面前残酷地关闭了大门"这种极不可能的事儿发生了，皇帝也可向其他国大使求助，不会都拒绝"收留"他吧。[2]

也许是这位不幸的年轻君主想要逃跑却被宫里的太监阻止了吧。后来，有几个太监告诉我，情况就是这样，而且极可能是真的：因为皇宫里大约有3000人，所有这些人不仅对强大的太后肃然起敬，而且也有憎恨皇帝改革计划的个人原因和自私理由。几乎每一个男人，包括半男半女的太监，都站在了最顽固的保守派一边。他们深知，维新改革一旦成功——即使不是在国家，至少在紫禁城——迟

---

[1] 大内：用来描述紫禁城的一个术语。

[2] 至于外国列强为何不干预拯救光绪及其改革事业，请参见亚历克西斯·克劳斯《衰退中的中国》（伦敦：1900年）第359页及以后。

早会导致一场灾难性的巨变；他们正是在太后那里寻求维持自己赖以生存和繁衍的腐败制度。

皇帝虽然不能保证自己的安全，却没有忘记朋友的安危。他没能挽救所有改革者的生命，但成功地向康有为发出了紧急警告。慈禧太后重新摄政后的第一件事，就是发出逮捕令，逮捕改革党的所有领袖。但那时，康有为和他的弟子梁启超（后来成了当时最著名的文学家之一）已经遥不可及了。

据我们所知，康有为最初在香港避难，就是在那里，他收到了几个最亲密的朋友和支持者（包括他自己的兄弟）遭遇不幸的消息。

保守派和反动派的胜利是彻底的。在维新运动中，很少有杰出的领袖能像康有为和梁启超这样侥幸逃生。其中被判终身监禁的是御史徐致靖，他唯一的罪行就是推荐康有为到政府工作。湖南巡抚陈宝箴很幸运，仅仅因为被免职而脱身。御史宋伯鲁也被辞退，并被记录在案，他永远不会再就业了。翁同龢早已被免职，如果不是他的高官朋友众多，如果不是他作为学者的名望太高，如果不是当局承受不起与保守派对抗的后果，那么，这位帝师必定会被处以死刑。现在，他只是被剥夺了荣誉，不过，地方当局接到了特别指示，要监视他的一行一动。不久之后，他就去世了，穷困潦倒，颜面尽失。11年后，慈禧太后和她的皇帝囚犯（光绪）都驾鹤西去，是时候为他平冤昭雪并铭记功绩了。1909年，宣统皇帝初登基，恢复了翁同龢的头衔和荣誉，追谥"文恭"。

在那些被残忍处决的殉道者当中，有6人的名字应该在中国政治烈士长卷中占有一席之地。他们是杨深秀、杨锐、林旭、谭嗣同、刘光第，以及康有为之弟康广仁。在他们行刑之前，刑部大胆地提出了将他们送交特别法庭提审的请求，不信佛的"老佛爷"给出的批复很简短却直指要点："毋庸审判，斩立决！"

对于这些烈士和其他殉道者来说，不幸的是，虽然慈禧太后与《爱丽丝漫游仙境》中的红桃皇后脾气相投，动不动就下令"砍掉脑袋"，但是，当这位中国皇太后宣判死刑的时候，没有"爱丽丝"站出来骂她"胡说八道"，真正的伤害也就开始了。

至于光绪皇帝本人，如果他能和那6位殉教者一样英勇就义，那就可免去10年的苦难、堕落和苟且偷生了。他的生命不是因为怜悯或者柔情才得以幸免。他可能会死的谣言在北京盛传。在中国，皇帝即将驾崩的消息通常要通过公开诏书来通知全国医学界的权威人士，让他们立即带着药瓶和药物来到皇帝的榻前伺候。因此，当地方当局受命搜罗出最有名的医生，并将他们立即派往紫禁城时，大家都认为皇帝即将"宾天"[1]了。当时有一个外界传闻也得到了证实——皇帝无子嗣，太后已从符合条件的皇族成员中挑选出皇位继承人了。

没有一个人真的相信皇帝生病的消息，也没有一个国家重臣有足够的勇气要求释放被羁押的皇帝并恢复他的皇位，但有一些"自由"的政治家用激烈的言辞抗议慈禧太后要除掉皇帝的明显做派。两江总督刘坤一向他的上司荣禄发出了措辞强烈的抗议。此外，源自全国各地、在通商口岸受外国保护的华商和海外华人的抗议活动也纷至沓来，其中一些还使用了威胁的语言。上海商人抗议的主要负责人叫徐元善，针对他的逮捕令很快就发出了。在上海，他感到自己有被绑架的危险，死刑将是对他鲁莽行为的"奖赏"，但他虎口余生，逃到了澳门，躲在了葡萄牙国旗的庇护之下。

同时，康有为也不闲着，这并不费解。他主要负责组织海外华人抗议清廷恐吓驱逐光绪的行为。他建立了一个叫"保皇堂"的协会，并在中国商人和殖民者居住的所有国家建立了分会。这些中国人对北京当局的报复无所畏惧，他们使用的语言严重打乱了宫廷的平静。慈禧及其党羽也向这场风暴低头屈服了，虽然没有放弃提名皇位继承人的计划，但勉强打消了废黜皇帝或夺走其生命的念头。

这种放弃并没有给光绪带来喜悦和宽慰，从那时起，光绪的处境就一直处于一种精神崩溃的危险、痛苦和屈辱之中。他命中注定要成为"粉身碎骨的人性"中的可怜碎片之一，忍受长达10年的"活死人"状态。他竭尽全力拯救中国，促进人民的福祉，但还是被现实打败了。背叛过他的袁世凯从未向他伸出过援手，也没有帮助他减轻牢狱之苦。这个时代中国的民族主义，也没有勇气、慷慨或侠义精神去缅怀他。

1898年9月，慈禧太后恢复摄政时已经64岁了，但依然体格健壮且思维敏捷。她的皇帝囚犯才28岁。在随后的几年里，她在紫禁城和她心爱的颐和园之间消磨时间；她总是采取预防措施，强迫她的囚犯作为她随行的一个卑微跟班来回折腾。对太后来说，这是一次从一座豪华宫殿到另一座华丽宫殿的凯旋之旅；对

---

[1] 宾天：这是皇帝去世的传统说法。

皇帝来说，这是一次从一座监狱到另一座监狱的凄惨跋涉。在颐和园里，他的监狱是一座叫"玉澜堂"的建筑，意为"碧波荡漾的玉水殿堂"，那些如玉般的水波确实在他的监狱墙壁上荡漾，但他的耳朵听不见，眼睛也看不见。在北京，他的监狱是一个被称为"瀛台"的小岛，位于三海（北海、中海、南海）最南端，就在紫禁城的西墙之外。"瀛台"与"瀛洲"有着相同的含义，在中国神话中，瀛洲是福佑群岛或人间仙境的别称。"中华民国"成立后，"三海"被划入了总统官邸，成为它的一部分，我作为民国总统的嘉宾，有时会去参观可怜光绪的岛上监狱，那是他驾鹤西去的小"仙境"。我向民国政府建议保护这个小岛，纪念一个悲伤而孤独的灵魂。

仅仅过了几个月，慈禧太后就对自己的地位有了足够的把握，从而实施她所珍爱的"提名皇位继承人"之计划。她选中的人就是端郡王的儿子，名叫溥儁。端郡王是慈禧太后的宠臣之一，因为他和慈禧太后一样仇视和质疑一切洋人和改革家，也因为他的保守主义和她的保守主义一样偏执、无知、愚昧。慈禧太后将溥儁立为法定继承人（大阿哥）之后，决定禁止让他接触那些比她更为开明的思想流派，于是派了两个保守分子——崇绮和徐桐[1]——去负责他的教育。

公开宣布提名皇位继承人的消息立即促使有关皇帝病重的谣言卷土重来；可是，慈禧太后不想再捅马蜂窝，她决定再适当等一等，直到皇帝陛下的病情再次恶化。然而，与此同时，在紫禁城之外的大千世界，令人震惊的事件正在发生，并转移了太后和反动的满族亲王们的注意力，让他们不再拘泥于纯王朝的问题，而是要去直面一个全新的挑战——给"义和团运动"擦屁股。

我不打算长篇大论地讨论义和团运动或围攻使馆事件。我要说的话，可以看作是一切研究中国近代史者须知的历史事件精读版的一个注脚。

常常有人说，义和团运动开始时是一场反清运动，但后来"见风使舵，居然变成了一场爱国反洋运动"。这一说法虽然一再重复，但并不完全准确。义和团

---

[1] A.H.史密斯在《骚动的中国》第1卷第186页中阐述，徐桐不仅憎恨外国人，而且憎恨所有的外国作者之作品。书中写道："他不愿从公使馆街道的入口进入他的家，因为这条路已经铺上了碎石，并设置了排水沟。"

运动从一开始就是一场强烈排外和反基督教的运动，正如罗伯特·哈特爵士[1]坦率地承认和强调的那样，义和团运动是受到一种非常真实但盲目和无知的爱国主义的鼓舞。运动的首发地是山东，这并非偶然。德国夺取了胶州湾港口及其他一些中国领土，这一事件达到了高潮，让山东人民清楚地认识到，拜洋人所赐，中国最近几年遭受了种种损失和积累了种种冤仇。

出于显而易见的原因，每当民众的愤怒和不满可能会与地下势力结盟时，大清朝廷就会鼓励中国人的排外本能和冲动，因为那些地下势力总是威胁到满清征服者于17世纪建立的政治结构的稳定局面。但是，如果光绪皇帝的改革计划得以实施，政府还与义和团结盟的话，那就是匪夷所思的怪事了。毫无疑问，这场运动本可以被轻易镇压下去，因为中国很多地区的无法无天的运动早已被镇压下去了。义和团的"无知、狂热、迷信"与朝廷的"无知、狂热、迷信"格格不入，朝廷的"无知、狂热、迷信"则更不可原谅。荣禄和袁世凯率领的军队足以歼灭几千名以弓箭和长矛为主要武器的农民。只有当董福祥领导的政府部队和其他支持者在朝廷的允许下与义和团联合时，改组后的新团才不再是一群乌合之众。

毫无疑问，在北京的朝廷命官正在暗地里支持义和团，正如一位美国作家所言："这些所谓的爱国者，把义和团看作是一个强大的盟友，从而推动了将洋人赶出中华帝国的秘密筹谋计划。"[2]最不幸的是，在1899年义和团运动爆发的时候，山东巡抚是满族人毓贤，他的气质、教养和性格驱使他去忠实拥护"盲目反抗政策"，而该政策完全战胜了皇帝的维新计划。毓贤向朝廷提出了如何处理义和团问题的建议，这是朝廷决定支持义和团政策的主要因素之一。另一位当时在

---

[1] 我曾在《中国社会政治科学评论》（北京，1926年10月，第958页）第10卷第4期和《季度评论》（1927年1月，第160页及以后）上讨论过罗伯特·赫德爵士的观点。另见乔治·林奇《文明的战争》（伦敦，1901年，第225页及以后），"我对促使义和团运动的主要动机怀有最崇高和最彻底的敬佩"。
[2] 参见圣约翰大学校长卜舫济的名作《中国历史大纲》第185页；参见亚历克西斯·克劳斯《衰退中的中国》（伦敦：1900年）第366页，"我毫不犹豫地断言，这次造反浪潮……是皇太后的支持者们活动的直接结果"。

北京的美国作家甚至说:"整个义和团运动都应该归功于他。"[1]事实上,毓贤成了义和团心中的守护神和捍卫者,甚至是超级男神。必须承认的是,他尽了最大努力来表明自己值得义和团膜拜。

起初,义和团被认为是(也许就是)危险的白莲教后裔,白莲教在过去一直是反叛运动的罪魁祸首,于是,朝廷颁布法令镇压义和团。然而,毓贤很快就赶去营救了。外国使节以他未能阻止1897年两名德国传教士被谋杀(德国很快借机占领了胶东半岛)为由,成功地要求将他从山东巡抚的职位上解职,这使他自己的排外倾向大大加强。尽管迫于国外压力,他被逐出山东,但他在朝廷中并没有失宠。他被调任山西巡抚,不久之后,1900年,义和团运动进入疯狂的高潮期,他对山西境内的传教士进行了特别残忍和冷血的屠杀,并因此名声大振[2]。义和团的排外情绪足以使他对义和团的事业产生同情。他在奏章中解释,义和团是正义人士的集合体,可以在拯救国家免遭外来侵略的伟大事业中发挥重要作用。他还进一步宣称,义和团拥有神奇的力量,可以在对外战争中发挥极大的作用。他说,摧毁义和团将会导致灾难性的败局,"就像割掉自己的翅膀一样"。

在这里,我们没必要再继续讲述这个悲惨的故事——义和团的影响力如何传播到了北京,以及其英勇事迹和魔法力量如何先被残暴刚毅又冥顽不灵的醇亲王(皇位继承人的父亲)等当权派接纳,最后连太后本人也为之折服。袁世凯在山东接替毓贤之后,立即对义和团进行了实测,证明义和团队自称"刀枪不入"的说法是无稽之谈;但是,朝廷圈子里的大佬们喜欢"人云亦云",开明的总督和其他高级官员(包括荣禄在内)的紧急警告和恳求都被置若罔闻。

1900年6月20日,德国公使被杀,还有一名日本大使遇难,可以说,这标志着清廷开启了对外国使馆的围攻。可惜,同年8月14日,八国联军入侵北京,这段可怜的小插曲只得仓促收场。

不足为奇的是,慈禧太后不敢留在北京,不敢面对胜利的"洋鬼子",因为

---

[1] 伊萨克·泰勒·何德兰《慈禧与光绪:中国官廷中的生存游戏》(纽约:1909年),第55页。
[2] 参见安托万·德·里瓦罗尔《法国革命的原因》(1827年),"无论我们在本世纪的哲学上做了多少努力,最文明的帝国总是接近野蛮,就像抛光的铁接近铁锈一样"。

她自惭形秽。如果她得益于爱国主义和高尚情操的激励，愿意为那些她管理不善的子民牺牲自己的私人利益，那么，她能够做的和将要做的就是辞去摄政权，恢复曾被她赶下台的皇帝之皇位，并相信皇帝足够仁慈和"孝顺"，可以秉公执法并赦免她的罪行。皇帝面对外国军队无所畏惧，太后也知道这一点。这就是为什么她如此愤怒和嫉妒，却还要强迫他陪自己一起流亡。即使是为了把中国从外国列强的强取豪夺中拯救出来，太后也不允许她那个专横叛逆的皇帝侄子幸灾乐祸。如果她一定会遭受毁灭，也得确保他（皇帝）和她一起毁灭。

光绪本人恳求留在北京，但没有成功。他最宠爱的珍妃跪在疯狂的太后面前，恳求她不要强迫皇帝加入逃亡的队伍。珍妃知道光绪急于留下来面对八国联军的将领，而且，在皇家命运面临重大危机之际，可以说，她有权站出来向主宰皇族命运的万能仲裁者（太后）提出这一卑微的请求。皇族伪装逃亡的乡村马车就在紫禁城北门等着他们。"洋鬼子"们随时都可能逼近他们，一刻也不能耽搁。根据后来的一种说法，太后没有搭理跪在地上苦苦哀求的珍妃，而是怒不可遏地转向随行的太监，命令他们把哭诉的珍妃扔到井里去。

还有另一个版本，我听到宫廷太监们反复且谨慎地解释说，他们只是道听途说，因为他们没有参与这场悲剧，也不是在场的旁观者（我从没遇到一个承认自己是参与者或目击者的人）。这个故事中，皇太后用这样的话回答了珍妃的恳求："我们都想留在原地，但我们不能让西方洋鬼子活捉啊。你和我只有一条出路，我们都得死。这简单，你先走一步，我随后到黄泉路上去找你。"然后，太监们听到了女主子的暗示，立马抓住了珍妃，把她扔到井里淹死了——黄泉路上无人陪伴。

这口井（我认为，1900年以后就是无人使用的废井了）位于紫禁城的东部，在宁寿宫的后面——宁寿宫从1889年起是慈禧太后的"居所"。我常常陪同宣统皇帝从井旁经过。我们坐在井边谈论着他不足6岁时发生在井里的惨剧。这可能是另一个孤独的满族幽灵会永远出没的地方。如果中国人要在瀛台小岛或玉澜堂供奉光绪皇帝的神龛，那也不应忘记在紫禁城的这口井旁另立一座神龛，以纪念光绪被谋杀的爱妃。

几个月后，当慈禧流亡归来，便下令撤销她那凶残的排外且亲义和团的诏令（为了不在历史上遗臭万年），她屈尊授予已故珍妃荣誉，将后者从卑微的

"妃子"提升为尊贵的"皇贵妃",并赐予"恪顺皇贵妃"谥号,意为"恭敬顺从"。与此同时,有消息称,在"西巡"开始时,珍妃自己不小心落在了后面,她懊恼又沮丧,于是自杀身亡[1]。不必说,捏造这些谣言的主要目的不是为了纪念死去的珍妃或安抚她的灵魂,而是为了帮慈禧太后免除谋杀的罪名。

试问,这位老太后还能在"宁"寿宫里找到"安宁"吗?

---

[1] 这种对悲剧的官方解释被伊萨克·泰勒·何德兰采用,参见《慈禧与光绪:中国宫廷中的生存游戏》(纽约:1909年)第204页。看来何德兰没听说过其他的版本,但这是他在慈禧太后的有生之年写的书。

第四章　龙在囚笼

令人颇感怀疑的是,在义和团运动之后的8年时间里,慈禧太后是否意识到,她的政策(或者说,她接受并奉行的政策)所带来的深重屈辱及其导致的中华帝国之败落。她身边总是围绕着一群骗子和马屁精,这些奴才的兴趣在于打消她对自己智慧的疑虑。因此,她无法看清事物的真实面目,也不能从经验中获得有限的好处。如果她天生聪慧且具备杰出的品性,就会看穿周围的腐朽势力;可惜她不具备这样的品质。她对中国以外的世界一无所知,也未从先前与西方激进国家的接触中学到什么对她自己或对中国有价值的东西。她在一生中不止一次听到海外蛮族军团侵略的脚步声,也不止一次在敌国的猛攻面前深深鞠躬。这有什么关系呢?他们只是野蛮人,今天耀武扬威,也许明天就消失了呢。

在1900年的漫长逃亡之旅中,她有充足的时间来回味往事。她的思绪一定会常常飘进1860年的遥远回忆里。当时,洋鬼子迫使她和咸丰帝逃往热河,就像现在迫使她再次离开北京,逃往西安一样。也许他们会像40年前烧毁圆明园那样烧毁紫禁城。也许他们还会厚颜无耻地重复上演1860年的一幕幕,烧掉她在颐和园的漂亮新家,她曾经憧憬着在那里度过一个幸福又安宁的晚年。顺其自然吧!当他们饱享战利品,烧毁并毁灭无法带走的一切美好事物之后,就会回到自己的故乡——那些盘踞在文明世界尽头的乱石嶙峋的岛屿,中国将得到安宁,重回美好的古老模式。至于她自己,她可能得忍受几个月的苦难,不过,这一切很快就会过去的。她知道洋鬼子的德行。总有一天,他们会乞求她回到首都,让一切恢复正常。她也许要重建皇宫,还得收集新的珍宝来取代那些被毁坏或被掠走的宝贝,但这是一件容易的事儿,因为即将挑起全部重担的是4亿忠诚而顺从的臣民。然后,当最后一支蛮族大军隆隆驶过,她又开始沉浸——不是陷入沉思(必须摒弃太多沉思），而是沉浸在戏剧表演和低级书画诗歌的古老乐趣中，与崇拜她的侍女们和忠于她的太监们一起，在昆明湖的碧水之上享受野餐。为了忠诚但有时令人厌烦的臣民，她忍受了种种烦恼和焦虑，接下来她可以放松一下了。伟大的圣人孟子不是说过吗？君主可以享受公园、湖泊、宫殿、音乐和其他美好的事物，并且也不会受到良心的谴责！[1]

毫无疑问，还有许多让人疲惫不堪的工作要做，还有一些相当讨厌的责任要承担。那些曾经给过她愚蠢的建议，并因为鼓吹义和团的神奇魔力而误导她的亲王和大臣们，必须受到严惩。他们活该，真的，因为他们让她陷入了这样的困境。甚至有必要砍掉几个脑袋——如果那些笨拙粗野的洋鬼子执意要这么做的话，那就请便好了。对于那些痴迷于所谓的西方文明，对于宪法、公民大会和新的教育制度抱有荒谬幻想的怪人们，朝廷不得不做出一些令人遗憾的让步，但毫无疑问，可能会对此采取基本的保障措施。那些瘟疫似的"耶稣"和"天主"传教士就是一切麻烦的根源，他们可能会比以前更加苛刻和傲慢，因为他们一定得到了野蛮亲王们的撑腰和安抚。至于那个讨厌又糊涂的年轻人，他登上皇位之后，对她表现出了如此卑鄙的忘恩负义，那就让他继续在孤独中反省自己的恶行吧！他还得感谢她在他活该死的时候饶了他的命呢。

当"老佛爷"一天又一天、一周又一周地坐在轿子里"巡视"帝国之内洋鬼子们最不可能跟踪她的地方时，她的脑海中可能会掠过以上那些想法吧。她知道，有些事情必须弥补并尽快了结；没有什么可以让一切重新回到1900年之前如梦初醒的样子；但是，直到她去世的那一天，貌似她也未曾意识到，在那一年，朝廷是多么艰难地逃脱了毁灭，如果要恢复其威望和权力，她和她的继任者将面临多么艰巨的任务。尽管她无疑掌握了有关国内外革命社团活动的一切信息，还了解到孙中山等辈的反清宣传，但她从未被告知——也没有敏锐的洞察力去看见前方的危险——革命幽灵正在逼近皇位。

我不想描述八国联军和中国政府之间漫长而乏味的谈判，总之，谈判的结果导致了1901年慈禧太后重回北京并重新掌权。无论从中国的角度还是从八国联军

---

[1] 这是事实，但是，"先贤"孟子提出了一些条件，"后人"慈禧根本做不到啊。

的角度来看，双方达成的和解协议[1]都远非令人满意。义和团的几个头目和反洋的作恶者（比如毓贤）被处决了，还有一些人，比如谎报战况的刚毅，如果不是死于疾病或自杀的话，也会遭受同样的命运。徐桐、崇绮等人被贬到新疆，其中有几位皇族成员（载勋、载漪、载澜等）被流放或受到不同程度的惩罚。端亲王被贬了官职，选其子为皇位继承人的计划也被取消。鉴于外国人在动乱中遭受的损失，以及参加军事行动的各种远征部队之费用，中国必须按约支付大笔赔偿金。正如本书开篇所述，醇亲王被派往德国执行赎罪任务。尽管这项任务很丢脸，但他比他所代表的皇帝弟弟幸运多了。如果皇帝本人能够亲自参与这项任务，从而摆脱继续在奴役中苟延残喘7年的悲惨生活，他会欣喜若狂的。

慈禧太后在颐和园仁寿殿前乘舆照（前排左为崔玉贵，右为李莲英）

这种解决办法远非令人满意的主要原因是各国列强的代表之间缺乏坦率和诚恳，其中一些国家之间总是相互猜疑和嫉妒。也因为他们对近期中国政治和宫廷阴谋的背景一无所知，还因为俄国虽然没有热情参与八国联军侵华活动，却在满洲玩着另一场游戏，并试图以自己的方式与中国政府谈判。正如我们两年前从定居满洲的英国人那里听到的，中华帝国的那部分领土，更确切地说，叫作"满洲

---

[1] 《辛丑条约》及其衍生的《庚子赔款》。——译者注

帝国"——已经变成了俄国的附属物，只是名义上还是中国。因此，俄国人在1900年所做的仅仅是巩固和扩大其先前的成果。

康有为自然会怀着强烈的兴趣和沉重的焦虑去密切关注各国列强针对义和团悲剧所产生的各种问题的处理方式。他由衷地赞成对毓贤、端亲王等义和团头子的处罚，但八国联军未能坚决要求皇太后退位和皇帝复位，这让他忧心忡忡。他当然知道，只要皇太后还掌权，他就不可能重新得到朝廷的青睐，也不可能再次成为开明进步的君主信赖的顾问。然而，他关心的重点不是自己的命运和官运，而是皇上的安危，他自然觉得自己对皇上的悲惨遭遇负有很大的责任。

1901年6月，八国联军向清廷口述了和约条款，并对大多数犯罪者适时施加了惩罚，可惜，皇太后明显属于例外，而康有为依然远离故土、继续流亡。他当时生活在槟榔屿，借助于英国海峡殖民地总督的庇护。他在那里写了一份备忘录，并请人翻译成英文，供两三个英国朋友翻阅。他在文中强烈批评八国联军没有坚持惩罚那些他认为的最坏的罪犯，并表示真诚希望他们不要丢下这么重要的工作。我不知道备忘录的中文原件在哪里，但我这里备着康有为亲笔签名的英文译本。据我所知，这部手稿的中文和英文都从未出版过，但我也不打算在此展示其内容提纲，这是长达28页的四开本，其中23页文字重点抨击了所谓的"罪魁祸首"荣禄，其余5页囊括了对慈禧最宠爱的太监李莲英的谴责。

我之所以不打印且不分析这份有趣的文件，是因为后来我与康有为交谈时偶然得知，他也意识到自己对荣禄的评价有失公允。康有为对荣禄的强烈偏见显然是后者在促成1898年9月皇太后政变中所起的关键作用导致的。我毫不怀疑，康有为之所以改变他对荣禄的看法，主要是因为荣禄是醇亲王的岳父，也是光绪的继承人宣统皇帝的外祖父。荣禄的效忠直到生命的最后一刻，他对已废宣统的忠贞不贰，就如康有为对已废光绪的忠贞不贰。因此，康有为再也不敢公然抨击那个誓死效忠于皇上的人了。

康有为在备忘录中说，荣禄对朝廷加入义和团运动负有主要责任，因此在随后的暴行中也有罪责。在这一点上，康有为显然是判断失误，但他事后向朋友们坦承了。因为有很多反对荣禄的间接证据被八国联军指挥官和驻北京的外交机构接受，所以，他的误信也就不足为奇了。在相当长的一段时间里，八国联军认为荣禄是围攻使馆的主要负责人之一。因此，当慈禧任命他与庆亲王、李鸿章等寥寥数人去合作谈判和平条约时,八国联军拒绝承认荣禄为全权代表。然而,后来人们发现,如果慈禧太后听从了荣禄的劝告,就不会对列强宣战,不会围攻使馆,也不会在北京及其他多地屠杀洋人。我们现在知道,荣禄为反对端亲王这样的狂热的亲义和团运动做出了巨大的努力,他冒着丧失官场前途甚至生命的危险,坚决拒绝让义和团得到他看管的那些重型枪支和其他战争工具,而义和团一旦得手,就会在几个小时内把使馆区变成一堆废墟[1]。当义和团的疯魔暴行结束后,慈禧太后意识到荣禄的建议是多么明智,她痛悔自己当时没有予以采纳。直到荣禄于1903年去世,慈禧一直视他为自己最忠诚、最值得信赖的大臣。为表达感激之情,她先将荣禄的女儿赐婚给醇亲王,继而又下令让他们的儿子继承无子嗣的光绪皇帝的皇位。

虽然1900年以后,慈禧太后(主要是在荣禄的"急谏"下采取行动)投身于各种改革计划——社会、教育、宪政和军事——她逆转了往日的反动政策,但为时已晚,已无法满足激进分子的要求——这波人起初人数很少,但很活跃,而且与顽固派不共戴天。她装模作样的改革热情(她勉强承认改革的必要性)欺骗了许多乐观的外国人,但被那些对朝廷怀有虎视眈眈的敌意之中国人视为"犬儒主义"[2]。慈禧回京后不久颁布的一些诏书(例如允许满汉通婚)旨在表明,朝廷希望消除满汉两族之间遗留的差异,但这些诏书对遏制反清的浪潮没有起到什么作用。1905年,镇国公载泽被任命为代表团团长,领队去出洋考察朝政制度。就在北京火车站的时候,一枚炸弹划破天际冲向代表团。镇国公本人和一名代表(邵英)当即受伤。这段时间,朝廷发布了起草宪法草案的命令,根据该草案,政府的形式将近似于君主立宪制。由于慈禧太后的诚意受到质疑,即使这样也未

---

[1] 在我以"雷金纳德·欧文"为笔名撰写的《中国社会政治科学评论》(1926年)第958页中,可以看到我对该问题的一些看法。也可参见濮兰德和白克好司合著的《慈禧外纪》(1911年)第266页、第284—285页、第291页、第400页,等等。《景善日记》本身就可以为荣禄对待义和团的态度辩护。杜伊文达克教授重新翻译了这部日记,比以前的译本更完整、更准确,更忠实于原文。

[2] 犬儒主义是西方古代哲学、伦理学的一种学说,主张以追求普遍的善为人生之目的,为此必须抛弃一切物质享受和感官快乐。——译者注

能激起一小撮激进分子的热情或平息他们的不满[1]。同年，朝廷又颁布了诏书，命令各省政府严厉镇压"革命排满"思潮，但效果微乎其微。

1907年，徐世昌[2]被任命为东北三省的第一任总督。这是一项重要举措，也是最令人印象深刻的迹象之一。到那时为止，满洲作为清王朝的立国之地，一直由王权直接控制下的军事统治者统治。值得铭记的是，"中华帝国"实际上就是（自1644年以来一直就是）"满洲帝国"。革命者为1911年运动提出的主要理由之一就是满族人是外邦人和入侵者，因此无权统治中国人民。这些事实不容忽视，因为他们与满族皇室在近代满洲政治中所扮演的角色有着明显的关系。1907年，为了行政目的，满洲第一次与各省保持一致步伐（设立督抚），直到那时才废除了限制汉族人自由移民到满洲的规定。

值得注意的是，这一行政变动是由清政府发起的，并不是因为它有意将"东三省"献给中国，而是出于实际国情，并希望向汉族表明，统治家族把满族和汉族视为一个大家庭。还应指出的是，满洲境况的变化是日俄战争的连锁反应，导致的结果就是俄国人被逐出了辽东半岛（包括旅顺港和大连）和满洲南部，俄国在这些地区的权利转移给了日本。世人要铭记，早在1898年满洲就已经（用那里的英国居民的话来说）成了俄国的——除了名字。俄国对满洲的控制在1900年得到了加强，以至于有位中国历史学家哀叹：东三省全失。1904—1905年，日本在满洲的土地上战胜了俄国，并保留了在战场上从俄国赢得的权利和特权，但将被俄国夺取的省份（受制于这些权利和特权）归还给了政府——当然是清王朝的政府。"清王朝的政府"就是"中国政府"，这种说法并不准确，因为在汉语中，中华帝国的官方称谓不是"中国"，而是"大清国"，与之最接近的对应词是"满洲帝国"。大清是满族领袖在统治中国之前的王朝称号，后来被保留并应用于辽阔的疆域，中国只是其中最大和最重要的一部分。这种将王朝称号作为国家名称的做法，并不是满族的发明。满族人沿袭了前朝的习俗——既有外域风情，也有本土风俗。中国或清王朝律法中并没有出现"中华帝国"这个名称。尽管中

---

[1] 梁启超是质疑慈禧太后诚意的这一小撮人之一，正因如此，他逐渐对王朝绝望并加入共和派。

[2] 徐世昌：中华民国第二任总统，任期为1918年10月10日至1923年10月10日。——译者注

国当局默许西洋人使用这些术语，但对西洋人来说，中国的律法或王朝名称就是一个谜。

虽然总督东北的徐世昌是汉族人，但我们应该注意到，镇国公依然坚信满洲继续和皇室有着特殊的联系。我们还应该发现，徐世昌的继任者锡良是一个蒙古人，他曾担任热河总督等职务，热河与满洲一样，被视为一个特殊地区，由皇权直接控制。1911年，宣统皇帝统治的最后一年，接替锡良的是赵尔巽，他是汉族的封臣，实际上是被收养的满族人。

1907年，汪大燮（后任中国驻伦敦公使）作为第二个代表团团长被派往欧洲各国考察宪政。同年，孙中山和黄兴在广西发动起义，可惜被朝廷易如反掌地平息了，孙中山只好流亡国外。

大约在这个时候，朝廷颁布了第一个禁止学生干涉政治的法令。虽然直到1919年，也就是革命之后很久，"学生运动"才作为一支重要的力量登上中国的政治舞台。

现在回到1908年，也就是慈禧太后和她的俘虏皇帝去世的那一年。由于本书的主旨不是详述中国改革运动史，因此不必细谈各种各样的改革——政治、教育及其他。这些改革或多或少得到了皇权的勉强批准，有些改革在清朝末年才得以实施。下面我将继续讨论朝廷为安排继承人而采取的措施。

由于光绪皇帝没有子嗣，必须从他的侄子中挑选继承人。光绪有几个兄弟，其中最年长的是醇亲王，他曾于1901年被派往德国，为冯·凯特勒男爵被害事件道歉。在他完成使命归来后不久，慈禧便为他挑选了荣禄的女儿做新娘，并承诺说，如果他们生了儿子，这个孩子将会成为皇位继承人。

当然，承诺得到了践行。1906年2月，醇亲王喜得贵子，取名溥仪。光绪弥留之际，慈禧太后下令，要把这个不足3岁的孩子从他父亲的府邸（北府）带进紫禁城，从那一天直到1924年11月，紫禁城一直是他的家。朝廷以临终皇帝的名义宣布了一道遗诏，于是，小溥仪恭敬地接受了慈禧太后的命令，成了下一任皇帝。值得怀疑的是，光绪的继承人是谁，恐怕连他自己都不知情吧。但几乎可以肯定的是，他从来没有见过他自己的遗诏，也肯定没有人向他请示过那道圣旨的内容。同时，光绪的皇后（老佛爷的外甥女）被提升为"皇太后"，封号"隆裕"，从此她就是"隆裕皇太后"；慈禧本人从皇太后晋升为太皇太后，并被授予一系列新的荣誉头衔。而这一切——上文已经说过——都是严格依照历代先例的产物。

新晋皇帝之生父醇亲王被任命为摄政王。乍一看，这一任命貌似水到渠成，几乎不可避免。新君是一个不足3岁的幼儿，他需要很多年才能长大成人，一定得有个摄政王辅助当下政务。谁能比小皇帝的父亲更适合这个职位呢？他是已故皇帝的兄弟，是最高等级的亲王。如果把他放在一边，转而起用另一位皇室成员，那对醇亲王来说必定是一种不可原谅的怠慢。然而，老佛爷在做出这一任命时犯了她一生中最后也是最大的错误——她没有意识到选择具备一流才干的政治家担任摄政王的重要性。对于清王朝来说，这是不幸的，而我认为，对于中国和中国人民来说，这也是遗憾的。皇权面临着来自四面八方的严重威胁。现在根本没时间考虑哪个亲王摄政的敏感问题。也许老佛爷的识人能力和政治远见比我想象的还要差吧，否则，她不可能不知道这样一个明显的事实：醇亲王无法完成引领中国君主政体之船穿越险恶海洋的艰巨任务。

当醇亲王被任命为摄政王时，官方及各界人士都知道他没有资格承担摆在他面前的重大任务，这个任命是王朝的不祥之兆。当时流传着一句话："清朝始于摄政，亡于摄政。"当然，更早的先例就是摄政王多尔衮，他是顺治皇帝的叔叔，也是清朝第一个实际统治中国的摄政亲王。这让人想起了苏格兰的詹姆斯五世临终前说的一句话："朝政始于联姻，亡于联姻。"

有充分的理由相信，袁世凯曾经努力阻止溥仪被提名为皇位继承人，因为他知道，溥仪登基意味着醇亲王晋升，这将对他自己的事业造成灾难性的后果。袁世凯选择了溥伦亲王[1]，他是道光皇帝的曾孙。如果袁世凯对溥伦的支持能获得成功，当然会继续留任，毫无疑问，他会受到新君主的高度青睐。这种局势对中国历史进程的影响，再怎么高估也不为过。

醇亲王（载沣）是——过去是，现在也是——一个和蔼可亲的人，没有恶意或报复心，善于交际，对中国戏剧感兴趣，这种"兴趣"不亚于他对政治或大千世界的"没兴趣"。他对满族语有相当的了解（他是公认的两位博学亲王之一，另一位是载勋）。他用心良苦，试图用他那慵懒而无效的方式取悦每一个人，可

---

[1] 可惜溥伦为次妃所生，而非嫡福晋所生。

惜毫无效果。他逃避责任，完全没有商业头脑，极度缺乏能量、意志力和勇气，而且我们有理由相信，他的身体勇气和精神勇气皆已缺失。他在紧急情况下无能为力，没有独到的见解，容易受花言巧语者的影响。况且，在他成为摄政王之后，马屁精们的奉承往往使他固执己见，而实践证明，他的那些个人观点几乎都是谬论。我与醇亲王有过几年的"亲密接触"，他在支配皇族或他的皇帝儿子等方面做错或选错道路的致命倾向，给我留下了深刻的印象，以至于我曾一度向紫禁城的同僚们提议，采取一种通用的原则去扭转他的坏倾向：如果出现了两种可能的行动方案，先问摄政王的想法和选择，然后，我们再执行他放弃的那种方案。

我们应该赞扬，他尽了最大的努力来纪念那位殉难的皇帝弟弟，以及曾经为皇帝服务的一些忠义之士。醇亲王应追授荣誉给帝师翁同龢，但他不敢把康有为牵扯进来，而且他对待袁世凯的方式——不管我们认为是过于宽容还是过于严厉——结果都是灾难性的。1908年以后，尤其是在令他敬畏的隆裕皇太后去世之后，他开始表现出一种奇怪的虚荣心，而且表现模式相当怪异，用时髦的行话来说，这也许源自一种自卑情结吧。至今，他幸而对自己在政治或其他方面的任何缺点一无所知，也丝毫没有意识到自己作为统治者或政治家生涯中应受谴责或蔑视的任何事情。他的周身充满了乏味的自我满足感，这似乎是内心不安的外在迹象，也许真的具备某些防御功能吧；因为，一旦这种不安从潜意识中浮现出来，他就会因羞愧难当和万念俱灰而变得疯癫。

仅凭新君是醇亲王的儿子这一事实，并不能使得醇亲王被任命为摄政王成为必然，但是，任命另一名皇室成员接替他的位置，肯定也是困难或不可能的事情。慈禧太后还有另一条路可走，如果她选择了这条路，也许就能把清王朝从废墟中拯救出来，也能使中国免于数十年的混乱和内战。她本可以回避所有的亲王，自作主张任命一个摄政委员会，由帝国中一小群最有能力和最开明的政治家组成。这里有一个可行的方案——建立一个由五人组成的委员会，其中，两名是满族人（但不是皇族亲王），三名是汉族人。委员会中汉族成员人数超过满族人，这样会让汉族人沾沾自喜和引以为豪，还可以令所有人（孙中山等少数不可调和的反清分子除外）相信，朝廷决心消除满汉两族之间的一切差异，并将全国人民的利益置于一切考量之上。为了使这个计划可行，我们必须一劳永逸地放弃

"皇位是统治阶级的私有财产"之有害理论,并接受"皇位是中国政府的有机组成部分"之原则,它的存在不是为了皇族的荣耀和利益,而是为了人民的福祉。

挑选摄政委员会的成员,这是一项困难但绝非不可完成的任务。反动派和蒙昧主义者虽然人数众多,但已不能再通过与义和团结盟来阻止改革的浪潮了。人们都敢于公开表示,改革来得太晚了,中国必须实现现代化,否则就会遭受灭顶之灾;此外,中国不乏有能力且爱国的开明官员和政治家,他们对朝廷还没有完全失去信心。我只需提一下徐世昌、赵尔巽、郑孝胥、李经迈(李鸿章之子),以及至少十几个符合条件的人,还有康有为领衔的广东地区忠臣代表团。如果袁世凯本人被任命为摄政委员之一,可能会满足他的野心,从而保住清帝的皇位。如果需要的话,让摄政委员们知道,幼小君主的利益和福利已经全权委托给了他们,这本身就是对他们忠诚的激励。他们的主要职责之一,就是确保小皇帝在健康的环境中成长起来,并避免受到紫禁城的消极影响。这必然会导致太监制度的废除,也必然会严重削弱腐败奢侈的内务府的权威和影响力。摄政委员会也有责任确保将小皇帝的教育托付给良师——他们不可以是偏执的保守主义者,对所有文明的优点视而不见;也不可以是极端的激进分子,沉醉于自己吸收的西方知识,还企图打破中国文化的基础。这样的帝师才能使小皇帝对东西方的思想、艺术和科学产生共鸣,并在现代条件下自学成才,变身为一位驾驭"世界大国"的立宪统治者。

我的憧憬是——少年宣统远不像其他的少年皇帝,他的统治不会给王朝带来诸多的软肋和危险,甚至还可能为中国人民及其君主政体开创一个繁荣而荣耀的新时代。可惜,这一憧憬只是海市蜃楼。中国得到的不是一个摄政委员会,而是一个醇亲王,结果(也可以说"接下来")就是一场革命。

第五章　慈禧太后

如果我在上文中的判断大致正确，那么，显而易见，八国联军在1901年起草和平条款时犯了一个灾难性的错误——没有坚持将慈禧太后排除在积极的政治活动之外，并坚决要求光绪皇帝复辟。如果有人反对说，这种政策只要传出一点风声，光绪就会立即被处死，那么，我给出的回答是，尽管这种危险也许不可避免，但可以通过即时声明而降低，比如由八国联军向慈禧太后发表一份庄严的声明，让她保证交出摄政权，以免遭受任何其他惩罚，但要求她本人负责光绪皇帝的安全，直到他重掌皇权。

当时，许多目光如炬的中国人都希望光绪能够重掌皇权——前提是光绪在如此可怕的监禁条件下还没有精神崩溃。不言而喻的是，康有为及其同道中人都殷切希望皇帝复位。在这个问题上，我不打算引用康有为的话，而是提请大家注意1901年出版的书信集《中国内部之危机》中的一些段落。作者署名"文庆"，众所周知，这是中国著名教育和社会改革先驱林文庆博士的笔名。

> 皇太后必须放弃摄政，除非八国联军能找到皇帝本人，并恢复其实际统治者的地位。如此，皇帝只需一挥"朱笔"[1]，就可以剥夺皇太后干涉国家事务的一切法定权力……反动派在中部和南部省份非常不受欢迎，数百万人将欢呼皇帝重新掌权。皇帝若想建立权威，真的没什么困难，因为这是整个帝国公认的民意……最进步的中国人会走上前线，在列强的协助下，光绪的新政府一定会突飞猛进。毫无疑问，如果不恢复

---

[1] 皇帝御批用的红色笔。——译者注

光绪的皇位,改革派就会变成革命派,不久,一场巨大的革命就会席卷全国,给中国大地带来无穷无尽的苦难,给世界贸易带来无法估量的损失……现在,一场大革命的种子在中国遍地萌芽,而八国联军现在有办法避免这一灾难,但他们会看到迫在眉睫的危险吗?[1]

紫禁城(西北角)

可惜!八国联军没有看到,十年后,文庆的预言得到了证实。

乍看之下,我引用的段落似乎包含了一个致命的矛盾,因为作者在一句话中说皇帝的权威"是整个帝国公认的民意",而在另一句话中说"一场大革命的种子在中国遍地萌芽"。其实这并不矛盾。文庆的意思是,如果政府仍然掌握在像慈禧太后这样的反动派手中,"一场巨大的革命就会席卷中国"。但皇帝不是反动分子。正相反,据我们所知,他热衷于改革。让他恢复被反动派强行夺去的皇权,世界就不会再听到中国革命的声音了。这是文庆以及许多仁人志士的观点,我相信这就是真理。

---

[1] 改革派在1900年10月10日《华北先驱报》上发表了一篇宣言,该文转自史丹利·史密斯的《从内部看中国》(伦敦:1901年),主要内容如下:"我们坚信,解决当前复杂问题最简单的办法,就是八国联军罢免和驱逐篡位者及其卑躬屈膝的顽固分子和反动分子,并恢复光绪皇帝的统治,因为光绪就是改革的倡导者和代表者。如此一来,将会立即恢复公众的信心,平息公众的不满,并消除可能引起国际纠纷的一大原因。"

也许会出现反对意见，表示慈禧太后在流亡西安期间已经努力成为一名改革家，而且各种改革都得到了她的批准，此外，她在生命的最后几年也以一定的力度推进了改革，然而，这个国家最终还是没有免于革命的浩劫。但是，正如上一章中所指出的，很少有中国人像许多外国人那样认真对待慈禧太后和她新生的改革热情。西方作家宣称，在"义和团运动失败"和"朝廷回归北京"之后，慈禧太后经历了一次真正的"改变心意"，她显然真诚地渴望与洋人发展友好关系，并采取改革政策。遗憾的是，几乎没有中国人（应该是最了解情况的人）说过或相信这句话。没有"改变心意"，只有"改变头脑"，如果要阻止文庆所说的"改革派"成为"革命派"，就必须既改变心意又改变头脑。此外，无论是在"改变"之前还是之后，慈禧太后都不会拥有天赋异禀的大脑。这是一个内部没有智慧之光且没有胆识借用外部希望之光的笨脑瓜。

某个颇有成就的作家宣称，1900年以后，慈禧"采取了西方路线的现代化政策，纯粹凭借品格的力量，让一部分人不由自主地服从她的命令"。而我认为，更确切地说，在义和团运动后期，她只是跟风，而不是带头。她明智地接受了比她更聪明者的承诺，后者坚持说，她所憎恨的改革一定会来临，对于她所憎恨的西方化，她也不能再全盘排斥了。就像英国的查理二世一样，她不再钟情于计划"旅行"（流亡）的念头了。严酷的事实和荣禄、李鸿章等人的谆谆告诫使她明白，不是靠"拳头"（指义和团运动）就能把洋鬼子赶出中国的。然而，她既没有忘记也没有原谅那些胆敢在1898年违抗她的人。她既没有宽宏大量的慷慨胸怀去承认自己的错误，也没有主持公道的正义感来竭力弥补自己犯下的罪行。康党（康有为领导的维新派）仍然在她的黑名单上，康有为本人也会被判处死刑，如果他已经在她的掌握之中，也许不需要任何审判的借口了。皇帝仍然是她鄙视和憎恨的囚徒，她对他的辱骂和侮辱从未停止过。事实上，皇帝提出了一项改革政策，而现在她自己却不情愿地被迫赞同并付诸实施，这加剧了她的嫉妒，使她的仇恨之火更加炽烈。

关于慈禧的统治者地位，有两种截然相反的观点。一种观点认为，她拥有政治家才干的完美天赋，在朝廷失去"天命"之后仍能维持很长一段时间；另一种观点认为，她应对清廷覆灭负主要（或大部分）责任。据我所知，没有任何中国权威人士持有前者的观点，但该观点在西方学者中很常见。例如，史蒂芬·金·霍尔告诉我们,"一个女人的天才延缓了王朝的垮台";而卡梅隆博士说"在太平天国运动危险地接近尾声之后,只有她顽强的精神维持着王朝的生命";如果不是她摄政,"清朝衰退的速度会更快,而且会带来灾难性的后果"。

在持相反意见的人中,可以引用一个英国权威和一个中国权威作为代表。W.E.苏斯希尔说,由于1898年维新运动被破坏,慈禧太后"拆掉了摇摇欲坠的王座的最后一根支柱"。而有一位中国作家早在1900年就引用了文庆的话,称慈禧多年来一直"将帝国推向毁灭的边缘"。

在这两种对立的观点中,我认为第二种观点比第一种更接近事实,尽管它没有考虑到这样一个事实——应该强调的是,慈禧只是一个无知的女流之辈,她不应该为她所做的错事或"以她之名,她却未干"的一切事情负全责。

在四位美国作家中,第一位将她描述为"世界上最卓越非凡的女君主和最肆无忌惮的独裁者";第二位的话有点儿令人质疑,"说她是最近半个世纪最伟大的女性也不过分呀";第三位则宣称她是"历史上很少记载的坚强人物之一";第四位说她将是"人类历史上最伟大的统治者之一"。[1]

在加入满族宫廷并获得更多信息的前几年,我曾这样描述皇太后,"那些无可匹敌的好机会都让她给滥用和糟蹋了,她必须对最古老皇权的屈辱和垮台负主要责任"。我现在应该用"大部分"来取代"主要";我应该补充说,作为一名道德行使者,她的责任受到这样一些事实的限制,即她处于一个邪恶的制度之中,而这一制度不是她自己创造的(不仅存在于她的时代之前,还存在于清王朝之前),况且,她还受到腐败传统的束缚,而她又是这些传统的继承人。然而,如果她是"人类历史上最伟大的统治者之一""近半个世纪最伟大的女性"或者

---

[1] 前美国驻北京大使邓比上校也很赞成美国人用夸张的词汇颂扬"老佛爷"。乔治·林奇在其著作《文明之战》(伦敦:1901年)中将她描述为"中国有史以来最伟大的统治者"(第229页)"也是世界历史上最伟大的女性之一"(第232页)。如果这些仰慕慈禧的西方人士研究了公元7世纪唐朝的武则天,他们会说些什么呢?一些仰慕慈禧的西方人士热情四溢,还自我误导,不仅赋予她卓越的智慧和动人的个性,还浮夸地说她拥有超凡的美貌,而事实上,慈禧从未拥有这些特质。乔治·林奇引用《文明之战》中另外一句话来告诉我们,"作为一名女子,所有人都认为,她是漂亮女人圈子中的头牌人物"(第227页)。

"世界上最卓越非凡的女君主",那么,她就可以摆脱这种邪恶的束缚,从这些腐败传统中解放出来。她既没有坚强的性格,也没有刚毅的意志,而这些都是成就如此伟业的必备特质。[1]

假设,正如一些西方的仰慕者所言,这位"伟大"的慈禧太后是一位具备政治家才干且睿智爱国的统治者,那么,1894年的中日战争"绝对绝对"不可能发生;绝对没有必要在1898年把港口和租界让给外国列强;朝廷和政府绝对不会反对维新改革;帝国绝对不会默许义和团之流进行暴力运动,没有围攻使节之事,没有赔款,没有革命,没有"共和",没有法律和秩序的崩溃,没有失去蒙古、新疆、西藏、热河和满洲的憾事。一切"不平等的条约"可能早已经双方协议而得以废止,也不会损害中国与其他国家的友好关系。当今中国可能正在领导一项伟大的使命,将人类从经济、民族主义和其他危险中拯救出来,而现在,整个世界都不幸沦陷其中。

毫无疑问,猜测所有这些"早该发生却未遂心愿之事",纯属徒劳。再则,责怪慈禧没有天赋异禀,也是不公平的。她没有被赋予伟大的政治家才干,这不是她的错。尽管如此,我们还是没有理由无缘无故地向那些载入史册的"人类历史上最伟大的统治者"们表示钦佩和艳羡。

西方画家苏姗·汤利女士曾经描述义和团战争结束后在圆明园对慈禧太后的一次采访,并对后者进行了令人颇为费解的评说——"这个和善的小个子妇人,长着一张和善的意大利农民的棕色面孔",她就是"那个神秘而威武的独裁者……她故意贬低和贬损坐在她身边的不幸皇帝!她就是那个怂恿义和团做出无端暴行的女魔头!"她在最后的总结中诘问:慈禧"究竟是真的要为这一切负责",还是"仅仅是咄咄逼人的命运之手中的一颗棋子而已"?

我的回答是,慈禧确实是一颗棋子,但她是自愿的,咄咄逼人的不是命运之

---

[1] A.E.格兰瑟姆在《京畿笔谈》(伦敦:1918年)第287页中的观点值得引用。"她被称为'伟大',但她真的只是'强大'而已,因为她有机会引导清朝走上安全进步之路,但实际上,她因为狭隘的家族偏见和致命的顽固考量而加速了清王朝的急剧衰败,而当时只有最广阔的视野才能拯救该局面。当然,这一缺陷似乎是一切朝代的祸根,因为天命正在逝去。"

手，而是爱国但偏执的保守派，他们就是一群满汉混混和傻瓜组成的腐败团伙之受害者。他们发现慈禧可以帮他们实现野心；正如我在上文中解释的，她在国家和朝廷上的地位使她成为他们不可或缺的合适工具；她所受的教育、她所处的环境，以及她自身性格和智力的局限性，使她轻而易举且几乎必然成为他们名义上的领袖和实际上的保护者兼被愚弄者。

她有很多小性格，其中，虚荣心是最明显的特征。如果她不能从别人那里得到自己渴望的一切恭维话，她会毫不犹豫地自吹自擂，而比肯西尔德勋爵喜欢为了一己私利而把她吹捧得天花乱坠。于是，她对德玲公主说："你知道吗？我经常在想，恐怕我是世界上最聪明的女人，别人都望尘莫及啊。"我们可以认为，无论是德玲公主还是宫里的其他人，都没有胆量或意愿去反驳她吧。

不过，她虽然喜欢听恭维话，但也很精明，知道别人也喜欢听恭维话，而且她对人性的了解也很透彻，这使得她接待过的许多使馆夫人都为之倾心。她讨厌那群女人，但是，看到她们欣然接受她充满爱意和尊重的信誓旦旦，她觉得很有趣。在使领馆被围困之前和之后，她曾多次招待外国使馆夫人。据记载，有一次，她对每一位外国全权公使的夫人轻声细语地说："我们都是一家人。"她送她们回家时，她们对她的优雅和魅力充满了钦佩，并为她装模作样的深情款款而备感欣喜。不久之后，正如一位美国传教士所洞察的，她颁布诏谕，命令她的军队屠杀所有触手可及的洋人，只留下了满汉两族的"一家人"。

从流放地返回后，她对洋人的仇恨可能比以前更加强烈。难道他们没有让她丢脸到永远都不能被人遗忘或原谅的地步吗？1900年以后，她与外国使领馆的公使夫人们重新建立了友谊，尽管有些女士带着孩子般的喜悦听着她的闲聊，但她的友谊官宣中没有一丝诚意。也许是因为，"亲爱的"公爵夫人如同"迷人的"皇后嫔妃，一开始就以相当不公平的优势争夺人气。

她喜欢听人把自己和维多利亚女王相提并论，当然，前提是这种比较要慎重。然而，更恰当的说法是，拿她跟伊丽莎白女王"不那么伊丽莎白"的时候做比较，会更贴切的。有些讲述"老佛爷爱慕虚荣"的故事可以与苏格兰公使讲述的"伊丽莎白女王逸闻"相媲美。苏格兰公使在回答伊丽莎白的一个敏感问题时只好如实说，伊丽莎白女王的身高不及苏格兰女王。伊丽莎白女王说："可见，你们的女王太高了，因为我不高不矮刚刚好。"尽管伊丽莎白女王可能从来没有当面下令砍死皇帝的配偶，更不用说扔到井里淹死了，但我们知道，伊丽莎白在公开场合毫不避讳地打过朝臣和侍女们的耳光。应该有人给"老佛爷"讲伊丽莎白打耳光的故事，这会逗她开心的。[1]

她不仅喜欢把自己比作女王，还喜欢把自己比作神灵。她在颐和园最喜欢的消遣之一就是假扮观音——佛教菩萨，外国人称之为"玉观音"——从莲花池中优雅地浮现，将爱和慈悲的甘露送给受苦受难的人间。在这些欢乐的时刻，侍候她的"天使们"双手合十地站在她身旁，表示喜悦和崇拜，这些人就是她忠实的走狗和亲信，比如总管太监李莲英。

她喜欢自诩为佛教神明，这与她经常被冠以"老佛爷"的称谓毫无关系。"老佛爷"对应的外国词通常是"年老的佛陀"，我更喜欢翻译成"可敬的佛陀"。因为在汉语中，"老"字（尤其是和"爷"连用时）含有"令人尊敬"之意，而在英语中，"老"字是没有这层意思的。这是一种恭敬的称呼，实际上是那些屈尊于王座脚下的人们对着皇太后口头致辞时的尊称，但是，如果你认为这是对慈禧老前辈的某种尊敬，那就错了。"当今佛爷"是所有皇帝最流行的称谓之一。19世纪早期寄居中国宫廷的里帕神父对此的看法如下："光绪皇帝在全中国备受尊崇，以至于他经常被冠以'佛'的称号，这是满族人和汉族人普遍崇拜的民族神灵。我自己经常听到他被称为'活佛'。"显然，这位虔诚的耶稣会神父并不知道"佛"是中国（北京风格）作品中的"佛陀"，也不知道"佛"是中国皇帝的通称。授予帝王人物的另一些广为流传的尊称包括：万岁、国主、陛下、天子。我在满族朝廷居住期间，这是太监和其他宫廷仆人在谈到皇帝的贵妃或遗孀时常用的称呼。

尽管朝臣们谈及慈禧太后或与之交谈时都使用恭敬的语言，但她并不是中国文明鼎盛时期的典型产物。她的举止并不总是儒家伦理所赋予的"人类文明之

---

[1] 如果H.贝洛克先生对伊丽莎白女王及其皇族圈子的描述真实可信，那就暗示了慈禧太后统治下的中国情况也相似——就像他在最近的《英格兰国王查理一世》（卡塞尔：1933年）中所说的那样。他否认伊丽莎白是一个伟大的女性或统治者，说她只是一个被别人利用的傀儡或"象征物"而已。统治中国（或施行恶政）的是其他人，而不是慈禧，正如贝洛克先生的观点，"统治英国的是威廉·塞西尔，而不是女王"。请看J.E.尼尔教授的《伊丽莎白女王》（开普：1934年）。

花"，或是奠定了中国文化基础的皇家圣贤。1897年，她罢免了一位名叫林秀川的高级军官，仅仅因为他在觐见时下跪慢了，她对这种不端行为的反应与我们在官方史书上读到的督府的故事形成了鲜明的对比。据史书记载，有个人没有恭敬地朝着某位总督鞠一躬，就被带到后者面前接受惩罚。但总督没有像人们预期的那样下令处决这个人，而是说："放他走吧。他没有礼貌，这是我的错，不是他的错，这表明我没能教化那些需要我统治的人。"也应该有人把这个故事讲给"老佛爷"听。这虽然不会逗乐她，但也许会让她有所反思吧。

罗伯特·洛雷恩先生最近告诉我们，如果我们翻开历史的篇章，就会发现那些杰出的女性——维多利亚女王可能只是个例外——都是典型的"虎猫型"人格。我认为，慈禧就是那种类型的女人，但出于对中国皇家尊严象征的尊重，也许说她是"龙型人格"更可取。

我说过，慈禧太后喜欢扮演"观音菩萨"。这样的情况并不奇怪，因为她相信——朝廷也鼓励她相信——她实际上就是观音菩萨的化身。其中有一个故事，我们就当它是一个悲剧吧。

在甲午中日战争开始前，慈禧生了重病，但不久之后，老佛爷的凤体就迅速而彻底地康复了。她注意到李莲英已经缺勤好几天了，便询问原因，才得知他病倒了。后来，她还熟知他的病情，这无疑是李莲英的一个太监下属透露给她的。他从自己的大腿上切下一块肉，煮熟后给皇太后服下了。据报道，从那时起，李莲英迅速赢得了皇太后的欢心，而皇帝作为她收养的儿子，因为没有以她期待的令人作呕的方式表现出孝顺的诚意而"颜面尽失"，因此成为她厌恶和蔑视的对象。[1]

我结识的皇室权威中有人给我讲了一个故事——皇帝最后一次会见囚禁他的

---

[1] 我的读者如果听说过一些曾经在中外圈子里流传的关于皇太后私生活的丑闻，可能会感到惊讶，因为我没有提及她与李莲英（造谣者竟然说李莲英是假太监）或者与其他人所谓的亲密关系。我在本书中故意漏掉这一段，因为尽管文庆等作家（他们太恨慈禧，其证据未必属实）做了重点陈述，但我还是不能相信。现实中的"老佛爷"虽然也是庸脂俗粉之辈，但作为统治者，或许较为明智。"貌似她的性格扭曲与过度沉溺于感官愉悦无关，部分是由于性压抑引起的内心冲突"，这是文庆在其著作《中国内部之危机》第133—158页的陈述，我对其准确性提出质疑。

威严母后的场景。皇帝的日常职责或惩罚之一就是频繁拜访太后的宫殿并拜倒在她的宝座前。这纯粹是一种形式,慈禧太后一直这样做,有两方面的原因:一是她想时不时地让自己相信这个逆子仍然是她的俘虏;二是她想看到他遭受羞辱的样子,这让她的心里感到无比满足。1908年秋的一天,光绪到宁寿宫去执行常规的朝拜仪式,但他的病情已进入最后阶段,他知道自己快要死了。他低垂着头,四肢发抖,由太监扶着,蹒蹒跚跚地走进了宁寿宫,显然已经命在旦夕了。当他准备像往常一样跪下的时候,皇太后被他极度的虚弱和憔悴震惊了。这情景触动了她,随行的太监们惊讶地发现,她的眼睛和脸颊上都溢满了泪水。光绪皇帝向慈禧太后磕头的仪式通常是在双方完全沉默的情况下进行的。这一次,她突然打破了沉默,说了一句话:"你不用下跪!"可是,病入膏肓的皇帝还是疲倦地跪了下来,一边跪拜一边用几乎听不见的声音低语:"我要下跪。这是儿臣有生之年最后一次跪拜母后了。"最后一次——事实证明,确实如此。

几天后,北京出现了两具皇家尸体,一具在"宁寿宫",另一具在"三海"中的"仙岛皇宫"。可能是因为"老佛爷"有一种预感,他俩都将进入阴曹地府,在那里,仇恨也许会永远消失。抑或是,只是因为她突然想起自己是观音菩萨,是时候证明慈悲并非与她的品质格格不入吗?

1908年11月15日,皇太后去世了,距离光绪皇帝驾崩之后不到一天。这一巧合不可避免地引发了这样的谣言:老佛爷知道自己将不久于人世,她坚决不能让自己死在俘虏(光绪)之前,因此采取措施确保他死在自己前面。另一个故事是关于某些宫廷太监,他们曾经是慈禧暴政的代理人,因为担心皇帝会恢复权力而惶惶不可终日,所以暗中下毒,结束了皇帝的生命,从而拯救了他们自己[1]。我不相信第一个故事,虽然第二个似乎更有可能,但我没有证据支持。我手上有一份消息灵通的英国医生的报告,是根据御医提供的证据准备的,关于光绪的身体状况和最后的疾病——证明他自然死亡的说法是合理的,只是加速了,毫无

---

[1] 还有第三个故事,我索性用注释吧——袁世凯用3.3万美元贿赂了一名中国医生,让他除掉皇帝。这个故事的作者是何德兰,他还补充说:"据说,实际上,慈禧先去世,皇帝后去世,但诏书宣布的是:第一天皇帝驾崩,第二天太后去世。"另见P.W.萨金特《慈禧太后》(伦敦:1910年)第302页及以后。

疑问，这是无助的受害者十年来一直遭受的野蛮虐待所致。毕竟，依据我们的估计，就慈禧太后的性格而言，她是用几年时间的慢性方法导致他的死亡，还是用一剂十分钟见效的毒药导致他的死亡，也许没有什么区别。但是，如果她在临死之前没有杀人，是值得赞扬的，我们也不必感到不快。

光绪皇帝生于1871年。他5岁继位，1889年，他19岁成婚，但朝政大权一直掌握在慈禧太后手中。从1889年到1898年，他实际上是当政的皇帝，但老太后会时不时地加以干预。她在这一时期干预最严重的例子就是导致中日战争的事件——第一次向全世界展示了中国的软弱。她对那场灾难负有极大的责任。正如我们所见，从1898年到1908年去世，光绪再次沦为名义上的皇帝。如果他活到现在（1934年），还不到64岁呢。如果1898年的改革计划没有受到干扰，他的统治尽管遭受了中日战争的灾难，确也可能作为清王朝和中国人民的繁荣与进步的标志而被载入史册。他可能会留下一个美名——就像他同时代的著名帝王——日本"明治天皇"一样。明治天皇的英明领导让日本进入了改革和发展的美妙时期。"明治维新"开始于光绪登基前7年，结束于光绪抱憾而终之后4年。

的确，在前一个世纪，清王朝遭受了一系列可怕的冲击，并经历了几乎是势不可当的灾难，其影响力和威望遭受了严重的破坏，以至于人们有理由质疑其复兴的可能性。然而，这个王朝几十年来饱受冲击和灾难，却没有崩溃，即使是1900年史无前例的耻辱也没有导致它立即垮台。这似乎表明，中国拥有不为外国人甚至大多数中国人所知的力量储备，其恢复能力远远超过了19世纪后半叶外国观察家们的猜想。1898年，这个王朝站在了背水一战的岔路口。它本来可以转个弯，从失败和耻辱的山谷走向繁荣和复兴的高地。然而，它转错了弯，误入歧途，最终陷入了腐烂和死亡的泥沼。

北京城——包围着已故皇帝的华丽的黄顶宫殿，周围是数百平方英里的大平原和高山，它矗立在两座宏伟的陵墓之间，仿照历代王朝建造，为满族皇室所用。光绪的遗体位于西陵之中；慈禧太后的遗体——或者说是6年前骇人听闻的暴行之后的残骸——躺在东陵中[1]。皇帝和太后——生前，他俩的精神之间总是隔着一个深渊；死后也一样，他俩的身体之间依然隔着半个省份。

---

[1] 据说，葬礼的费用以及埋藏在墓中的珍珠、玉器和宝石的价值远远超过100万英镑。

在希腊神话《赫克犹巴》中，奥德修斯宣称，如果他死后能得到一座高贵坟墓的永恒恩典，他此生甘愿过卑微的生活。而"老佛爷"喜欢两者兼得（生前的高贵生活和死后的高贵坟墓）。她喜欢西边的奢华颐和园，在她短暂的一生中，那里是一个愉快的露营地；她喜欢去瞻望东方那座富丽堂皇的坟墓——她曾痴情地梦想着——她的遗体将在那里永久安息，就在山峦和森林交织的光辉之中，就在由人类之手点缀的皇家荣光之中。如果"老佛爷"能看到几年后的未来，看到1928年7月中华民国结束军阀割据的局面，那么，她的顽强精神就会遭受重击，化为卑微的尘埃。

颐和园万寿山顶上的寺庙

第六章 辛亥革命

1908年11月，幼年溥仪登基。按照中国王朝的习俗，为他的统治选择了一个年号——宣统，因此，特别是洋人，都习惯称他为"宣统皇帝"，就好像这就是他的个人名字一样。这样称呼确实很方便，因为在中国，皇帝的个人名字或名讳（相当于我们国家的"受洗时所取的名字"）是一种禁忌，在他的一生中，没有人直呼其名，而是尊敬地叫他"皇上"（相当于我们国家的"皇帝陛下"）。甚至在皇帝死后，人们也不能叫他的名号，只是给他起个"庙号"，按照祭祀祖先的仪式悼念他。他正是通过"庙号"被载入史册，且被人适当提及。宣统前任皇帝（光绪）的名讳（未被使用的名字）叫载湉。"载湉"的第二个字——"湉"是个禁忌，需要避讳，公众不能使用，甚至在朝廷上也不能使用。他的"年号"是光绪（当然没有任何禁忌），他死后被授予的"庙号"是德宗。在受过良好教育的中国人圈子里，提起"光绪皇帝"，他们往往会贴上粗心或无知的标签，甚至觉得他有一点缺乏教养，其实他的准确称谓是"德宗皇帝"，就像外国人通常知道的乾隆的准确称谓是"高宗"一样。

新王朝的头衔直到前皇帝去世后的第二年初才会改变，因此，大致相当于1908年的一整年都是光绪三十四年（最后一年），1909年才是宣统元年。

摄政王醇亲王的第一个行动就是解除袁世凯的一切职务，并恩准他告老还乡养病（袁世凯当时假装有腿疾）。袁世凯在1898年的事件中扮演了重要角色，并背叛了皇帝对他的信任。从此以后，他自然在皇太后面前一直很有威望，直到她的统治结束。1901年，袁世凯成为直隶总督，1903年受任练兵处会办大臣，1907年担任外务部尚书，同年成为军机大臣。他肯定知道，他的仕途生活（也许是物质生活）依赖于他的庇护人慈禧太后的权力，这也就不难理解，为什么在义和团风波之后，他极力反对慈禧太后退位和光绪复职。

对光绪来说，不幸的是，袁世凯在洋人中享有很高的威望，因为他从一开始就看穿了义和团的虚张声势，并在1900年利用自己山东巡抚的身份保护了全省的洋人。此外，他是一个机会主义者，可以轻而易举地改变自己的原则以适应环境。由于他清楚地意识到慈禧太后与义和团结盟反抗列强是愚蠢的行为，而且他自己又是一个思想比较开明之人，所以很有可能——如果不是因为1898年的不幸事件，以及无法从他曾背叛的君主那里获得宽恕的绝望——他会利用自己对外国势力的巨大影响力来达成和解，其中包括皇太后的退位和皇帝的复职。事实上，他的命运与老太后的命运密不可分，在竭尽全力保护她的利益的同时，也在保护他自己的利益，这给他带来了更大的满足感。

袁世凯与皇帝之间不仅没有和解的可能，而且袁世凯与"戊戌变法"幸存者之间也存在着无法磨灭的永恒仇恨，康有为和他的朋友们不仅理所当然地认为袁世凯背叛了皇帝，还深信袁世凯就是当年慈禧太后发动政变后处决"戊戌六君子"的主要责任人。另一方面，袁世凯还担心，如果准许康有为及其同人在中国继续活动并在朝廷获得一席之地，他自己会遭到报复。这也部分解释了为什么即使在慈禧皇后亲自主持的一项新的改革政策开始实施之后，康有为及其同仁们也未曾被邀请参与新政策的制定，他们的"昔日罪行"也从来不曾获得过宽恕。

相传，光绪死后，在他的公文中发现一份文件，上面写着一道命令——立即处决袁世凯。某些皇室成员认为这是一个神圣的遗愿，而他们自己也以嫉妒和不信任的眼光看待袁世凯，他们认为应该服从光绪最后的命令。醇亲王犹豫不决，几经踌躇，决定饶袁世凯一命，但又罢免了他的官职，命令他回乡养病。

醇亲王在处理这件事上的行动非常鲁莽和愚蠢，因为袁世凯对强大的"北洋军"和新编的"模范团"的影响非常大。这位摄政王应该预见到，像袁世凯这样有活力、能力和影响力的大人物，绝不会满足致力于研究佛经或练习书法艺术的余生。尽管如此，他还是服从了命令，没有低声抱怨，也没有片刻耽搁。这个问题的解决迅速又平和，这本身就具有启发意义，因为它表明——即使在王朝存在的最后10年，最高级和最权威的官员仍然在遵守王权的命令。如果这件事发生在15年或20年之后的民国时期，袁世凯被解职后，他可能会"宣布独立"，并发动一场毁灭性的内战。袁世凯对北洋军的影响力无疑是非常巨大的，北洋军是当时帝国训练最好的作战组织；但是，军队还没有成为指挥官们的私人财产，还没有成为他们个人野心和扩张的工具。事实上，君主制仍在继续，皇帝仍然在位。

然而，皇帝的统治没有持续多久。这个悲惨的故事很快就到尾声了。摄政王发现自己被远超自己能力所及的困难压得喘不过气来。出于和平的考虑，他想取悦所有人，但他很快发现自己做不到这一点，原因之一是他必须应付一位新太后——光绪的遗孀兼慈禧的侄女。光绪的遗诏中有一条规定，大意是：在任何重要的事情上，摄政王必须征求新皇太后的意见，"听从她的指示"。据推测，这一规定是有人故意添加的，目的是维护和加强叶赫那拉家族的地位；虽然这可能是真的，但这条规定中没有任何与中国正统原则相抵触的内容。正如上文所解释的，皇太后仅仅因为与皇帝有亲情关系而享有各种权利和特权；即使遗诏中没有提到她，她也有可能使自己在影响未成年小皇帝的事情上，甚至在国家的日常事务中占据上风（从中国人的角度来看，这并非不合法）。慈禧不仅是皇帝配偶的姑母，还是皇太后。此外，光绪皇帝继位之后，就成了她的养子，她还享有与皇帝的母子关系，并可以行使母亲的权力。

1909年，载洵（右四）率队赴欧洲考察海军

宪政改革运动继续取得进展。事实上，这场运动已经深入推进，贸然阻止它进一步发展会很危险，醇亲王及其对手隆裕太后都不愿冒不必要的风险。1909年初，朝廷颁布了一项法令，声明朝廷正在积极努力建立一个宪政政府，一些反对改革的保守派官员被撤职或受到了惩罚。载洵（皇帝的叔叔之一）担任海军事务调查团团长，被派往英国去考察，以期为中国建立一个现代化的舰队。他曾在欧洲待过一段时间，并常跟我谈起他几次对爱德华的皇宫的愉快一瞥。他的兄弟载涛担任类似任务的代表团团长，被派往德国去考察军事事务，他受到了德国皇帝威廉二世的款待，从此，他一直是德国人的朋友。这两项任务都是代价高昂且徒劳无功的，因为中国在重组国内行政机构和建立健全财政

制度之前，试图为自己提供现代化的舰队和军队，这是毫无用处的做法。然而，人们希望，欧洲最强大的海军和军事强国会对中国高调张扬地将其推崇为榜样而颇感满意。

与此同时，全国各地纷纷向北京递交请愿书，敦促承诺的议会早日开幕，并成立一个负责任的内阁。鉴于这些压力，1910年11月4日，摄政王颁布了一项法令，宣布缩短原定的准备时间，议会将在新皇统治的第五年开幕，也就是1913年。该法令还宣布，应在议会开幕之前准备好宪法、指导上议院和下议院成员选举的规则和条件，以及与宪法改革有关的其他一切必要事项，并使其生效。

同年，孙中山的弟子汪精卫企图刺杀摄政王，但以失败告终，不过，醇亲王希望和解，将他的死刑减为无期徒刑。汪精卫后来成为国民党和南京国民政府的主要成员。1911年，隆裕皇太后颁布诏书，委派三名帝师，小皇帝（当年6岁）将受教于毓庆宫。毓庆宫是紫禁城的建筑，在很长一段时间里一直被用作皇家书斋。在这些帝师中，有两位后来成了我的同事，以后会有更多的介绍。

整个1910年和1911年，全国各地都能听到反叛的"嘀咕声"。王权对自由思想做出的让步，建立议会宪法并将独裁政体转变为君主立宪制的承诺，这些都没有平息骚乱，反而加剧了动荡，因为叛军认为，这一切让步都不是朝廷诚意的象征，而是朝廷软弱的迹象。广州爆发了一场起义，摧毁了总督衙门，起义的领袖就是后来著名的革命将军黄兴。黄兴被打败后逃往香港，就像他那个时代的许多革命者一样，他在英国国旗的保护下，继续密谋反对朝廷。

随后，摄政王试图或多或少地按照西方模式任命内阁，以安抚他的敌人，但立即有人提出反对意见，认为内阁中包含了太多的满族亲王，这是千真万确的事实。在清朝末年，这也成了抱怨清廷的一大借口——听起来极其严重也极其正当。满族亲王们被提拔到他们根本不称职的高位，仅仅是因为他们属于皇室，他们中的许多人由于贪婪或无能，或两者兼而有之，给皇权蒙上了奇耻大辱。与通常的假设相反，皇族远没有堕落（包括几个有才能、品行端正的人），但不幸的是，在这两位——隆裕皇后和醇亲王——的领导下，并非总是或通常是皇族中最有能力和最优秀的成员获得高级职位。

将中国铁路系统置于一个统一的中央控制之下的不幸尝试——虽然在原则上是合理的，但由于种种原因引起了各方面的强烈反对——通常被认为是革命的直接原因之一。无论如何，1911年，9月在四川爆发的保路运动和10月在武昌爆发的起义，只是其他几个革命中心起义的重演，不过规模小一些。武昌成了革命运动的大本营，几乎纯属偶然（由于偶然发现了一个阴谋），黎元洪将军被迫担任起义军的总司令。[1]

北京政府在无知无能的隆裕皇太后和"软弱无能"的摄政王的统治下，很快就陷入了低能的状态。醇亲王在他短暂的一生中已经铸成大错，现在又要犯下一个致命的错误。他决定——或者被人说服——重新任命一个对他最危险的敌人，就是三年前被他贬损和羞辱过的那个人——袁世凯。

毫无疑问，这是袁世凯重新回到政坛的一个绝佳理由。他在中国唯一一支训练有素的军队的普通士兵中仍然声名赫赫；他对各政治团体的影响仍然很大；没有人怀疑他是一个颇有才干的领袖和头脑冷静的政治家；他在洋人中的威望很高。最后一点非常重要，因为镇压叛乱将是一项代价高昂的工作，而且除非事务负责人得到外国使馆的信任，并且在外国货币市场上享有良好声誉，否则筹集外国贷款的可能性很小。大约在武昌起义爆发前一年，也就是1910年12月17日，《泰晤士报》发表了"一篇精彩但阴郁的文章，描述了中国所处的困境，同时呼吁将袁世凯召回，因为他是唯一能够挽救局面之人"。这确实是当时在中国的大多数外国人都持有的观点；但是，醇亲王对袁世凯性格的了解（或者早该了解的）要比外国人预期的要多。此外，外国人对维护这个王朝也不是特别感兴趣；相反，当革命来临时，他们几乎都在欢呼，将它视为中国和平与繁荣的辉煌新时代的曙光，他们满怀信心地期待着与4亿心满意足的中国人分享他们对兰开夏棉花日益增长的渴望。然而，醇亲王不仅要考虑他的王朝，还要考虑英国人和其他洋人所期待的风平浪静的商业活动和悬而未决的鼎盛时期。他应该知道——即使外国人关注，他们也不可能知道——袁世凯是最不可靠的满族王座之救世主。

针对北京朝廷的恳切邀请，袁世凯的第一次回复带着一种不祥的讽刺。他说

---

[1] 科尔顿在其《宗教走过的五个世纪》中说："起义通常不是发生在局势最糟糕的时候，而是在局面已经开始好转的时候；也就是人们已经尝到了足够的进步滋味，可以为彻底的改革而奋斗的时候。"（第274页）科尔顿指的是宗教改革，但他的话同样适用于政治环境。当革命来临时，在满族人的统治下，中国的情况无疑正在好转。

很抱歉，他现在不能服从皇上的召唤，因为三年前他奉命回家护理的那条腿，现在还在折磨他。但他的这种态度并没有保持下去，结果只是让可怜的醇亲王更加尴尬了。

袁世凯一到北京，就意识到自己已经掌握了局势。他可以提条件、加筹码，并确信没有人强大到足以挡他的路。他要求罢免某些亲王的职位；他自己则任湖广总督、钦差大臣、新内阁总理。随后，他开始着手处理军事事务，迅速扭转了长江中游革命军的战局。武昌对面河流北岸的汉口和汉阳，也从革命军手中夺回了。袁世凯打得够狠，足以显示他不容小觑，在革命问题的最终解决中，他的观点必须得到尊重；但他没有尽力发动攻击，也没有继续维持最初的军事胜利规模，对此，全国各地的效忠者既困惑又愤怒。袁世凯显然是在奉行自己的政策，很快，所有观察家都恍然大悟——袁世凯行动的主要动机并不是效忠皇权。[1]

我的目的不是讲述一部革命的历史，因为有英语和其他语言的详细记载。我将继续讲述1911年年底和1912年年初在上海举行的和平会议，一方是革命者，另一方是朝廷。朝廷的代表唐绍仪是袁世凯的代理人。他是广东人（家在澳门附近），当年袁世凯东渡朝鲜的时候，他曾任后者的秘书。1900年，袁世凯任山东总督期间，又与他有了联系。后来，他担任过诸多职务，比如，1904年担任驻西藏特派员；1906年担任中国特使，负责与英国谈判《西藏公约》；1907年，徐世昌被任命为满洲总督时，唐绍仪在后者手下任奉天巡抚。

我们记得，多年来，唐绍仪与袁世凯的官场关系甚为密切，他们之间是师徒关系（在中国是一种有约束力的关系），袁世凯委托他担任皇家代表，与起义军商讨和平事宜，这是一项微妙而负责的使命。我们可以肯定，他也拎得清，不会在会议中发表己见，以免他在北京的庇护人倒胃口。袁世凯在唐绍仪出发去上海之前给了他什么秘密指示或忠告，我们不知道；会议期间他们之间有哪些秘密通信，我们也无从知晓。我们只知道唐绍仪在那次会议上公开宣布改信"共和"，这让所有忠于朝廷的人都感到惊愕。这样的声明在当时的情况下是很难堪的，这

---

[1] 法国汉学家戴遂良神父对现代中国政治了如指掌，他这样描述袁世凯在汉口的功绩："假装为清廷拼搏，实际上是为自己工作。"（《现代中国民间故事》第4卷《学校之外》，1923年，第11页）。

是对皇权的羞辱，此后，唐绍仪辞去朝廷代表的职务，随后的谈判在北京和南京之间进行得拖拖拉拉，令人不满意。

这一切的结果是，谈判各方达成了一项不同凡响的妥协——除了中国，任何国家都可能认为这种妥协太过荒谬，不值得认真考虑。接着，帝国发布诏令：建立共和政体；皇帝本人宣布退位；共和国保证，应允许他保留各种特权（包括保留完整的皇帝称号），以答谢他所声称的"顺从民意"；此外，确认他拥有自己的财产，每年还能获得一大笔津贴，继续维持宫廷生活的开支。我将在下一章介绍这一特别安排的细节。

1912年2月12日，隆裕太后颁布诏书，宣布皇帝退位，建立共和国。下面是该诏令中的部分内容：

> 今全国人民心理，多倾向共和，南中各省既倡议于前，北方各将亦主张于后。人心所向，天命可知。予因何忍以一姓之尊荣，拂兆民之好恶？是用外观大势，内审舆情，特率皇帝，将统治权公诸全国，定为共和立宪国体，近慰海内厌乱望治之心，远协古圣天下为公之义。

我将诏书的大致内容翻译成英文，并对此做了评价："中国皇帝的退位伴随着民国的建立，这个共和国仍然需要证明自己值得一位爱国者献身。"之后我写下了下面的话：

> 退位诏书一定会引起政治学学者的兴趣。皇座本身被改造成一座桥梁，以促进从君主政体向共和政体的过渡。皇帝始终是绝对存在的，而涉及他从政治存在中消失的共和制宪法，是由皇帝在其最后的官方发言中规定的。从理论上讲，共和国不是由反对皇权意志的武装民族建立的，而是由皇帝为其子民的利益而以威严仁慈的方式建立的。愤世嫉俗的人可能会对这种表示完全自愿退位的透明企图一笑置之，但在这个过程中，我们发现了一些东西，而不仅仅是为了在灾难时刻体面地退位而发明的一种"挽回面子"的手段。

也许法令的最大利益集中于它在呼吁国家贤者的智慧，并接受他们关于政治主权的最终所在地的理论。当起草者写下象征皇权投降的文字时，他的心可能会畏缩，但孟子的精神指引着他的手。现在我们只能寄希望于末代皇帝在这些重大问题上所遵循的古代智者之教导，不会被他的共和后继者所轻视。让皇帝们记住，那些智者不仅在治国方略和君王统治方面有智慧。他们在成为政治理论家之前，就是道德导师和人类性格的缔造者了。让新中国的建筑师们记住，他们也将不得不在遵守和违背"古代圣贤的训诫"之间做出选择——不是一次，而是多次。而且，他们国家的命运和人类的福祉可能取决于他们行使其选择权利的方式。

在同一篇文章里，我简要提到了不幸的醇亲王：

在我们的记忆中，醇亲王19岁时是一个彬彬有礼、举止文雅的年轻人，他在西方君主的朝廷上承担了国家的耻辱，标志着他进入了公众生活，他短暂而不幸的尘世伟大生涯在耻辱的灰烬中结束了，对此，我们不会吝啬我们的怜悯。他是一个傀儡皇帝的兄弟，这个皇帝的人生被一个女人对权力的贪欲摧毁了；他是一个皇帝的父亲，这个皇帝的三年统治生涯在六岁生日之前就结束了。这位前摄政王现在必须拜倒在他帝王祖先的神龛前向亡灵忏悔，并在皇家的废墟中分担一份责任。埃德蒙·伯克曾说过："一切朝代的源头都要蒙上一层神圣的面纱。"有时还需要在朝代的尽头画上一层神圣的面纱。

多年后，一直忠心耿耿的辜鸿铭喜欢向他的朋友们讲述他和其他一些人第一次听到皇帝退位的消息时的情形。当时他们在上海著名学者沈曾植的家里举行宴会。他在一份对该事件的公开报道中说："仆人送来了一份在街上买的晚报，上面有皇帝退位的消息……大家都同时站起身来，面朝北方，双膝跪地，哭泣着把头磕在地板上……之后，深夜，临走之前，我对沈先生说：'灾难已经来临，我们还能做什么？'他又用双手抓住了我，眼里含着泪水，用一种我永远也忘不了的声音对我说：'世受国恩，死生系之。'"

当北京和南京发生这些大事的时候，我正在威海卫，这是几位杰出的中国保皇派在英国国旗下避难的地方，但我们发现，要让这片土地上的18万中国居民相信，皇帝确实已经退位，绝非一件容易的事儿。几个星期以来，他们的态度都是一种沉默的怀疑。孔子家乡的那一小片地区完全缺乏革命的热情，大概不到50人对"共和国"存有一丁点儿的概念。他们也没有表现出任何想要了解一下的欲望。尽管自1930年10月1日以来，他们已无须继续在英国"帝国主义"的鞭笞下呻吟，而且现在已成为"共和国"公民，但是，其中可以定义"共和制"者，有没有达到区区500人？这一点仍值得怀疑。

威海卫人民的无知（恰当地说，是冷漠）与广大同胞的无知（或冷漠）是一样的。我已经引用了一篇写于威海卫的文章，内容如下：

> 事实上，中国人民与少数在国外受过教育的改革者截然不同，前者是否真的相信共和政府能够适应这个国家的需要，这是一个非常不同的问题。尽管皇帝退位的诏书承认了共和制，但"今全国人民心理，多倾向共和"的说法当然没有得到证实。也许这样说更接近事实——对于共和制的含义以及建立将如何影响中国人民的生活和财富，绝大多数中国人都不了解，因此对于共和政府的利弊也没有强烈的意见。

然而，如果在革命之前的日子里，有个中国人问我什么是共和制，我想，我会觉得有理由告诉他——用他自己的眼睛去观察一下他周围的环境。至于中国是否需要共和制的政体，我们可以看看列国的情况。在君主制存在的时候，一位研究中华文明的权威人士[1]就曾著书称"中国是世界上有史以来最伟大的国家"。如果我们不坚持过于狭隘或死板地定义这个词，那就对了。中国比以往任何时候都更像一个君主政体下的共和制国家。

如果可以这样说，中国人民并不需要一个西方意义上的共和政府的话（自1924年以来，中国就没有"议会"，似乎也没有人表现出对这个以不光彩的方式结束的革新实验有任何焦虑），那么，同样可以说，尽管人们对政府的软弱不

---

[1] 指英国汉学翟理斯。——译者注

满,但对满族人并没有普遍的"仇恨"。革命者发明的反清口号很快就被广大中国人接受,他们对自己在做什么、说什么没有清晰的概念。正如"鹦鹉学舌",他们学会了高呼"打倒满族",就像无数学生和其他人学会了高呼"打倒资本主义、打倒帝国主义、打倒英国、打倒日本、废除'不平等条约'",或者,打倒某个特定的将军或政客——根据当时的流行模式和紧急情况,视剧情而定。1911年,无数中国人感染了"革命病菌",突然变得狂热地反对满族统治和君主制,他们对自己身上发生的事情却一无所知。据我所知,在许多情况下,他们事后都为自己的冲动行为感到羞愧难当,并承认当初跳进政治旋涡的一刹那,确实是丧失了理智。我们在世界其他地方也看到过类似的现象,这只能提醒我们,"人性共通"——中国人和我们一样,也都是肉眼凡胎。我们已经在当代欧洲看到了类似的东西,我们不应该自以为(尽管有些人就这么认为)英国人在性格上不可能产生类似的疯狂举动。我记得笛福说过,在他那个时代,英国有成千上万的壮汉准备与教皇制度决一死战,可他们根本不知道教皇是人还是马。[1]

中国人有句谚语:"墙倒众人推。"中国近代史已经千百次证实了这句话。除了中国以外的很多地方也都证实了这一点。

1911年,中国革命者把各种想象中的美德都归于先于满族王朝的明朝。而德国著名汉学家理查德·威廉这样描述那个王朝的开端:"明朝最初的特点是专制君主政体,其建立必然伴随着残酷和流血。"只要有一点点怀疑,就要株连九族,通常会处决数以万计的人。人民已经锁定了明朝的标准,因为他们正在扫

---

[1] 1933年5月28日,《泰晤士报》中关于希特勒对德国的影响的一篇文章指出,德国是"一个对大众建议特别敏感的国家"。近年来,中国人对大众建议极其敏感的说法也屡屡得到证实,尽管一种古老的理论认为,中华民族是一个异常沉着冷静的民族,但已被现实打败。戴遂良神父在讨论中国民众狂热危机时给出了以下建议:"阅读伊波利特·泰纳的《现代法国的起源》,每天如此。"正确!不仅在中国,任何国家都得提倡实证主义史学。

如果我们想要一个与笛福对教皇制度冷嘲冷讽的现代比喻,让我们看看诺曼·安吉尔爵士在其著作《公众心理》(伦敦:1926年,第108页)中讲述的一个美国小故事。琼斯说:"史密斯,我怎么听说你不相信门罗主义呢?"史密斯反驳道:"这是个恶毒的谎言。我从没说过我不相信它。相反,我相信它,并愿意为它献出自己的生命。但我不知道门罗主义是什么意思。"

除令人憎恨的异族人（蒙古人）统治，但他们很快意识到专制主义的压迫更严重了——糟糕透了。人们以完全相同的方式"纷纷涌向共和制的标准"，因为他们被巧妙操纵的宣传煽动起来，投身于"扫除令人憎恨的异族人统治"的崇高工作，但是，打那以后，他们的生活条件比"异族人"（满族人）统治这片土地时更差了——"糟糕透了"。

毫无疑问，这个王朝已经跌入了噩运，在诸如"老佛爷"和摄政王这样的统治者，以及那一大波贪得无厌的、对王朝命运施加恶劣影响的宫廷官员手中，王朝是否还拥有恢复的能力呢？这一点理所当然地受到了质疑。然而，欧洲人的普遍观点（由受过外国教育的中国绝大多数反清主义学生所倡导）是中国人民憎恨这个王朝，这与事实相去甚远。这是一位能干的西方作家所充分认识到的，他摆脱党派偏见的自由增加了他判断的价值。欧文·拉铁摩尔先生说："只是随着统治阶级的衰落，南方叛乱势力的增长，以及人们希望找到替罪羊并将中国的一切弊病都归咎于之的愿望，最终煽动了人们对满族人的'准种族'仇恨，这种仇恨被永久地写入了教科书和政治学说中。"

鉴于后来发生的事件，建议读一读美国学者威尔斯·威廉姆斯博士在他半个多世纪前首次出版的经典著作《中世纪王朝》中经过深思熟虑的评论，非常有意思。他说："在中国政治中，最值得注意的莫过于对皇帝的无限崇敬，而每个人都抵制不公正的税收，并参与杀害或驱逐专制官员。"也许给威尔斯·威廉斯博士留下深刻印象的是，人们对皇位的崇敬之情远胜于对皇帝本人的崇敬，因为没有一个普通人了解皇帝的性格和个性。然而，天子的身份被人们接受，是理所当然的事，就像自然的力量一样，人们从远处看待天子，怀有一种宗教敬畏之情。也许威尔斯·威廉姆斯所说的"崇敬"并非用词不当。

同样令人震惊的是罗伯特·哈特爵士的证词，他在使馆遭围攻期间写到，当时，无论在外国人眼中还是在中国人眼中，皇权的威望至少和太平天国时期一样低。"这个异族人的政府——清王朝——已经成为这个国家的一部分，三百年来，中国人不再讨厌皇帝了，就像英国人不再讨厌女王一样。"这完全证实了中国著名作家文庆的说法。而辜鸿铭的著述充满热情，近乎狂热，表现了对王朝的忠诚与奉献——他的忠诚和奉献精神，即使是外国教育也无法撼动。

尽管有人指控这是反清宣传的一部分，该"异族人"王朝践踏了人民的权利，奴役了这个国家，但哈特注意到，"他们都享有自由，真正切实的自由"。H.A.贾尔斯博士的证词也有同样的效果，"每一个在中国生活过并留心观察的人，一定都注意到，即使是天子最卑微的臣民，也享有很大程度的个人自由"。事实上，在革命之前，外国访客和旅行者常常震惊于这样的事实：中国人比世界上任何其他人拥有更多的个人自由——政府对人民的干涉更少。当革命结束，伟大的反清革命家孙中山无须继续向同胞们灌输"我们曾是异族暴君的奴隶"的思想的时候，他本人也完全承认了这一事实。在革命后的那些日子里，他抱怨说，在过去的日子里，他的同胞们，远不是自由太少了，而是太多了。以下关于这一点的评论摘自著名的《三民主义》——孙中山倡导的革命纲领，在他的崇拜者心中，这蕴含着政治智慧的精髓。

> 中国人从来没有直接遭受暴君之害……中国人因为自由过于充分，便不去理会，好比房中的空气太多，我们便不觉得空气有什么重要……中国人为什么是一盘散沙呢？使得我们成为一盘散沙的，正是过多的自由……今天的中国是十几个列强的奴隶，中华民族毫无自由可言。

以前中国人享有了过度的自由，这话也许不假。关键是，孙中山先生自己的言论表明，谴责满族奴役汉族并使他们受外国暴政踩蹦的宣传是多么的毫无根据。他坦率地说，反对满族人的起义并不是为了赢得自由，在这一方面有别于西方国家的革命。他说："说白了，我们的目标与欧洲人的正好相反……我们反抗是因为我们的自由过度，我们没有凝聚力，没有抵抗力，我们只是一盘散沙。"

孙中山留给国家的组织（国民党）已经明确表示，在这种自由过度的问题上，不应再有任何抱怨的理由。很难找出中国历史上哪个时代的人民如今天这么没有自由；然而，限制自由本身是否会带来所期望的凝聚力，还有待商榷。

中国人缺乏"凝聚力"的说法可能是正确的；然而，在某种意义上，"凝聚力"却是该种族最强烈的特征之一。正如一位著名的中国事务权威人士给出的真理性结论——"中华文明亘古不变的生命力和凝聚力"[1]。无论如何，中国人民不太可能通过遵循《三民主义》的某些杂乱无章，有时甚至自相矛盾，而且通常幼稚可笑的"建议"来增加民族的凝聚力。有可喜的迹象表明，他们开始意识到这一点，并认识到《三民主义》的作者并不能取代他们的祖先曾经尊崇的圣贤们。

然而，我们在这篇文章中关心的是最近的过去，而不是悬而未决的未来。随着退位诏书的颁布，清王朝的太阳已经落山了。近300年来，它的10位君主并非总是低效或不明智地统治着这片广袤的土地，现在却迎来了一个黑暗和风暴的夜晚。但是，日光似乎不愿意从紫禁城的大厅和宫殿里完全退去，我们将会看到，夕阳之后，仍有余晖。

---

[1] 霍西夫人在1933年8月27日《观察家报》中写道："正如现在许多有思想的中国人所公认的，孙中山不是真正的英雄，也不是中国的榜样。"事实上，孙中山并不了解自己的同胞，也不了解他们的文明，因为他不是他们中的一员，也不是他们的文明产物。戴遂良神父的叙述是这样的："1866年，孙中山生于檀香山，在香港学习医学，在纽约和伦敦参与阴谋。"仅看其出生地，就不准确。国民党会否认他在国外出生。但我曾听到檀香山的美国居民也平淡地承认孙中山就是他们本岛的人。（著者个人观点，未删减）

第七章　优待条款

我在前面一章中提到，1912年年初，满族皇权和革命党之间的和平谈判达成了非常显著的妥协。

如果不能充分了解这种妥协，我们就不可能清楚地理解，在革命和推翻君主制之后，为什么会出现一个漫长的"紫禁城的黄昏"时期，其间，皇帝除了保留皇室地位和头衔外，没有任何政治权力，即使他继续掌管朝廷，并占据着龙椅。如果没有研究过这一妥协的条件，也不容易把握这个漫长的故事主线。这个故事最近以清王朝最后一位皇帝返回自己祖先的故乡（满洲）然后登上傀儡皇位而达到高潮。

令人惊讶的是，西方作家很少关注退位协议的条款。他们中的大多数人完全忽略了这个问题，或者只是简单地提及它，就好像皇帝让位的条件没有实际意义，对后来的政治发展没有影响一样。中国的民族主义作家更刻意地忽视或回避这个话题，但他们不一样，选择将其遗忘的原因显而易见。不要指望该条约和协定的破坏者过分热衷于提请全世界注意他们的"一纸空文"。

隆裕太后代表6岁的皇上，屈从于人民的意愿，同意建立共和制国家这一可悲法令，不应被视为孤立的条款。这是谈判过程中达成的妥协的一部分。皇帝对妥协的贡献包含在诏书中。共和党人的贡献体现在一份正式文件中，题为《关于大清皇帝辞位后优待之条件》。[1]

该文件是一篇包含了八项规定的文章：

> 关于大清皇帝辞位后优待之条件
>
> 今因大清皇帝宣布赞成共和国体，中华民国于大清皇帝辞退之后，优待条件如左：
>
> 第一款　大清皇帝辞位之后，尊号仍存不废，中华民国以待各外国君主之礼相待。
>
> 第二款　大清皇帝辞位之后，岁用四百万两，此款由中华民国拨用。俟改铸新币后，改为四百万元。
>
> 第三款　大清皇帝辞位之后，暂居宫禁，日后移居颐和园。侍卫人等，照常留用。
>
> 第四款　大清皇帝辞位之后，其宗庙陵寝永远奉祀。由中华民国酌设卫兵妥慎保护。
>
> 第五款　德宗崇陵未完工程如制妥修，其奉安典礼仍如旧制。所有实用经费均由中华民国支出。
>
> 第六款　以前宫内所用各项执事人员，可照常留用，惟以后不得再招阉人。
>
> 第七款　大清皇帝辞位之后，其原有之私产由中华民国特别保护。
>
> 第八款　原有之禁卫军，归中华民国陆军部编制，额数俸饷仍如其旧。

《关于大清皇帝辞位后优待之条件》原文

今因大清皇帝宣布赞成共和国体，中华民国于大清皇帝辞退之后，优待条款如左：

第一款　大清皇帝辞位之后，尊号仍存不废，中华民国以待各外国君主之礼相待。

第二款　大清皇帝辞位之后，岁用四百万两，俟改铸新币后，改为四百万元。此款由中华民国拨用。

第三款　大清皇帝辞位之后，暂居宫禁，日后移居颐和园。侍卫人等，照常留用。

---

[1] 据我所知，如今许多受过教育的中国人从未见过这份文件，于是我就在本书中展示出来。类似的一系列《优待条款》文件，值得所有中国人阅读。1924年以后，这些文件就被排除在我熟悉的中国官方出版物之外了。1924年6月，上海商务印书馆在民国政府的授权下出版了《中华民国法令大全》，全文均可参见。《优待条款》在这份官方出版物中占有非常突出的位置，因为它们在民国临时宪法之后立即付诸印刷。值得注意的是，最后一次正式出版的日期（1924年6月）距离"基督将军"及其同伙把它们变成"一张废纸"只有5个月，正如本书第二十二章所述。

第四款　大清皇帝辞位之后，其宗庙、陵寝，永远奉祀，由中华民国酌设卫兵，妥慎保护。

第五款　德宗崇陵未完工程，如制妥修，其奉安典礼，仍如旧制，所有实用经费，均由中华民国支出。

第六款　以前宫内所用各项执事人员，可照常留用，惟以后不得再招阉人。

第七款　大清皇帝辞位之后，其原有之私产，由中华民国特别保护。

第八款　原有之禁卫军，归中华民国陆军部编制，额数俸饷，仍如其旧。

大清皇帝的这些优待条款虽然是革命妥协最重要的部分，但也只是其中的一部分。随附的还有另外两份性质类似的文件。第一份文件是关于清皇族待遇之条件：清王公世爵，概仍其旧；清皇族对于中华民国国家之公权及私权，与国民同等；清皇族私产，一体保护；清皇族免当兵之义务。第二份文件是关于满族、蒙族、回族、藏族各族待遇之条件：今因满族、蒙族、回族、藏族各民族赞同共和，中华民国所以待遇者如下：与汉族人平等；保护其原有之私产；王公世爵，概仍其旧；王公中有生计过艰者，设法代筹生计；先筹八旗生计，于未筹定之前，八旗兵弁俸饷，仍旧支放；从前营业、居住等限制，一律蠲除，各州县听其自由入籍；满族、蒙族、回族、藏族原有之宗教，听其自由信仰。

颐和园的湖泊、亭台楼阁和岛屿（局部）

其他在日后发出的有关文件，应予以说明。

民国元年（1912年）的8月19日，公布《蒙古优待条件》九条，宣布：各蒙古王公原有之管辖治理权，一律照旧；内外蒙古汗、王、公、台吉世爵位号，照旧承袭，其在本旗所享有之特权，不予变动；蒙古各地呼图克图、喇嘛等原有之封号，概仍其旧。总的来说，蒙古不再被视为一个附属国，而是中华民国不可分割的一部分。

同年11月23日，政府发布了一份总统公告，保证蒙古人、回族人和西藏人享受优惠待遇。它宣布合汉族、满族、蒙族、回族、藏族诸地为一国，所有人都享有新成立的共和政体的庇佑。总统公告中还提及一份已获悉的申诉——共和制国家抢劫和摧毁蒙古，迫害喇嘛教和开垦放牧地。他们保证说，这些申诉一定是在误解真实事实的情况下提出的，因为政府决心履行条款中关于给予全国各种族优惠待遇的一切承诺。他们强调的事实是，民国政府已经向喇嘛教会的领袖和蒙古贵族的各种成员授予新的头衔和荣誉，从而表明了他们尊重蒙古人权利的愿望。我将给出的最后一份文件是1914年12月26日才发布的。它的七项善后条款清楚地表明，在皇帝退位以来的三年期间，皇室和民国政府之间在解释优惠待遇的原始条款方面发生了一些轻微的摩擦或误解。

一、清皇室应尊重中华民国国家统治权，除优待条款特有规定外，凡一切行为与现行法令抵触者，概行废止。

二、清皇室对于政府文书及其他履行公权、私权之文书契约，通行民国纪年，不适用旧时年号。

三、清皇帝谕告及一切赏赐，但行于宗族家庭及其属下人等，其对于官民赠给，以物品为限，所有赐谥及其他荣典，概行废止；清皇室所属机关，对于人民不得用公文告示及一切行政处分；清皇室如为民事上或商事上法律行为，非依现行法令办理，不能认为有效。

四、政府对于清皇室，照优待条款保护宗庙、陵寝及其原有私产等一切事宜，专以内务部为主管之衙门。

五、清皇室应允确定内务府办事之职位为主管皇室事务总机关，应负责任，其组织另定之。[1]

六、新编护军专任内廷警察职务，管理护军长官负完全稽查保卫之责，其章程另定之。慎刑司应即裁撤。其宫内所用各项执事人役及太监等，犯罪在违警范围以内者，由护军长官按警察法处分，其犯刑律者，应送司法官厅办理。

七、清皇室所用各项执事人等，同属民国国民，应一律服用民国制服，并准其自由剪发。但遇宫中典礼及其他礼仪，进内当差人员所用服色，得从其宜。

乍一看，上述第一份国家文件中所列的优待条款似乎是非常慷慨的。事实上，当世界第一次得知这样的实情——革命者同意保留皇帝的头衔，让他继续居住在其中一座皇宫，每年都要支付大量的津贴来维持他的宫廷生活和其他开支，欧洲及其他地方的人们将中国与西方对待被抛弃君主的方式进行比较，并对中国模式进行了高度赞扬。

中国人的性格中有那么多令人钦佩和可爱的东西，中国文明中有那么多高尚和亲切的东西，因此，我们没有必要去不辞辛苦地刻意赞美中国，也没有必要去她的花园里寻找从来没有在那里生长过的花花草草。

我已经说过了，这些条款是妥协的结果。帝国主义者并没有被打得停滞不前；事实上，他们已经收复了中国中部的一些失地，几乎整个华北、西北和满洲都在他们手中；他们拥有一些最有能力的总督和忠诚的将军，他们拥有中国最精良的装备和训练有素的战斗力量，他们仍然控制着国家的金融和外交机器。君主政体是否会被武力推翻，这一点无法确定，但至少不会爆发持续多年的内战。我的个人印象是，如果袁世凯忠于职守，全心全意地投入到皇权的救赎中，他就会成功。外国人更普遍的看法是——革命一定会胜利——这主要是基于"王朝已经衰落、早就应该垮台"的信念。也许就是这样，即使1911年王朝没有垮台，也有可能在几年后崩塌。另一方面，以君主立宪制取代专制政体，再加以巧妙的引

---

[1] 这一条款的后半部分没有受到任何有关人员的重视，尤其是内务府本身。政府没有采取任何措施来解决滥用职权的问题，也没有削减开支或解雇多余的员工。

导，或许可以挽救这种局面。

然而，为什么在革命者仍有可能被打败的情况下，朝廷却屈服于革命者的势力并做出包括皇帝退位在内的妥协呢？"要面子"的解释是，隆裕皇太后不忍心看到中国人民遭受长期内战的痛苦。真正的原因是，这种妥协符合袁世凯的意愿和图谋，他已经掌握了局势。

为什么袁世凯对皇权事业三心二意呢？所有的证据都表明他是这样的呀！毫无疑问，部分原因是他从未原谅摄政王1908年将他免职的行为。袁世凯的忠诚需要极大的激励才能从三年的麻木中唤醒，而醇亲王不是有能力激发忠诚的人，尤其是搞不定袁世凯这样的机会主义者。三年以来，这位前总督兼军机大臣一直在无力的沉默中沉思着他无疑认为是他所受的冤屈，当他想到那个把他赶下官位的人是一个他既憎恨又鄙视的人时，他就变得更加痛苦了。可是，如果他的忠诚继续蛰伏，就会被其他可以提供更多刺激的情绪所取代。袁世凯一直是一个野心勃勃的人。雄心壮志在他心中变成了一种吞噬一切的激情。

到1911年年底，袁世凯的野心达到了何种高度，恐怕现在活着的人都知道了。但是，关于这个问题，在他主持谈判最终达成和解的过程中，我和与他有密切接触的人多次讨论过，也和许多在紫禁城参加秘密采访的人讨论过，他在采访中强调了自己对皇室的看法。我相信在所有这些谈判和讨论中，袁世凯不是为了革命者及其共和制国家，不是为了小皇帝和清王朝，而是为了他自己的荣耀。

我认为，如果我们对优待条款中所包含的妥协进行研究，就会持有同样的观点。这是一份非同寻常的文件，起草者绝不可能是一个真正关心民国或皇帝利益的人，但也绝非傻瓜。他圆滑地炮制出一份文件，巧妙地欺骗了对抗双方，使其都相信自己战胜了对方，同时制造了一种局面，使权力的实质掌握在他自己手中。

袁世凯可能会在对革命者的讲话中使用这样的措辞来解释争议：

> 这份协议规定了皇帝的退位，并将给赋予你们想要的东西——共和制国家。作为回报，你们得让他保留一个名誉上的空头衔，并且每年给他一笔补贴，虽然看起来很大，但与一场旷日持久的内战之代价相比，只是小巫见大巫。允许他留在紫禁城只是权宜之计，如果你们想赶他去

颐和园,他必须遵命搬家。你们保留给他及其家人的其他特权没有任何实际意义,也不会损害民国的威望和尊严。所有这些特权可以被看作防止他参与任何反共和或反动活动的一种保险,还可以使监视他的任务简单化。总的来说,这份协议给皇帝"长脸",但不会让你们"丢脸"。你们拿到了货真价实的东西,他就只剩下一层庇护外衣了。外国将会称赞你们的宽宏大量,新的共和制国家将会在掌声和荣耀之光中起航。对你们来说,万里晴空,阳光璀璨,一片艳阳天;对大清皇帝来说,只有渐渐变暗的暮色。

接着,袁世凯转向了紫禁城的受骗者——一个无知无助的女人,一个胆小愚蠢的摄政王,还有一个6岁的天子。他可能会这样巧舌如簧地跟他们掰扯:

> 这协议保住了皇位,皇帝依然是皇帝。他所牺牲的只是统治权。这真的算不上什么牺牲,因为皇帝陛下只是个孩子,未来很多年都不能亲自承担帝国的责任。皇室放弃统治权,还可以省去很多麻烦和焦虑。等他长大成人,革命的疯狂将会结束,皇帝将收回他曾暂时授予一个疯子组织的权力。该组织自称"共和",可惜,时间会证明它无法统治或维持秩序,而人民也将对它感到厌倦。那时,他们就会记得他们的皇帝还活着,皇位也从来不曾空缺,皇帝本人随时准备响应其受苦受难的子民之召唤。该协议保证维持祖先的仪式和对帝国陵墓的保护,并将提供大量的收入来维持皇帝陛下的帝国开支。皇室系统将继续发挥作用,传统的宫廷仪式将继续保持至今。你们拿到了货真价实的东西,他们就只剩下一层体面外衣了。外国将会称赞你们的宽宏大量,因为你们不忍心看到人民忍受内战的恐怖而放下了武器。皇权将会重获失去的威望,几年后,全世界将会欢欣鼓舞地看到天子归来,再次统治一个幸福可期的中国。

我在上文已经说过,优待条款的起草者绝不可能是一个真正关心民国或皇帝利益的人。该协议正合某人之意,这个阴险人物就是协议的创作者或灵感者。如此一来，他就可以装出一副明智而无私的样子，扮演双方的"朋友"；也给了他时间和机会来巩固自己的地位，为可能的光辉灿烂之未来铺平了道路。该协议也合那些强大而同样邪恶的人之意，他们站在皇帝和人民之间，控制着财政，粗暴地管理着皇室的财产。我指的就是内务府。这个无能和腐败的组织的既得利益是巨大的，所有的事实都表明，正是为了保护这些利益，条款中规定了维持昂贵而无用的帝国权力不受削弱的条款。

然而，如果京城中心的皇宫继续被一个享有皇帝地位的人占据，显然不利于一个新成立的共和制国家站稳脚跟。尽管这位皇帝没有政治权力，他的帝王尊严也只是虚有其表，但他还是有可能成为君主制阴谋的中心——即使他会违背自己的意愿。

至于皇帝本人，文章中并没有提到袁世凯或革命军或宫内部门对他的个人利益有过丝毫的关心或考虑。他们关心的是他所代表的制度，以及一群寄生虫全程依赖的生计和额外收入，还有，协议要符合各方的利益，即皇帝应该继续以名义君主的身份统治以紫禁城为界的王国。没有人会想到提出这样一个问题：小皇帝作为一个人，却在这样非自然的环境中长大，这对他的身体和精神是否有益呢？没有人会问，身边围绕着数以百计的懒惰闲散且卑躬屈膝的太监和谄媚者，让他相信自己"近乎神灵"，却不让他承担作为皇权唯一的正当理由的义务和责任，这对他的性格和幸福是否有益呢？

一位英国作家最近宣称，满族人是"被欺骗而放弃皇位的"。没错！但为了公正起见，我们应该清楚地认识到，革命者们并不是骗子。事实上，他们是同一骗局的受害者。

然而，尽管针对优待条款的负面批评如潮水般涌来，但事实上，这些条款依然是革命和解不可分割的一部分，如果革命党不同意这些条款，共和国可能永远也不会出现——就像现在这样。毫无疑问，当这些条款得到革命党人和君主立宪派的正式同意时，那就对双方都具有永久的约束力。除非双方同意，否则不能修改，更不能取消。复印件被抄送到了每一个在北京的使馆，作为永久的记录和外国政府的参考消息。1917年，一个委员会起草了中华民国的永久宪法。只有在保证有关文件被视为具有永久效力的正式条约的情况下，才可以废止。正如我们所看到的，直到1924年，所有涉及的文件都包括在官方授权下发布的法律和条例汇编中。1924年发生在他们身上的事情（更确切地说，是包含清朝皇室优待条款的文件）将在后面的章节中详细描述。

我说过，如果这些条款中所体现的妥协没有达成一致，或者如果袁世凯没有背叛他的信任，清王朝可能就得救了。有一点需要记住——即使事实证明有必要从北京撤军，即使清朝觉得有义务放弃满族对中国的征服，但朝廷依然对满族皇室敞开大门，让他们退隐到满洲的旧都奉天，并重新登上其伟大祖先太宗皇帝的宝座。如果在辛亥革命初期，大清朝廷决定暂时或永久地退居满洲老家，那么，它是否会被中国革命派赶下台，或者满洲是否会成为中华民国名义上的一部分，那就要打个大大的问号了。仅此而已！

如果满洲人退隐到满洲，如果他们在中国的政权最终会垮台，我们绝不可能看到一个复兴的、类似于17世纪上半叶存在的、完全独立于中国的满洲君主政体。在这样的君主政体下，会有大量有能力的中国保皇派上台，他们身后会追随着一大波对民国条件不满的中国各阶层人士。如果这样一个君主政体建立起来了，热河和内蒙古的其他地区不久也会加入进来，这并非不可能。[1]

当中国革命开始显露出其危险性时，大清朝廷并没有忽视撤退到满洲的可能性，甚至，有人对此进行了认真严肃的讨论，许多帝国主义者都呼吁，这是最明智的做法。最终决定摄政王和大多数亲王依然留在北京的，是他们对袁世凯在优待条款中保证的优越条件的诚实而愚蠢的信仰。除了两人之外，所有的人都被这些和类似的论点催眠了，他们也试图说服自己，可以相信共和制政府，一旦正式同意了妥协的条款，就会信守承诺。

有两位亲王对摄政王及其贵族兄弟的无能懦弱感到惊讶和愤怒。他们发言并投票反对接受袁世凯的和解提议，并坚持认为皇帝没有必要退位。他们拒绝参与他们所宣称的对一项神圣事业的卑鄙背叛，这是对那些首先在满洲奠定了大清帝

---

[1] 以下是十多年前J.H.道奇发表于《中国画评》（天津）上的一篇文章的摘录："1912年，中国成为一个共和制国家，与此同时，蒙古宣布独立但声明，一旦中国恢复君主制，处于满族皇帝的统治之下，蒙古将自愿重新加入中国。"从革命时期到现在，许多蒙古王子或多或少地公开效忠于皇帝。我亲自去紫禁城会见了他们，他们还带来了献给皇帝的贡品，我甚至也分到了一些。比如，1922年，皇帝送给我的一匹蒙古小马就是蒙古王子送给他的众多礼物之一。

国的强大基础,然后扩展到整个中国的显赫祖先的不可原谅的侮辱。当他们发现自己在投票中被击败时,当他们意识到袁世凯的承诺和隐晦的威胁正在瓦解一切反对意见时,当他们发现摄政王和皇太后屈服于比他们更强大的意志压力时,当他们意识到帝国的事业确实已经失败时,于是离开京城,流亡国外,并发誓再也不会回来了,除非他们躺在棺材里被人抬回来,或者龙旗再次飘扬在北京城门的上空。这两位亲王就是恭亲王溥伟和肃亲王善耆,前者在日本租界旅顺港住了许多年,脑子里幻想的和梦想的都是重现其住宅辉煌的可能性。1922年4月,肃亲王真的躺在棺材里归来了。

溥伟
(恭亲王奕䜣之孙,
贝勒载滢之子)

如果两党都被说服接受的妥协是一个彻头彻尾的错误,毫无疑问,如果袁世凯把对皇权的忠诚与爱国主义和高瞻远瞩的政治家风度结合起来,以免国家再次陷入内战,那么,他还能做出什么其他的妥协呢?他和革命领导人试图达成和平解决方案是正确的,这一点无须否认。如果内战继续下去,可能会以中国的分裂以及北方君主制和南方共和制的建立而告终;它可能会导致帝国大厦在悲剧场景中摧毁,就像曾经在法国和不久将在俄国目睹的那样;它可能会导致不逊于1898年那样决定性的胜利,导致帝国独裁政府在旧的恶劣条件下的复兴——也许是在经历了半个中国的毁灭和一场比50年前的太平天国起义更可怕的屠杀之后;或者,它可能会产生一个相当贫瘠的结果,那就是让中国像西方世界一样,成为"一战"中的"民主安全地带"。

因此,某种妥协是必不可少的。如果要避免内战,或者更确切地说,如果要和平休战,任何一方都不能指望自己的要求得到充分满足。他们这样做也不可取。另一方面,显然没有民众要求用共和制取代皇权,没有充分的理由相信,由于皇帝的消失而在中国政治大厦中造成的缺口会被一系列争吵不休的政客或嫉妒心强的官员充分填补。因此,袁世凯可以也应该主张并坚持保留皇位——即使它的权力被大幅削弱,仅仅是国家统一和民族传统延续的外在象征、国家外交中的官方代表、忠诚和爱国主义的聚集点,以及中华帝国政治、道德和宗教结构的顶峰。[1]

的确，清皇室已经同意将独裁政权转变为君主立宪制，革命也没有因此得以避免。但这可以合理地归因为一种具备充分根据的质疑——这个具有老皇太后性格和出身的女人主持的朝廷是否具有足够的诚意和善意呢？这种情况已经发生了彻底的变化，一个孩子登上了皇位，他太年轻，不可能被邪恶的传统和不健康的环境所腐蚀，他的教育可以托付给那些受到新精神灌输的人。

袁世凯本可以在他要求保留帝制的同时提出一个建议，正如我在上文中提到的，该建议应该在皇帝即位的三年前予以采纳。换句话说，要任命一个由中国成员占多数的摄政委员会，该委员会拥有广泛的权力，可以立即启动改革计划。这个机构的主要职责就是驱逐仍然在紫禁城里游荡的太监，撤销皇太后和其他宫廷女性干涉国家事务的权力，废除腐败无能的内务府，在效率和经济的全新基础上重塑皇室的管理职能。

孙中山及其政党当然反对以任何形式保留满族君主制的想法。但我认为，革命团体中较为温和的成员，袁世凯不费吹灰之力就可以争取过来，尤其是他给他们列出两个选择的时候——要么接受妥协，要么重新发动一场他们很可能会输的内战。到目前为止，最强烈的反对（尽管考虑到袁世凯无懈可击的立场，这种反对可能无效）不是来自革命者，而是来自内务府。毫无疑问，如果让该机构的成员在实际通过的妥协（给皇帝留下一个空头衔，但允许内务府继续发挥作用）和这里提出的妥协（保留皇帝的宝座，但必须废除内务府）之间做出选择的话，他们会全心全意地支持前者。他们的忠诚不是针对他们的皇帝，而是针对中国人所谓的他们自己的"饭碗"。

正如我所说的，袁世凯不可能忽视这种安排的可能性。这种安排不仅可以拯救清王朝，还可以防止中国陷入危险的政治试验，在中国人民经历了22年无法言喻的苦难之后，中华帝国已经陷入了比清朝末年更为严重的困境。

袁世凯不是共和党人，他很快就扔掉了共和派的伪装。那他为什么不利用自己独特的地位和压倒性的力量来拯救王朝呢？唯一可能的解释是，他已经在梦想

---

[1] 正如约翰•巴肯所说，希腊城邦的败亡是因为它们始终没有凝聚力和团结精神。中国自君主制崩溃以来，貌似也因为同样的原因而失败。

着一个由他自己创立的新王朝,因此,通过小皇帝建立君主立宪制的千载难逢的好机会就这样失去了。这个皇帝太年轻,没有任何敌人,也没有人对他产生任何怨恨,更不可能怀疑他有欺诈行为,他的教育才刚刚开始。

在《优待条款》中所体现的对妥协的众多反对意见中,最严重的一条是,它完好无损地保留了作为皇权衰落之主要原因的有害制度。它使君主处于一种卑贱的地位,成为他以前臣民的寄生虫,一个完全无能的君主,从国家领取大量的养老金,既不被期望也不被允许履行任何相应的职责,也没有以任何方式为国家服务的权力。他被允许保留他的空洞头衔和帝国装饰,维持一个模拟宫廷,仅仅是为了让帝国中最腐败的组织有借口继续存在下去。不是为了侍奉皇帝而保留内务府,而是为了侍奉内务府的利益而保留皇帝。这些条款剥夺了皇帝所有值得拥有的东西——为他的子民服务的特权,却没有触及那个榨干了王朝生命之血的吸血鬼(内务府)。

"共和制"是在许多人的欢呼声中建立起来的,他们从此找到了流泪的理由。早期热心的共和党人,有些则已悄然消失。许多人已经退休,开始了私人生活——或多或少有些心碎的痕迹。有些人用政治换取了商业和教育。至少有一个人放弃了中国,去了欧洲,并在一个天主教修道院寻求和平——可能还找到了和平。有许多例子可以说明"革命会吞噬自己的孩子"这句名言。许多人经历过这样一段令人不安的经历:有一天被誉为英雄和爱国者,第二天又被斥为罪犯和叛徒,不久之后又被誉为英雄和爱国者。有些人不时地在英国殖民地和外国租界避难;有些人因暗杀或内战而惨烈死去;有些人在山间的佛教寺院里找到了安宁的家园,在那里,他们凝视着瀑布,创作和朗诵着诗歌,浏览着圣贤的传说,还用无钩的渔线在山中池塘里钓鱼[1]。在经历了20年动荡岁月的机遇和变化之后,只有两三个人的身体和名誉都安然无恙。其中一个,确实尊为民族圣贤,国家还为他建造了一座昂贵而豪华的陵墓。就目前而言,那座坟墓一直打扫得干干净净,

---

[1] 1933年10月16日,路透社在英文报刊上发表了一份关于孙传芳的电报。电报中说,孙传芳是佛教最新的成员之一,他还一度控制了中国最富裕的省份,但他决定出家当和尚。在这位总督倒台前不久,我曾在《季刊评论》1927年1月第153—158页上讨论过他的命运。

维修得完完好好；而天坛的白色大理石祭坛，曾经是中国最神圣的地方，皇帝作为人民的代表，站在那里与上帝单独交谈，可如今在慢慢地腐烂，或者像死尸一样躺在粉饰的死亡面具之下。[1]

---

[1] 没想到，在民国四年，北洋政府对天坛的旧大理石台阶和露台进行了粉刷。1915年11月20日，沃纳先生（曾就职于英国驻华领事馆）的抗议信出现在《北京公报》上，23日，伯纳德·里奇先生又写了一封抗议信，主题是抨击当时中国肆虐的破坏行为，比如拆毁和损毁名胜古迹，以及在曾经美丽的北京城修建了上百座令人憎恶的建筑。无奈，如今中国艺术的西方爱好者提出的抗议只得到了民国政府的怠慢回应。

第八章 "窃国大盗"

中华民国的头13年——从1912年春天到1924年冬天——在首都的心脏地带居住着一位总统和一位皇帝。对于清朝来说,这是黄昏时刻;对于民国来说,这是黎明时分——非常灰暗的黎明,密集的云层中带着不祥的红色条纹。

一个被废黜的皇帝还能保留他的皇家头衔,这显然是一种反常现象,外界要么对此一无所知,要么认为,共和国授予皇帝保留头衔的权力,只不过是向一个死去王朝的最后一位君主礼貌告别的最后姿态。许多居住在中国的外国人很快就忘记了这些优待条款,如果他们确实读过这些条款的话,他们会认为这位皇帝的地位和其他被废黜的君主是一样的。因此,他们称他为"前皇帝",就像他们在欧洲谈论任何一位前君主一样;从欧洲人的角度来看,他们的理由很充分,显而易见,无论紫禁城的那个小皇帝如何自称,他都不再是中国的统治者了。但也有一些人模糊地意识到,他的地位与欧洲退位的君主并不完全相同,这一点很容易看出,因为他仍然保留着朝廷和皇位。因此,无论是皇帝还是前任皇帝,都不以为然。授予他们头衔,他们就妥协了,因为,这个头衔让他们成为定居中国的外国人圈子中最著名的"少年皇帝"。

尽管如此,当许多人得知皇帝与民国签订了正式协议,被允许保留他的尊严头衔,而无须冠以"前"或"少年"的头衔时,他们往往表示怀疑,于是问道:"共和制国家怎能容忍一个自称为中国皇帝的人盘踞在首都呢?"

这是一个非常合理的问题,而且很容易回答。共和制国家没做过这么愚蠢的事。皇帝完好无损地保留了他的皇帝头衔,但在中国的专业术语中,这个头衔不是——从来都不是"中国皇帝"之意。

所有被欧洲人称为"中国皇帝"的君主,都被冠以王朝的称号,而不是领土的称号。每个朝代都有自己的"国号",但没有传给下一个朝代。李渊于公元618年建立的王朝被称为大唐;赵匡胤于公元960年建立的王朝被称为大宋;朱元璋于公元1368年建立的王朝被称为大明。当这些朝代的统治者真正在位时,他们的帝国(无论大小或组成)被称为大唐(国)、大宋(国)、大明(国),即唐宋明所统治的领土。"大"可被视为非必要的敬语,意思是"伟大"。中国通常的习俗是,当使用敬语的朝代不复存在时,就会取消该敬语。值得注意的重点是,在这个王朝的名称中并没有指明它的领土范围。因此,如果明朝在灭亡后,成功地将自己维持在中国的一个偏远角落,或者甚至在中国边界以外的地区,理论上就没有必要改变国号。大明王朝将继续存在,但在中国之外,统治着某个地区——那里的人口可能完全不是中国人。在中国大地上继承的王朝,理所当然地会采用一个新的国号,中国此时就会变成另一个"大×(国)"。

事实上,明朝被彻底推翻了,几年之后,其最后的后裔无处立足,因此,大明已不复存在。许多对中国历史知之甚少的外国人认为明朝是被满族人推翻的。的确,满族人的进攻摇了王朝的根基,但并不是满族人把最后一位明朝皇帝逼到俯瞰紫禁城的山上,并亲手杀死的。这场悲剧性事件是由闯王李自成带领一大波农民军占领北京而造成的。李自成摧毁并控制了中国大片地区,并夺取了都城,完成了自己的征服事业,他还做了以前其他土匪头子都做过的事情——宣布自己为新王朝的皇帝。

新王朝的政权叫"大顺",李自成选择"永昌"作为自己的年号。这就是说,如果他的事业没有在他看来的至高无上的胜利之后立即垮掉的话,他可能就是大顺王朝的第一个皇帝,他的帝国将被称为"大顺(国)"(大顺王朝的帝国或国家或领地),他统治的第一年(1644年)就是永昌元年。如果一切顺利的话,他的名字可能会作为一个强大王朝的著名开国皇帝而被载入史册,而当今的大顺皇帝可能是一长串杰出帝王中的最新继承人,中国人民也会成为其忠诚而满足的臣民。

现在的学生都知道这个新王朝发生了什么,虽然英国或美国学生不是人人都知道,但中国学生一定个个都清楚。我们在后面将会看到,它就像袁世凯在1916年试图建立的帝国那样转瞬即逝。导致李自成伟大事业彻底毁灭的种种事件,我们不必在本书中赘述。这里唯一让我们关注的事实是,满族人长期以来一直在注视着明朝的逐渐衰落，他们已经争取到许多非常能干的汉族文武百官，他们已经在很大程度上接受了汉族文明和汉族语言，行军穿过玉门关等著名的长城关隘，又与吴三桂率领的中国边防军联合起来，彻底击溃了李自成的军队，胜利入北京，最终夺取了金龙宝座。

满洲新王朝的名字是"大清"，这个王朝从1644年开始统治中国，直到1911年革命爆发时仍然存在。这个王朝的十位皇帝都叫"大清皇帝"。根据与中华民国的正式协议，正是这个头衔（"大清皇帝"而不是"中国皇帝"）的最后一个得到了特批保留。《优待条款》中关于这一问题的条款规定，他的"尊贵头衔应予保留，不得废除"。头衔确定为"大清皇帝"，因此出现在协议的序言中，并在八项条款中重复出现了五次。[1]

由于1912年没有建立新的王朝，自然也就没有出现设计新国号的问题。这个共和制国家决定效仿西方国家，简称自己为中华民国，四个字组成一个共和国的年号。

庙号的使用（每朝皇帝必须有不同的庙号，比如，乾隆的庙号为高宗，光绪的庙号是德宗，等等）也理所当然地被废除了。简单地说，1934年也就是"中华民国二十三年"。

如果袁世凯在1916年成功地建立了他的新王朝，会发生什么呢？还不太确定，他的尝试将在这一章讨论。虚荣心可能使他遵循古老的习俗，并给它起了一个旧式名字。但是根据他为即位而刻在某些硬币和奖章上的铭文，以及其他的迹象看来，他只打算改变共和国名称中的一个字或字符。将中华民国中的"民"字改成"帝"字，中华民国改为"中华帝国"就足够了。为了说明中国人一直以来

---

[1] 在英文版本的中外条约中，习惯上使用"中国皇帝"一词，但在中文原件中，使用的称呼是"大清皇帝"。毫无疑问，这是因为外国人习惯的命名方式是领土疆域而不是王朝名号，那样可能引起误会。所以，在准备英文版条约时，将"大清"切换成了"中国"。据推测，这是外国翻译者的译法。在1871年中日签订的条约中，"两个缔约国的君主都没有任何头衔"。日本叫大日本国；中国叫大清国。参见迈耶斯的《中国政府》（伦敦：1897年）第142、144页。虽然日本人模仿中国的习俗，用年号来代表时间，但他们并没有效仿中国用王朝名取代国土名，原因很简单，日本只有一个王朝，因此，日本人和欧洲人都称之为"大日本"。

对"国名随朝代而异"这一古老理论的接受程度，只需要指出，广东人直到今天还称自己为"唐人"（因为他们是在唐朝被并入帝国的），而北方人称自己是"汉族人"（汉朝比唐朝早得多）。同样，满洲的许多汉族人（甚至在中华民国建立之后）也自称为"大清国人"。可以补充一点，威海卫（1898年至1930年处于英国统治之下）的人们在受英国管辖时期通常称中国为"大国"。千真万确，"中国"在某种程度上是一个泛指的术语，但其意思仅限于"中央王国或国度"——假设该帝国在世界上处于中心地位——"中国"并不是皇帝选定的正式国名。然而现在，它成了中华民国官方名称的一部分。

因此，我们可以看出，本章第一句所描述的反常情形，其实并不像它看上去那样反常。大清皇帝依然存在，但中国已经不再是大清国了，一个自诩为"大清皇帝"的人物继续居住在北京，尽管这很容易在无知者中间引起误解，但原则上并不影响共和国的权威。

所有这些关于中国国家和王朝的名称和头衔的用法和理论，除了那些对今天的实际问题感兴趣的人以外，似乎都是非常技术性的，没有什么意义。但是，它们不仅对袁世凯的君主主义野心有直接而重要的影响，而且对自1931年以来一直在搅动国际政治世界的满洲问题也有直接而重要的影响。

袁世凯于1898年出卖了光绪皇帝，于1911年背叛了宣统皇帝，于1916年背叛了中华民国。

这位能干但无良的政治家成为共和国总统，不是因为革命党人信任他，而是因为他们别无他法。孙中山本人也接受了革命党的提名，他把总统职位拱手让给了袁世凯，他原本就经常因其所谓的宽宏大量而受到称赞，但他别无选择。他认清了袁世凯已经掌握了权力的现实，并明白袁世凯没有丝毫放弃的意图，况且，袁世凯在北方的地位是革命者所能聚集的力量无法撼动的。[1]

---

[1] 以下一段摘自1925年12月4日《京津时报》的一篇重要文章：

孙中山于1912年来到北京，当时盛况空前，人们坚信，他在辞去共和国总统职务转而推荐袁世凯时，表现出了极大的自我克制。因为如果他坚持保留总统职位，民国几乎不可能存在，而孙中山也自称是民国的真正缔造者。但有人认为这在夸大其词。前总统黎元洪声称，孙中山与推翻君主制的实际成就毫无关系。当他回到中国时，革命已经结束了。以袁世凯为首的北方将领绝不会屈服于孙中山。

1912年3月10日，袁世凯"当选"临时大总统并宣誓就职，随即收到了前往南京的迫切邀请，南京将成为共和国的首都。然而，袁世凯太过精明，他没有把自己置于一个怀疑他的革命小集团的权力之下，因为他对他们的憎恨和质疑也差不多。因此，他声称北方的政治局势不稳定，需要一个强有力的控制者，以此作为自己不去南方的借口。当革命党领袖委婉地对此表示怀疑时，袁世凯在北京上演了一场兵变，以证明危险的动荡因素确实存在。这场兵变夺去了许多人的生命，并造成了相当大的财产损失，可对于袁世凯来说，这是无所谓的事。它达到了他预期的结果，他留在了北京。

1913年3月20日，南方领导人宋教仁遇刺（几乎可以肯定，这归咎于袁世凯的唆使）。7月，一场旨在推翻袁世凯的新革命运动爆发了，但袁世凯的反击行动如此迅速果断，以至于包括孙中山在内的"造反派"在一个月内就遭遇了惨败。这场运动被称为"二次革命"。孙中山本人又开始"旅行"了，并在日本流亡了一段时间，在那里，他受到了许多日本同情者的款待和海量帮助，这些人是中国改革事业的真诚和慷慨的朋友。他们中的许多人对这个国家后来发生的事情大失所望，对孙中山及将其冠以"国父"之名的那个共和制国家都失去了信心。

1913年10月6日，袁世凯正式当选为总统，任期五年，并于10月10日——革命爆发两周年之际，在盛况空前的仪式中宣誓就职。不久之后，他通过成功的阴谋诡计，巧妙地操纵了国家财务，他成功地宣布自己为终身总统，并有权提名自己的继任者。"二次革命"的失败使得袁世凯觉得自己足够强大，足以解散孙中山的政党——国民党，这导致了国会的解散。国民党成员遭到驱逐，已经达不到法定人数了，但正式解散发生在1914年1月12日。1913年12月，黎元洪[1]将军被选为副总统，并被传唤到北京，表面上是为了更方便地行使其行政职能（事实证明这些职能实际上并不存在），而实际上是为了防止他成为"反袁"煽动者的工具。1914年5月颁布了1912年3月的《临时宪法》的修订版之后，原满洲总督徐世昌任丞相，原山东巡抚孙宝奇任外交总长。

袁世凯对皇帝和朝廷保持一种"正确"的态度，而不是诚恳的态度——如果

---

[1] 黎元洪：第一次任大总统，任期为1916年6月6日至1917年7月1日；第二次任大总统，任期为1922年6月至1923年6月。——译者注

这种"正确"与这样的事实相符的话——他以各种拙劣的借口帮助自己获得属于皇室的资金,并表现得没有过分热心于履行优待条款中与共和政府补贴有关的那一条。事实上,补贴从来没有全部支付过,我们将会看到,1924年年底,当这些物品变成"一张废纸"的时候,共和政府已欠下皇帝几百万美元。

早在1913年,袁世凯因邀请隆裕皇太后遵守第三条优待条款,将皇室从紫禁城迁至颐和园而引起了宫廷内部的恐慌。内务府一想到要迁出,就惊慌失措,因为迁出势必是内务府解散的第一步,于是怂恿自己的欺骗对象皇太后发起强烈的抗议。在没有更好的理由支持抗议的情况下,有人向总统指出,如果皇室也得搬到颐和园,那将会受到一大群坏人的摆布,他们会发现,要爬上那堵环绕着颐和园的矮墙是件轻而易举的事。为了应对这一困境,袁世凯迫不及待地下达命令,要求将全长约3英里[1]的城墙加高几英尺[2]。当然,这项工程所需资金的筹集者不是民国政府的总统,而是由内务府,换句话说,它是从帝国的私囊中拿出来的。

隆裕太后的抗议不再继续。但内务府精明的官员们毫不费力地扭转了不利的局面。他们认为,仆人们不能在阴暗之地劳作,而颐和园的高墙会遮住阳光,使得仆人们在夕阳下山之前早早地收工。因此,关于围墙高度的问题需要三思而后行。此外,建筑效率低得惊人,一部分新墙在建成后不久就倒塌了,有时甚至殃及一部分旧墙。

几年以后,这堵不幸的城墙给我带来了许多麻烦和烦恼。因为在我短暂担任颐和园及其附近庄园的"御前专员"这一职务期间(1924年),每一场大雨都足以冲塌一部分墙壁,我的责任就是利用微薄的资源来维修,而这是我费力不讨好的任务。我有幸找到了比以往任何时候都更有效和更经济的方式进行多次维修,但也丝毫没有减轻负担;因为我每次试图通过削减开支来平衡宫廷预算时,都不可避免地与既定惯例和"既得权利"相冲突,并剥夺了宫廷工作人员实实在在地增加薪酬的权利。

事实证明,加高城墙是一种毫无用处的奢侈行为,后来出现了一些情况,使得皇室不必腾出紫禁城。在中国或其他地方,可能很少有人知道袁世凯不情愿地

---

[1] 1英里=1609.344米。——译者注

[2] 1英尺=0.3048米。——译者注

同意无限期推迟搬迁的真正原因。事实是，他害怕与仍然强大且有影响力的保皇派将军和前总督张勋作对，后者以徐州为根据地，控制着京津铁路，因此统治了长江以北的整个华东地区。张勋是袁世凯的"人"，也是袁世凯阻止革命军北上的工具之一；但是，张勋接受袁世凯的领导，是以袁世凯严格遵守皇室与民国之间的契约为条件的。事实上，张勋把对袁世凯的忠诚与对皇帝的忠诚结合起来，二者的区别在于后者是绝对的，而前者是有条件的。

颐和园里的亭子

张勋强力支持皇太后的抗议，纯粹出于效忠皇帝的动机，结果他成功了，却是非常令人遗憾的事。他自己也像隆裕太后一样，受到宫廷的愚弄，内务府秘密派人到徐州求援。这种干涉的所谓理由是，皇帝陛下的荣誉和人身安全受到威胁。当然，内务府宣称自己和张勋一样，受到忠诚的崇高动机的驱使；在现实中，它一如既往地关心的不是皇帝的利益，而是自身的利益。张勋天真地认为，劝说袁世凯放弃将皇室赶出紫禁城的计划，是在履行一个忠臣的明显职责，然而，他只是成功地使腐败和奢侈的制度的弊端永久化，正如我说过的，这在很大程度上是满洲君主政体衰落的原因。

在张勋措辞强烈的警告声中，袁世凯只好以宽宏大量的姿态屈服于皇太后的抗议，暂时放弃了将满族皇室驱逐出紫禁城的想法，但毫无疑问，早在1913年，或者更早的时候，他就期待着有一天能成为新王朝的缔造者，盛大而光荣地进入这座宫殿。与此同时，他势必满足于分配给民国总统的皇宫边缘地带。这就是新华宫，它的湖泊和楼阁在西侧与紫禁城相连——客观地讲，它与新华宫与皇帝宫只隔一步之遥——并不逊色于皇室在紫禁城的居住区。

袁世凯从正式当选总统之日起的近两年时间里，自己的个人扩张计划走向了成熟，然后便摘下了伪君子面具。他小心翼翼地漫步在总统生涯路上，有一段时间对自己的"终身总统"深感满意——终身总统制实际上就是君主制，只缺正式名分。他行使了提名自己继承人的权力，选择了自己最喜欢的儿子袁克定，这是一个公开的秘密。多年以后，袁克定在我的保护下流亡到英国租下的威海卫。

下一步很简单。他用来操纵"民意"的机关是一个专门成立的组织，叫"筹安会"，它诞生于1915年8月。筹安会的名义领袖是一个叫杨度的政客，袁世凯本人当然是这个社会活动的幕后推手，但他却维持着一种与该组织毫无关系的假象。袁世凯说，"国体"（政府的形式）问题完全由人民来决定。尽管如此，他和他的棋子们还是小心翼翼地确保"人民的决定"应该符合他自己的秘密愿望。

在积极宣传建立新王朝期间，袁世凯的周围当然都是谄媚的人，这些人都热切地期待着当他们在新王朝的台阶上站稳脚跟后，好事会降临到他们身上。满族皇室的一些成员居然试图讨好他们的头号敌人，这使皇族受到了极大的羞辱。溥伦，一个与皇帝同辈的亲王，他的皇位继承权曾受到袁世凯的强烈支持（出于私心），现在通过支持他的帝国野心来表达自己对袁世凯的感激之情。皇室认为，溥伦在袁世凯面前卑躬屈膝，还自称"臣"，皇室因此而蒙羞，"臣"是奴才跟皇帝说话时对自己的卑称。作为共和派的一员，他以皇室代表的身份公开支持袁世凯继承皇位的提议，袁世凯委托他完成一项微妙的任务——说服皇室交出玉玺，以表示对他的信任。玉玺一直被锁在紫禁城的一座建筑物里，也就是"交泰殿"。关于这件事，我的消息来源是宣统皇帝本人，当他告诉我这件事的时候，他补充说，虽然溥伦试图执行他的使命，但是没有成功。袁世凯在内务府某些官员的贪污纵容之下谋划盗印，可惜，就在当天，他自吹自擂的宏伟计划轰然落空了。玉玺留在了紫禁城，直到1924年11月才离开了皇帝的监管。[1]

无论溥伦亲王做了什么，这个奇怪的事件都有其自身的利害关系。事实上，玺印在中国比在其他国家更受重视，民国成立时，国玺仍由皇帝保管，表明1912年年初起草优待条款之人对皇帝退位的现实性和永恒性持有严重的怀疑态度。

袁世凯的另一个马屁精是著名的广东政治家和金融家梁士诒[2]，他在职业生涯中积累了巨额财富，被称为"财神"。梁士诒和他的几个朋友对这位准皇帝盲目吹捧，甚至还提交了一份请愿书，要求袁世凯将自己的一位祖先追封为"国神"。毫无疑问，这一说法源自袁世凯本人的暗示，因为他意识到了通过确立其神圣血统来增加新王朝威望的重要性。

他暗示的这位祖先就是袁崇焕。袁崇焕是一名杰出的战士和督师，他英勇善战，曾于17世纪明朝末年镇守边关，偶尔还会击退满军。

袁世凯或其支持者选择一位曾为中国抗击满族而战的祖先作为神化对象，这无疑是一个巧妙的想法，因为拥有这样一位祖先的事实，自然会增加他的人气和威望，因为当时在"反清"的道路上，中国人的爱国主义情绪依然高涨。此外，这将使新皇帝的辩护者们能够在他被指控不忠时为他辩护。因为"孝道"——包括对祖先和家族传统的无私奉献——是中国传统道德理念的奠基石。袁世凯的祖先为之奋斗和牺牲的伟大事业取得了胜利，这表明他不仅是一个爱国者，而且是儒家美德的真正楷模。

袁世凯对待纪念仪式的方式就好像该主题与他个人无关，他将其交礼部（民国礼部取代了旧礼部）审议报告。毫无疑问，如果没有发生任何事情使礼部思想转向另一个方向的话，本来应该在适当的时候报道说，对著名的袁崇焕功绩的详尽调查，已经证明他完全配得上"国神"之美誉，这将使他在国家万神殿中晋升

---

[1] 溥伦不仅采取了迎合袁世凯的措施，而且在革命成功后立即试图赢得孙中山的好感。孙中山退位后不久，到北京进行了正式访问，溥伦实际上主持了一场由皇室众成员举办的庆祝孙中山到来的宴会。

[2] 高恩和霍尔合著的《中国历史概要》（第386页）中，将梁士诒描述为"疯狂政治和高层领导中一个不择手段的投机者"。1921年2月3日《京津泰晤士报》称梁士诒是"袁世凯君主制计划的主要组织者，他为了赞助人的利益，毫不顾忌地削弱国有银行"。他于1933年4月9日在上海去世，葬在他的故乡三水，靠近广州的西河边。

一个级别——可惜，在体现这一建议的报告准备好放在候任皇帝的宝座脚下之前，宝座本身就消失得无影无踪了。梁士诒及其同僚对英雄袁崇焕的卓越功绩所表示（不一定被感受到，但一定要展示出）的热烈赞赏，突然冷却下来，这位半神也被贬至他的卑微地位，和大千世界中生老病死的普通人一样。从那时到现在，似乎没有人认为有必要重新讨论他被称为神的问题。

这个小插曲对中国人民政治和宗教生活方面有一定的启迪意义，它暗示了海量关于政治或其他事件的想法，而其中又有大量事件，在过去的年代里，或增添或减少了中国君主和圣人的精神财富。[1]

这些肮脏的阴谋在袁世凯以"洪宪皇帝"的头衔登基成为中国新王朝的第一位君主时结束了，最终，成千上万的请愿书和电报接踵而至，他们恳求袁世凯屈服于民众的要求，亲自恢复君主制。袁世凯的代理人负责让这些通讯"来自"中国的各个省份。随后在1915年12月召开了"人民代表大会"，几乎一致投票通过了君主立宪制。袁世凯下一步就是发布命令，宣布虽然自己很清楚自己的价值，但他觉得自己有责任服从"民意"。

几天后的冬至，袁世凯迈出了重要的一步，恢复了中国最壮观的宗教仪式——天坛祭神。这是一种只有皇帝才能举行的仪式，相当于向整个帝国公开宣布，他已经获得了帝国的特权，即将登上金龙宝座。不幸的是，由于袁世凯认为有必要坐着装甲车从皇宫前往天坛以确保自己的安全，这个仪式失去了许多传统的美丽和庄严。显然，他对"民意"并不像自己公开宣扬的那样有信心。

当袁世凯身着华丽的皇帝祭祀服，站在大理石坛的中央广场上，头顶只有星星（希望之光）时，他几乎就是中国的皇帝了——任何一个站在王座下的人都会有这样的错觉。然而，他在那个冬天的早晨庄严地召唤的神灵似乎并没有被其外表上耀眼的华服所欺骗，而是透过服饰看穿了他的灵魂，唾弃了他亵渎神灵的献祭仪式，拒绝了他自以为是的"天子"的妄自尊大。

---

[1] 我在《新中国评论》第3卷（1921年）《中国对军事英雄的崇拜》一文中讨论了这一现象和中国其他类似的神化现象。我想补充一点，在袁世凯之后的一些人并不满足于给他一个"半神"的明朝祖先身份，而是试图证明他是传说中的公元前27世纪统治中国的黄帝之后裔。

真是巧得很，候任皇帝正在祈祷上帝批准他的伟大事业，并且在他可能相信自己已经如愿以偿时，世俗的力量已经在起作用了——摧毁他的计划，迫使他把目光从"星星"（希望之光）转向"地球"（化作凡人）。他刚坐着装甲车安全返回宫殿，就面临着一个危险，可头顶的星星并没有给他任何警告。他手下的一位将军蔡锷已经悄悄地离开了北京，直到抵达中国西南省份云南的疆界时才露出其意图。在那里以及毗邻的贵州，蔡锷和唐继尧将起义提升了一个层次，他们号召所有真正的革命支持者加入其行列，打倒那个践踏君主与人民权利的暴君，赶走那个违背忠于共和国誓言的叛徒。

在1915年12月的最后一个星期，护国运动爆发了。中南部几个省份对起义将军的呼吁，反应得如此迅速和有力，以至于袁世凯的心里开始打退堂鼓了。于是，1916年2月，他授权发布一份公告，内容是无限期推迟即位，即位的准备工作耗资巨大（大部分费用来自以满族皇室"贷款"的名义勒索的资金）。一个月后，他又进一步退让，宣布废除"洪宪"君主制。

袁世凯严重低估了可能对他不利的势力，这主要是因为他自己党徒的虚伪承诺。他本以为，经过两三年的精心准备，把"自己的人"派到了军队和国家的所有要职之上，已经取得了一定的成功。他的敌人和对手比他想象的更多且更有影响力。

当然，举国上下都知道，整个活动都是由袁世凯大量资助的代理人一手策划的，让人民一致宣布支持复兴君主制的选举也是弄虚作假的。然而，可以想象，如果有一个真正代表人民的国民议会（在那个时期没有这种议会的可能性）并允许它对"政府形式"问题自由投票的话，绝大多数选票将会支持君主制的复辟。但是，自由投票支持的人绝不会是袁世凯这等败类。其中一位忠臣——著名儒家哲学与相关课题作家宋育仁——勇敢地劝说袁世凯辞职，让位于年轻的满族皇帝。没有人效仿他，而是立即采取措施——弹劾他，让他闭嘴。朝廷的忠实支持者们已经退隐到私人生活中，拒绝参与任何政治活动，即使民国给他们提供有利的就业机会，也是召唤不来的。他们这样做，是遵守儒家"君子拒恶"的学说。但毫无疑问，由于对"导致一群忠诚的政治家和官员隐退"动机的完全误解，许多外国人被误导了，他们以为对王朝的忠诚实际上已不复存在，满族的事业也完蛋了。袁世凯本人不是外国人，不会有这样的误解；但是，他无疑犯了一个致命的错误,他认为,自己已经成了广大民众忠诚的对象,以至于他可以无视革命党人和满族君主立宪派的敌意,安全地登上空空如也的王座。

袁世凯试图把这场灾难性的惨败全部归咎于别人,让中国和世界相信,在他的内心深处,他从未放弃过做一个真诚的共和主义者的想法。在向全国发表的一份长篇"辩解"中,他极不情愿地解释说,他上当了,只是因为相信和服从"民意";让他感到高兴和宽慰的是,他现在发现他可以全心全意地把自己的余生奉献给维护民国之大业了。

他无意辞去终身总统的职务,这是一个"有实无名"的君主制国家,如果一切顺利,他的儿子可能会成为"有实无名"的终身总统。但他的威望受到了冲击,不可能完全恢复。没有人相信他,而且很值得怀疑的是,如果他的生命得以延长,他是否还能保住自己在朝廷中的挂名总统职务。他于1916年6月6日去世,距离他完全放弃登基的准备工作还不到三个月,这是解决一个棘手问题的最佳方案了。但这个结局不可避免地引起了谋杀和自杀的谣言。但我们没有理由怀疑医学判决的准确性,该医学判决将他的死亡归因于长期和强烈的焦虑造成的身体紊乱。

上述观点认为,自由选举产生的代表大会可能会投票支持回归君主制,而不是让袁世凯当皇帝,这似乎很荒谬,但中国的许多显要人物都持有这种观点,他们完全同情革命,完全反对满族和君主制度。国立北京大学的陈独秀教授在一篇文章中对这一信念做出了最引人注目的表述。后来,他成为中国共产党最热心的领导人之一,但目前,他因其活动而在接受长期监禁。1917年5月,也就是袁世凯倒台后的第二年,他在《新青年》杂志上发表了一篇文章,我摘录了其中的几句话。

> 政治进化的潮流,由君主而民主,乃一定之趋势,吾人可以怀抱乐观……但是鄙人对于我国现在情形,总觉得共和国体,有无再经一次变动,却不能无疑……前年筹安会忽然想起讨论国体问题,在寻常道理上看起来,虽然是很奇怪,鄙人当时却不以为奇怪。袁氏病殁,帝制取消,在寻常道理上看起来,大家都觉得中国以后帝制应该不再发生,共和国体算得安稳了,鄙人却又不以为然……只因为此时,我们中国多数

> 国民口里虽然是不反对共和，脑子里实在装满了帝制时代的旧思想，欧美社会国家的文明制度，连影儿也没有……袁世凯要做皇帝，也不是妄想，他实在见得多数民意相信帝制，不相信共和。就是反对帝制的人，大半是反对袁世凯做皇帝，不是真心从根本上反对帝制……现在袁世凯虽然死了，袁世凯所利用的倾向君主专制的旧思想，依然如故。要帝制不再发生，民主共和可以安稳，我看比登天还难！如今要巩固共和，非先将国民脑子里所有反对共和的旧思想，一一洗刷干净不可。

这是对西方普遍信仰的一种不同寻常的评论——这种想法是由聪明的中国宣传家刻意培养起来的——即废除君主制符合中国人民的主权意志。自从我引用的那篇文章发表后，中国政府变得比1912到1917那时年更加"不共和"了，人民遭受着罪恶的日积月累，使得满族君主制最糟糕的日子看起来像是一个和平繁荣的黄金时代。"共和国"并没有取得辉煌的成功，这也许并不令人惊讶。据报道，贝利奥尔学院院长乔伊特曾说过——"没有共和主义者的共和政体是不可能存在的"。中华民国缺少的正是共和党人。

可以说，清朝皇室的成员们——除了少数像溥伦这样的马屁精因为卑鄙而成为袁世凯的手下——都对洪宪帝制运动感到严重恐慌。很明显，至少对于更聪明的满族人来说，一定能想到如果袁世凯成为皇帝，他不会长期容忍另一个皇帝在他的首都的存在，即使那个皇帝除了一个空头衔什么都没有。袁世凯派使者去镇定和安抚他们——他知道他们仍然拥有强大的支持者——但他们对袁世凯的许诺犹豫不定，这是自然的。在1915年最后几个月和1916年上半年，他们非常焦虑。对于蔡锷起义的成功和袁世凯的覆灭，社会上没有哪些人比那些对旧王朝忠心耿耿的王公贵族们更满意的了。

像许多大人物一样，袁世凯并没有超越凡人的小小虚荣心。有证据表明，他带着近乎孩子般的喜悦期待着华丽的登基仪式，他将在这场仪式中扮演主角，在这一重大事件发生前的几个月里，他亲力亲为，几乎仔细审查了仪式中的每一个细节。他打算恢复一些关于服饰和仪式的古老习俗，令他开心的是，那些了解古代知识的朋友们画出了两千年前汉朝皇帝在山川祭祀时的情景草拟图。据说，他铸造了一枚金币，"描绘了他穿着古代帝王服饰的样子，和几个世纪前中国皇帝戴的帽子一模一样"。向我提供这一陈述的权威人士承认他无法证实此事,但他对各种硬币和奖章做了一些有趣的插图和描述,其中一些带有袁世凯的肖像,这实际上是为了纪念新王朝的成立而铸造的。其中一些刻有"洪宪时期"和"中华帝国"的铭文。"洪宪"是新皇帝的年号,就像"宣统"是溥仪的年号,"光绪"是已故皇帝德宗的年号一样。袁世凯非常笃定他的伟大抱负即将实现,于是毫不犹豫地让这些硬币脱离自己的控制,还有些被装进丝绸盒子里,作为礼物送给他最亲近的朋友。

除了为纪念新王朝而铸造的硬币和奖章外,还有刻有袁世凯肖像的银圆,大部分是在他死后铸造的。这些仍作为普通硬币在流通,它们代表的当然不是皇帝,而是总统。

袁世凯对自己的命运充满信心的另一个迹象是,他在江西著名的古代皇家瓷厂制造了瓷碗和瓷缸,上面刻有"洪宪元年制"的字样。他厚颜无耻地把其中一些"作品"送给了少年皇帝,后来我从他那里收到了两件,作为我自己收藏的一部分。[1]

也许,只有当我们凝视这些钱币和瓷器的时候,才能更好地描绘出袁世凯看到他的宝座化为迷雾和梦幻时所遭受的灵魂煎熬。如果他夜间醒来,耳边响起了冤魂们低声的谴责和痛苦的呻吟,如果他背叛的君主们如幽灵般出现并向他控诉心声,那么,我们几乎没有必要通过任何外部机构去寻找袁世凯的死因。杀死他的力量就是萦绕在他脑海里的幽灵幻觉。

---

[1] 袁世凯所选的年号为"洪宪"。中国人常常在某些文字中发现隐藏的或神秘的含义。例如,有人认为"洪"字对清王朝有着决定性的意义。比如,洪武是明朝第一任皇帝的年号,早于满族皇帝的年号。同样,某位明朝高级官员,起初与满族人作战,后来却投奔满族,成为新中华帝国组织的主要顾问之一,他就是福建人氏洪承畴。此外,"洪"字也出现在太平天国起义领袖洪秀全的名字中。同样的"洪"字还出现在危险的"三合会"中——洪家是一个秘密的兄弟会,目的之一是恢复明朝。我们在1911年武昌革命军队(名义上)领袖黎元洪的名字中再次发现了"洪"字。最后,如前文所述,"洪"字出现在袁世凯的年号中。1928年7月24日,一位中国作家在青岛的报纸上发表了一篇关于该话题的文章,他指出,清王朝取代了由"洪"建立的王朝,通过"洪"建立了自己的帝国,差点儿因"洪"而失败,最后真的因为两个"洪"而解体。

如果袁世凯满足于继续保持他为自己（通过不正当的手段）取得的显赫地位——这实际上是终身独裁者的权力，可以提名自己的儿子作为他的继承人——他本可以成功地带领他的国家走上和平而有序的进步之路，尽管他的性格有缺点，但他的名字可能会被载入史册，成为一个值得他的国家怀着感激之情纪念的伟人。他正值壮年，精力充沛，能力非凡，这是毋庸置疑的事实。同样真实的是，他的野心是完全自私的类型，而且狡猾奸诈和背信弃义。

为了那些可能认为我对待袁世凯评价不公的人，我将引用一位博学而爱国的中国人的评价，他曾在英国和德国留学数年，他为共和国做出了良好的贡献，他远非君主立宪派人士，他现在或曾经是中国唯一希望"革命"的坚定信徒——丁文江博士，他对袁世凯的看法如下：

> 袁世凯因担任中国驻朝鲜通商大臣一职开始了他的政治生涯，对于1894年的中日甲午战争他应承担更多责任。1898年，他在戊戌政变中背叛皇帝，因此深受臭名昭彰的慈禧太后信任。之后，他接受命令组建新军，导致绝大部分的将领出自他的门下，而这些人是中国主要的祸患。1911年辛亥革命时，他背叛了清朝，出任了民国总统一职。之后，他收买人心，迫使国会解散来保证自己的总统职位，他至少杀害过两个政治对手。他使用阴谋企图称帝，将自己逼上绝路。最后，他因失败而悲惨死去。

我完全同意这项严重指控中的每一个字。然而，袁世凯有幸获得一位英国大臣多年来一贯的赞赏和友谊，这一直使我感到困惑和惊讶。

袁世凯自称是儒家思想的坚定维护者，可笑的是，当他"恳切"地向别人推荐儒家思想时，却不幸地将自己的人生排除在了儒家思想的指导之外。真正的儒家学者应该是一名"君子"。有人把这个高贵的概念和英语中的理想对应词"绅士"做了比较，后者虽然被种种不体面的用法玷污了，但仍然是"君子"最恰当的对等词。"君子"和"绅士"的相似度究竟怎样，这可能是一个有争议的问题；但本章所陈述的事实足以证明袁世凯——这个背叛君主、背叛皇权、背叛共和国的人——既不是君子，也不是绅士。[1]

---

[1] 1922年3月22日，《华北日报》发表了著名的外籍华人顾宏明写的一篇英文文章，题目是《中国君子的宗教》。这篇文章中有以下几段话值得引用，包括他对袁世凯这个人物的评论。

"我预言中华民国将会失败。为什么？因为，我说过，成功成为政府最高领导人的人，必须具备超凡的道德品质，才能激发想象力，赢得全国人民的尊敬。但袁世凯的行为方式，并没有表现出一般的荣誉感和责任感，就像人们对小偷和赌徒所期待的那样。记住，袁世凯是被召来保卫大清王朝的。他接到了召唤，但没有尽忠职守。他先是温顺地向革命者投降，然后通过阴谋诡计，败坏并破坏了托付给他的军队的忠诚，并在他们的帮助下，迫使皇帝退位，最终自己成为民国总统。一个具备普通常识的普通人怎么能把这样的行为与最简单的荣誉和责任原则对等起来呢？

外国人称赞袁世凯是一位伟大的政治家，未经流血就拯救了中国的局势，却不知道他只是为了目前可怕的无政府状态和未来更大的流血而推迟了必要的小流血。事实上，如果我上面所说的都是真的，那么袁世凯做了比流血更糟糕的事情——他不仅摧毁了中华民族的荣誉感和责任感，也摧毁了中华民族的宗教和文明。

我的许多外国朋友觉得我对大清王朝的愚蠢和狂热的忠诚很可笑。但是我的忠诚不仅仅是对我的父亲和我的祖先生活在其仁慈统治下的皇室的忠诚，我的忠诚在这种情况下也是对中国的宗教的忠诚，对中华民族的文明事业的忠诚。

我说我对大清王朝的忠诚，就是对中国宗教的忠诚。中国的宗教是什么？我说，中国的宗教就是君子法则的宗教，也就是荣誉和责任的伟大法典。简而言之，中国的宗教和中国社会秩序的道德基础都建立于这两个简单的汉字——忠、孝。在我看来，这部伟大的法典就是宪法，也是国家的道德准则，我称之为中国良好公民的宗教。正因为如此，我才说，我对大清王朝的忠诚，是对中国宗教的忠诚。也正因为如此，我一再说过，袁世凯犯下的不可饶恕的大罪，就是他打破了中国的忠孝之道。"

第九章　张勋复辟

袁世凯的死让中国再次成为"民主的安全地带",或者说,乐观主义者就是这么认为的。议会制政府——袁世凯曾对此表示过"由衷的蔑视"——又重新建立起来了,但结果似乎只是表明,无论袁世凯在其他事情上犯了什么错误,但在"议会民主制"这件事上,他的判断并没有错得太离谱。

中国第一届议会刚刚成立,它与国家政治发展现状的不协调就开始显现。1912年有人断言,中国人民最渴望的是一个可以帮助他们证明"自治"才干的国民大会。然而,在1913年,当时的政治状况可以由一位眼光敏锐的法国神父的这几句话来概括:"北京国会骚动不断,到处都充斥着阴谋与暗杀。"

尽管如此,议会民主制度还是在连续两年的两次大危机中幸存了下来。我们刚刚考虑了一次恢复君主制的尝试,但是失败了。我们现在要见证另一个尝试。袁世凯在1916年尝试建立一个新的王朝;张勋在1917年尝试修复旧的王朝。两次尝试都以失败告终,中国议会制的实验历程注定要持续到1924年年底,至少在今后的许多年里,都要以一个不光彩的结局收场。目前还没有恢复议会制,而且,现在的中国——正如我在上文中说的——比起1934年满族皇帝统治北京的时候,还不算是一个共和制国家。

我刚才引用其文的这位法国作家说,他对袁世凯并不热衷,并谴责他的帝国野心,但他认为,继续独裁统治将更有可能造福于这个国家,而不是用当时中国似乎能够创造的唯一的议会制度来取代它。他的原话是:"袁世凯曾经让中国免于国会之约束,注定他也有本事让中国免于毁灭之边缘。"

袁世凯时代以后,很少有中国人敢公开说共和制度失败了,而他们在私下里经常这么说。他们中的许多人意识到了其成功的主要障碍,其中之一就是大约90%的中国人是文盲，任何试图让大众对政治产生明智兴趣的尝试都只能是闹剧。格雷厄姆·沃拉斯估计，英国没有一个郡中真正活跃于政治活动的人数超过选民总数的10%。如果说，英国尚且如此，何况是中国呢？如果我们假设中国多达10%的会读会写之人可以被引导对政治产生积极的兴趣，那么，我们可能会夸大可能会受到这种影响的人数比例。然而，这一比例不会超过该国总人口的1%。整个情况就是如此，所以，在中国试行任何可能的议会制度，政治权力几乎都会不可避免地落入职业政治家手中，而他们中只有一小部分人可能是无私的爱国者，真诚地为自己的国家和人民谋福利。

另一个同样严重的障碍是，中国的家庭制度是如此有序，以至于你会发现，个人几乎不可能从迫使其将家庭利益置于国家利益之上的社会束缚中解脱出来。在君主制度下，个人可以在一定程度上做到这一点，因为对君主的忠诚是儒家伦理的基石；以至于像陈独秀（已被称为中国共产党领袖之一）这样的作家坚持认为，儒家思想与共和制是不相容的，只要儒家思想还被信奉，就总会有人试图恢复君主制。

尽管大多数中国人不敢在这个问题上公开说出自己的想法，但有些人还是谨小慎微地表达出来了。其中有一位才华横溢的作家陈士光先生，他曾在英国接受教育，并于1919年出版了一本有价值的政治著作《现代中国》。他说道："我不喜欢满族人，也不是君主立宪派，但我常常想，如果可以保留满族皇帝作为傀儡首脑，建立君主立宪制而不是共和制国家，那么，中国能否更加安全和容易地顺利走向民主政府的理想未来呢？"

陈士光根据自己在英国的亲身经历与观察而悟出——君主制并不一定是暴政的同义词。这是许多中国革命狂热者——特别是那些没有出过国或者对西方的了解只局限于美国的个人——未能亲自发现的道理。这可能是因为他们还没有学会从书本世界转向人类世界，也没有机会将政治理论转变为实际的政治才能。他们没有领会"共和"和"君主"涵盖了多种政治结构的事实，而且他们表现出了一种危险的倾向，即让教条主义的假设蒙蔽了他们的政治判断。

1915年9月，在北京出版的《中文日报》刊登了一篇惋惜文章，哀叹已建立近四年的民国并没有带来革命者所承诺的"自由"——尽管如我们所见，孙中山认为他的同胞在君主制下享有的自由过多，必须加以限制。

这位新闻工作者说："如果我们中国人不能享受美国人或法国人的特权，我们至少可以期待类似英国人、德国人和日本人现在生活的条件。"关于这个天真的假设，归根结底在于美国和法国是"共和政体"，而其他国家被命名为"君主政体"，所以，在共和政体下的自由必然会大于君主政体下的自由。

很遗憾，这位作家没有注意到一位美国作家在同年同月所写的如下文字：

"我们美国人认为民治政府意味着自由和正义。然而，这种观点未必正确。民主给了我们一万个'老板'，每个老板的耗资都要超越普通的欧洲君主。英国名义上是君主政体。然而，与纽约或芝加哥相比，美国人在伦敦可以找到更多的家族制度和普通法公正惯例审判。"

就中国而言，人民不仅拥有更大的自由（孙中山认为这本身并不一定是好事），但是，以旧的帝国制度管理人民，即使是在腐朽的日子里，其效果也好于取代旧制度却不断切换形式的共和政体。中国也有上万个老板，事实证明，对中国人民来说，他们中的许多人（即使不是全部的人）在生命和财富方面的耗资，都要高于中国最贪婪的君主。

1911年被迫在武昌担任革命军领袖的黎元洪，在袁世凯活着的时候，一直尴尬地占据着副总统的交椅。他的地位确实比政治犯好不了多少，因为袁世凯有理由相信，除非受到严密监视，否则他有可能投敌。袁世凯的死让他自动当上了总统，但他的能力平庸，统治这个庞大的共和政体之任务完全超出了他的能力范围。就像他的同胞中极少数人那样，他对西方的民主议会政府理论知之甚少，也没有积极性，缺乏对伟大事业的满腔热情。

各种各样的政治和军事团体之间互相操戈，也在密谋反对黎元洪，他试图使趋于混乱的局面恢复秩序的微弱努力，但是收效甚微。

与此同时，人们的目光从北京——这里没有发生任何重大事件——转向了徐州。在天津至浦口的铁路上，张勋将军率领他的军队占据了一个非常重要的战略位置，因此，华北地区的军事领导和国民领袖绝不敢等闲视之。

袁世凯之死，使张勋摆脱了"两个忠心"之一的责任。这只会增加对方的力量。对于如何更好地结束日益加剧的政治混乱，他毫不掩饰自己的观点。他一直拒绝剪掉自己的辫子，因此被人嘲笑为"辫子将军"。他不仅保留了对清王朝持续忠诚的外表标志，还要求士兵们以他为榜样。他的军队被称为"辫子军"，没有理由认为他们讨厌这个名称。

1916年年底到1917年年初，在张勋的主持下，徐州召开了一系列有些秘密的政治会议。出席会议的不仅有张勋自己的朋友和支持者，还有华北和华中不同地区的几位半独立的领导人，或其私人代表。会议上发生的事情很少被公之于众，中国媒体上出现的这些报道大多是虚构的。然而，毫无疑问，会议成员中有人组了个小局，参与者们在结束审议之前已经向张勋做出保证，大意是说，任何由张勋发起的恢复满洲君主制的运动，都将得到他们的支持和积极的合作。

黎元洪当然不会不知道张勋的政治倾向，而且他也敏感地顿悟到了一个局势——如果首都在张勋军队的控制之下，那位"辫子将军"会采取什么行动。徐州会议后，邀请张勋来北京，让他在敌对政治集团之间斡旋的人，却是黎元洪。

这些团体包括一个南方党派，这个党派在孙中山的领导下，在广州建立了一个对立的政府。黎元洪必须解决的主要问题之一是中国是否应该加入联盟国并对德国宣战。孙中山及其党派强烈反对中国参战，但后来他们又表现出渴望获得所有的好处——这种参战使中国能够宣称自己是胜利的盟国之一。但中国的政治斗争不仅仅是南北之间的斗争。中国北部和中部的族群也感觉难以容忍彼此的存在。黎元洪重新组织了被袁世凯解散的国会，却没有从经验中吸取任何教训。这在很大程度上是由于在北京国会发生的骚乱场面，黎元洪被迫采取了重大行动——呼吁"帝制将军"张勋的援助。从张勋自己的政策来看，他最大的错误就是过于相信自己的军事威望，过于相信在徐州给予他公开或秘密支持的各种领导人的诚意。他把军队留在那里，带着一支装备很差的部队前往北京，可惜这支部队力量太小，不足以使他真正掌握局势。

张勋于1917年6月进入上海，并着手尝试"斡旋"，他要求解散这个自称为"国会"的笨拙机构。黎元洪无能为力且优柔寡断，顺从地下达了解散令。保皇党成员（包括令人尊敬的康有为）遵照"辫子将军"发出的密令，迅速来到了北京。这一早就预料到的事件在一两个星期的压抑和兴奋中达到了高潮。康有为在外交公使梁敦彦等经验丰富的前官员的协助下起草了诏书，宣称恢复君主制，7月初，宣统恢复了皇权。

说他重新登上皇位并不确切，因为他从未停止过占据皇位。根据优待条款，在所有效忠者眼中，他只是放弃了统治权，而不是帝国地位和尊严。张勋和他的君主主义同僚们，按照他们自己的观点，所要做的就是取消1912年的诏书。该诏书称，皇帝屈从于人民的意愿，急于将其臣民从旷日持久的内战恐慌中拯救出来。他已向帝国宣布，他"自愿"退出活跃的国家元首职务，并同意建立共和形式的政府。

这一诏书的取消，自动恢复了统治权，废除了共和制。这个名义上从来没有停止做皇帝的孩子，现在又做"回"了皇帝。

张勋及其同僚们以电报的形式发表了一份长篇大论的宣言。该宣言的英语译文刊登在了《京报》（北京一家反君主制的英文报纸）上。该报编辑是英国殖民地特立尼达的一个华人后裔，可他完全搞不懂自己祖先的语言，说、读、写都不会。这人便是陈友仁，被外国人更熟知的名字叫"尤金·陈"。他后来成了国民党政府的高级官员，并在1927年代表中国人与英国谈判了汉口租界的移交事宜；1933年年底，他再次出现，成为福建新独立政府的"外交总长"；1934年1月，福建政府垮台后，他来到香港避难。以下是这份冗长宣言中的几段文字：

> 溯自辛亥武昌兵变，创改共和，纲纪隳颓，老成绝迹，暴民横恣，宵小把持。奖盗魁为伟人，祀死因为烈士，议会倚乱民为后盾，阁员恃私党为护符，以剥削民脂为裕课，以压抑善良为自治，以摧折耆宿为开通。或广布谣言而号为舆论，或密行输款而托为外交。无非恃卖国为谋国之工，借立法为舞法之具。驯致昌言废孔……名为民国，而不知有民，称为国民，而不知有国。至今日民穷财尽，而国本亦不免动摇，莫非国体不良，遂至此极……推原祸始，实以共和为之厉阶……以视君主世及，犹得享数年或数十年之幸福者，相距何啻天渊……默察时势人情，与其袭共和之虚名，取灭亡之实祸，何如摒除党见，改建一巩固帝国……况我皇上冲龄典学，遵时养晦，国内迭经大难，而深宫匕鬯无惊，近且圣学日昭，德音四被，可知天佑清祚，特畀我皇上以非常睿智，庶应运而施其拨乱反正之功……勋等枕戈励志，六载于兹……谨于本日合词奏请皇上复辟，以植国本，而固人心。

北京民众对旧制复兴的态度是不容置疑的。华北从来不曾热情拥护共和政体。几个世纪以来，北京一直是皇家宫廷的所在地，从未停止过君主制。我个人并没有亲眼看见1917年7月那些激动人心的事件。在这方面，更幸运的是我的朋友查尔斯·艾略特爵士，他当时是香港大学的副校长，不久之后被调任英国驻东京公使。复辟时期，他暂住在北京。就在事件发生的那天早上，他给我写了一封信，描述了他在北京饭店的房间里醒来便看到整个城市都挂满了龙旗时的惊愕之情。

北京或中国任何其他城市的温顺市民，随时准备展示当地军方或警方偏爱的任何旗帜，或者他们认为，可以使他们免受任何中外侵略者之"邪恶关注"的任何旗帜。但就这个情况而言，毫无疑问，铺张地展示旗帜是民众支持重建君主制的一种外在表现。这是查尔兹·艾略特爵士根据自己的观察和调查，极不情愿地得出的结论。

然而，保皇派复兴的成败，并非掌握在北京人民的手中。共和派找到了一位救世主，他就是段祺瑞，这位将军来自天津司令部，指挥着中国在该地区规模最庞大、装备最精良的军队。就在《张勋宣言》英译本出版的当天（1917年7月3日），天津与北京之间的马厂战役决定了君主政体的命运。中国战争中从未实际使用过的飞机成了"共和救星"的装备之一；马厂战役之后没几天，当一架飞机突然出现在紫禁城的上空，并向建筑物中投下一两枚炸弹时，张勋明白，他和他的事业都陷入了巨大的挫败中。新任命的直隶总督兼议政大臣（张勋）打了最后一场败仗之后，被迫在好客的荷兰公使的庇护下避难，梁敦彦也来到荷兰使馆，成了他的难兄难弟，而康有为则成为美国使馆的客人。不到两星期前，皇帝还默默无闻地隐居着；曾经点亮北京每条街道的龙旗被"小心翼翼地折叠起来，以迎接天子再次辉煌地返回来继承大统的那一天"。

张勋有勇气，也有忠心，但他并没有摆脱自私的野心，而且夸大了自己作为将军的才干和政治家的技巧。为了赢得恢复政权的唯一荣誉，他采取了这样一种行动，使他的许多同僚产生这样一种印象：对他们来说，等待分配的"李子"——亲王头衔、总督任命、高级军事指挥和其他国家级要职——没有公平分配的希望。段祺瑞本人就是对张勋的忽视感到愤慨的人之一，因为后者在采取武断行动时无视他们的意见。正如J.O.P.布兰德先生所说："毫无疑问，包括段祺瑞在内的军督们在他们的几次会议上，已经讨论并批准了恢复清朝的君主立宪制。"他还同样真诚地补充道:"1917年7月,张勋的同僚未能支持他和帝制复辟,不是因为他们同情共和派,而是基于这样的事实——张勋是一个生硬直率又野心勃勃的军人,并不是一个政治家,还抢光了同僚们的风头,绝不能让他去收获胜利果实。"

值得一提的是,这次运动的支持者之一是张作霖,他向皇上递交了一份奏折,表达了他对被任命为满洲总督的由衷感激之情。

然而,我们有充分的理由相信,这次君主主义政变比人们通常认为的更接近成功,而"仲夏夜的疯狂"(意为愚蠢或极端的行为)已经抵达心迷意乱的境界。这场运动失败了,不是因为它缺乏同情者,而是因为一些主要的参与者自私自利、野心勃勃、互相嫉妒,也因为张勋没有政治家的任何基本素质。

因此,将这场运动描述为"一场啼笑皆非的准闹剧"是错误的。1923年9月18日,《华北正报》发表了一篇重要的文章,对这一事件有一个更为严肃和准确的看法,以下是一段摘录:

> 当张勋发起复辟运动时,许多杰出的领袖都明确地保证会协助他的计划。可是,当决定性的那一天到来时,他几乎孤军奋战,虽然挣扎到最后,但还是失败了。当刚刚流逝的中国历史12年在脑海中一一掠过,我们就会发现,同样的事情无处不在。只要有人愿意并有能力做某事,他就会被他所谓的朋友不光彩地抛弃。显然,没有人愿意给出坚定的承诺,没有人有勇气坚持自己的信念。只要这种状况存在,中国就得不到任何帮助。即使是最强大的人也不能事事亲力亲为,必须依靠他人的支持与通力合作。如果没有其他人愿意给予支持和协作,他就不可能取得成果。

然而,虽然1917年7月的事件没有被错误且片面地描述为"仲夏夜的疯狂"或"啼笑皆非的准闹剧",但是,它确实激发了一个有进取心的中国剧作家写了一部关于这个主题的系列喜剧。这就是所谓的《复辟潮》。该剧未注明作者和出版人的姓名,也未注明日期。它的印制也貌似出于私人发行之目的,我在北京书店从未见过这本书,也从未有人表演过其剧情。我手头的这本是1921年皇帝亲手送我的礼物。他饶有兴趣地谈到这本书，并不觉得它的语气有什么不妥。说实在的，尽管他是"剧中人"之一，但剧作家对他的角色非常体贴和尊敬，所以他不会因剧中提及自己而抱怨。甚至大男主张勋的角色也得到了宽大处理。这位剧作家似乎同情君主主义事业。这一点，我们可以从张勋的追随者们所受到的蔑视和辱骂中看出来——他们为了获得丰厚的奖赏而假装忠于张勋和皇帝，但在复辟事业明显失败时却弃他而去。从内部证据来看，该剧的作者对宫廷礼仪了如指掌。最后一幕感人至深，描述了张勋在隐退荷兰使馆之前与年轻君主最后一次会面的情景。

段祺瑞的行为是出于对张勋的嫉妒或不信任，而不是出于对共和事业的热心，这一事实表明，他并没有利用复辟时期的事件来羞辱朝廷，或剥夺朝廷自革命以来享有的任何特权。如果当时在中国北方的主要政治家和军国主义者中存在着建立长久的共和国或者确保皇帝永远不再在中国政治舞台上扮演重要角色的强烈愿望，那么，毫无疑问，共和政府可以利用该事件作为取消或大幅度修改优待条款的借口。无论是"共和救星"段祺瑞还是接替黎元洪出任总统的冯国璋，都丝毫没有表现出采取这种方针的意愿。官方宣布，皇帝不是无须负责的自由人，朝廷不能因发生之事而遭受指责。这两座宫殿在先前相互尊重的基础上重新建立了关系，皇帝继续占据在紫禁城的豪华住处，并端坐在黄昏之际的金龙宝座之上。

但不要以为，南方激进派对张勋颠覆民国的企图不以为然。自1917年以来，他们从未停止要求惩罚"汉奸"，取消优待条款，并将皇帝的地位降低到普通公民的地位。然而，他们也公开否定北方政府的权威，难怪北京当局无视他们提出的惩罚朝廷之要求。

1917年7月，国民党和其他中国的激进分子反复指控皇帝，说他个人犯了"背叛共和罪"，应该处以死刑，这当然是在血口喷人。当时的皇帝只有11岁零1个月大，如果认为是他指挥或参与了导致他短暂复辟的种种阴谋，那简直是荒谬至极。尽管如此，这一指控从未被中国革命的左翼抛弃，主要原因无疑是，当为1924年由少数不负责任的士兵和政客所采取的单方面行动寻求理由时，它可以发挥颇多作用。

关于少年皇帝对自己复国问题的个人态度，下面我要讲一个小故事，并不是因为它是真实的,而是因为它至少出现在一本已出版的轶事集子里,而且经常成为北京餐桌上的谈资。我的版本十分尊重原文情境。

> 复辟前几天,张勋在宫中秘密觐见了宣统。张勋跪下来,向皇帝呈报了自己的计划。宣统摇摇头,不肯复辟。张勋追问:"圣上能否告知微臣其中缘由?"皇帝回答:"陈宝琛老师整天都在告诉我——《诗经》是怎么说的,孔子是怎么说的。永远没有尽头。除了没完没了的功课,我怎么可能有时间去做别的事情呢?"张勋继续游说:"如果圣上重登大宝,便要负责国家政务,无须读书了。"宣统面露喜色:"此言当真?我重登大宝就不用读书了吗?"张勋回答:"向来只听过马背上的天子,从未听说过读书的皇帝。"宣统快乐地喊道:"既然如此,便依你的意思吧。"

讲故事的人用这句尖刻的话来表示他对张勋的鄙夷:"唉!张勋为了自己的名誉和荣誉,竟然欺骗一个小男孩,哪里有半点忠诚可言?"

段祺瑞和其他北方领导人不但没有抓住机会撤销优待条款,也没有采取任何措施惩罚张勋及其同僚们。就连他们的财产也没有被没收,而没收世俗财产通常是民国时期对付那些在政治或战争中败下阵来的人采取的第一步。我们将要看到,不久之后,张勋获得了赦免并体面地退休了,从此安度余生[1]。事实上,他的许多身居高位的朋友为了让他重返政坛而付出了艰辛的努力,且几乎成功地做到了。

有这样一个故事,当段祺瑞的一些共和党朋友问他为什么对张勋如此宽宏大量时,他回答道:"张勋是我的老朋友,我怎么能伤害他呢?"众所周知,中国人爱妥协,也许这就是一个例子吧。中国的政治人物特别善于践行弗朗西斯·培根提倡的"谨慎和稳健"——"在对待朋友时,要考虑到有朝一日他可能成为一

---

[1] 他的同事梁敦彦于1924年5月在北京去世,复辟时期,梁敦彦是当时中国外交部(当时称为外务府)的负责人,我与他在1921年结下了不解之缘。他和很多忠诚者一样,祖籍是广东。

个敌人；在对待敌人时，要考虑到有朝一日他可能成为一个朋友。"

然而，应该补充的是，另一种关于君主立宪派受到宽大待遇的理论是基于一种非常普遍的看法，即张勋掌握了该国主要士兵和政治家参与复辟阴谋的海量书面证据。他威胁说，如果他们对他自己及其同谋采取严厉措施，或者残酷打击满族皇帝及其朝廷，他就会出版这本书。以下几段摘自1924年5月6日的《北京导报》：

> 中国媒体今天针对有关张勋将军1917年复辟帝制运动的重要文件被送往巴黎的报道发表了评论。据说，这些文件包括徐州会议的决议，以及中国有影响力的人士批准这一提议的电报，总共不下82份。
>
> 该报道追溯了这些文件的历史——张勋将军安全逃到荷兰使馆时，将文件交到了某个王先生的手中，后者当时正躲在法国的医院里。有人猜测，这些文件几经辗转，终于在法国使馆的安全护送之下，踏上了去往巴黎的路。不过，到目前为止，似乎没有人能够证实这个故事。

至于张勋本人，有关这位杰出人物的历史和个性，已经有很多无稽之谈了。很多人都认为，他的职业生涯是从马夫开始的；义和团运动后，慈禧太后光临西安，他优美的仪态和体格吸引了她的兴趣；此后，他沐浴在朝廷恩宠的阳光下，被提升为高级军官。[1]

1917年事件发生后的几年里，我结识了张勋，也认识了许多与他关系极密切的人。我从他们那里收集了张勋的曲折生涯的主要事实。此外，在生命的最后几年里（1919—1923年），他用一些业余时间准备了一份生平简写。在他去世后不久，他的家人给了我一份该书的副本。据我所知，这本书从未出版或被翻译过。由于这是一份具有历史意义和人文价值的文件，其译本将在下一章中介绍——除

---

[1] 乔治·E.索科斯基先生本该更清楚，他把张勋描述为"一个被美化的强盗"。这个描述在许多情况下被准确地应用于民国时期的许多中国军事领导人。（见1925年10月10日《华北日报》）弗兰克·古德诺先生在他的《解析中国》（巴尔的摩：1926年）中将他描述为满族人，这也是一个错误。他是江西籍的汉族人。

了少数几条关于将军子女相继出生的条目之外，没有任何遗漏。

他有一个名字被其文艺界朋友所熟知，那就是"松寿老人"，字面意思是"寿比南山不老松"。松树是一种力量非凡、坚韧不拔的常青树，在中国，松树被认为是兴旺和健壮的晚年的恰当象征。因此，"松寿老人"是一个吉兆的名字，也是这位君主主义领袖在其自传记录的开头自我描述的名字。

第十章 《松寿老人自传》

勋既序《江西张氏通谱》讫，族之人，复微齿，录及勋。噫，勋何称哉？虽然，谱以收族，即所以敬宗，虽不才，安敢自弃于先人而不有以告？则今此之述，为家乘备采而作，倘亦不大谬乎？

吾家世居奉新南乡之赤田村。勋以咸丰四年岁甲寅十月二十五日巳时生其地。

辛酉，年八岁。适粤寇蹒县境，乡人四窜。先父崑一公独不行，陷贼，贼逼指富室名，不告，临以刃，则詈之，因遇害。是年，先妣魏太夫人弃养。同治甲子，始入塾读书。明年，先考衍任公又弃养遗腹生弟系球，仅及晬而继母温太夫人卒。勋于是时年十有四，自是兄弟茕茕相恤，生计乃日益艰难矣。光绪辛巳十月，嫡室新建曹夫人来归。寻有福建之游，复游湖南之长沙。

甲申，法人袭越南，巡抚潘公鼎新自湖南移广西治军，勋投效，得六品军功，从出镇南关。五月，蹑敌观音山；八月，战船头，皆与，有功。经潘公会同广东提督张公文襄及广西提督苏公元春奏保花翎守备，加都司衔。乙酉，克越南之文渊州、谅山省及长庆、谅江两府城。复经张、苏两公会同署抚李公秉衡以游击奏保。苏公旋派随广武右军驻边，凡五年，叙参将，加副将衔。

张勋

癸巳，因事至鄂，曹夫人生子而殇。甲午，日、鲜衅起，四川提督宋公庆要赞毅军军务。八月，抵奉天，挈马队为前锋，策据虎儿山，以扼鸭绿江。未果，和议成，乃西入京师。

乙未，应太仆寺卿岑公春煊之招，统领山东新防军。以岑公与巡抚龃龉，解军去，游于天津。会浙江温处道袁公世凯于小站，创练新建陆军，委充头等先锋官，旋管带工兵营、备补营，兼行营中军事。当是时，大学士荣文忠公以军机大臣亲将武卫五大军，改袁公部为右军。

庚子五月，拳乱起山东，袁公将右军来为巡抚，令勋统先锋队兼巡防后路营，歼匪海丰，迭击之于信阳、滨州、蒲台、利津等处，境内无匪踪。

八月，北洋大臣李文忠公赴直隶东南境之急，袁公因加委总理北路马步炮防剿各营营务。追奔于盐山、庆云之黑牛王庄，进至沧州，战频胜，自是统右翼步队第一营。

辛丑，河溢于惠民之五杨家，督各营堵筑，四逾月而堨成。先是，右军训练满三年，得荣公保叙；至是，再保，擢副将；寻追论剿匪，以提督总兵记名，赏"壮勇巴图鲁"。

袁公督直隶，随驻保定。以兵迎磁州[1]。十一月十四日，至临洺关，谒行在，召见。至京，谕宿卫端门。明年，将马步随扈东陵。八月，授四川建昌镇总兵，仍留宿卫。癸卯三月，随护西陵，其他护跸诸军三次皆诏归节制。

闰五月，统淮军先锋马队，节制口外捕练各军，出居庸关，缉办大同、宣化间大股马贼，数月平之。甲辰，覃恩加一级，以口北肃清，赏"巴图隆阿巴图鲁"。

是年，俄、日构难，我国中立，而俄人谋潜道草地内袭，乃屯军宣化，更亲履形胜，自张家口历多伦诺尔，至于独石。归，建守边策条上，袁公题之。

---

[1] 磁州是直隶最西南端的一个小城市。1901年，皇家骑兵队带着皇太后和皇帝从西安流亡回到北京，穿过省界进入直隶。当时的高级军官张勋第一次见到了"老佛爷"。

越二年，袁公以练兵处电称"日、俄战后，须拣知兵大员接收地面"，令勋赴奉天，由将军赵公尔巽派为奉军辽北总统，兼统后、右路马步各营，驻昌图。其年冬，以宿卫得力，赏头品顶戴。明年春，辽北数平，赵公为请叙，诏以提督记名。

四月，军机大臣徐公世昌出督东三省，奏勋为行营翼长，节制三省防军。乃游弋吉林之宁古塔、蜂蜜山，北抵黑龙江之绥化。因搜剪匪巢于东清铁路附近之窝，集而循于牡丹江，凡民男妇及俄商、日本测绘生被房者，悉拯出之。

戊申，授云南提督，谕留直、奉带兵，赏穿黄马褂。调甘肃。九月，奉旨来京万寿，入座听戏。

两宫升遐，随班哭临穿孝。宣统元年岁巳酉，徐公内召，锡良公继为总督，议不合，遂送徐公入关，迭催不返。七月，乃以久离职守被劾，得旨留京当差，原折发还。

十月，随护显皇后梓宫奉安，仍诏节制诸军。礼成，景皇后回宫，谕随四贵妃留陵，因释后妃之嫌[1]，复命，嘉奖，太后赏"淑气清芬"匾额。

庚戌十月，诏总统江防各军，会办长江防守事宜，驻浦口，专折奏事。辛亥七月，调补江南提督。

八月，乱作，请援武昌，未允。而苏州从乱。其时总督将军方与勋筹战守，而全城文武怵于党焰，欲有以说勋，勋直斥之曰："诸公今日吾同官，明日苟建白旗者，吾即以贼视之。"众悚然散。夜悉遁去。翌日，第九镇叛，鏖之雨花台，杀伤殆尽。既，乱军麇集，而粮援胥绝，乃全师北渡，且退且战，遏之于徐州。

九月，授江苏巡抚。十月，署两江总督、南洋大臣，赏二等轻骑都尉世职。

十二月，诏改共和，袁公为临时大总统，请解甲归农，则以维持大

---

[1] 这里所说的"嫌"，似乎是由于新的皇太后和四位在世的皇太妃在礼节和地位方面的争执而引起的。紫禁城很少能完全摆脱这些不愉快的事件。

局为词勿许，将士复依恋不肯去。勋亦自度非坚忍无冀于挽回，由是改江防营为武卫前军，而辞其督办直、鲁、豫三省防剿之职。

明年，移军兖州。夏四月，徐公偕田公文烈以袁公意来裁江督，而以勋为镶红旗汉军都统。临别，徐公询有何说者，勋曰："袁公之知不能负，君臣之义不能忘。袁公不负朝廷，勋安敢负袁公！"如是而已，无他语也。

癸丑正月，袁总统迫请两宫移跸颐和园，勋力争之。景皇后愤疾而徂，勋请宣示脉案，如制发丧，许人民成服，而自率绅商军民举哭临礼于府城。

废孔说起，有乘而伐林木或攘寺其彝器者，卫之以兵，仅乃获全。其后政府议给俸衍圣公，而悉收其祭田，勋又争之，卒寝其事。是盖圣人之灵倖假手于勋耳，非敢云勋力也。

六月，黄兴倡乱于江宁，冷遹据徐州，北犯。第五师方旅长玉晋以警告，即令所部驰御，逆击于韩庄，夺二郎山，规取柳泉，走冷遹，徐州平。袁公命以陆军上将、江北镇抚使督师。七月，自台儿庄并运河而南，五日行千余里，收清江，至于扬州。更前，纳缴械于沿江炮台，因收镇江，进屯金陵之尧化门，频战皆危而后胜，夜袭乌龙山，取天保城。八月朔，遂复金陵。先后得勋一位、勋二位、一等嘉禾、文虎各章，皆不受。至是，袁公命为江苏都督，勋以非此不足指挥军事，姑安之。自是南北统一，袁公实为大总统。勋片戋乞退，复不许。

十二月，改长江巡阅使，亲驻徐州，而分兵缘长江扼守其要塞。

六月，袁公改武卫前军为定武军，以勋为定武上将军，巡阅使如故。

八月，晋京，赴宫门请安。九月，回徐州。

筹安议兴，中央电征意见，勋力陈不可。未几，建号洪宪，以勋为一等公，辞之，因请优待皇室，保卫宫廷，并专使条陈制害，皆不听。

丙辰春，滇、黔、桂、粤相继独立，乃撤洪宪之号，议用兵。三月，勋以巡阅使、安徽督军电邀各省遣代表集江宁，筹南伐。五月，袁公薨，兵解而罢。

丁巳四月，各省又谋独立，督军或专使群集徐州，推勋主盟。勋于是提兵北上，调停国是。五月十三日，复辟。诏授勋为议政大臣，兼北洋大臣、直隶总督。他帅意不合，来攻。二十四日，与战都城中，兵寡不支，荷兰公使以车来迎，居其署中。

九月，前事解。庚申五月，徙寓天津。

此数年间，尘事不婴，闭门多暇，日辄浏览《通鉴》，或习为大字，不复与世相闻。自念少起寒微，中更军旅，泛与事变终始。今行年六十有八，内省多疚，羹足语人之例，自叙梗概如此。因欲藉示诸幼子，俾知身所经历，多艰苦之境，又得悸取往迹以自惕也。用写而存之。（辛酉八月，张勋少轩。）

张勋（又名张少轩或松寿老人）对他的生平没有再做补充，只是记录了他的第八子和第九子的出生，他们的名字分别是梦渊和梦汾。1923年9月12日，他在天津的家中去世。

他的6个健在的儿子发布了一份《家祭哀启》（即讣告，在中国，对于重要人物来说，这是一份详尽的文件）。它记载了一些自传中没有提及的事实。当他1915年去北京时，9岁的小皇帝接见了他，当然，他也拜访了他的"前任老板"袁世凯。袁世凯的一些部下嘲笑他留辫子。于是他发誓说，他会一直守护着自己的鞭子，人在辫子在，人死辫子亡。确实，他做到了。他说："如果有人要剪掉我的辫子，我就和他同归于尽！"谁也没有这个胆量啊。

讣告中记载，张勋在提及自己在复辟运动中扮演主角之后，认为自己正在履行一项神圣的职责。当战事不顺，由于某些"背信弃义的将军"变节，他的复辟事业遭遇惨败时，有人劝他找个地方避难和自救，他却这样回答："复辟并非出于皇帝的意愿，而是出于对我们君主的尊敬。如果现在，在这危急时刻，我逃之夭夭，让我少年皇帝处于危险之中，那我的罪行永远也得不到赦免！今天除了死亡，我别无出路。自古以来，为了一项伟大的事业而牺牲自己，这是整个家族的习俗。让我苦恼的念头不是死亡或失去妻儿和财产。让我痛苦的是，我对我的君主造成的伤害。"我们得知，一些旁观者感动得流下了眼泪。"然后，我们的父亲露出他的手臂，以最大的勇气和能量继续战斗，直到他周围的建筑物都被火焰吞噬。后来荷兰公使派了一辆汽车来接他，他被迫违背自己的意愿开着车去了荷兰使馆。他在那里住的日子，对他而言，就是极其痛苦的日子。"

讣告上继续叙述着："在他最后一次生病期间，皇帝送来了慰问信，还派了他自己的一个御医来给他开药方。张勋听了，从床上下来，跪在地上说了这些话：'我70岁了。我本应该死在辛亥革命那一年，但我没有死。1917年，复辟之年，我本该死去，却没有。现在死亡来得太晚了。我仅仅承受悔恨的痛苦就够了吗？唉，我还没有把我所拥有的一万分之一还给皇座呢。'然后，我们听到了哭泣的声音，他的眼泪落在了床单和枕头上。所幸，这种情绪爆发之后，他的身体得到了部分的恢复，8月1日那天，他可以吃点儿东西了。可惜，接着他又病入膏肓，第二天就去世了。"

他的葬礼在天津举行，皇帝也派代表出席了葬礼。当地的中国报纸称这是这座城市所见过的最壮观的葬礼之一。即使是外国报纸也对这一壮观的场面给予了突出的报道。

《京津泰晤士报》如此报道："对西方人来说，将军遗体摆成国葬的场景就是东方瑰丽的象征……葬礼上出现了两种旗帜，一是司令旗，象征张勋本人作为中国军队总司令的旗帜，一是虎旗，这是少年皇帝授予的荣誉……这支送葬队伍历时8个多小时，是这座城市有史以来规模最大、气势最壮观的游行队伍，蜿蜒曲折地穿过英国、法国和日本租界，再穿过前奥地利、意大利和英国租界，回到帕克斯路的住所。路程大约4英里长，参与者超过了4000人，这最后一次的盛大显摆的花费可能超过了10万美元，这只是保守估计。出殡队伍中还有表明张勋在皇帝面前之崇高地位的明显证据——已故皇太后和少年皇帝送来的30件贵重礼物非常惹人注目。"

少年皇帝馈赠的"最后一件礼物"，是这位老当益壮的君主立宪派最珍视的礼物。那就是——他死后被追封为圣者，谥号"忠武"。它曾被授予中国历史上最伟大的战士，比如，公元2世纪（三国）的诸葛亮和19世纪（清朝）的杨遇春、邓绍良、塔齐布、李续宾。

《天津日报》在其对葬礼报道的标题上写道："老虎在熊熊烈焰中逝去。"这句话也不算大错特错。

第十一章　帝师如父

在1917年7月"大清复国"的12天里，黎元洪总统躲在北京使馆，自1900年以来，中国当局在那里没有管辖权。当张勋遭遇失败时，我们已经看到，他在同一个避难所避难，但在不同的使馆。按照所有的游戏规则，黎元洪本可以凯旋，重新登上他的总统宝座了。但他"颜面尽失"，不能再做回总统了；而且，由于他太软弱，竟听命于张勋，解散了国会，也惹毛了国会议员。正是他邀请张勋来到北京，他不能撇清自己对君主立宪派几近成功的帝制政变负有的间接责任。

新任代总统是冯国璋，虽然他曾在段祺瑞与张勋短暂的斗争中帮助过段祺瑞，但在本质上，他是一个非常不热心的共和制支持者。他是个土生土长的直隶人，在帝国统治时期担任过各种职务，包括陆军贵胄学堂总办和军咨使。"共和救星"段祺瑞成为国务总理，并重组国会，第二个月（8月12日），新的议会在首都召开。

就在会议召开两天后，中国便根据议会的授权对德国宣战。正如我们所看到的，就是因为议会在中国应否站在联盟国一边参战的问题上出现了激烈的争执，张勋才有机会进入北京。现在，这个问题根据亲战派的意见迅速得到了解决；但这引起了广州方面的强烈不满，在孙中山及其团体的领导下，广州实际上拥有自己的独立政府。

孙中山授予自己大元帅的称号后，对宣战提出了正式抗议，宣布冯国璋及其大臣们为叛徒，并以中国的惯用模式准备领导一场反对北方的"讨伐"。

正是因为中国名义上站在盟国一边，她才获得了在凡尔赛和平会议上的代表权，并能够间接地向日本施压，迫使日本政府将其战利品之一——山东胶州德国租界青岛——归还中国。中国并没有参与从德国手中收复青岛的行动（在中国名义上参战之前很久，青岛就落入了日本海陆军手中），事实上，中国抗议日本登陆中国领土（按照实事求是的原则，这样做并没有错），使其中立遭受侵犯，这与针对青岛的行动有关。

早在1918年，正在崛起的军事将领曹锟率领北方军队对抗南方的分裂势力，并于4月初占领了江南的耀州和长沙要塞，有效地阻止了孙中山的讨伐。于是，孙中山只好请辞，并于5月开始了第三次流亡日本的生涯。然而，南北之间的内战仍在继续。在北京不受欢迎的旧国会（第一共和）成员在广州重新集会，并宣布自己是中国唯一合法的立法机构。大约在同一时间，根据2月颁布的选举法，新的北方国会选举产生，并于8月在北京召开会议。从广州成立独立国会开始，中国就没有得到各省承认的中央政府来对全国实行控制。于是，中国的国会问题变成了一个无法解决的问题，对此，戴遂良神父有所洞悉，他说道："国会若想存续，就得杜绝腐败。"的确，在过去的几年里，中国的国会一直是导致管理组织瘫痪的最大原因。

新的国会开始选举新的总统，如果太过纠结于"为什么议会几乎一致投票给同一名候选人"，可能有失慎重。过于详细地追问其选票几乎一致投给了某一名候选人的原因，或许是轻率之举。原满洲总督徐世昌，也是袁世凯的朋友，以425票对11票当选。

广州议会立即宣布他的当选无效，但这对北方事态的发展没有任何影响，徐世昌连任总统3年多。

徐世昌是一位学风古朴、经验丰富的优秀学者。早在1906年，他已成为一名军机大臣，并于1907年4月成为东三省总督，满洲是帝国的一部分，在那之前一直被视为皇家的封地。1908年溥仪即位时，他被册封为"太保"（崇高且尊贵的荣誉），还被皇上视为最信任的大臣和顾问。他成为总统时已经63岁了。

徐世昌虽然接受了总统职位，但并不相信共和派（北方政客中很少有这样的人），他的首批官方行动之一就是对那些参与1917年复辟政变的人颁布自由赦免令。张勋也不例外，他的赦免与其同僚一样，是无条件的；虽然他没有假装改变自己的政治信仰，也没有偏离对君主制原则的忠诚，但他仍然被允许留在北京不受干扰，这里是志同道合的汉满两族朋友圈的中心，颇具影响力。

徐总统于1918年9月4日当选，并于10月10日（武昌革命爆发七周年纪念日）

正式就任总统。甚至在他就职之前，选举他的国会就宣布孔子诞辰纪念日从此作为一个国家节日，以此证明其保守主义情怀。从此，官方对孔子及其所代表的整个思想体系的态度也随着不同政党命运的变化而变化了。在"左倾"的时候，孔子和他所代表的一切都被人厌恶和唾弃。我们已经看到陈独秀，甚至在他成为共产主义领袖之前，就坚持认为儒家思想和共和主义互不相容。当主流趋势为"右倾"，旧中国胆敢发出支持传统方式的怯懦声音时，激进分子打破旧习之手就会得以保留，家庭前辈和学校老师们也不再羞于或害怕表达他们对古代圣人教义的尊敬。

徐世昌接着表示，他认真对待自己作为帝国"大卫士"的身份，并不认为关心前君主的福祉与他作为共和国总统的职责相抵触。1918年，溥仪还是一个12岁的男孩，已经在中国最著名的学者之一的导师手下学习中文多年。徐总统和他的一些最亲密的朋友（其中一个是著名总督李鸿章的儿子）讨论了这个男孩的未来，考虑到遥远未来的某些可能性，他们决定给溥仪（或者，更确切地说是清朝皇帝，这是根据退位协议授予他的头衔）一个机会，让他接受西方教育的元素，包括英语。他们还希望他学习一些欧洲政治制度的演变，尤其是英国君主立宪制的原则。

如果认为这个教育计划是恢复少年皇帝皇位的阴谋之一，那就错了。的确，大多数对该提议感兴趣的人，包括总统本人，都或多或少地对共和主义在中国的前景表示怀疑，至少其中一些人，在内心深处仍然忠于君主政体。但是，他们希望通过让他们的前君主学习一些西方世界的历史和制度，来达到的目的是，如果共和党未能建立一个为中国人民所接受的稳定政府，随后又出现了民众对旧方式的厌恶情绪，那么，这位皇帝可能已经准备好并有资格在有限的君主立宪制下，在建设新中国的过程中发挥适当的作用。

最初提议为一位在中国有着杰出成就的教育家和外交家提供满洲宫廷外籍教师的职位。然而，由于他即将成为美国临时代理公使，他不可能接受这项任命。下一个候选人落在了我的身上。

至于我是怎么得到少年皇帝的英语导师一职的，在此无须详细解释。我在执行公务以及在中国旅行期间，私下里结识了几位与皇室和新总统都有密切联系的人。其中有李经迈大人——李鸿章总督的儿子，我在上文提到过他。在辛亥革命的危难时期，他在英国租下的威海卫避难了一段时间，我当时在那里当过地方长官。在君主政体下的幸福日子里，李大人曾在维也纳宫廷担任中国公使。在辛亥革命前夕，德宗皇帝的兄弟载涛王爷以军事使团团长的身份访问德国时，由李大人陪同。从那时起，尽管他的朋友徐世昌总统一再要求他担任高级外交职务，但他一直坚决拒绝民国时期的所有官职。他和他的家族一直忠于旧王朝，我被任命为皇帝的英语导师，主要得益于他对总统和满族宫廷的影响力。

这份聘请书是在1918年11月底给出的，就在标志着第一次世界大战结束的停战数天之后。我同意接受，但要得到英国伦敦和中国北京当局的批准。不久之后，总统亲自通过约翰·乔丹爵士（时任英国驻北京大臣）正式重申了这一聘请事宜，并在适当的时候得到了伦敦的殖民地和外交部门的批准。然后，我被临时调离了我在英国殖民部的职务，这叫"借调"，并于1919年年初离开威海卫。

我和我的皇帝学生的第一次面谈是在1919年3月3日。这次采访后不久，我写了一篇关于我当时经历的短文，供英国当局参考。这份文档（日期为1919年3月7日）或许值得全文引用，因为它包含了我对满洲宫廷以及这个13岁孩子的最早印象，在紫禁城人民（以及中国及其属地的许多其他民众）眼中，这个小皇帝仍然是他们至高无上的君主。

备忘录

1919年2月22日我到了北京，在车站接待我的是倪文德先生，他是总统的秘书之一。两天后，皇父醇亲王（多年前我在香港见过他）和载涛亲王（已故光绪皇帝的另一个兄弟）分别在各自的住处接待了我。后者对小皇帝的教育特别感兴趣，被普遍认为是满族亲王中最开明和进步的。他非常热情地接待了我，并邀请我随时去拜访他——只要我想讨论有关孩子福利的问题。他在3月5日的宴会上款待了我，这一次，我被介绍给了其他几位皇室成员，包括载洵亲王，少年皇帝的另一位叔叔。2月27日，我正式拜访了徐世昌总统，并在随后的日子里，我与下列与清廷有关的官员进行了互访：世续——内务府领衔大臣和总管，绍英——内务府大臣，耆龄——醇亲王福晋即皇帝生母的亲戚，以及皇帝的老师们：梁鼎芬、朱益藩、伊克坦。3月8日，我在六国饭店设宴招待了内务府官员以及皇帝的老师们。

3月3日那天，我被正式介绍给了少年皇帝。他穿着朝服出席这个场合，身边还跟着许多身着制服的官员。我被领到毓庆宫后，走向皇帝，鞠了三躬。然后他从座位上下来，走到我面前，以欧洲人的方式握了握手。在接下来的简短采访中，他一直站着，问了我一些常规的问题，主要是关于我在中国的官员生涯。面试结束后，我退到一间等候厅，接着便得知，皇帝希望立即开始他的英语课，并将在换好衣服后以一种不那么正式的方式再次接待我。在此期间，许多宫中官员和太监都来探望我，他们为我的任命表示祝贺。当我回到正式觐见皇帝的毓庆宫时，我发现皇帝坐在一张桌子旁，桌上放着我为他挑选的书籍。他让我在他身边坐下，从那一刻起，我们的关系就变成了师生之间的关系，不再拘泥于礼节。

这位少年皇帝对英语或其他欧洲语言一无所知，但他似乎很渴望学习，而且思维活跃。他被允许阅读中国报纸，显然对当下的新闻，尤其是国内外的政治新闻，抱有一种明智的兴趣。他有良好的地理常识，并对旅行和探索感兴趣。他对欧洲的现状和第一次世界大战的结果有一定的了解，对于中国的政治地位和相对重要性似乎没有错误或夸张的看法。就他的年龄而言，他看起来身体健壮，发育良好。他是一个很有人情味的男孩，活泼、聪明，还有敏锐的幽默感。此外，他举止优雅，完全不会让人觉得傲慢。这是相当了不起的，因为他周围的人极其矫情造作，宫廷例行公事也极其浮夸虚伪。朝廷官员对待他的态度就像对待天子一样的尊敬，他从不出紫禁城，也没有机会和其他男孩交往，唯一的例外是——偶尔允许他的弟弟和其他两三个年轻的皇室成员来探望他。甚至他每天去教室，也成了"国事游行队伍"中的一道景观。他坐在一张铺着黄袍的大椅子上，由一大群随从陪同着。

尽管皇帝看起来还没有被周围的愚蠢和无聊宠坏，但我恐怕他在接下来的几年里（对于一个十几岁的孩子来说，这几年必然是非常关键的几年），不能毫发无损地度过道德上的危险，除非他能够摆脱一大群太监和其他无用官员的富裕生活，而这些官员现在几乎是他的不二助手。

我倾向于认为，为了孩子自己的利益，最好的办法就是把他从紫禁城的不良气氛中带出来，送到颐和园去。较之目前的紫禁城，他可能会在颐和园过上一种不那么矫揉造作且更加快乐的生活，还会有足够的空间和机会进行体育锻炼。当然，有必要委托一批全新的仆人和随从照顾他，他们应该由总统特别挑选的一些值得信赖的官员或者任何对情况充分了解并关心孩子健康的皇室成员（如载涛亲王）密切监督。也许以后我可能会提出这样的建议。当然，现在采取这样的行动还为时过早，虽然我已经在某种程度上把自己的观点告诉了刘体乾先生（李经迈的亲戚，载涛亲王的朋友）和总统的私人秘书倪文德先生。

在我去紫禁城之前，发生了一件小事，值得记录下来，说明了皇宫内遗老遗少的旧思想。在我搬进为我使用而准备的宽敞的中国豪宅之前（后来换了一间离紫禁城更近的房子），我住在一家旅馆里，有好几天我都忙着接打电话。二月的最后一天，内务府的一名代表来拜访我，他告诉我，关于选择一个"吉日"开始皇帝陛下的英语学习这一重要问题，已经征求了钦天监的意见，他们刚刚提交了报告。大意是在不久的将来有两个同样吉祥的日子——一个是3月3日，另一个是3月28日，或者更确切地说，是旧农历中与这两个日期相对应的日子（宫中依然遵守农历日子，但不是民国的官方日期）。就吉祥与否而论，这两个日子势均力敌，难以分出雌雄，所以，最后的选择权就交给我了。

我有点儿怀疑，我决定在这两个日子中选择较早的那一天，既迅速又缺乏预谋，有人会认为这是近乎轻率的表现。

补充一点，在我长期服务朝廷期间，没有什么重要的事情是不需要占卜的。1922年，正是钦天监通过占卜决定了皇帝婚礼的日期和时间。我从旅馆搬到新家去的时候，没有选择一个"吉日"，这令许多人摇头。因为在中国，"乔迁"被认为是一件大事。

现在必须对皇帝所处的当前环境做一些说明了。当然，他住在紫禁城——北京中心的巨大围墙中，他就是在那里接待我的。

在中国政治生活的种种异常中，有一种反常现象，从1912年（共和国成立之年）到1924年年底，一直引起到北京参观的外国游客的兴趣和好奇心。他们知道，共和派内阁兴衰起伏；议会蒙羞解散，假装光荣地重新召开会议；国务大臣和军队指挥官定期到某个外国使馆避难；军队不顾总统的命令，毫不留情地无视人民的福利，在首都城墙下互相厮杀；总统自己是由一个派系拥立，又被另一个派系拉下的。然而，他们注意到，首都中心有一个小要塞，它被困在了一切动乱、混乱、盗匪、饥荒和内战的常见场景中，它被卷进了国会议员和狡猾的政客的阴谋和策略中，它被缠入了军事冒险家的好斗和鲁莽学者的滑稽动作中，所幸，它似乎一直保持着昔日的宁静，它是中国土壤的一个碎片，至少保持着稳定和有尊严的外观，它是一个处女地，过去消失的礼节和仪式仍然是日常生活的一部分。这座庄严肃静的住宅被雉堞墙和雄伟的大门包围，象征着旧中国的精神。那幽灵似乎已经在"大内"那幽静神秘的大厅和宫殿里找到了最后可靠的避难所。[1]

然而，这些表象在某种程度上是虚幻的。在紫禁城的战场上，不仅和平、礼仪和威武的尊严没有人们通常想象的那么显眼，而且那些雄伟的城墙已经出现了裂痕，除了那些故意对时代的迹象视而不见的人以外，所有人都清楚，它们迟早都会倒下。紫禁城以前包含的一个重要部分已经失去了这个浪漫的称号。在皇帝退位后，民国当局立即接管了大城墙南部的一部分（虽然不是东门和西门的监护权）。其中两座最大的宫殿（武英殿和文华殿）已改建为博物馆，馆内收藏了一部分以前用于装饰热河和奉天宫殿的精美艺术品，现在被认为是从皇家收藏中"借出"，等待民国政府购买。三大宝殿——太和殿、中和殿和保和殿——连同一些附属建筑，也已落入民国之手。

尽管如此，紫禁城的整个北部，从东到西，以及上述三大宝殿两侧

---

[1] "紫禁城"的不可侵犯性在君主制时期得到了严格的遵守，这一点可以从下面的段落中得到体现，这段话摘自R.K.道格拉斯的著作《中国社会》（伦敦：1901年）第67页。"任何人未经许可擅自通过紫禁城的任何一扇门，都会挨一百大板。这条法律总是强制执行的，最近，《北京公报》宣布对擅自闯入者加以惩罚，并对让其进入的守卫进行降级处理。在皇宫里发现任何一个陌生人，处死就是对他的唯一惩罚；任何一个想要进宫殿大门的人，都得在这条法律中深刻反省，哪怕尚未进门，也得挨几板子。"

的大部分地区，仍然处于朝廷的专属占领之下，全世界都"禁止"进入——拥有进入权的人除外。这里包括皇帝和有权住在那里的皇室成员的所有宫殿，以及大量的其他建筑。比如：御花园、文渊阁（一个大亭子珍藏着帝国图书馆最有价值的部分，其中包括大量的《四库全书》文献）、内务府、军机处（一幢不起眼的建筑物，革命后成为观众的休息室）、建福宫（里面有非常珍贵的肖像、金制佛像和其他珍宝，1923年葬身于一场大火，里面的东西几乎全毁了），还有大量殿堂、亭子和其他建筑。这些在"黄昏"时期已经不再有任何实际用途。此外，还有奉先殿，它是皇帝或皇子在每个月的初一和十五定期举行祭祖仪式的地方。不要把它与宽敞宏伟的太庙混为一谈，太庙是紫禁城南面的附属建筑，具有特殊的神圣性，因为这座庙保存了皇家祖先的灵位，只有在特殊的庄严场合才能使用。

其中一座大殿仍为皇室所有，这就是乾清宫。正是在这个宫殿里，皇帝仍然举行大型的周年纪念活动，其中最重要的是新年（按照旧的中国农历）和万寿圣节（皇帝自己的生日）。乾清宫建于1420年，明清两代数次被焚毁、重建，最近一次重建于1797年的一场火灾后。

乾清宫大殿

乾清宫的前面是一个大方庭，皇室和朝廷的成员聚集在这里向他们的君主致敬；大方庭的东侧、西侧和北侧是各种各样的建筑，虽小但具有历史意义，因为它们与清朝早期的皇帝有关。它们包括：尚书房，原为皇室亲王的教室，1909年至1912年作为摄政王的私人办公室；懋勤殿，被伟大的圣祖皇帝康熙（1662—1722年）用作书房，后来被翰林书院的成员占据，他们在宫廷里担任秘书职务；还有南书房，也被翰林秘书使用。

皇宫大殿的后面是交泰殿，含"天地交合、康泰美满"之意，我在别处说过，在这里，"乾坤、阴阳、上下相交、万物通畅而抵达完美的和谐"。在那座建筑里保存着25枚珍贵而重要的皇家印章，正如我们所看到的，它们招引了袁世凯的垂涎和渴望。这里还存放有乾隆时期的漏壶或水钟，还有赐袍——这在英国可能被称为该朝皇后的"结婚证书"——装裱在金制的牌匾上，并由金印证明。

交泰殿的正北方向是坤宁宫。在清朝时期，坤宁宫并不像一些作家宣称的那样，是"皇后专用宫殿"，尽管明朝统治时期是这样的。在满族时期，坤宁宫东部被用作皇帝与皇后大婚的洞房，但只在蜜月期间被占用。中间部分用于各种宗教和准宗教用途，包括祈天崇拜和通过萨满巫术的神秘仪式和舞蹈召神。萨满教是满族人在其历史早期所熟悉的一种宗教，后来满族进驻中国，也把萨满教带到了"新家"。但他们这样做似乎有些羞愧，好像知道这会被正统儒家鄙视，懂得并实践萨满教仪式和咒语的巫师和灵媒，一直被隐藏在满族宫廷生活的阴暗背景中。他们的祭祀器皿、女巫器皿和乐器（包括青铜钟和木板锤）都存放在这座建筑物内，因为这座建筑物甚至对那些"紫禁城"为其敞开大门的人来说，都是"禁区"。我自己只进去过一次，那是在皇帝婚礼前夜陪他一起进去的。根据朝廷的规定，国家祭祀神灵的仪式在新年的第二天举行、春季的第二个月以及初秋时分举行。在过去的日子里，附属国的亲王和贝勒（满族术语，官阶低于最高的亲王）和六个理事会的首脑接受皇帝的命令去参加宫廷宴会接受皇室的命令，在这些场合，他们会分享一部分用于祭祀的动物肉。

1922年年底成为皇后的可人儿婉容的宫殿称为储秀宫。九嫔之首淑妃文绣的宫殿叫长春宫。这些住宅既在皇宫大殿的西北，又在养心殿（皇帝自己的宫殿）的北面。养心殿于1802年建造或重建，曾经是几位前君主的住所，包括被慈禧太后囚禁到瀛台小岛之前的郁郁寡欢的光绪皇帝。这个名字暗示了《孟子》中的一句话——"养心莫善于寡欲"，意思是"养心的方法没有比避免自我放纵更好的了"。这句格言每天都能被皇室成员铭记，真是不错。

在后来的日子里，我几乎每天都是养心殿的访客。然而，直到接近1922年年底，我与我的皇帝学生的会面都是在毓庆宫进行的。毓庆宫也就是皇帝的御书房，位于奉先殿的西面、斋宫的东面，皇帝要在这里接受净化仪式，然后才能参加庄严的祭祀。

坤宁宫和交泰殿

我已经提到了慈禧太后所居住的宫殿名。正如我们所见，其中一座宫殿曾经是伟大的乾隆皇帝最后的人间居所。他使用的其中一个房间，可能都是无与伦比的。地面上几乎全是一堆岩石，排列成一座荒凉而崎岖的"山"。一个曾经统治过伟大帝国的最强大的君主，习惯于坐在这座山的岩石之间冥想，想象自己是一个孤独的隐士，等待天命安排去邂逅那些以草药和水为生、与山川之魂交流的"仙人"。梭罗是个热爱沉浸在大自然的辉煌中独处的人，他期待着每所房子不仅有睡房和接待室，而且还有一个可以在里面思考的安静房间，期待着建筑师的光临。在规划住宅时，就想到了要建造一个"思考室"。但即使是那个梦想家，似乎也从未梦想过这么一个"没有桌椅只有山"的思考室。

伟大的清朝皇帝一定拥有孟子所说的每个伟人都拥有的美丽品质——童心。他也拥有真正的小山，可以随意在其中漫步和沉思。他自己的山间宫殿热河就在附近，只要国家事务不繁忙，他就喜欢到那儿去旅行。但在他心中，有一种渴望仙境的东西，只要借助几块堆起来的石头，就会完全是他自己心灵的创造——他自己心房的四面墙之内裹着一个仙境——他只要从帝王的高度降至普通人的水平，用一把"小小的金钥匙"在一扇普通的门锁上转动几下，就可以踏入仙境之门。

1919年，除了皇帝，还有四位皇室成员住在紫禁城。她们都是女性。隆裕太后也曾居住于此，她是"老佛爷"的侄女、德宗皇帝的皇后，已经去世了。剩下的四位女性都是"皇太妃"，级别仅次于皇太后。其中三个是同治皇帝（1862—1874年）的遗孀，同治皇帝是"老佛爷"的儿子。

1921年，其中的庄和皇太妃在紫禁城自己的重华宫去世；1924年11月皇室被驱逐出紫禁城之后，另外两个皇太妃与世长辞。第四个是瑾太妃，后来被尊称为"端康皇贵太妃"，光绪皇帝唯一在世的配偶。她是1900年被老佛爷谋害的那个不幸女孩（珍妃）的姐姐。1924年10月，她死于紫禁城自己的宫殿里。如果她再多活一两个月，她就会和两个年长的皇家寡妇一样，遭遇被"基督将军"的武装力量赶出家门的耻辱。在四位皇太后的关系中，只有她和我的关系不仅仅是礼仪上的相识。我偶尔陪同皇帝去拜访她的住所"永和宫"。

皇亲贵胄们——皇帝的父亲和众多的叔伯及其他亲属——以及满族贵族的其他成员并不住在紫禁城内，他们只有在受到召见或参与仪式时才前往紫禁城。他们中的大多数在北京的其他地方都有自己宽敞的府邸（王府），这些地方被称为"鞑子城"。皇帝的父亲醇亲王，也就是前摄政王，就住在什刹海边，靠近城市最北端的鼓楼和钟楼，他住的那座大房子俗称"北府"。皇帝的大部分近亲都住在城市其他地方的类似的富丽堂皇的房子里。载涛亲王的房子就在醇亲王府附近，当地人称之为"龙头井"。邻近的豪宅就是恭亲王的府邸，可惜，在那宽敞的庭院和楼阁之上，笼罩着一种寂静的忧郁，因为自1912年以来，这些房子就被它们的主人遗弃了。

虽然皇帝和四位太妃是紫禁城中唯一的皇室居民，但不能认为这是一座无人居住的城市。辛亥革命前，这里住着3000名不同级别的太监。到了1919年，仍有1000人左右。其他人带着奇怪得来的财富回到了山东和直隶边界的家园，回到了天津租界的避难所，回到了他们存储财富的店铺，回到了北京以西10英里处的西山寺庙，或者回到了宁波附近神圣的普陀岛。留下来的千余人，有的做皇帝和四位遗孀的贴身侍从和抬轿子的人，有的负责各种宫殿建筑和里面物品的安全保管，有的则或多或少履行一些琐碎的职责。官阶最高的是御前太监，他们有幸直接侍候在皇帝身边。不同的等级被严格地分开，在正式的场合穿着特殊的礼服。红色在御前太监的仪式服装中占主导地位。除了太监，还有许多女侍（女官）和女仆（宫女），但大多数女官并不居住在紫禁城内。

在紫禁城最靠近外墙的地方，也是距离皇帝住处最远的地方，住着大量的仆人，他们的杂务仅限于宫殿范围内很少或从未被皇室过问的部分。在通往紫禁城的北门附近，这里也住着代替革命前皇家卫队的御前卫队官兵们。其中一些还占据了大门外附近的建筑，在紫禁城和"煤山"之间的开阔空间的东西两侧。

在"黄昏"时期之前，皇帝进入"大内"的主要入口是宏伟的南门，也就是著名的"午门"，位于太和殿的正前方。"午门"的字面意思是"居中向阳，位当子午"。这个名字象征着皇帝力量和权力的无上荣耀，可与太阳在正午的光辉相媲美。皇帝就是从这扇正门的中央进出紫禁城的。

但是在革命和解之后，这部分帝国城墙转由民国当局控制，北门（神武门）后来成为"城"的主要入口，在严格意义上，仍然属于皇家地盘和"禁地"。这扇门和午门一样，也有三个部分，每个部分都有自己的通道。中间部分是为皇帝及其随从们开放的，西部是每天开放的，供那些因本职工作而进入"禁区"的人使用，比如，亲王和贵族，皇家教师和内务府的官员。所有进入紫禁城的人都必须步行，除非他们被授予骑马或坐轿子的特权。R.K.道格拉斯博士评价道："皇帝所尊敬的官员的最高荣誉之一就是被授予在神圣区域内骑马的权利。"不过，坐轿子的权利是更高级别的荣誉，凌驾于骑马的权利之上。但这些特权只能在特殊场合临时使用，而且一次只授予一种。被授予永久特权的人有权将其列入皇帝荣誉榜，这些荣誉名单将被刻在木版上，挂在私人住宅入口处的墙上。大多数王公贵族和少数贵族都有权坐轿子，而他们的儿子和小贵族则有权骑马。帝师凭借其职位的尊严，总是被授予更高的特权。

那些拥有这些令人垂涎的权利之人可以自由骑马或坐轿子被抬到通向皇宫大殿的内殿大门。其中一扇门——景运门——在东面，另一扇门——隆宗门——在西面。这两个内门直接通向紫禁城，那里曾经是天子的领地，因为我们已经到达"圣地"，剩下的路我们必须步行。所有的大门都设有一个武装警卫，他们的职责是阻止未经授权的人继续前进，并向有权进入的人举枪致敬。只有一位亲王的轿子可以被抬得远一些，这就是醇亲王。他既是前摄政王，又是皇帝的父亲，因此他的特权和地位高于其他人。他有权坐轿子直达养心门——皇帝御前庭院的大门。

通往紫禁城北边的三重大门的名字叫"神武门"，在明朝和清朝，直到1795年，它的名字是玄武门，它暗示了古代占星术关于各种星座的属性或特征的观点，并指出了北方。在嘉庆年间（1796—1820年），因避康熙帝"玄烨"名讳而改称神武门。[1]

神武门外是一片空地，由于面积很大，常常给人一种凄凉冷清的感觉；但在庄严肃穆的场合，比如皇帝临朝时，几乎每一英尺的空间都被马车、马匹和亲王的私人随从以及其他在皇帝身边或被接见的人所占据。

大广场的北侧是一个围墙环绕的山丘，这就是外国人和许多中国人熟悉的煤山，其实它更正确的名字是景山。这个名字恰到好处，因为它冠以精致的亭台楼阁和蓝黄色的瓷砖，本身就是一个颇具美感的物体，

---

[1] 玄武门改名为神武门是在康熙年间，著者写错了。——译者注

况且，从它的顶部可以看到紫禁城闪闪发光的屋顶这一绝佳景观。

"煤山"这个名字似乎暗示了这样一种观点，即这座山由一大堆煤组成，一旦紫禁城被围攻，它将被投入实际使用。这种观点是错误的，事实上，这座山是人造建筑物，即使是最不细心的游客也能看出它的对称性。根据我在皇宫里得到的信息，当时，他们加深和扩大邻近"三湖"的小池塘或沼泽地，挖出来的材料建成了这座山。至于在紫禁城的北面用这种材料造出一座山的原因，任何了解中国风水原理的人都可以理解。北方是邪恶势力的发源地，这座山的作用是阻止邪恶势力到达天子的居所。同理，皇帝的宝座（就像庙宇里重要人物的座位一样）也要朝向阳光明媚、吉祥的南方，而不是阴森、不吉利的北方。

在北京地形学中，景山又称"大内镇山"，有时也被称为"万岁山"，中国（和日本）使用的"万岁"，意思等同于我们的"天佑吾王"。

革命后，这座山被允许继续由皇室控制，因为它一直被视为紫禁城的附属设施，也因为它的围墙围护着寿皇殿，已故皇帝的遗体在这里供人瞻仰，然后再送往帝陵。这里还保存着"列圣余容"，即一系列清朝皇帝的肖像。尽管如此，这座山并不像紫禁城那样，对公众完全封闭，只要正确介绍，公众就可以进入场地。

人们通常认为，现在的紫禁城主要是由明成祖朱棣（永乐时期，1403—1424年）始建，他是明朝第一位选择北京作为都城的皇帝。但是，除了外墙和古老宫殿的一些部分之外，那个时期的大部分工作是否还保留下来，就值得怀疑了。紫禁城的大部分建筑都被李自成烧毁了（同时也被洗劫一空）。李自成是农民起义领袖，他试图建立一个新的王朝，但因满族的到来而遭受惨败。自那以后，紫禁城发生了数起火灾，许多建筑都进行了重建。

这就是1919年初的紫禁城，当时我刚成为内廷的一员，也是唯一一个享有如此特权的外国人。紫禁城的西侧毗连的"三湖"和宫殿，以前属于皇室，现在为国家真正的统治者所占有。在这里，我们可以举一个鲜明的例子，说明优待条款中所规定的"妥协"的奇怪之处。在北京的中心地带有两座相邻的宫殿。在仍然保留着"紫禁城"名号的地方住着一位有名无实的君主;另一个地方则住着民国的首任总统。后者有一把总统交椅,由一个没有皇帝名分的人行使着皇帝的权力;前者有一个宝座,上面坐着一个名义上的皇帝。统治中国广大领土的人被称为"总统";统治范围没有越过宫墙一寸的人被称为"皇帝"。这样反常的情况,在别的地方肯定不会持续一个星期以上;然而,它们在中国持续了13年。

直到这13个年头接近尾声的时候,皇帝才看到了紫禁城之外的世界。我亲自陪他第一次走出北京城门。革命前夕,荷兰学者亨利·博雷尔先生访问中国,他写下了自己对当时北京的印象:"在那姿势傲慢且高不可攀的紫禁城城墙后面,仍然是一个无人知晓的孤独皇帝,他从来不曾为任何人放弃个性,而且永远也不会。"

博雷尔先生似乎认为,皇帝永远不会摆脱孤独,或者,永远不会从那傲慢且高不可攀的城墙中走出来。他产生了一个奇怪的想法——认为皇帝是一个神话,他告诉我们:"在梦幻般美丽的宫殿里,只有一个微微发光的屋顶在深蓝色天空的映衬下隐约闪现,就在那粉色和金色装点的城墙后面,住着神话中的宣统小皇帝。"

御花园千秋亭

1919年3月的一个寒冷的早晨，当宣统小皇帝从龙椅上走下来，与我握手时，他就已经走出了神话的舞台。但也许只有真正的皇帝才是神话，而虚幻的皇帝才不再是神话。这话太绕了，真是令人困惑；但是，对博雷尔先生来说，那个两岁的小宣统肯定不仅仅是一个神话。因为他还告诉我们："准确地说，北京是一个巨大的庙宇，周围的凹处就是紫禁城，那里居住着一个神，名叫皇帝。"到1919年，这个"神"已经从"神"降到了"人"，在外国人眼中，他就是"少年皇帝"。然而，在当时和后来的许多中国人看来，他仍然是万岁爷、天子、某种意义上的世界霸主。

第十二章　亦官亦师

除了少数皇室贵族（包括最高级别的亲王）之外，在朝廷中排在首位的就是帝师。一个外国人很难理解旧中国学生对老师表现出的极端敬重背后的原则——旧中国指的是在"异族人"满族宫廷找到了最后避难所的中国——如果对旧中国的个体经历和观察仅限于轻视许多古老传统的新中国，那就更加难以理解了。

丁韪良博士说："没有哪个国家的教师职位比中国教师更受人尊敬。不仅在世的教师受到最深刻的尊敬，而且，'师'作为一个抽象的名称，本身就是一种近乎盲目崇拜之语言的对象。在某些场合，'师'与'天、地、君、亲'一起，被镌刻在一块石碑上，作为五大倍受敬奉之物之一，并授予庄严的膜拜仪式。"

《国语》中有一段著名的话，"民生于三，事之如一。父生之，师教之，君食之"。同一本书的另一篇文章也有类似意思的话："无父，则无子；无师，则无教；无君，则无国。"

如果我们翻阅中国古典文学的标准著作之一《礼记》白话文时，就会读到下面一段话：

> 跟随先生走路，不应跑到路的另外一边和别人说话。在路上碰见先生，要快步上前，正立拱手。先生和自己讲话，就回答；先生不与自己讲话，就快步退下……学生应该侍候和服侍老师，而不应拘泥于传统。老师在世的时候，他必须热心侍奉老师，老师去世后，要为他真诚地哀悼三年……如果君子急于教化他的子民，或者让他们彬彬有礼且有涵养，那么，他必须从学校开始。玉不琢，不成器；人不学，不知义。因此，古代的英明君主们在建立稳固的国家基础和统治人民时，把教育作

为他们的首要关注点……统治者正是从老师那里学到了治理的艺术，因此没有什么比选择一位良师更重要的事情了……王国里有两个人，统治者不能把他们视为臣民。一个是在祭祀仪式中扮演皇家祖先的人，另一个是皇帝的老师。还有一条适当的规定：当老师对天子讲话时，老师不必面对北方。这就是对教师职位的尊重。

最后一句可能需要说明一下。在中国，统治者坐在皇位宝座上，背朝北，面朝南，这是一种习俗。因此，接近他的人，必须面对北方。这就是统治者和臣民的区别。但这种统治者与臣民的关系并非师生关系；因此，当老师对一个统治者，同时也是他的学生说话时，他无须摆出传统姿势。有趣的是，御书房一直将这条古老的规定遵守到底。在御书房里，皇帝坐在一张方桌的北面，面朝南。分配给帝师的位置是桌子东边面向西的一个座位。这是我在毓庆宫与皇帝正式会面时的座位。

皇帝对每位导师都很尊敬——即使是来自海外——当老师走进房间时，他得站起来迎接。老师走到房间中央，鞠一躬，然后，皇帝和老师在各自的位置上同时坐下来。在上课的时候，如果老师为了从书架上取一本书或其他任何原因而站起来，皇帝也得站起来，而且要一直站着，直到老师回到自己的座位。

皇帝对导师的深切尊敬是满族朝廷的特征之一，这引起了在早期满族皇帝的宫廷中从事天文学和其他工作的耶稣会神父的关注。在《有教益及有趣的信礼》中有一篇文章，讲述了耶稣会神父在18世纪上半叶的宫廷经历，其中包括了1726年雍正皇帝对他已故满族导师顾八代（雍正四年被追授为太傅）所宣读的颂词。下面的几个段落是我从法语文献中翻译过来的。

皇帝说："他曾经担任过第一任礼部尚书，拥有无懈可击的高尚品格，他的一切行为都是适度的和规范的，充满了知识和美德。我的父亲圣祖皇帝非常尊敬他，雇佣他处理一些极其复杂的事务……由于他在军事艺术方面的出色表现不亚于在学术方面的出色表现，他在分配给他的各项事业上取得了惊人的成功……由于他以博学著称，而且他的行为使他成为值得我们仿效的楷模，我父皇选择他担任好几个皇子的家庭教师。我就是他教过的学生之一。他满怀孜孜不倦的热情，从早到晚不辞辛劳地教导我们，在我们的心灵上刻下了最纯洁、最高贵、最虔诚的理想和格言……我一听到他的死讯，就想履行弟子对老师的责任，便亲自到他家参加最后的仪式，并在他的灵柩前哀悼。他下葬的时候，我派了几个大臣代表我，以我的名义执行规定的仪式……我不会忘记这样一位睿智的大师，我想向他表达我的感激之情。"这位皇帝最后召集礼部会议，仔细研究顾八代的身后事宜，并提出追封荣誉的建议。

我翻译的这段话的原作者——那位耶稣会神父补充说，他还不知道礼部对这件事采取了什么行动。然而，从其他资料中我们了解到，这位已故的导师被赐予谥号"文端"（在中国，对杰出人物的追授头衔，使用普通但令人满意的称谓），并在国家纪念堂里占有一席之地，这个位置是为那些对国家有贡献之人而设的。皇帝还赐给顾八代的亲戚们一大笔钱。

皇帝亲自拜访他生病或去世的导师，或追封他死后的荣誉，这也没什么特别的。我们很快就会看到，这个传统一直延续到我有幸侍奉的皇帝时代。

罗马皇帝马可·奥勒留和他的朋友兼导师马可·科尼利厄斯·弗朗托之间，或许可以与中国皇帝与导师之间那种轻松自在的关系相提并论。但在中国，皇帝的导师的地位比享有特权的朋友更重要；他也是一个"政界要员"，职位不亚于总督和丞相。这并没有什么了不起的，因为他很自然地从天下贤士中脱颖而出，也就是说，他顺利地通过了最严酷的国试。在上一代被废除的旧制度下，科举考试是获得正式工作的唯一途径，因此，那些在三年一度的"殿试"中获得高分的人肯定会有一番事业。因此，凡是有学问的人，只要能当上皇帝的导师，几乎肯定已经在朝廷上平步青云了。在大多数情况下，他在进宫当皇家导师之前，就会获得九级官衔中最高的"红顶"。如果他担任帝师却没有官衔，那必将被提升到这个地位，并获得其他荣誉，如紫貂袍、双眼花翎，以及坐轿子进入紫禁城的权利。以后，他很可能成为储君的太子少保（这是纯粹的荣誉尊严，即使没有储君，也常常授予此称号），最后，他会成为太子太保。他去世后，（极有可能）将获得"圣徒封号"或与顾八代相似的追授荣誉称号。即使由于疾病或其他原因（不端行为除外）迫使他辞职，他也将保留他的荣誉和导师的头衔，直到生命的尽头。他总是保留私人接见的权利，他总是被邀请坐在皇帝面前（即使是总督也会下跪），他将继续受到全宫职员的尊重，就像他担任职务时一样。

文庆对宫廷礼仪，以及对御教的传统尊重，表现出一种奇怪的无知，他发现光绪皇帝允许同文学院的两名临时导师坐在他面前，"而其他人，甚至是王公贵族，都必须跪拜"。皇帝的导师总是享有坐的特权——如前面章节所描述的，他们只有在庄严的场合才行磕头礼——光绪允许导师们这样，只是遵守旧俗而已。

也许几乎没必要去说明，在中国，人们期望学生（帝王和其他人）对老师表现出极端的尊敬，这不是一种单方面的义务，就像臣民对国君应尽的忠诚一样。老师的职责就是要以这样的方式让他的学生长大后成为一个儒家的绅士，这意味着他将成为一个成熟的学者，可敬、谦虚、真诚、值得信赖、对朋友和敌人都宽宏大量。对学生不尽职责的教师和治理国家不力的统治者一样，都不值得尊敬。"应给予孩子最大的尊重"，早在这条原则传到罗马人的耳朵里之前，就被儒家老师用几乎同样的话来阐述过了。

我被任命为皇帝的英语教师，这是史无前例的事儿，在宫廷里引起了不小的骚动。皇室和内务府的保守派成员强烈反对任命一名外籍家庭教师。当然，他们担心年轻的宣统皇帝会逐渐接受过于"时髦"的人生观，可能会受到西方的影响，以至于不满足宫廷的现状。必须承认，他们在最后方面的担心是有充分理由的。当民国总统徐世昌和一两位比较开明的亲王（如载涛）带来的压力变得太大而难以克服时，他们试图达成妥协。英国人不能被授予帝王导师的爵位或头衔，这种爵位或头衔远远超过一个普通的"洋鬼子"所能合理期望的。英国人的目的只能是教授英语，而不是企图获得那些给予帝国导师在政策问题上出谋献策的特权。他只是一个没有官阶的英国籍帝师，被认为是内务府的雇员，听从监查官的指示。朝廷中一些有影响力的人士提出了相反的观点，他们坚持认为皇帝的外籍导师应该与中国导师享有同等的地位；任何其他安排在实践中都是行不通的，而且可能会冒犯已同意任命其国民的外国政府。

当我进入紫禁城的时候，争论还在继续，不用说，我并不想参与其中；事实上，几个月来，我都不知道有人对我的地位产生了意见分歧。

从一开始，我就受到了东方人的礼遇和体贴，不仅受到了我的学生本人（我很快与他建立了最友好的关系）的款待，而且还受到了我接触过的各种皇室成员的款待。我的第一次争吵是和太监们，他们要求一名新任命的朝廷成员在他们的同僚中分配酬金，我的回答使他们惊愕。我同意支付索赔的金额，但条件是他们要给我正式收据。由于他们的要求是未经授权的，而他们又不愿提供书面证据来证明他们提出了该要求，所以，这一要求立即被撤回了。

不久之后，关于我地位的争议变成了反对保守党的争论，结果我被认可为"帝师"，拥有那个职位的所有尊严和特权。起初，唯一授予我的特权是坐着双人轿子进入紫禁城的权利；轿子和轿夫都是宫廷当局给我预备的。然而，几个月后，我就被安排在九等官衔的第二位，穿上了"貂皮袍"。过了一段时间，在1922年，溥仪大婚时，我被提升到第一官阶，也因此成了最高级别的中国政界要员。

除了荣誉之外，皇帝还时不时地赠送其他种类的礼物给他的所有导师，也包括我。在每一个重大节日的前夕，他都要送钱作为礼物，为此，我们要在乾清宫当众"叩谢隆恩"。其他礼物，如瓷器、书籍、图画、玉器和其他皇家收藏的东西，偶尔也会由皇帝亲自赠送，仅仅作为善意的象征。有时，皇家遗孀们也会送些水果和蛋糕来。由于宫里送礼者的到来常常会在受礼者家附近引起骚动，此类事件过去常常被中国媒体报道。例如，我面前有一段摘自《北京时报》的一段话，翻译成白话文如下：

> 据报道，瑾贵妃担心英国籍帝师庄士敦会因为在毓庆宫的劳动而导致喉咙干涩，于是送给他一份特别的礼物，几磅人参和西洋参。这是一种特殊的恩惠。

现在，我得说说我在御书房里的同事们了。1919年，我第一次进入紫禁城的时候，他们只有四个人，三个是汉族人，一个是满族人。首先要提到的是一个我从未见过的人。我去的时候，他病得很重，已经半身瘫痪了。年底的时候，他就去世了。他是广东人，名叫梁鼎芬。

把广州称为革命者的温床，这是很常见的事。的确，过去在那里爆发过许多革命，将来也可能在那里爆发革命。外国人（无论在中国境内还是境外）不太清楚的是，广州也是许多最强大的保守派，以及最忠诚的保皇派和君主立宪派的故乡。大多数人会对此现象感到惊讶，如果他们得知没落王朝的亲密朋友中有多少广东人，就会确信君主制的总体原则（尤其是满族家庭）过去是——现在也是——对所有广州人的诅咒。梁鼎芬就是其中的典型人物。

1880年，他参加传统的科举考试，考中了进士，后任湖北省按察使。在本书开头所描述的1898年事件之前，他因为直言不讳地谈到某些亲王和朝廷官员的缺点而触怒了"老佛爷"。如果没有张之洞这位有权有势的庇护者和保护人，他早就受到严厉的惩罚。他是康有为的朋友，被皇太后怀疑是1898年"密谋"反对她的人之一，但实际上他过于保守，不赞成康有为的自由化政策，反而对其进行了抨击。辛亥革命后，他请求黎元洪脱离他的共和派同僚，恢复王朝。当他的恳求失败后，他去了"西陵"，跪倒在已故皇帝的墓前哭泣。后来，在陈宝琛的推荐下，他被任命为负责修建已故皇帝陵墓的大臣。不久之后，陆润庠（1911年任命的三位帝师之一）去世，梁鼎芬接任。中国学者很难成为公认的诗人，除非他能够用诗歌优雅地表达自己。他的诗作以晚唐诗与唐宋词为范本，具有沉郁的忧郁和超脱尘世的精神。

  江水不可涸，
  我泪不可干。

这远非梁鼎芬诗歌的一个样本，但它表明梁鼎芬的"缪斯女神"不善于逗乐。与其说她是一个快乐女神，不如说她是哀思惆怅的忧郁女神，她自我表达的产物更可能是《沉思颂》而非《欢乐颂》。

他在一首自传体诗歌中告诉我们，他是如何在3岁时开始学习的，他的母亲是如何成为他的第一个老师的，他是如何意识到自己并不总是为母亲的教学增光添彩。但他说，在他的童年时代，高级官员和著名学者经常光顾他父亲的屋子。虽然他听不懂很多东西，但当时他喜欢听他最感兴趣的两个话题——诗歌和剑术。在他还很小的时候，他母亲就去世了，这是他第一次感到巨大的悲痛。他的父亲是政府官员，把他抚养得很好。父亲强调自律和自尊的重要性，并让他牢记一条原则——如果要在死亡和耻辱之间做出选择，他应该选择前者。

也许1917年夏天，当考验来临的时候，他的脑海中就浮现出了父母的忠告。

他去世的时候，我听到他的朝廷同僚们谈论他在复辟时期表现出的勇气和忠诚。当皇宫发生战斗时，梁鼎芬照例去侍奉他的皇帝学生，风雨无阻！为了到达宫殿大门，他不得不坐着小马车穿过满是散兵游勇的街道。当危险指向他时，他拒绝留在家中，也不肯回头。当他到达煤山对面的大门时，他发现他的官轿像往常一样在等着他，但是轿夫们恳请他不要进宫，因为敌对双方军队正在宫殿屋顶上交火，这时候穿过露天庭院是很危险的。他下了马车，坐上轿子，吩咐轿夫立刻把他带到毓庆宫。他们极不情愿地服从命令——丝毫没有怀疑他的安全和他们自己的安全——他们刚走了一小段路，步枪子弹就打在了他们旁边的一堵墙上，如阵雨般的砖块和灰泥碎片砸在了轿子上。轿夫们恳求他让他们把他抬进一间偏殿里躲起来，直到交火结束。他只是重复着一句回答："不可误差事，不可误差事。"（意为：我的职责不容忽视）于是，他们有了服从他的勇气。如果他为了自己的安全而未能遵守与他的皇帝主子兼学生的约定，那将是一种比死亡更糟糕的耻辱。我们可以推测，那天的功课做得不多，但不是因为帝师没能如约而至。

下面是他的诗歌《暮过丛塚间》，我的笨拙渲染可能无法体现它的温婉优雅。

白杨团夕阴，日收忽见火。
飘燐逐人衣，但行不可坐。
世间惟二美，豪杰与婀娜。
堂堂百年驶，累累一土裹。
无限未来人，或有当初我。
何不去学仙，微尘乃轻堕。

最后两行的暗指是山居圣人的艺术——他修炼身心的纯洁，以露水和仙境中精选的奇异药草为食，从一切物质的纠缠中解脱出来，脱离了普通人类的一切时空条件。

现在，梁鼎芬自己也许已经变成了一道盘旋的幽灵之光，让他匆忙穿过墓地时激动不已。如果他的梦想能实现，如果他能像从前那样，在无数未出生的生命中重新投胎，那对他的国家是有好处的。如今的中国倾向于轻视像梁鼎芬这样的人，但不可能亏待他们。

他死后，民国时期的老同事徐世昌派人到他家参加丧礼，并赠送了1000美元的丧葬费。他的皇帝学生宣统也是这样，送了更大的礼物，追谥他"文忠"。

我的资深同事陈宝琛拥有"太保"的尊贵头衔，后来又晋升为"太傅"，他在全国享有盛名。1919年，他约72岁，是一位风度翩翩、身心强健的著名诗人，而且书法精湛，还是一位造诣颇深的学者。他是中国南方福建省的人，当他用福建方言和老乡交谈时，我听不懂他在说什么，但他的北京话讲得几乎十全十美。

溥仪老师陈宝琛
（摄于1925年）

他年轻时的才华为他开创了辉煌的官场生涯。他于1868年考中进士，并迅速晋升官阶，直至像梁鼎芬一样，遭到皇太后的冷遇。他被迫辞官隐居（名义上是为了给亡母守孝），这使他能够投入20多年的时间去从事可能是自然赋予他的追求——诗歌、书法、学问。他有两所幽静的山屋，其中一所是我所熟悉的，就在福州附近的鼓山，他在那里过着书香隐逸的幸福生活。他的文人朋友和官员朋友时不时地来拜访他，他们一起"秉烛夜谈"，畅谈诗词歌赋一直到深夜。他"对云彩和溪流充满了向往"，他的很多诗歌都在很大程度上表达了那种渴望。

1908年，慈禧太后去世，导致他不情愿地重返官场，并被任命为山西巡抚。然而，不久之后，朝廷认为皇帝已经到了该接受教育的年纪了（尽管只有5岁），当摄政王（或者更确切地说，隆裕太后）聘请他担任皇帝的老师时，他终于可以卸任巡抚职务而优先接受帝师荣誉了。同时任命的帝师还有两位学者，一位是陆润庠，另一位是伊克坦。关于后者，我们一会儿再介绍。陆润庠，像他的著名而不幸的前任翁同龢一样，是一个状元——也就是说，在旧有的考试制度下，他是一个中国人所能获得的最高学术荣誉。正如我们所见，他死后，其官位由梁鼎芬接任。

不必说，1911年，陈宝琛及其同人们的导师职责并不是很艰巨。但他作为高级导师的地位，绝不等同于一个保姆式家庭教师，因为他凭借这一地位成了内廷的亲密成员，有资格为国家事务提供咨询。然而，他与1912年的革命和解没有任何关系。

当我成为他的同僚时，他已在朝廷任职近8年，见证了他的皇帝学生从6岁到14岁的成长历程。如果说我无法立志成为他在中国学术领域的一个合适的伴侣，那么，我俩对高山的热爱，很快驱使我们察觉到彼此之间的共鸣之纽带。在我们一起供职于紫禁城的那些年里，他的年龄并没有妨碍我俩一起去看附近一些美丽的风景，虽然登山的时候，他坐着轻便山轿，真正分担攀爬重任的人是他的轿夫们。我们最喜欢去的地方之一是西山的一个偏远山谷，由于徐世昌总统的仁慈，我在那里获得了一个休息寓所（樱桃谷），那里有许多神龛，其中有一座供奉未知之神的寺庙。陈宝琛用一首诗来纪念他第一次来到这个美丽仙境的情怀（那是在1920年的中秋月圆之时），下面是这首诗的原版复制品。这是他艺术水平的一个例证，可以证明他的书法艺术在中国首屈一指。我得补充一句，他的书法微妙精巧，并呈现出相当雅致的多元化（明显有别于他的两个朋友——康有为和郑孝胥），在西方人看来，这种风格非常符合陈宝琛的气质，我的一些"现代派"中国朋友发现，他的书法缺乏活力和强烈的意志力，他们说，这一定植根于作者的性格。

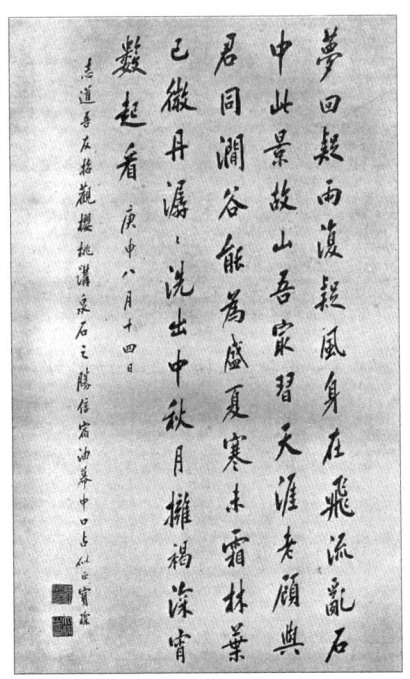

太保兼帝师陈宝琛给庄士敦的亲笔题诗

事实上，我发现他有一个缺点，那就是革命后他没有做出足够的努力去推动皇室事务管理的改革。他知道巨大的罪恶是存在的，他并不尽他的权势所能去铲除这些罪恶。然而，如果一个人在晚年仅仅出于对君主的忠诚和儒家原则的动机，就牺牲了他在自己家乡深爱的山川之间享受了20年的幸福和恬静，那么，他在这方面的一切失败也是情有可原的。

我的另一个同事是朱益藩，江西人，大约比陈宝琛小10岁。他在早期职业生涯中，曾经以侍读就职于翰林院，这是他文学和学术成就卓越的标志。1903年任陕西学政，1906年出任山东提学使，1907年调任宗人府府丞。我认识他时，他已当了4年帝师。尽管他在北京上流社会很受欢迎，但在我看来，他似乎缺乏那位资深同事那样的个人魅力，而且，他只会说家乡话，这也是导致我俩的关系不如我和其他两位同事之间关系升温快速的原因之一。尽管如此，我还是佩服他在维护中国旧秩序方面的坦率和真诚。他坦言说，自己对西方文明没什么兴趣。他的生理年龄比陈宝琛小，但心理年龄属于"老前辈"。他对改革完全缺乏热情，这使他对紫禁城的腐败和陋习非常宽容。我一再努力，想让他看清这些罪恶，明白内务府急需彻底改组，但他却无动于衷。他还是宦官制度强有力的支持者。自2000多年前的东周以来，宫中就有了太监[1]，在他看来，这足以成为他们在20世纪的中国受雇的理由。

朱益藩对中医药疗法有着浓厚的兴趣，对西方医学的优越性持怀疑态度。他期望获得运用自己医学知识的机会，虽然宫廷里也有一些御医，但朱益藩被允许兼任导师和御医的职责。当皇帝身体不适时，宫里头总是首先召朱益藩入宫"看御脉"。

他的理论之一是，不应该鼓励我们的皇室学生进行任何形式的剧烈体育锻炼，一方面是因为举止得体的皇帝应该时刻保持庄严肃穆的风度，另一方面是因为所有人（包括皇帝）都拥有无法补充的固定的生命能量储备。如果这种能量在年轻时被剧烈的体力活动所消耗，其必然的结果就是早衰和死亡。一个人在年轻

---

[1] 关于太监的起源，据专家考证，殷商就有"寺人"，这是古代宫内供使令的小臣，东汉后专指宦官、内监。春秋时期，齐桓公身边的宦官竖刁是历史记载中最早的中国太监，距今已有约2700年。——译者注

时利用最初储存的生命能量越少,到老年时保持的活力就越多。朱益藩把这一学说运用到我们的皇帝学生身上,他曾坚持说,我们有理由阻止他沉迷于那些愚蠢的户外运动和游戏,因为这是把愚蠢的外国人送进坟墓的罪魁祸首。我竭尽全力反驳他的理论,并公开煽动皇帝陛下置之不理——最终还是取得了少许成功。然而,如果一位美国著名生物学家的说法是正确的,那么,也许朱益藩的理论中还有我所不知道的东西。据报道,这位生物学家宣称,某些动物的寿命与"生存的速率——也就是能量消耗的速率——成反比"。他把生命力比作"一只莱顿瓶的电势能",并说昆虫和人类的高死亡率与生命的高能量消耗有关。《泰晤士报》最近引起了人们对这一理论的关注,它试图温馨提示那些积极锻炼身体的读者,上帝所爱的人往往会英年早逝。

我说过,伊克坦是首批被任命为宣统皇帝导师的三个人之一,他是满族人。分配给他的任务是教满语,或者更确切地说,就是不要让皇帝在完全不懂祖先母语的情况下长大。如果说他的个性有没有什么特别的地方,那就是他性格开朗、性情温和,无论是在皇宫里,还是在其他地方,都很受欢迎。我不知道他对祖先的语言是否有深刻的了解,但我认为,他说北京话比说满语更流畅。据我判断,皇帝的满语课程并没有得到很好的重视,虽然他学会了一点满语,也写得相当好,但他从来没有成为一名优秀的满语学者。伊克坦去世后,没有人接替他当满族老师,皇帝自己也宣布,英语从此成为满族宫廷的第二语言。

伊克坦死于1922年9月26日,就在他的皇帝学生婚礼前不久,他曾非常希望在有生之年亲眼看见皇帝结婚。皇帝生性冲动,也信守传统,因此在这位恩师去世之前去探望了他。在一两名侍从的陪同下,他乘汽车去了伊克坦的府邸,下午两点半钟到了。他的意识刚刚清醒,便努力低下头,表示自己认出了皇帝主子。到了7点,他就死了。这是皇帝第一次走出紫禁城——除了探望弥留之际的母亲(醇亲王嫡福晋)三四次。一年后,他颁布了一道诏书,并适时发表在宫门抄上——歌颂伊克坦的美德,赐其谥号"文直",并追封其"少保"头衔。诏书还说,一位亲王被派去代表皇帝参加葬礼,并赠送3000美元的御礼作为费用。此外,这位已故导师的一个儿子因其父亲的忠诚服务而被任命为朝廷大臣。

第十三章　暮色城池

1919年3月3日，我第一次进入紫禁城，穿过气势恢宏的神勇之门，迈进了一个新世界。迈过这道门，我不仅从共和制走向了君主制度，还从20世纪的崭新中国，走向了罗马建立之前的古老中国。在那道门的外面，坐落着一座拥有百万人口的城市，它带着新的希望和理想在悸动——其中许多永远也无法实现（也许反而是幸事）；这座城市在努力使自己与时俱进，使自己不愧为大民主国家的首都；这座城市有一所大学，里面挤满了急切的学生，他们鲁莽急躁地将现代科学、哲学，连同世界语和卡尔·马克思的著作放在了最近被儒家传统圣人占据的地方；在这座城市里，可见内阁大臣们身穿晨礼服、头戴高礼帽参加总统茶话会；这座城市的议会还没有产生"皮特们"和"格莱斯顿们"[1]，但已经为自己配备了"行走的墨水瓶"[2]，并希望有朝一日拥有一位经过正式选举产生的议长——这个希望也永远不会实现。

在同一扇门的内侧，可以看到坐轿子的人，他们的轿子上戴着庄严的官徽，饰有红宝石和珊瑚纽扣，他们的官帽上插着孔雀羽毛，丝绸长外衣的前襟上挂着白鹤和金鸡；高级朝廷官员身着宽松的貂皮长袍，并佩戴一簇白毛（从黑貂的脖子上割下的皮毛），表明此人已获得了君主的青睐；年轻的贵族和侍从们骑在马上，宽松的刺绣礼服遮住了马鞍和马镫；太监们穿着各自的制服，恭恭敬敬地立正行礼；穿着长衣的苏拉（宫中杂役）正等待着，准备帮助这些大人物走出轿

---

[1] 皮特即英国政治家父子威廉姆斯皮特，格莱斯顿也是英国政治家，在这里他们都泛指议员和政客。——译者注
[2] 比喻舞文弄墨。——译者注

子，或者扶着他们从小马上下来，把他们领到休憩室，那里必定会有人毕恭毕敬地给他们端茶奉水；内务府的官员们正在仔细地审查被允许接见的人的名单；最后，养心殿的一间内室里有一个13岁的男孩，他身材苗条，举止文雅，衣着朴素，也许他就是世界上最古老宝座的最后一位主人——"天子""万岁爷"。即使相隔不远，同处一个时代，紫禁城内外却是两个世界，看上去好像相差几个时代。

神武门（紫禁城北门）

皇帝被称为"皇上"，意为"帝国之尊、天皇陛下"。当皇帝不在时，"内廷"成员也用同样的词来称呼他，但在帝师和高级官员中，同样常见的表达是"上头"，意指他是"至高无上的人"或"坐在宝座上的人"。太监们更常用的称呼是"万岁爷"，这也是宫仆（太监或苏拉）被派往帝师和其他朝廷官员家里传达皇室礼物或圣旨时使用的术语。

在紫禁城里，人们仍然遵守农历纪年，以及其他无数的旧中国传统习俗。也许，较之保留农历，更值得一提的是，皇帝的年号还在继续使用。紫禁城里的1919年，就是紫禁城外的民国八年。但对于有权进出神武门的所有人来说，这一年就是宣统十一年。

据说，在1000多年前的唐朝首次发行著名的宫门抄，革命之后，继续在紫禁城发行——虽然是超级简略的迷你版。然而，由于发行量仅限于内廷成员（那些拥有阅读权的人），发行的数量非常少，因此每一份都是手写报。作为"世界上最古老的报纸"，其中一期被原版复制下来（如下图所示）。它的日期是宣统十四年的正月初一和初二（1922年1月28日和29日），由于这是一个节日，日期写在了一张红纸上。它宣布，各种官员（包括一位共和派将军王怀庆，以及他的一些手下），已经收到了许多礼物形式的皇家馈赠，并已适时答谢；某些蒙古王子、喇嘛教大活佛（呼图克图）以及喇嘛得到了普遍认可，并以佛像和哈达的形式献上贡品。

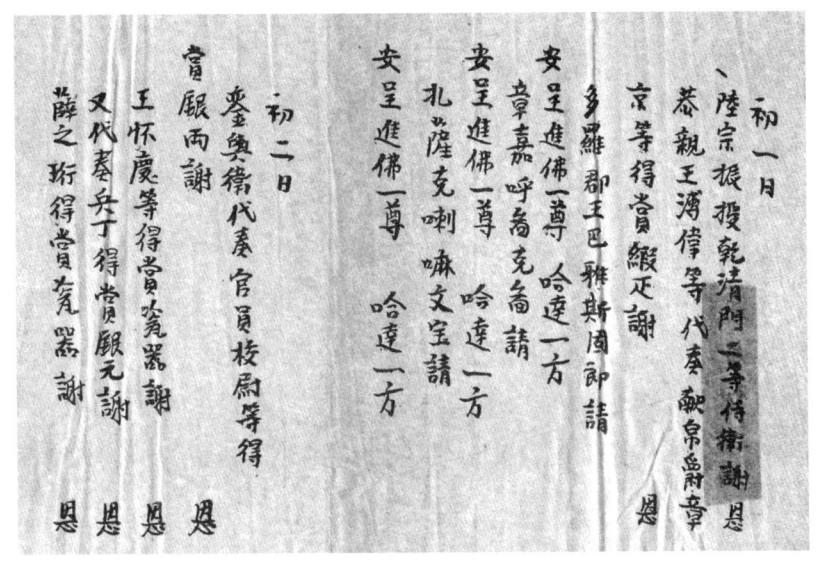

宫门抄

在皇帝还在统治的年代，这种公报（名曰"京报"或"宫门抄"）载有重要的诏书和法令、高级官员的官衔和降级名单、大臣和其他官员的纪念章，以及纯官方性质的杂项信息。确切地说，它不是一份报纸，因为它没有一般新闻，也没有社论，更不用说满族朝廷"暮年"时期出版的这份微型报纸了，哪有资格被誉为"报纸"呢。不过，它也包罗万象——得到普遍认可的人员姓名，关于经常举行的宫廷节日和活动的通知，有关授予在世和已故的皇室仆人的荣誉公告，皇帝颁布的管理紫禁城事务的法令和诏书，以及分配给亲王和其他人与宗教仪式有关的职责。

以下是一两则典型公告的译文:

礼仪主事奉告,恭肃皇贵妃(已经去世)的神案设立仪式的时间为十一月二十日辰时。另外,请皇帝明示,依据传统应在十一月二十四日的祭天仪式如何举行。皇帝上谕:祭祀典礼由增沛负责。

这份公告指的是过去由皇帝亲自在天坛前举行的著名仪式。革命后,祭坛上的仪式被取消了(正如我们所见,袁世凯在即位前夕恢复了这种仪式),但它仍在紫禁城内部小规模地维持着,由一名皇族成员代表皇帝执行。

内务府奉告,请皇帝明示宫中冬衣换装的日子。皇帝上谕:三月二十八日[1]。

这位少年皇帝一向喜欢简朴,他的礼服很少给他带来乐趣,幸运的是,他不得不穿这些衣服的场合很少。这些盛大典礼需要严格按照流传了数个世纪的仪式进行,因为满族君主一直小心翼翼地维持着神圣不可侵犯的古老习俗仪式。排除一些相对无关紧要的细节,如使用满族语言进行某些仪式和命令,以及穿着满族官方服装——如果前朝的君主们回来看看他们在尘世的辉煌,他们的鬼魂就不会被困扰和惊吓了。

关于维护古老的宗教仪式,上文中已经介绍过了。但在紫禁城仍然进行的最壮观的宫廷仪式是在皇帝生日和新年举行的。五月初五(外国人通常称之为"龙舟节或端午节"——在北方被叫错了,本名为"端五节")和八月十五(中秋节)也会举行类似的仪式,但性质没么复杂。紫禁城里的所有日期都是阴历(因此使用了"月亮"一词),尽管民国正式废除了阴历纪年,但是,宫廷里始终根据阴历办事,事实上,尽管官方一再努力进行压制,中国人民仍然普遍遵守阴历,过去是这样,现在也是这样。满族朝廷一年只注意一次公历。那是在西方新年(元旦)的时候。事实上,这一天在紫禁城里悄然而过,只是皇帝在当天委

---

[1] 即1922年4月22日。——译者注

托一位满族亲王向民国总统致以亲切的问候。这种礼遇得到了总统的回报，他定期派出一名幕僚（通常是总统府的司仪），在皇帝生日时向他致以良好的祝愿。这种宴会出现在皇宫与总统府都已举办了正式仪式之后，副手会在宴会上就座，还设有礼物赠送与接收环节。皇帝的生日在宫廷里通常被称为"万寿圣辰"，"万"的字面意思是一万，用来表示无限大的数；"寿"代表长寿；"圣辰"表示纪念皇帝诞辰。这四个汉字合在一起，可以看成是"万岁爷的圣诞"之意。

当天的主要仪式在大殿和乾清宫前的方庭举行。在周年纪念日的清晨，皇帝或其亲王副手所要履行的首要职责就是对着威严祖先们的灵位正式宣布当朝皇帝生辰。这种仪式的举行地点是奉先殿（祭祀祖先的礼拜堂）。

清晨8点，亲王、帝师、内务府首席官员和其他朝廷命官已经乘坐轿子或马车进入紫禁城，穿着礼服聚集在懋勤殿和其他通往乾清宫方庭的建筑物里。大元帅和他的随从，以及一队宫廷乐师，在皇宫大殿前的大理石台上就位，那里为他们提供了茶点。较小的官员和其他人有权参加仪式，但不能像其上级那样靠近王座，他们聚集在通向方庭的主通道南面的空地上。

乐师们穿着深红色的衣服，站在乐器前面，乐器被挂在木框架上，或者为了这个场合而立在宝座大厅窗前的大理石台上。这些乐器包括：钟、锣等，各种各样的鼓、响石、编钟、碗锣、舌钟和云锣。它们只用于演奏古老的仪式音乐，比如在中国这类庄严的仪式上，或者在孔庙定期举行的同样庄严的仪式上。然而，宫廷里演奏的礼乐，却没有缓慢而高雅的"舞蹈"（颇有姿态），也没有庄严地挥舞孔雀羽毛，这些都是儒家礼仪的显著特色。

两千多年前，中国哲学家荀子说过："修宪命，审诛赏，禁淫声，以时顺修，使夷俗邪音不敢乱雅，太师之事也。"

这一训诫（重申了孔子的类似言论）几个世纪以来一直被人们关注，尽管现代礼乐与儒家时代的礼乐之间是否有相似之处令人怀疑。

简短的圣歌伴随着一种或多种乐器的敲击，给这种极其简单却给人深刻印象的仪式烙上了印记。一把绣有华丽图案的华盖（帝王车驾的伞形顶盖），临时放在了皇宫大殿的中门外，这是向所有官员发出的信号，让他们离开休憩室，在长长的白色堤道上按照自己的等级，自动排列在大理石制成且雕刻精美的高贵栏杆旁边。这些栏杆占据了大方庭的中央地带，与皇宫大殿前稍高一点的露台呈直角。皇族亲王登上了高阶地。其他的人——前面是帝师们——都在低阶地上站定。

接着，又唱了一段简短的圣歌和几小节音乐，随后，华盖被掀开并放在了敞开的门口中央，成为一道屏风，挡住了皇宫大殿的内部，就连皇帝身边的亲王也看不见。这是"升殿"的时刻——皇帝驾到，并登上了金龙宝座。即使在门前没有障碍物的情况下，从大方庭也只能隐隐约约地看到王座。由于华盖的遮蔽，人们既看不见王座，也看不见王座上的主人。坐在龙椅上的天子是如此神圣，以至于凡人的眼睛都无法凝视——稍后将注意到某些例外情况——其实让凝视变得不可能的就是那块帘子——华盖。

音乐的节奏改变了，这就向那些能听懂的人宣告，皇帝就在王座之上。那些对这种音乐感到神秘的人，从华盖升起的时候就知道皇帝在里面了。不然也猜不到，因为没有西方国家那样的国家游行特点，看不到君主坐在敞篷马车上向他的忠顺臣民左右鞠躬的景象。皇帝从他自己的宫殿通过大厅后面的一个隐形入口登上王座，在他的大轿子旁边走着的，只有一个宫内侍从和四个现场太监。当皇帝登上宝座时，只有他们在大厅里，并一直陪伴着皇帝完成一整场仪式。

片刻的停顿之后，又是一小段音乐。其中一个亲王从高阶地上的人群中走出来，从一个侧门进入大厅，那扇门敞开着，就是让他通过的。他就是醇亲王，也就是皇帝的父亲。过了一两分钟，他又出来了，按照仪式上规定的方式向皇帝致意。

仪式规定，在这种情况下，亲王应该双手捧着一根黑檀如意走向王座，此物象征着美好的祝愿，意味着众所周知的中国祝福语"如意"。外国人常把这如意形容为"权杖"，并认为它是权威的象征。然而，事实上，它（至少在现代）仅仅被看作一种礼貌问候的实物标配。"如意"的意思是"符合心意"，是"祝你幸福、平安、富足"的简化表达。

当醇亲王踏上云龙浮雕旁的台阶时，皇帝便起身，从醇亲王手中接过象征物。然后，亲王鞠了一躬，退下去，皇帝重新回到了王座上，双方都没有说话。

这个小仪式的意义是，因为醇亲王是皇帝的父亲，他不可能下跪，因为中国的孝道不允许儿子凌驾于自己的父亲之上。另一方面，皇上从来没有称呼过醇亲王"父亲"，而是叫他"王爷殿下"。这是因为当皇帝被指定为法定继承人时，他已然成为叔叔德宗（光绪皇帝）的养子和继承人。醇亲王和皇帝之间的关系,严格来说,已经不再是父子关系了。醇亲王现在的继承人不是他的长子(皇帝),而是他的次子溥杰,而且在正常情况下,后者将继承王爷之位。然而,无论是在公开场合还是私下里,都不可能忽视这样一个事实,即醇亲王确实是皇帝的父亲,因此,醇亲王享有特权,是皇室家族中唯一不向皇帝下跪的男性成员。然而,有几个女人却享有同样的特权,即四位皇太妃(因为她们是当今皇帝两位前任的遗孀)和他自己的母亲醇亲王嫡福晋。

醇亲王向皇帝致敬后,就轮到其他亲王在皇宫大殿外的高阶地上排队拜见皇帝了。大司仪一声令下,沉默、顺从的亲王们跪下来,连续三次把手放在地上,用头碰触地面——磕头。然后,他们站起身来,又听到一声命令,让他们再次跪下,这是在重复"三拜"之礼。最后也是第三次,再行"三拜"之礼。

将"三拜"重复三次,磕头九次,这就是"九叩"之礼。然后,大声喊出"谢恩",之后,还得立即再行"三拜"之礼。第一次"九叩"是亲王向君主的新年或生日问候——默默祝福,不说话。第二次行礼是为了表示对礼物(金钱、瓷器或玉器)的认可和感激,按照惯例,皇帝在每年重大的节日里都会向亲王和高官们赠送礼物。这些礼物已经在典礼前一天分发给了受礼者们。

亲王们完成了他们的职责,接下来轮到皇帝的老师、内务府的高级官员,以及官阶在二品之上的官员。他们的敬拜与亲王们完全一样。在跪下来之前,他们"眼看前方",身体沿着堤道慢慢向前移动。这种缓慢移向王座的动作是典礼仪式中必不可少且令人印象深刻的一部分。

有一些参加典礼的人,曾经在皇帝手下任高级官员,现在接受了国民职位。他们中的一些人每年至少从遥远的省份来一次,以获得向他们仍然忠诚的君主表达敬意的荣幸。他们穿着当年的朝服。这套服装连同旧的清"九级官制",已经被民国废除了,这是在祭奠他们的新神——现代化之神。

正如一位研究中国事务且有思想深度的作家所说:"在一段时间内,这些自称为共和主义者的人可能会满足于看到世上最美丽的无字之歌《天坛》被忽视、被遗弃、被污化;他们可能会看到它穿双排扣大衣和高顶礼帽,而不是人类设计的最高贵和最具装饰性的服装;但可以肯定的是,不久之后,他们——或其他在这个位置上的人——将会被迫恢复古老的信仰和方式。"

我很赞同这些话,乾清宫一年一度的盛大庆典上闪耀着和谐的色彩,而我不得不承认，我自己就是五彩缤纷中的一个黑点，这是一件可怕的事情。当然，汉族人和满族人都穿着华丽的官服。由于元旦和皇帝生日这两大典礼都在寒冷的天气中举行，官员们都穿上了冬装。那些被授予穿上貂皮斗篷并戴上与之相配的貂皮前帽的人，自然会这样做。我当上帝师后不久，就被授予了这个荣誉。然而，如果我在宫廷活动中穿了这件斗篷，那就几乎逃不掉跟同事们一起磕头的礼仪了。我的一些欧洲朋友（也许是想到了一首诗，诗中讲述了一个英国士兵宁死也不愿执行这种仪式）听到我说，如果我确信我可以像我的皇宫同僚一样优雅地叩头，他们会感到震惊。对于"磕头"这种事儿，我是丝毫不反对的，曾几何时，它是中国各阶层人民的习惯，他们绝不认为这是一种耻辱。但是，要像汉族人和满族人那样自然地从容优雅地磕头，对于一般没有受过训练的欧洲人来说，几乎是不可能的，即使让他扔掉完全不合适的本族服装，换上中国人的宽松下垂的衣裳，也不能游刃有余地磕头。因此，我很高兴地发现，即使我已经得到了貂皮大衣，并获得了穿着华丽的刺绣服装的最高级官员的权利，也没人指望我和我的帝师同事以及其他宫廷官员一起"表演"磕头。同样令人高兴的是，我发现，在宫廷仪式的华丽色彩上，我不是唯一的黑点，因为还有一个黑点——民国总统的代表。我和他是仅有的穿着欧式晨礼服参加仪式的人。

皇帝生日那天，乾清宫的大殿前

幸运的是，这两个黑点并没有引人注目到足以严重破坏整个礼仪过程，因为我们留在了大方庭的一边，远离了参加仪式的其他参与者，直到穿着貂皮长袍的王公贵族们完成了他们的那部分仪式。然后，我们被分别召进了皇宫大殿，在那里我们只需要鞠躬三次就可以。就我个人而言，因为我每次都是皇家赠礼的接收者，所以要重复"三鞠躬"。当我鞠躬时，皇帝坐在他的王座上一动不动。礼仪规定，他不应该说话或微笑，也不应该点头或挥手来答谢朝臣们的敬意。在敬礼的人当中，皇帝唯一可以回应的人就是他的父亲。

除了两个黑点，还有一些灰点，因为参加仪式的不仅有总统的官方代表，还有6个左右穿制服的高级军官，他们虽然是民国公仆，却已经准备好并急于向其前君主表示敬意。作为一种特殊的礼貌，他们也被允许进入皇宫大殿的内部，也许这是幸运的，因为他们对西方军服的拙劣模仿，不能很好地与貂皮斗篷和丝绸刺绣相协调。从古代传统的观点来看，他们的制服也会破坏仪式，因为中国的皇帝是世界上为数不多的必须摒弃军衔装饰的伟大君主之一，他坐上王座时从不穿战服或佩剑。任何倾向于美化战争的东西都不符合中国的王权理论，也完全不符合宫廷音乐和仪式背后的原则。[1]

在方庭的大理石台阶上，高级官员们对着被华盖屏蔽的王座下拜，同时，大门南边的矩形空地上的低级官员和其他人也以同样的方式下拜。命令是站在门口的传令官向他们发出的，因为他们离得太远，看不见也听不见上面的方庭里正在发生的事情。这群人包括了皇宫里所有的下属。在过去的日子里，它包括了大量二品以下的官员。

当大司仪宣布仪式结束时，乐师们最后一次敲击乐器，发出的声音暗示着皇帝陛下从王座上下来了。撤掉华盖是他离开皇宫大殿的标志。

他一回到自己的养心殿，就急忙摆脱了皇室的一切外在象征，接待了那些应邀非正式拜访他的皇室成员和其他人。通常，一场精心准备的宴会会接踵而至，但宴会是在皇帝自己的住处或皇家园林的一个亭子里举行的，而不是在那座皇宫

---

[1] 满族是一个好战的民族，至少在他们成为中国皇族之前，在正式场合也会佩剑。1923年，皇帝向我展示了一把古老的国剑，据说是清军入关时带来的。这把剑并不令人印象深刻，也没有什么花哨装饰，只是剑鞘上涂着黑漆，剑刃上有一些用尖利工具刻的字，像是罗马文，但我不懂其意。据推测，这件武器后来成为1924年11月政变时被收缴的帝国财产之一，是不是不能被列入中国的传家宝呢？

大殿内。

然而，在过去，乾清宫曾是许多华丽宴会的场所，其中一些宴会在宫廷纪事年鉴中很有名。有几次，附属国的代表在这里受到了皇家的款待。1713年，伟大的康熙皇帝在这个大殿举行了盛大的宴会来庆祝他的六十大寿。他的客人有1900多名老人，是从官、民中挑选出来的。后来，乾隆大帝模仿这个先例，在他登基50周年的庆典上，也举行了类似的宴会，宴请了近4000名老人，每个老人也都得到一份皇家赠礼——"玉如意"。这件事发生在1785年。

直到1924年，我是唯一一个有幸见证并参加"黄昏"时期大型典礼的外国人。内务府强烈反对陌生人（无论中国人还是外国人）进入紫禁城，在元旦和皇帝诞辰的隆重仪式上，这种抗议更加强烈了。然而，皇帝本人并不反对接纳陌生人——事实上，他很高兴见到他们——他的婚姻发生在1922年底，那时他快17岁了，在那之后，他能够以一种前所未有的方式显示自己的权威。在1923年和1924年期间，由我介绍的外国人多次被允许进入紫禁城，但不是没有困难，不过，皇帝也能打破现有的规则，同意我的请求，允许邀请一些"洋人"来见证1924年2月5日举行的新年庆典。幸运的是，这次我成功了，因为这是最后一次举行典礼仪式。又过了一年，皇帝被赶出了紫禁城，满族宫廷的生活告一段落，"黄昏"变成了黑夜，暮色降临在紫禁城的上空。

在那个令人难忘的场合，有一位我的客人，他就是英国《每日电讯报》的著名通讯员——已故的珀西瓦尔·兰登。他对典礼进行了栩栩如生的长篇描述，并给报社发了电报，第二天就登上了《每日电讯报》。他的一句话值得引用，因为他预言了即将来临的黑暗岁月。

他说，这个典礼令人印象深刻，真是不可思议，不仅是因为仪式外表华丽，"除了哀号的音乐之外一片寂静"，还因为"在这混乱的日子里，民国时期的中国故意保留着黄丝带[1]，以便将她的现在和过去联系在一起——也许，在某个'黑暗周'，这条黄丝带突然被磨损、被撕裂，不可挽回！也许，最令人心酸的是，这场景仿佛是人类最华丽宫廷的最后回声"。

我们将看到，"黑暗周"来袭，9个月后，黄丝带突然被磨损、被撕裂！

---

[1] 黄丝带代表平安归来、接纳、关怀与协助。——译者注

第十四章　内务府

在前面的几章中，我提到了1919年我第一次进入紫禁城以及此后几年的事情。这一章将讨论君主制与共和制之间的革命妥协所带来的恶果。这种妥协将会被铭记——它剥夺了皇帝的一切政治权力，只留下一个空头衔，以及维持一个不必要且无用的朝廷这一极其昂贵而贫瘠的特权。君主政体被推翻了，而导致其被推翻的一大主要原因——昂贵而腐败的体制——却毫发无伤。

像大多数外国人和许多中国人一样，我以前认为，王朝的崩溃是由于——东方和西方的蛮族对它施加的惊人打击，东方宫廷中普遍存在的恶习和奢侈的结果，西方民主理念的涌入及其对"少年中国"毫无思想准备的破坏性影响，中国人对"异族"王朝的仇恨，以及他们心中激增的信念——统治了他们近300年的"异族"已经"耗尽了天命"。

我有机会从内部观察后革命时代的帝国体系后得出的结论是——虽然大多数事情可能在不同程度上有助于推动君主制走向灭亡，但其中最严重的是内务府的控制逐渐收紧，我曾将内务府比作吸干王朝鲜血的吸血鬼。

关于中华帝国的宫廷生活，西方作家很少提及这个强大的朝廷机构，大概是因为他们不了解朝廷内幕，勾不起他们的关注。当然，宦官制度的罪恶是臭名昭著的，经常受到外国人和中国人的谴责。然而，人们并没有充分认识到，宦官制度本身就是内务府庞大体系的一部分，而不是最强大或最危险的部分。太监其实是内务府的仆人，而不是皇帝的仆人，他们因朝廷的腐败而受到了太多的指责，远远超过了他们应得的。废除宦官制度，确实是一件非常值得期待的事情。这是我从一开始在朝廷工作就想努力实现的目标之一。起初我不明白但后来搞懂了的是，除非废除太监，或者对他们所构成的整个体制进行彻底改革，否则就不足以清除宫廷中危害皇帝及其家人的生命与福祉的"毒素"。

内务府于1898年支持反动派反对维新派；自鸣得意地（百分百满意）默许了光绪被软禁的事实；赞扬了慈禧太后与义和团结盟的行为；最后，在革命时期，又赐福于《优待条款》。内务府批准那些条款——我们有理由相信，内务府给予灵感并帮助勾勒出那些条条款款——不是因为它们将有利于皇帝的真正利益，而是因为它们是其自身继续存在和维护其自身特权的"大大堆法令"所能获得的最佳保障。

有人会问，内务府是如何影响朝廷到如此灾难性的程度的呢？它是如何获得如此强大的力量，在一场把君主制夷为平地的暴风雨中屹立不倒的呢？它的成功是不是恰恰证明了君主制已经腐朽了呢？

事实上，乍一看，似乎只有前皇帝的懈怠、无能或漠不关心才能解释为什么朝廷把权力交给了自己的仆人——这些人在上奏时卑躬屈膝地称自己为"奴才"。但这样的解释并不充分。也许，如果对皇室贵族的财政和其他物质、事务的管理方式进行一些探讨，事情就会变得更加明朗、清晰。每个亲王都有自己的地盘，他和家族成员以及一大群侍从生活在北京并拥有价值不菲的房地产，另一些人则拥有乡村房产，从中获得（或理应获得）可观的收入。担任政府职位或朝廷聘任的人士，亦同时领取薪金及额外津贴。

美中不足的是，很少有满族亲王知道他们自己财产的范围，甚至不知道自己财产的位置。他们对自己的收入没有确切的概念。每个人的事务都掌握在一个大总管的手中，他雇有自己的员工，完全控制着主子的财务事项，而且是唯一准确知道主子的收入和支出的人。如果大管家是一个诚实的人——毫无疑问，他们中的许多人都自以为是诚实的人，如果他碰巧也是个精明的生意人——尽管他很少把自己的地位归功于他的商业头脑，那么，他的亲王主子的事务可以维持在一个繁荣的状态，特别是如果家庭预算中偶尔出现的赤字能够通过官方的额外津贴或皇家的礼物来弥补的话。但即使在"诚实的人"中间，致命的压榨制度也十分猖獗。此外，中国有一种古老的习俗——富裕的官吏会给他不那么富裕的亲戚提供"饭碗"，这种习俗导致了一种毁灭性的现象——10个人只干1个人的活儿，却能拿到20个人的工资。

不过，大管家并不关心他的主子是否会沦落成穷光蛋。其实，他在他主子的财产维护中有既得利益，至少保持着表面上的富裕状态。许多亲王怀疑自己遭遇了管家的暗中打劫，却也没有办法，因为他们知道，如果开除了管家，他们自己就会陷入债务的泥沼而麻烦缠身。一般来说，只要管家在任何特定时刻提供他可能需要的现金，并在他和债权人之间起到缓冲作用，亲王主子们就不会抱怨。对于管家来说，他把荣誉——也许用"面子"这个词更好——放在第一位，他绝不会在财政困难的时候辜负自己的主子。所需的钱总是现成的，亲王既不过问也不指望别人告诉他钱是从哪里来的。

革命自然加速了满族亲王的贫困，当我在1919年认识他们时，他们中的一些人早已不再是富人了。那些依靠官方来源源不断地提供资金的人（或者其管家们所依赖的人），现在的处境十分悲惨，他们的生活部分依靠秘密出售宫廷赠送给他们或他们的祖先的艺术珍品所得。考虑到"面子"问题，他们不可能公开拍卖自己的宝物。他们获得的价格大多低得离谱，由于这种交易完全掌握在他们的管家手中，他们自己的收益份额也是由他们的管家私下敲定。

拜访其中一些亲王的"富丽堂皇的家"——或曾经富丽堂皇的家——是一种令人悲伤的经历。院子里杂草丛生，屋顶漏水，马厩空空如也，很多时候，厨房里的备用食物也少得可怜。有一位亲王，每年都会举办一两次宴会（有几次我是宴会的客人），庆祝他那棵著名的山楂树开花。我们坐在花园的露天亭子里喝酒、吃菜，有时一阵微风会把山楂花吹到我们的餐桌上。唉，那些可爱的山楂晚餐几乎是这位亲王——伟大的乾隆皇帝的第五代后裔——作为最迷人的主人之一而施展才华的唯一机会。他后来变成了一个穷光蛋，去世的时候我就在北京。他那杂乱无章的府邸也落入了外人手里。去年，我才听说那棵山楂树枯死了。

我还得说一说另一个亲王的故事，因为据我所知，那是独一无二的例子。我想，他不会因为我提到他的名字而生气的。他就是载涛亲王，是已故光绪皇帝的兄弟，也是宣统皇帝的叔叔。他很喜欢马，他曾送给我一匹马，这匹马在满族马厩里以白色的长尾巴而闻名。他不仅是一个优秀的骑手，还是一个热衷于驾驶德国汽车的人、一个聪明而活跃的人；他见识过一些外国的东西，属于这个世界上的完美男人之一。这些都是令人钦佩的品质，但他还有另一种更了不起的品质。他是皇室中唯一一个知道如何处理自己的事务并且真正这样做的人。我曾听说过这种现象，后来，我陪同他和他的长子（当时11岁）去参观位于北京以北几英里的汤山温泉附近的家族墓地,又亲眼看见了这种现象。他正在对祭祀殿和其他与陵墓相关的大厅进行大规模的修复,在公园般的围墙里,有许多工人在搬运砖块和木材。我们在大门口下车时,陵墓看管人跪下来递给他一叠文件。他把这些东西放在桌子上,然后和他的儿子一起在家族墓前下拜。这一重要任务完成后,他又去看文件,接下来,他花了一个小时仔细阅读,还做了许多注释和计算,并就价格和材料问题仔细地向承包人询问。很明显,这位皇室成员不允许他的商业事务完全由他的管家控制。

关于另一个亲王,我有一个不同的故事要讲,现在且不说出他的名字。他曾经是中国最富有的人之一,现在却很穷。他住在天津,因为在这些充满了警报和远足的日子里,他害怕他在北京的宽敞府邸被人占据。然而,他的管家住在那里,当亲王需要钱的时候,他就派人去向管家要钱,卖掉一些玉器、瓷器、珠宝、图画或其他贵重物品(大部分是皇家收藏的礼物),这些东西仍然保存在他的家庭小金库里。管家想拿多少就拿多少,想怎么处理就怎么处理,想给天津寄多少钱就寄多少钱。最近,在一位非常杰出的军事人士的命令下或默许下,共和军士兵抢劫了他的家庭小金库,这一事实无疑会加速"家庭小金库"除用于储藏财宝外的其他用途的到来。

现在控制紫禁城的制度在原则上与存在于每个满族亲王府邸的制度是相同的。内务府的官员对皇室的重要性,就像管事(管家)之于普通的满族亲王一样。甚至紫禁城的太监制度也在王府中以微缩的形式加以复制了。因为根据皇室的常规,每位亲王都有权拥有一小群太监,每个具体情况下允许拥有的太监数量由亲王的等级来决定。

既然如此,如果我们能找到一个原因,而不是仅仅因为疏忽和无能,来解释满族亲王几乎一直未能保护自己的物质利益和照顾自己的财产,那么,我们就能找到导致权力集中在内务府手中的原因,以及它所有的灾难性后果。

我认为,这样一个原因可以在中国教育方案中一个奇怪且通常被忽视的缺陷中找到。在中国的旧式学堂和科举制度中,一切都强调古典文化的学习。引用一位研究中国生活和文化的权威的话来说,"除了那些近年来受到西方教育影响的人之外,算术根本不属于小学生的功课"。他补充说,一个中国人"满足于一辈子只懂一点加减乘除的知识,就像一个七八岁的英国孩子一样"。

的确，算术在中国的学校里几乎被完全忽视了，但每一个到过中国的外国游客都知道，中国人对算盘的使用是多么的娴熟。中国的簿记员和会计师使用这个小工具的速度之快、熟练程度之高，令外国的观察者感到惊讶，如果说他们对加减乘除的知识不比一个6岁的英国孩子好，这显然是无稽之谈。然而，关键是，珠算的熟练使用是一门需要学习的技巧，若不经商，没人会学。就算那些遵循旧传统的学者们真的会打算盘，也是笨手笨脚的。他们也不为自己缺乏这方面的技能而感到羞愧，正相反，他们对此相当自豪，就像一个中国绅士为自己的长指甲感到自豪一样，这是一个明显的证据，表明他属于文人，除了摆弄筷子或练习书法艺术之外，没有必要使用手。

算盘之所以成为中国进行数值计算的通用工具，可能是因为中国的算术记数体系比较笨拙。如果是这样的话，也许算盘本身就是造成算术在教育课程中排名较低的原因；因为尽管中国店主在编造账目时，会以惊人的速度和准确性使用算盘，但事实上，算盘的操纵依然具有信号缺陷，正如H.A.贾尔斯博士所说："不能倒退回去寻找错误，每拨一次算珠，前面的数据就会消失不见。"

不管算盘是否应该受到指责，都存在一个事实——算术一直被中国的官吏们以近乎傲慢的轻蔑看待。伴随着这种蔑视，或者由此产生的结果，我们发现这一阶级有一种强烈的倾向，即认为，如果仅仅是金钱问题，那就不值得学者和绅士去关注。贾尔斯博士指出算盘固有的信号缺陷已经从算盘的工作扩展到中国人的许多其他活动，这种说法是不是不切实际呢？我们有很多理由怀疑，他们往往不能或不愿"倒退回去寻找错误"。他们似乎非常愿意默许"每拨一次算珠，前面的数据就会消失不见"。

无论如何，汉族和满族官僚阶级，从帝国的王公贵族开始，允许他们的物质利益落入管家阶层手中，主要是因为他们不会或不能学习如何进行简单的算术计算，因此不能管理自己的财政。这并不意味着他们不在乎钱：远非如此。这意味着，他们得到了钱，却不知道如何保存，也不知道如何根据收入来控制开支。如果重复刚才那位作家的引用话——他们对算术的知识和一个6岁的欧洲孩子一样多——这也不足为奇。我曾说过，满族王公府邸里盛行的制度，原则上与紫禁城里的制度是一样的。但有两个重要的区别需要强调一下。首先，王公们的管家们并不是官吏阶层的人，因此不大可能受到官吏们近乎势利的蔑视之影响，因为他们只会记账；而皇室的管家，也就是内务府的高官，而且是全国最高的官职之一。其必然结果是：内务府不但腐败而且无能。这个大部门的领导们，不是不能就是不愿意去深究账目管理和财产管理之财务方面的肮脏细节。因此，领导的部分职责被委派给了一大群下属，不管下属是否诚实，都属于一个有组织的庞大腐败体系。

王府制度与皇权制度的另一个巨大区别是，管家的活动范围仅限于一个家庭，而内务府的权力极大，它不仅是一个被委托管理皇权财产的机构，也是皇权与国家各大部门处理事务的机构。如果它仅仅是一个处理君主内部事务和在皇宫范围内管理朝廷日常事务的机构，它的活动——无论有时多么邪恶——几乎不会影响作为政治结构顶端的皇位之稳定。不幸的是，它的权力和影响并没有那么局限；它们延伸到了伟大的政治世界，并促成了中国官场生活的腐败，真是臭名昭著。内务府虽然不是六部[1]之一，但实际上是国家的重要部门之一，它与君主的密切关系使它拥有了其他部门无法企及的影响力和威信。国家军机处——皇帝的枢密院——就是在内务府的主持下举行会议，军机大臣也常常是内务府的成员。不管怎么说，他和帝国最尊贵的官员是同级的。世续是辛亥革命时期的军机大臣，这个职务一直延续到1921年他去世。世续还是内务府总管大臣，他的主要下属也都是一品或二品高官，拥有国务大臣的头衔。

在强调几乎令人难以置信的无能和严重的腐败使内务府蒙上了污点，并证明其对朝代和中国都是灾难性的同时，我想要明确区分这个制度和那些被命运（无论是好运还是坏运）置于其首位的人。这些人并不全是恶棍，即使他们中有恶棍，也可能寥寥无几。有些人（包括我将提到名字的那些人），当你在私人生活中遇到他们时，他们都是非常优秀和值得尊敬的人。内务府在与他们扯上关系之前就已经彻底腐败了。他们也许没有改善事态，但我不确定他们是否应该为事态恶化负责。

"让纯洁的人们从宫廷退隐吧。"智慧过人的法国作家蒙田引用了罗马诗人卢坎的这句名言，也引用了柏拉图的这句见证真理的名言——"如果一个人可以两袖清风地从世界事务管理中抽身，那他就是创造奇迹了。"

---

[1] 吏部、户部、工部、兵部、礼部、刑部，属于高级别的政府机构。——译者注

如果我的内务府朋友没有创造奇迹，那么责任就不在他们身上，而在于创造奇迹的力量。他们的严重错误在于没有认识到，他们作为一个部门存在的唯一理由是提供忠诚而有效的服务。从正式的或传统的意义上来说，仅仅成为君主的非常顺从的"奴隶"是不够的；他们必须为他提供这样的服务，如果他们消失了，他就会（在精神上、身体上和物质上）变得更穷。他们非但没有这样做，而且在革命前后都是这样行事的，以表明他们将内务府视为一个机构，他们在其中拥有既得利益，并将其视为一个目的。为皇帝服务并不是内务府存在的理由；相反，皇帝存在的理由是为内务府提供一个继续存在的借口。

　　内务府里所有的官员都是满族人。他们人数众多，属于那么多不同的阶层，有许多人我从来没有见过面。此外，他们中的许多人并不是受雇于紫禁城，而是在帝陵、颐和园和皇家拥有的其他地盘上工作。他们的控制并没有延伸到满洲的广大地产，因为这些地产由一个独立的内务府管理，总部设在奉天。据我所知，这个机构至少和紫禁城的其他机构的腐败"不相上下"，至于它的所作所为，我没兴趣花几页篇幅去描述。

　　北京内务府的头儿是"总管内务府大臣"世续。他于1919年担任这个崇高的职位，还曾在革命前担任过多个重要职位，包括武备院卿、工部侍郎、礼部尚书、文华殿大学士、军机大臣、充宪政编查馆参预政务大臣。由于他是军机大臣，即使后来军机处不复存在，他也总是在朝廷上被称呼为"中堂"。就在革命前不久，他还当上了"太保"。

　　世续无疑是一个才华横溢、气魄非凡的人。尽管他纵容了下属的财务违规行为（也许是因为他知道没有他们，整个系统就会崩溃），但人们普遍认为他个人是廉洁的。他的观点守旧而彻底保守，坚决反对在他自己的或任何其他方面进行改革，然而他那威严的外表和举止，以及即使是面对像我这样的"洋鬼子"也能表达自己憎恶观点的得体容忍，给人的印象是，他比实际更开明。

　　他是和袁世凯一起劝说朝廷放弃其职能以换取优待条款的担保人高官之一。换句话说，他同意摧毁皇权，以换取维持内务府的现状。1922年2月，他去世时，民国总统派了一名代表参加了他的葬礼，并向中国媒体发表了一份官方声明，称总统的这一善举是因为他知道"这位已故重臣在劝说隆裕太后同意皇帝退位和建立共和制方面做出了卓越的贡献"。

少年皇帝在几方面的压力下（最大的压力来自内务府本身）追封世续"文端"谥号以及其他荣誉，派载瀛亲王去参加丧礼，并捐出8000元作为丧葬费。

绍英是继世续之后的内务府大臣。1905年，这位满洲人被任命为留洋代表团成员，随团出国研究宪政制度。正当他们要离开北京的时候，有人向他们投掷了一枚炸弹，代表团团长（镇国公载泽）和绍英都受了伤。这一事件发生在1905年9月24日，在中国引起了极大的轰动，在朝廷激起了巨大的恐慌。代表团的启程遭到了搁浅，后来，代表团实际出发时，绍英已经不再是其成员了。不久之后，他出任度支部左侍郎。

他心地善良，但羞怯懦弱，还没有进取心。他假装对改革感兴趣，但总是避免采取可能让他在同事或下属中不受欢迎的行动。他与在北京的几个外国人建立了友好关系，主要是为了在危急时刻求助于他们。他自己住在北京东门附近的房子里，这所房子附近还有一处房产，他总是小心翼翼地寻找欧洲房客，以便在他需要时可以随时索取帮助。租金是次要的考虑因素。他宁愿把房子免费借给欧洲人，也不愿意收银子租给中国人。在我认识他几年之后，这所房子恰好长时间没有出租，因为它距离使馆区很远，欧洲家庭不能接受这里的房子。当我成功地说服一位英国朋友向他租房子时——碰巧这是北京最宜人的房子之一，还有一个标准的中国式花园——他感激万分。

绍英接替世续，担任溥仪宫中的内务府大臣。1924年11月的灾难以后，他仿效许多著名的装病先例，突然间就简单快捷地"一病不起"，不得不长期住在使馆区的德国医院里。几年后，他的假病变成了真病，而且是致命之疾。

耆龄是绍英的继任者，他与醇亲王福晋即皇帝生母的家族有姻亲关系。他曾担任内阁学士兼礼部侍郎，他机警而且聪明，起初我对他寄予厚望，希望他能在紫禁城推行改革和节俭的政策。但是，他对改革的兴趣却只表现在口头上，从来没有付诸行动。

宝熙直到1923年才成为内务府大臣。他做过山西学政，还在某部中任职。在光绪去世前不久，他出任了学部侍郎。他与庆亲王和前山东巡抚孙宝琦的家族有姻亲关系。他现在是新"满洲国"的委员会成员。

荣源，也就是后来的辅国公"荣公"，也在1923年成为内务府大臣，他的任命归功于他是年轻皇后婉容的父亲。他的加入没有带来任何好结果。

我将会提到名字的另一位内务府成员就是佟济煦。他在内务府里的地位并不高，但他的诚实和对皇帝的忠诚值得特别关注。他直到1924年年初才得到任命，尽管我从1919年来到这里就认识他了。他属于长期居住在福建的一个古老的满族"八旗子弟"家庭，被他的同乡——帝师陈宝琛——推荐为官。他也是1931年追随皇帝去满洲避难的人之一。

我说过，内务府的官员都是满族人，直到1923年都是如此。然而，这种概括并不适用于内务府所雇佣的一个非常庞大而重要的群体——宫廷太监。在清朝后期的几十年里，特别是在慈禧太后和隆裕太后时代，太监们——或者说一小群当朝当权的太监——掌握着巨大的权力。由于他们与皇帝及其嫔妃们的直接关系，还因为他们是后者的随从，所以，他们在实践中常常独立于内务府之外，可以独立管理自己的财政和其他事务，不必征求内务府的任何意见。然而，他们在理论上受其管辖和纪律的约束。关于"老佛爷"朝廷生活的书籍的西方读者可能从来没有听说过内务府，但他们都读过臭名昭著的太监李莲英的糗事。而李莲英在隆裕手下的继任者，虽然不为外国人所熟知，但至少和李莲英一样强大和腐败。

有些西方作家想当然地以为太监是满族人，真是大错特错。其中一个女作家重复了一个毫无根据的故事，说皇太后的一些太监曾经对伟大的李鸿章耍了恶毒的把戏。她解释说，他们恨李鸿章，"就像只有满族人会恨汉族人一样"。事实是，清朝的宫廷法律严格禁止用满族太监。皇宫里的太监都是汉族人，大部分来自直隶和山东交界的一个地区。

我们已经看到，《优待条款》中有一项规定，虽然"以前在宫里工作的各级人员都可以保留"，但不得再增加太监。这一规定遭到内务府和隆裕太后的强烈反对，但在这一点上，他们不得不让步。直到1923年，紫禁城还雇用了1000多名太监。那一年发生在他们身上的事儿，我将在下一章讲述。

关于内务府财务上的不法行为，我还需要补充几句话来说明一下。

以我们不同的标准不能视为腐败的行为，在中国并不总是"不算腐败"。所有住在那个国家的欧洲人都有故事可以讲述他们对臭名昭著的"压榨"制度的经历，他们中的大多数人都会同意，由于根除邪恶是不可行的，那些谋求平静生活的人所能采取的唯一有希望的办法就是避免干涉，除非"压榨"和纯粹抢劫之间的界限正面临瓦解的危险，且显而易见。他们可能还会承认，在一个国内机构中，或多或少可以被容忍的"合法压榨"，在一个不那么富的国度里，可能是"不合法的"。

根据这个原则，在革命前的日子里，要确定什么样的"压榨"在清朝宫廷里是合法的，并非易事。它的收入没有预算限制，而且有丰富的收入来源，几乎可以无限扩张。但这与在皇帝退位后幸存下来并进入我所谓的"黄昏时期"的大幅衰落和不那么富裕的朝廷实况相去甚远。即使按规定每年从民国政府获得的补贴全额支付（实际上从来不曾全额支付），帝国的税收也不足以满足庞大员工永不满足的需求。他们认为，这个庞大的压榨体系是从无穷无尽的财富时代继承下来的，拥有巨大的既得利益。

那部娱乐性作品《北京宫廷年鉴及回忆录》的作者们，在描述革命前的情况时，注意到宫廷的"压榨"使得内务府成为"帝国中最令人垂涎"的职位，他们还补充说，内务府高级官员的收入"估计超过100万两"——当时每年价值约20万英镑。他们还提请注意一个重要的事实，即任何试图减少这些职位的特权的做法，"自然会使皇帝不受皇室族人的欢迎，他们中的许多人是这些宫廷'压榨'的直接或间接的受益者"。这倒是实情，也许可以解释为什么使内务府在王朝瓦解后幸存下来的《优待条款》不仅得到了内务府的认可，还得到了除两位亲王之外的所有皇室成员的认可。

所有这些人都对这样一个事实表现出惊人的视而不见，即宫廷组织的财政困境是导致皇权声望下降和许多忠诚支持者冷漠和绝望逐渐蔓延的主要原因之一。早在革命爆发之前，人们就在问，如果皇帝本人无法管理自己的家庭事务，无法制止自己仆人的不端行为，他怎么能指望人民在生活事务上向他寻求指导呢。他们想起了一位伟大的儒家圣人的教诲，并且纳闷，为什么这些教诲被他们的君主忽视了呢——治国必先齐家，齐家必先修身，唯有先齐家，后才可管人。

其他国家的宫廷也曾有过——必定有过——类似于内务府的家政部门，毫无疑问，它们中的许多都和中国一样腐败和奢侈。例如，哈里发哈伦·拉希德的宫廷在一些重要方面与中国的紫禁城非常相似。但是哈里发的宫廷至少为《一千零一夜》提供了一个背景，这也许证明了相当可观的支出在某种程度上是合理的。类似的借口也可以用来解释唐明皇盛世时代中国宫廷从灿烂辉煌走向凋零的过程。唐明皇是帝王艺术家和音乐家，也是诗人、画家和演员的资助人，也是他的绝色爱妃杨玉环的心仪情人。但是，自从盛世时代遭遇血迹斑斑的马嵬坡悲剧而画上凄惨的句号之后，已经过去1000多年了；纵然是宋朝的光辉岁月和唐朝的辉煌盛世，也只是短暂而局部的复兴。清王朝的任何政治和文化成就都不能归功于内务府。那个朝代给中国带来了至少两个中国历史上最伟大的君主，但内务府对这种盛世豪杰没有任何贡献。相反，它在很大程度上要为王朝未能保持其早期的伟大功绩而负责。明朝时期的腐败太监导致了一个强大帝国的腐朽和衰败，这个帝国曾使中国摆脱了征服世界的蒙古人。满族宫廷的太监虽然口碑欠佳，尤其是在慈禧太后和隆裕太后的时代更为招摇，但他们从未在满族统治者手中获得其前辈在明朝时期所拥有的巨大政治权力；但他们所属的强大组织——内务府——比任何其他单一机构都更有力地摧毁了从满洲的森林和山脉中涌现出来的骄傲的征服者和管理者的种族命运。

在辛亥革命结束后的几年里，满族朝廷仍然完全被这个邪恶组织控制，低声下气地向民国政府请求分期支付其拖欠的补助款，反复将自己置于一种羞辱和不光彩的境地。不幸的是，它的诉求经常出现在中国媒体上，并成为许多人冷嘲热讽的话题。例如，1919年10月1日的《北京日报》上有一段话，说内务府总管大臣请求民国政府批准支付60万美元，否则皇室将无法偿还债务。每年都会有三四次类似的要求，但结果各不相同，而且几乎总是有人强调说，为了让朝廷"维持现状"，分期付账是必须的。总管大臣及其下属似乎从来没有想过，"维持现状"是否符合作为这些条件理论存在理由的那个人[1]的真正利益。这句话，我在满族宫廷居住期间对它非常熟悉和厌恶；这句话，我的耳朵都快听出茧子来了，特别烦它。在与皇帝的谈话中，我曾经说过，这句话可以作为每一个内务府死者的墓志铭，然而，不管它形容过去的死人是多么恰当，但完全不适于描述现在的活人。

---

[1] 指皇帝。——译者注

第十五章　青涩幼龙

多年来，我在紫禁城的工作经历可以分为两个阶段。第一阶段是从1919年3月到1922年11月，以小皇帝的婚礼作为结束标志。第二阶段是从1922年11月到1924年11月，标志性事件是小皇帝被驱逐出宫，而他自幼就住在皇宫里。

这种划分很方便，因为它标志着小皇帝生活方式的转变。在他结婚之前，他还是个未成年人，除了鸡毛蒜皮的事情，别人都不希望他主动去做。自从结婚之后，在别人眼里，他已经成年，虽然他还远远没有成为随心所欲的自由人，但他主宰自己时代和以自己的方式规范自己生活的权利并没有受到质疑——只要他不过分渴望凝视紫禁城外的世界。

在整个童年时代，他每天都去毓庆宫，这里已经是帝王的书房或教室很多年了。这是嘉庆皇帝（1796—1820年在位）被提名为皇位继承人之后的私人住所，里面有他的亲笔签名的卷轴。它有自己的通道，通向一个小庭院。在院子里，大门的左边有一间专供帝师们使用的休憩室。一群仆人（满族称为苏拉）的唯一职责是侍候他们，随时为他们奉上"取之不尽、用之不竭"的茶水。正殿朝东，与休憩室成直角。每一位帝师都是从北面的神武门进入紫禁城的，如果他自己方便的话，也可以从东华门或西华门进入。我是唯一一个偶尔行使骑马进入紫禁城之权的帝师。到达内门"景运门"时，帝师的轿子被放下，或者他从马上下来，徒步走过剩下不多的距离。

皇帝的老师坐在休憩室里，啜饮着茶水，直到皇帝驾到。他坐着一个巨大的黄绸轿子进入了毓庆宫，轿子由十二个或更多的轿夫抬着。按照礼仪，当轿子进入毓庆宫院子时，帝师不必出去迎接皇帝学生，但需要从座位上起身，站在休憩室里（尽管皇帝看不见），直到皇帝陛下走进教室。帝师又回到自己的座位上，直到太监在正殿门口大声喊一声"叫"（皇帝的召唤），苏拉也跟着喊一声，宣告皇帝陛下已经准备好开始学习了。

帝师立刻走进书房，向站在方桌北侧的皇帝学生鞠一躬。然后两人同时坐下，帝师的座位与皇帝的座位成直角，皇帝面朝南坐着。

当我第一次入宫教书时，帝师们及其皇帝学生的日程安排是这样的：陈宝琛是每天早上第一个进宫的人，夏天早上5点半，冬天早上6点。这与古代朝廷的传统是一致的，当时的谒见仪式都在黎明时分举行。大约7点半，陈宝琛就要离开了，但也有例外——如果他想和某个同事商量一下，或者和他们一起吃个早饭。

可以提一提的是，帝师们的饭菜是免费提供的，而且只要他们想吃，随时可以吃，无须事先打招呼。饭菜是御膳房直接送来的，就放在帝师们的休憩室里。御膳房供应的中国菜非常美味，质量上乘。御膳房厨师精通厨艺，收入也非常丰厚。

8点半左右，皇帝会接见他的满族帝师伊克坦；10点到11点之间，伊克坦的位置由朱益藩接替；中午1点半的时候轮到我上阵了，照例要持续两个小时左右。

毓庆宫里的假期不是很频繁，但是，皇帝大婚临近的时候，非官方假日的数量逐渐增加。除了夏天一个月的假期和农历新年期间的三个星期（包括正月十三日皇帝的生日），只有在正月初五和八月的节日以及历代帝王的忌日，皇帝才可以享受没有帝师授课的假日。在这些庄严的场合，皇帝应该"禁食"，但我发现，这并不真的意味着他饿着肚子上床睡觉。不用说，星期天和其他西方节假日是不被中国认可的。

在我辅导的最初几个星期里，我不得与皇帝单独在一起。总会有一个孤零零的太监在场；和我们一起的还有一位中国帝师，通常是朱益藩，或者是一位内务府大臣，通常是耆龄。太监一动不动地靠着墙站着，帝师或大臣和我们一起坐在桌子旁，面朝北。后者出席的原因是，皇帝陛下以前从未和外国人说过话，可能会感到紧张或尴尬。然而，我并没有察觉到紧张的迹象。当我们的同伴表现出明显的瞌睡（这种情况几乎每天都发生）时，皇帝并没有试图叫醒他，也没有提醒他。太监的职责就是不眠不休地盯着这个"洋鬼子"，他天真无邪的外表可能就是他黑心肠的掩护。

第二个月还没有过去，大家就认为皇帝已经从最初在外国导师面前所感到的紧张或尴尬中恢复过来了，而中国的导师或大臣也不再带给我们陪伴的乐趣了。然而，太监还是留下来陪着。我发现在我的同事侍奉陛下的时候没有太监在场，很明显，内务府还没有准备好让"天子"完全听凭可怕的"洋鬼子"的摆布，根据世俗的说法，他们习惯吃小孩子的心和肝，用他们的眼睛做药。

太监就站在门口，一言不发。半个小时后，他悄无声息地退了出去，另一个同样沉默（也没穿鞋）的太监接替了他的位置。轮到这个太监离开时，第三个太监接班了。这一过程每半小时重复一次。

直到第二年（1920年）的夏天，我和我的学生才终于摆脱了太监在场的束缚。不过在那之前，我得出的结论是，如果皇帝有个同学，他的英语学习会进步得更快，而我挑选的学生是皇上的一个堂弟，比皇上小2岁，名叫溥佳。这个男孩是皇叔载涛亲王的长子。任命皇族的年轻成员为皇帝教室里的伴读，是一种公认的习俗，我的建议没有引起任何惊讶。不过，这也引起了一场小小的风波，因为醇亲王和载涛亲王之间早已存在着相当大的芥蒂（当时我还不知道）。醇亲王是皇上的父亲，也是前摄政王，对于把自己儿子（当然是皇上的兄弟）的伴读之位让给载涛儿子的建议很是恼火。然而，这个问题很快就解决了，因为任命了两个伴读：一个是载涛的儿子，是学英语的伴读；另一个是醇亲王的次子，皇帝的弟弟，是学中文的伴读。

事实上，皇帝的中文学习中已经有了一个伴读，一个14岁的男孩，名叫毓崇，他是溥伦亲王的儿子[1]。我们记得，溥伦是袁世凯在德宗去世时极力拥护其即位的亲王。如果袁世凯的主张成功，这个男孩毓崇或者他的哥哥毓嶟，无疑会成为皇位继承人，如果没有爆发革命，他现在就是中国的皇帝了，因为他的父亲溥伦几年前就去世了。

正如我们所看到的，不论是出于对袁世凯试图让他登基的感激还是出于其他动机，溥伦都支持了袁世凯的帝国野心，并被后者委以取得皇家印章的使命（袁世凯的死使他无法履行这一使命）。袁世凯死后，溥伦一度失宠于朝廷。然而，

---

[1] 皇帝的财产中有一套古代日本天皇赠送的盔甲。有一次，皇帝命令毓崇穿上这样的衣服，并让人给他拍照。这张照片见本书165页。

后来他与皇室达成了和解（少年皇帝的本性中没有一丝复仇的痕迹），把成为"皇帝的同学"之荣誉授予了溥伦的一个儿子，这是表明溥伦已被宽恕的一个信号。

再加上皇帝的另一个"伴读"溥佳，现在享有这一殊荣的三个少年是溥杰（溥仪弟弟）、溥佳和毓崇，溥佳是英语学习上的唯一伴读。由于身份关系，他们在朝廷中有官职，载有委任公告的宫门抄上也记载了这一事实——朝廷授予了他们"在紫禁城骑马"的权利。

溥佳（皇帝堂弟兼伴读）在紫禁城骑马（旁边为帝师椅子）

也许应该解释一下，在满族和汉族人中，有一种普遍公认的做法，即一个家庭或同一代的所有男孩的个人名字中都有一个共享字。因此，所有与宣统皇帝一代的皇族成员都共享一个"溥"字。皇帝是溥仪，他的弟弟是溥杰，他的堂弟是溥佳，还有许多同一代的家族成员：溥光、溥儒、溥修、溥伟。当然，溥伦也属于这一代。

由此可以看出，将宣统皇帝称为"溥先生"（至少有一家著名的英文报纸这样做过），不只是因为无礼和其他原因而令人反感，而且作为一个称呼也是不够齐全的，因为许多皇室成员都分享同一个"溥"字。

溥伟也是"溥"字辈的一员，他是恭亲王，多年来一直住在辽东半岛，受日本人的保护。他的名字经常被媒体提及，与最近满洲的政治动乱有关，中国的英文报纸经常称他为"皇帝的叔叔"，大概是因为他的年龄足够大。但是年龄不是问题的关键。他属于皇族的附属分支,但与皇帝同辈,因此称其为"皇帝的堂兄"更为恰当。

"溥"字辈的上一代是"载"字辈。因此,已故的光绪皇帝(更准确地说,他的庙号是德宗)叫"载湉",他的兄弟叫载沣(醇亲王,当今皇帝的父亲)、载洵和载涛。"载"字辈的上一代是"奕"字辈,所以,我们会听到德宗皇帝的父亲叫奕譞,还有奕詥、奕绍等皇叔。"溥"字辈的下一代是"毓"字辈。所以会听到溥伟的儿子叫毓嶙,皇帝伴读叫毓崇,还有毓森、毓朗,等等。如果皇帝有儿子的话,他们也会把"毓"字作为其个人名字的第一个字。也许应该提一下,满族皇室的姓氏——如果可以这样称呼的话——是"Aisin-Gioro",它只是被载入了中国历史上关于满族统治家族兴起的文献中,此外就很少听说或提及了,下面用四个汉字来表示这个皇族姓氏:爱新觉罗。用北京话念就是"ai xin jue luo"。因为"爱新"是一个满语词汇,意思是黄金,所以,许多皇族都采用了与之对应的汉语文字"金"作为他们的中文姓氏。如果他们愿意的话,这能够使他们被当作汉族人,因为"金"恰好是汉族人的一个常见姓氏。

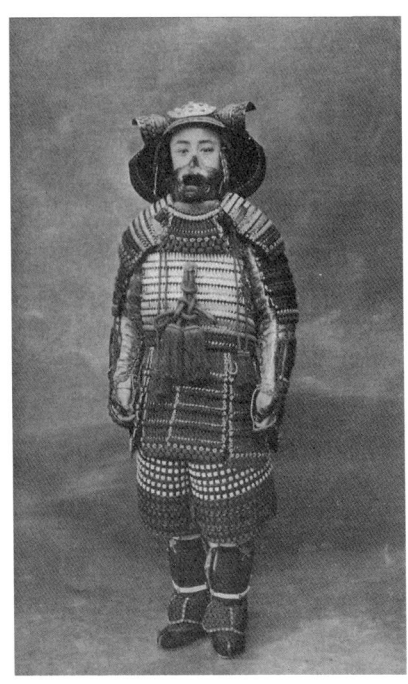

溥伦的儿子毓崇穿着 1351 年制造的日本盔甲

大约两年之后，皇帝开始了英语学习，他要求我给他取一个英文名字，不是加在中文名字或满语名字前面的点缀，而是为了单独使用，比如，当他为我或其他欧洲人签署英文信件、照片或其他非汉语文件的时候。正如我在前面章节中所解释的，皇帝的个人名字总是处于某种所谓的禁忌之下。但是，他不能像外国人那样自由使用自己的名字，当他开始应用自己的英语知识时，发现这样很不方便。我给了他一份英国王室成员的名字供他选择，他选了"亨利"。他从来没有将"亨利"与"溥仪"一起使用的意图，即使"溥仪"这个名字不在帝国的禁忌之下，他也不会有如此奢望，因为他和我一样，不喜欢在学生阶层中盛行的"把西方的基督教名字改为中国姓氏"之"摩登"（现代或时尚）做法。但是，近年来，记者们养成了一个习惯，就是用粗俗的混合体"亨利·溥仪"来称呼他，这钟称呼不仅有碍视听，而且至少和荒谬的称呼"溥先生"一样不正确。当他使用"亨利"时——他只在极少数情况下使用，而且从未用作官方称呼——"亨利"并没有作为任何其他名字的前缀。[1]

　　我和我的皇帝学生从一开始就是友好和谐的关系，而且随着时间的推移，关系越来越好。我在他身上发现最吸引我的品质是他的智慧，他的坦率，他对中国乃至世界事务的热切兴趣，他的冲动慷慨，他的艺术天赋，他对那些伤害过他或曾经是他家族敌人的人没有任何报复或恶意的迹象，他的善良和对苦难的同情，他面对身体的危险时的勇气，以及敏锐的幽默感。当我在他手下工作的时候，他对英语一窍不通，事实上，他从未认真努力地去学习这门语言。他对纯粹的语言学研究兴趣不大。他最感兴趣的是世界时事（包括《凡尔赛和约》之前和之后发生在欧洲的事件）、地理和旅游、基础自然科学（包括天文学）、政治科学、英国宪政史，以及中国政治舞台上日复一日在我们眼前上演的戏剧。我们自由而无系统地用中文畅谈着这类话题。毫无疑问，我们关于这些和其他主题的谈话占用

---

[1] 当溥仪成为新"满洲国"的元首时，溥仪个人名讳的禁忌可能已不复存在，他是"非帝国"的元首，一直延续到1934年年初。因此，1932年3月以后，称他为"溥仪"不再是不尊重或严格意义上的误称，他自己也在官方和其他文件中使用了这个名字。他从来不叫自己"亨利·溥仪"，当然，那些忠于清王朝的人，总是继续称呼他为"皇帝陛下"。也许有人会说，从严格意义上讲，就该这么称呼，因为让他保留帝国头衔权利的《优待条款》从未被任何法律或宪法程序废除。

了学习英语的时间（这段时间如果用来学英语，对他未必更有利）。

然而，他精通中国书法，这使他对英文的书法产生了兴趣，很快他就能写出优美的英文，令许多同龄的英国学生羡慕不已。这篇文章的主题由我从儒家经典之一《孟子》中挑选并翻译的三个著名段落组成。每个中国学生都知道，这种强烈的民主思想激怒了明朝的一位皇帝，他试图将孟子从正统儒家教师的荣誉中剔除出去，但没有成功。正是儒家王权理论中的民主观点，使得明朝第一代皇帝的镇定不堪一击，因此，我的使命就是努力让最后一个满族皇帝铭记在心。

皇帝有一个活跃又聪明的头脑，但他的天性中还有轻浮又正经的一面。起初，我把他轻浮的表现归咎于年轻人的不负责任，认为他长大后会把孩子气的东西收起来。然而，有时候，我似乎在他的天性中发现了某种永久分裂的迹象，几乎暗示着他体内存在着两种敌对的人格。当他长大成人后，我经常和他很坦率地讨论这个问题。我经常告诉他，他心中住着两个皇帝，不是一个。除非这两个皇帝中较优秀的那一位把另一位降为永久顺从的附庸，否则，他永远也无法正视自己的列祖列宗。

我对他性格的批评和劝告，他总是和颜悦色地接受，即使这些意见并不总是产生预期的效果。的确，他在听我诉苦时的耐心和好脾气，以及完全没有任何怨恨的迹象，是他最引人注目和最可爱迷人的特色之一。然而，我的中国同事经常告诉我，他对他们并不同样顺从和接纳；宫里的人们逐渐认识到，皇帝比任何人都更耐心地听取他的英国籍帝师的意见。不仅他的中国老师，还有他的父亲和叔叔们，也一再请求我向皇帝提建议，只是他们自己对此事的成效也不抱任何希望。

然而，安静地听取批评意见是一回事，按批评意见行事则是另一回事。有许多次，我认真地向皇帝报告了我认为应该归咎于他的错误。我这么做的时候，他从来没有表现出丝毫的反感和任性，他还经常告诉我，他知道自己错了，打算立即开始一种新的生活方式。他当然在这方面做出了努力，即使这些努力并不总是成功或持久的。

我不太恰当地描述了他天性中"轻浮"的一面，但我的中国同事们完全认同，尤其是从他6岁起就担任他导师的陈宝琛。他用汉语来形容我俩都认识到的皇帝弱点是"浮"，字典里的意思是"游移不定、反复无常、缺乏实质性、空幻、浮躁、不稳定、缺乏固定性"。有时候，我会觉得，皇帝的大部分优秀品质，包括他毋庸置疑的智力，可能来自他的母亲——我们记得，她是满族总督荣禄的女儿，而他性格中"轻浮"的特点是从他的父亲醇亲王那里继承来的。我也倾向于把他在一些小事上的古怪固执归咎于他的父系遗传。然而，很难说这孩子性格上的哪些缺陷是遗传造成的，哪些是他一生所在的宫廷里完全不健康的气氛造成的。如果说前者无法治愈，那么，如果置身于健康一点的环境，后者至少可能会逐渐消亡。

我说过，他很有幽默感。有一次，我试图用简单的语言解释绝对君主制和君主立宪制之间的区别，他这种讨喜的特质就显露出来了。为了说明不负责任的专制意味着什么，我说过，拥有这种权力的君主可以放纵自己的任性，立即下令处决他的任何臣民，或者可以把生杀大权委托给自己偏爱的大臣。我的皇帝学生说："那我的前任们都是不负责任的暴君。"过了几天，我坐在中式庭院的僻静花园里，一个仆人向我通报说，有个太监登门拜访，还带来了皇帝命令他亲自送来的重要信息。他一进门就递给我一件闪闪发光的东西，原来是一根剑棍。来者一本正经地说："这把剑来自万岁爷，他命令我转告你，他授予你'随便杀生'的大权。"

当我再次拜访皇宫时，皇帝急切地想从我那里知道太监是否执行了他的命令。我向他保证，他做得很完美。大约10年后，当皇帝提起这件小事时，他（当时已经成为新"满洲政府"的傀儡首脑）询问，赋予我的特权，我行使了多少次，并且饶有兴致地发现，到那时为止，这把剑还没有沾上人类的鲜血。

他不像人们预料的那样容易被奉承冲昏头脑。到十几岁的时候，他已经对紫禁城里存在的腐败和无赖行径有了相当敏锐的认识，而且他对朝臣们的评价太低，以至于他不能像对待那些他信任和钦佩的人那样认真对待大臣们的奉承。

但是，阿谀奉承的太监和内务府官员嘴里流出的恭维话，对一个男孩性格的稳定性来说，远没有那些来自善良之心和诚实之人的善意而微妙的恭维话来得危险。他的中国老师们几乎——甚至完全——摆脱了对皇帝近乎迷信的敬畏和崇敬，这些盲目崇拜在诸如"真龙天子的本性不同于凡人"等信仰语言中得以体现。他们很清楚，他只是一个凡人的孩子，不比其他许多孩子好，也不比他们差。但对许多忠心耿耿的朝臣来说，情况就不一样了。谒见皇帝是一件令人敬畏的事情，对他们来说，忠诚就是一种宗教信仰。过去，这些人来到北京，只是为了满足一种渴望，想要跪在这个人的脚下。在他们眼中，这个人仍然是天子，他们中的许多人宁愿为他而死；如果像他们这样的人发自内心地表达了虔诚，他们崇拜的对象却完全摆脱了任何不健康的兴奋痕迹，那才真是奇怪。

然而，我们可以满怀信心地说，皇帝对自己的真实地位并没有产生错觉。他从来没有想过，他的皇家身份赋予了他一种不同于普通人的优越天性；他不太喜欢在重要场合必须参加的盛大仪式，所以他从乾清宫的王座上走下来之后，最渴望的就是尽快脱下龙袍。事实上，他强烈反对别人（尤其是外国人）看到他穿着除了最简单的中国衣服以外的任何衣服，而且我相信这本书中他坐在龙椅上的照片是他允许拍摄的唯一一张照片。这是应我的特殊要求拍的，他当时勉强同意了。

我提到过他精通中国书法。他所受教育的体制要求他花相当多的时间实践这门艺术，他的几个祖先在这方面出类拔萃。中国的皇帝历来有这样的习俗，即以大字题写的形式，在漆木和镀金的木头上复制帝王书法的标本，并赠予受之无愧的官员，也赠予庙宇、寺院和其他重要建筑。在这件事情上，我的皇帝学生必须效仿他的祖先，通常要在新年、生日或其他重要场合，将书卷送给朝廷要员、朝中老臣和颇有好感的民国官员作为礼仪赠品。这种皇家亲笔签名通常由皇帝专用的一个或多个方形印章来鉴定。我的皇帝学生所使用的印章，通常是篆书"宣统御笔"。

皇帝和他同样聪明的弟弟溥杰，在很小的时候就表现出了艺术天赋。他们的书法因其内在的优点而备受推崇，而且每个人都有明显的绘画天赋。皇帝的幽默感经常引导他走向巧妙的讽刺画，我珍藏了他的很多作品。记得当时，他当着我的面画了许多这种风格的作品，那是在任何碰巧在手边的零碎纸片上迅速绘制而成的，通常是为了说明一件轶事、报纸上的一段话，或是宫廷生活中让他觉得有趣的某个小插曲。

他的中国导师都是诗人，皇帝从小就从他们那里学习了中国诗歌的技巧，很快就能熟练地运用这些知识。1921年至1922年，他为多家北京期刊匿名撰写诗文，特别是《益世报》。这些诗作的署名是他的化名"邓炯麟"。"邓"是一个普通的中国姓氏，"炯麟"可以翻译成"闪闪发光的麒麟"。他投稿的那些报纸的编辑都不知道他的身份，不过《益世报》的编辑却多次想弄清楚这位诗人是谁，但都没有结果。顺便说一声，"邓炯麟"寄给《益世报》的稿子，百发百中，篇篇发表。我当然知道他写了大量的诗歌——几乎所有受过教育的中国人都这样做——但直到1922年7月，他才向我坦白了他的秘密，并向我展示了一些已经出版的诗歌样本。据我所知，北京的公众从来不知道，那个用"邓炯麟"为笔名创作和发表诗歌的人，不是别人，正是满族皇帝，我现在披露的事实可能会让中国人乃至外国人都感到惊讶。

尽管他对新文学运动和其他运动有浓厚的兴趣，但他并没有被中国白话文的流行所吸引。因此，他的诗歌总是遵循古典模式。在中国诗人中，他最喜欢的诗人是唐朝的白居易、韩愈和李白，他也非常推崇自己的祖先高宗（乾隆皇帝）的诗歌（这不仅仅是基于孝道）。他有三首诗歌[1]发表于1922年的《益世报》，以下是我的白话文解读。

第一首诗《鹦鹉》由40个汉字组成，分成8行，每行5个字，大意是：鹦鹉可以模仿人类的语言，却不知道其中的深刻寓意。许多人阅读圣贤的传说，可是去哪里寻找圣人呢？

第二首诗《浮月》分两节，每节4行，每行7个字，大意是：傍晚的微风轻轻吹来，消除了夏日的炎热；月亮的冰轮渐渐地出现在空旷的野外。蝉鸣声声，萤火虫掠过蜿蜒的小溪。梧桐落叶，荷花凋零，夜晚明朗而清静。

我将尝试着诠释的最后一首诗《荷月》，分成8行，每行7个字，大意为：晚霞是银红相间的色彩。雨停了，透过窗纱散发着远处芬芳的气息。任何画家都无法描绘我眼前的美景，那无与伦比的春光正渐渐凋零。一只孤独的野鸭飞过天空，冲向大海之外的神秘地带；一叶轻舟在水边飘荡，它是与人类唯一的联系。这是一片仙境，没有世俗的渴望撩拨心灵，也不会阻止心灵之花绽放。

当这位皇帝写下这些诗句时（遗憾的是，我的白话文解读丝毫没有保留原著的优美），他所处的时代确实开启了诗歌精神的繁盛时期——不仅在中国。他还是个16岁的孩子呀，真难得。

---

[1] 多年后，溥仪做了平民百姓，他在《我的前半生》一书中爆料，这三首古诗皆是抄袭明代一位诗人的作品。——译者注

我发现我的皇帝学生有一个迷人的、可爱的性格，我在他的陪伴下度过的日子和岁月都是愉快的，回想起来也是愉快的，对于这一点，我的读者不会感到惊讶。

如果皇帝假装具备独裁者式成功领袖的一切必备素质，那将是愚蠢的行为。多年来，皇帝一直在狂热地崇拜一个为意大利注入了新活力的大政治家——墨索里尼，他因为收到一位意大利驻北京的罗马籍公使寄给他的墨索里尼的签名照片而激动不已。但我认为，他很清楚一个事实——他自己并不是墨索里尼的翻版。

外国人和中国人都经常问我这样一个直接的问题：如果他应邀重新登上一个进步的现代国家的立宪君主宝座，他是否具备所需的品质？我对这个问题的回答是肯定的，只要他对那些邪恶的大臣置若罔闻——这些人想尽一切办法恢复糟糕的宫廷管理旧制度，正如内务府所体现的那样，这就是清帝国灭亡的主要原因之一。

我被任命为"小皇帝"或"少年天子"（随便哪个名字都好）的英国籍帝师，这一独特之处引起了中国媒体的一些关注。总的来说，北京和华北报纸的态度是彬彬有礼和亲切友好的。但广东和南方媒体都倾向于讽刺和怀疑。我很快就被沉重的中文信件所累，尽管我收到的许多信件都是匿名的，并且很快就被处理掉了。在我的通信者当中，有的给了我一些建议，告诉我应该如何教育我的学生；有的恳求我为他们自己或他们的亲戚在宫廷里谋得职位；有的给了我所谓的关于满洲和其他地方复辟运动的秘密信息；有的给我寄来了纪念物，要我务必将礼物送给皇帝陛下；有的对朝中官员进行了下流的指控；有的要求我为他们争取觐见皇帝的机会，因为他们要与皇帝进行至关重要的秘密会谈；有的（匿名）指责我阴谋破坏民国安全，建议我为了自己的利益立即辞去职务，以免更糟糕的事情发生。

直到1923年，我才开始收到明确的暗杀威胁。几个家庭的父亲请求我承担他们儿子的教育，这样他们的儿子就能获得帝师教导的荣耀。他们的意思是希望我能让他们的儿子站在我身边，为我研磨。

比写信人更麻烦的是那些坚持要亲自拜访的陌生人。我家的守门人明白自己的职责所在，他把大多数访客挡在了门外，但我经常被那些不准进入我家的潜在访客拦住，他们一直等到我开车出门或下车进门才来拦截。其中一人非常固执，他是一个穿着黄靴、中国长袍，戴着美式帽子，白白的脸上长满疙瘩的年轻人。他向我解释说（当他成功地强迫我接受采访时），他是基督复临安息日会的教友，因受到某种无名力量的启迪而来接近我，以期皇帝皈依真正的信仰。他胳膊下夹着一堆传单和小册子，他向我保证，如果我同意把它们呈现给皇帝陛下，它们无疑会给他带来精神上的启示，从而使他得到救赎。我不知道这些书最终给什么黑暗灵魂带来了启示。但我明白，它们从来不曾照亮紫禁城的黄昏。

我的职责之一就是处理皇帝的外交信函。他所有来自西方的信件都是通过与北京邮政局的安排直接寄给我的，我必须承认，其中大部分信件都没有回复。这些信件杂乱无章，并不总是可以陶冶性情。其中几封是一些不知名女性的求婚，她们渴望进入皇室的后宫。很多信件只是无害的签名请求。其中有一封来自一个奇怪的人，他解释说，他自己就是合法的俄国沙皇，现在流亡美国。他还说，他打算成立一个"前君主联盟"，以协调各种措施，收回他们几个"难兄难弟"的皇帝宝座。他力劝我的学生成为拟议中的社团的终身会员。我把这封信呈给了皇帝陛下，这个只由前君主组成协会的主意，立刻激发了他的幽默感。他建议说，如果每一位前任君主都能学会演奏一种乐器，那么，整个协会就能组成一个管弦乐队，专门由曾经加冕过的头儿组成。我们一致认为，用几束牡丹花——紫禁城的御花园因其而闻名——来代替遗失的皇冠，是再合适不过的了。他自己的乐器可能是从乾清宫挑选出来的锣、钟、鼓和编磬。皇室在"甜美和谐之声"方面的共同努力，结果可能并不流畅，但似乎总体效果不会比"欧洲音乐会"管弦乐队的演奏效果更不和谐。我自己的一个建议立即得到了赞同，那就是——那些头戴皇冠的前君主们最好带着那些乐器归隐荒岛，并组建自己的政体。如果被废黜的君主采用共和制政府形式，并选举自己的一名成员担任总统，会让局势更加刺激。

在紫禁城的那些年里，我写了许多信件和备忘录，记载了我对这片土地的印象，记录了神秘的紫禁城里发生的事情——我一直是唯一一个自由进出紫禁城的欧洲人。在我最初几个月写的两封信中，有一些段落可能会对本章主题有所启发。这些内容表明，我早就见识了紫禁城恶劣的政治氛围，也渴望为皇帝寻找有利的环境，这在本章及前几章都有提及。

1919年5月18日，大约在我上任两个月后，我这样写道：

对我来说，就宫廷改革提出任何正式建议，还为时过早；但我强烈认为，如果皇帝能脱离目前的环境，住进颐和园，那么，对他的身体、道德和智力都会更好。但除非内务府的章程有重大的改变，否则我的意见是没有用的。我还认为，应该禁止任何太监陪同皇帝去他的新居。颐和园有足够的空间容纳皇帝需要的所有侍从、必要的家政官员和家庭教师。前几天，我和载涛亲王就这些问题进行了长谈，我们一致认为，某些改革是迫切需要的，但就目前的内务府而言，是不可能实行的。

两个月后——确切地说是1919年7月17日，我给一位讲英语的中国朋友写了一封长信，他对皇帝的幸福安宁非常关心。

我想，在我（去西山参观）之前，我应该警告你，在我看来，皇帝过着极度矫揉造作的生活，一定会损害他的健康、身体、智力和道德；为了他，我真心希望能想出一些办法，让他生活得更自然和理性。虽然他是一个皇帝（一个有名无实的皇帝），但他也是一个男孩，如果忽视这个事实，尤其是在接下来的三四年里，对他来说后果可能非常严重。首先，我确信，他急需换换空气、换换环境。如果他能把所有的书都收起来，到海边或山上修身养性两个月，那对他将大有好处。可能会遇到严重的困难——其中一些是政治上的——但是他们应该面对。把这个男孩关在宫殿里，真的很残忍，因为他在那里既无法呼吸新鲜的空气，也不能进行充分的锻炼。

我很理解你们这些忠诚的中国人，首先把他看作皇帝，而对我来说，他首先是一个非常有人情味儿的男孩子。但是，无疑，相对于他永远不可能重新占据的帝王地位，保障他的身体和精神健康更为重要。即使他是名副其实的皇帝，或者将来有可能复位，我仍然应该坚持我现在对他的训练和环境的看法。在西方国家，认为"君主应严格地与世人的日常生活隔离开来，君主应被视为神圣者，真龙天子的本性不同于凡人"，这种理论早已遭到遗弃，因为它根本不健全。西班牙也许是个例外，但那里的君主政体并不稳定，国内充斥着革命势力。现在对于世界上任何地方的君主来说，都不是一个前途无量的好时代。如果说有哪一种王权能在这个革命时代维持下去的话，我想那就是英国王权；当然，从前凭借"神权"而坐上皇位的君主，属于一个已经逝去的时代。威尔士亲王在牛津读书的时候，他的生活和我在同一所大学时的生活差不多。在战争中，他扮演了一个英国年轻军官的角色，为自己赢得了荣誉，当然也没有因此丧失威望。你们的小皇帝现在对西方风俗了如指掌。我经常给他看一些配有插图的杂志，上面有我们王室各种成员在民众中自由活动的照片；我还试图让他了解一些构成现代君主地位概念的基础原则。事实上，教他这些东西并不难；我除了向孟子求助外，就不必多说了。在中国，民主王权的观念比西方要古老得多，因此中国的传统教育不需要使用暴力。

但我想强调的是，以这种方式培养小皇帝是至关重要的，无论他的未来如何，无论国家是否要求他作为宪政国王登上祖先的宝座，或者他是否会被迫放弃哪怕是最后一丝帝王尊严，成为中国4亿人口中的一员，他可能都没有理由责备那些对他的教育和养育负责的人。在我看来，如果必要的话，一切都可以牺牲，但不可以伤害他的身心健康。如果他继续被当作一种"本性不同于凡人"的生物来对待，那么，他几乎注定是一个失败者，不可能成为一个成功的国君。如果他成长的目的仅仅是为了一个梦想中的皇位，那么当复辟的最后希望消失时，他几乎没有希望能够在世界上扮演一个"人"的角色；反之，如果他被培养成一个思想自由、爱国、有教养的中国绅士——"真正的君子"，他就会给任何可能召唤他去担任的职位增光添彩——无论是坐在皇帝宝座还是当好一个普通人。

不必说，如果内务府可以完全重组，所有实际上不需要的官员、仆人和太监都能被解职，那就会大大节省开支，可能还会大大提高效率。不过，这件事我目前不想多说，而且无论如何，它也不大属于我的职权范围。

当我写这些信（上文摘录的信件）的时候，我并不知道，就像我后来知道的那样，对于任何想要改变紫禁城之弊端的人来说，即便不是不可克服的，那也是极其困难的。我也不完全理解如果我建议皇帝按照《优待条款》第三条的规定行事，把朝廷从紫禁城迁到颐和园，他们会提出怎样性质和力度的反对意见。在这些问题上，我还有许多东西要学。

第十六章　君主制之梦

我曾经说过，皇帝对中国政治舞台上日复一日上演的戏剧非常感兴趣。他可以自由接触中国媒体，他也是中国媒体的热心学生。当我发现他坐在成堆的北京、天津、上海和广州的报纸中间，温和地谴责他把宝贵的时间浪费在了那些"朝生暮死的"的垃圾报纸上的时候，他会回答说，他想从众多互相矛盾的目击者那里形成自己关于真相的判断。幸运的是，他关于公共事件的信息来源并不局限于报纸。他经常从旧政权的前官员和其他清廷的朋友那里收到关于当前中国政治的书面或口头报告。他还对我提供给他的有关欧洲时事的消息非常感兴趣。

我们生活在一个动荡的时代。当我1919年第一次成为他的导师时，一战已经结束，但是在巴黎，"五巨头"正在绘制一幅新的世界地图，并制定了一个令人扼腕的条约，他们天真地梦想，这个条约将开创一个没有战争的世界。在中国，具有政治意识的公众将兴趣集中在了前德国殖民地青岛的问题上。该地盘从战争初期就一直处于日本的控制之下。中国要求德国无条件地把青岛以及德国在山东的所有铁路和其他权利都归还中国，并在和平条约中加以规定。他们不满足于日本的建议，即德国权利的处置问题应由日本和中国直接谈判解决，同时应该把青岛交给日本人。当日本的主张貌似在凡尔赛占上风时，中国爆发了前所未有的公愤。这标志着著名的学生运动的开始，后来对中国的内外政治产生了深刻的影响，有好有坏。这一运动迅速在全国传播开来，但最初以及后来相当长的一段时间，其领导人都是来自北京国立大学的学生和某些教师。他们的活动影响力远胜于北京政府的努力，最后导致中国政府拒绝签署和平条约。我们要铭记，由于这种拒绝，中国和德国必须单独缔结一项和平条约。

所有这些事件和随后发生的事件，以及政客、军事家和国会议员们没完没了的阴谋诡计（有时三届议会并存，每一届议会都声称自己代表了人民），都被皇帝密切关注着，我经常和他讨论这些问题，不仅在皇家的教室里探讨，而且在他自己的住所里谈论。然而，如果我们要追溯徐世昌任职期间中国政治的曲折轨迹，那就离我们的直接主题太远了。除非对皇室命运产生了明显影响的内容，否则在本书中将不涉及。

1919年2月，当我开始为清廷服务时，距离张勋复辟帝制失败仅过去了19个月。在处理这个小插曲的时候，我已经说过，这一运动的崩溃并不是由于在军民生活中担任战略职务的许多人缺乏同情和认同。这很大程度上是因为张勋的愚蠢信念——他可以扮演造王者的角色，而不必在关键时刻与保皇派进行充分又坦率的磋商，也不必在分配诸如国家、君主制和治理权等方面给予他们预期的保证。

我们不能认为，这短短19个月的时间就足以从中国公众的脑海中抹去复辟的想法。即使徐世昌最早的官方行动之一不是赦免张勋，选择这样一位清王朝的老朋友和仆人当选总统，也会重燃保皇派的希望。至于公众舆论，毫无疑问，此时中国许多地方的人民对民国彻底失望了，它承诺了那么多美好的东西，却只给他们带来了痛苦。在中国的欧洲报纸以内地记者的报道形式提供了大量的证据。这些记者大多数是传教士，他们在革命时期几乎一致热烈欢迎共和制，并真诚地相信，它将开创中国的繁荣新景象，以及中国人民与西方列强之间的友好关系的幸福新时代，并顺便打开迄今为止阻碍基督教福音传播进步的大门。1919年6月23日《华北日报》上刊登的一段话可以视为典型，它提到了遥远的西部省份甘肃的情况。

> 赋税的增加和官吏的腐败使人们渴望清朝的复辟。尽管清朝情况很糟，但他们认为，民国情况更糟十倍。我们不仅在这个遥远的角落听到了为清王朝叹息的声音，还从其他省份听到了清王朝重建的希望。

在最意想不到的地方也能找到同样效果的证据，包括那些狂热激进派的著作。那些激进分子高估计了中国群众在内心深处对君主制原则的忠诚程度，因而一无所获。那些革命宣传家成功地说服西方相信，中国革命受到了中国人民欢迎；但是，当他们用自己的语言向自己的同胞讲话时，会表现得更加坦率和真诚。他们知道，他们可以欺骗外国人，他们也知道，企图自己人之间互相欺骗是徒劳的。在革命之后的那几年里，激进政治思想领袖们出版的《新青年》《改造》《曙光》等革命期刊，无数次承认他们对未能向占中国人口90%的农民灌输革命思想而感到失望。下文中的这两段话是《曙光》在辛亥革命10年之后（1921年）发表的一篇文章，它会让那时许多认为复辟的希望和梦想已经完全破灭的人们感到惊讶。

> 在农业人口中，十之八九是文盲，就像鹿豕一样迟钝。这是一种可怜又可悲的状态。他们对自由、政治权利和政府的意义毫无概念。他们所知道的就是，他们必须每天缴纳手工税，并为自己提供谋生手段。在乡村集市上有人会问这样的问题："宣统皇帝怎么样了？""现在是谁在统治皇宫呢？"你会听到他们一遍又一遍地叹息，诉说着这样的抱怨："我们的收成这么糟糕，怎么办？我们不能指望任何好事发生在我们身上，直到'真龙天子'再次出现。"
>
> 想想吧！这些乡巴佬是不会满意的，除非张勋促成帝国复辟。让张勋着手去征兵吧，你会看到他们迫不及待地奋力前行。其他任何东西都打动不了他们。试着给他们灌输一个新想法，他们会冷漠地转身离开。

即使是受过教育的人，也不曾意识到复辟帝制的荒唐性。我在清宫待的时间不长，就从各种渠道了解到，中国各地许多有影响力的领导人或多或少都暗地里同情这一事业；我还了解到，复辟者的希望主要集中在满洲。

"满洲"是清皇室的老家，尽管作为一个独立的民族，"满洲"有着自己的语言和习俗，但是满洲仍然有大量忠于王朝的汉族、蒙古族、满族和许多混血后裔。满洲没有积极参与革命，如果皇室在那里避难而不是与革命者谈判，没有理由相信它会遇到任何来自地方军事当局（其中的张作霖已经崭露头角）或文官政府的敌意或反对。大清朝统治下的满蒙两族可以顺利地宣布并保持独立，不久之后，热河、察哈尔、新疆、甘肃信奉伊斯兰教的地区，甚至西藏都可能加入进来[1]。在这种情况下，中华民国会发现自己面临着一个潜在敌对国家的坚实集团，这些国家主要由清朝皇帝在征服中国时或不久之后，加入帝国的那些地区组成。许多人会认为，这种发展是对中国人的一种正义的惩罚，因为他们驱逐了取得这些巨大领土收益的王朝。

这个伪满洲政权可能永远不会成为一个单一的中央集权国家。它将是一个自治诸侯国的联邦，每个联邦都享有一定的自主权，其中"满洲"或多或少享有名义上的优先权。不管有没有其他公国，"满洲国"都是在1912年成立的（当时没有国际联盟来质疑其地位），而不是在1932年出现的；如果中国的态度看起来有可能威胁到其作为一个独立国家的稳定，那么，它极有可能与日本建立紧密的伙伴关系。这可能会带来一种类似于中国和世界在整整20年后将面临的情况。

沃特金·戴维斯先生在1933年10月发表的一篇文章中说："直到1911年，外蒙古一直自愿受制于中国。蒙古首领为满族征服中国提供了宝贵的援助；那次伟大的冒险被认为是共同的胜利。但是，蒙古人觉得与清朝皇帝有亲缘关系，所以，当这些皇帝被废黜，帝国成为民国的时候，他们认为自己的忠诚已丧失……1912年，外蒙古宣布独立。俄国的机会来了；在这个国家存在的最后几年里，沙皇俄国大大加强了对它的控制。"

这些话是真的，除了一个事实——外蒙古直到1911年都不认为自己是"中国子民"，而是"大清国的臣民"。正如沃特金·戴维斯先生在同一段中指出的那样。必须再次强调的是，"中华帝国"这个术语只用在西方的措辞中，其他地方并不存在。这个帝国就是大清国，这个皇帝是大清国皇帝，英语中与大清国皇帝最接近的术语就是满族皇帝。同样，"老佛爷"的官方头衔是"大清国皇太后"，而不是"中国皇太后"。

沃特金·戴维斯先生还说："名义上，内蒙古臣服于中国（'臣服于'这个短语也是有误导性的，我想他自己也会承认这一点），但几乎没有必要再补充一

---

[1] 西藏对中华民国的忠诚，就像蒙古人一样，从来只是止步于名义上的忠诚。藏族人，正如欧文·拉铁摩尔所说，"在中华民国的20年间，实际上已经侵占了一度被汉族人征服的土地，并且一直在驱赶汉族人，重建自己的地位，这场运动似乎正在向更广阔的领土扩张，并且正在加速。"（《满族洲：冲突的摇篮》，纽约：1932年，第281页）。

点，即处于无政府状态的中华民国在那里没有真正的权威。"他再次强调："无论何时，日本都可能会通过承诺自治和保证维护统一的蒙古国家之方式，将所有蒙古人团结在自己这边。为了更加确定其成效，日本只需要恢复满洲执政官的帝王头衔。因为，每一个尊崇过去的蒙古人都会欣然拥戴皇帝溥仪。"

鉴于自1933年10月沃特金·戴维斯先生的文章发表以来发生的事件，这是一个值得关注的说法。

不必指出，现在人们熟悉的术语Manchoukuo仅仅是Manchuria的中译词（或者，更确切地说，Manchuria仅仅是"Manchoukuo"的英译词），不幸的是，西方记者和其他人在写英语时坚持使用这种汉语拼音，而不是确立已久且更加悦耳的英译词。

我们也可以用Chungkuo（"中国"拼音）来代替China（"中国"英译词）（当然，我们说汉语的时候也会用"中国"）或者用Mengku（"蒙古"拼音）来代替Mongolia（"蒙古"英译词）。Manchoukuo（比Manchuria更正确的音译）在中国语言中并不是一个新词，因为它毕竟是满洲统治者在征服中国和取得独立的几年前就酝酿好的暂定国名。"满洲国皇帝"取代了清政权开国者以前使用的"清国可汗"头衔，这种用法（后来的王朝头衔"大清"）是为了明确表示清朝皇帝与明朝皇帝平起平坐的宗旨。因此，如果清朝皇帝在1911年回到奉天，并宣布自己为"大清国皇帝"，他不仅是回到了皇位，而且还恢复了他满族祖先的古老头衔。

满洲不愿意参加革命，这一点在《利顿报告》中得到了充分的承认。该报告称："当1911年革命爆发时，满洲当局（不赞成共和制）命令张作霖（后来成为满洲和华北的独裁者）抵制革命军队的前进，成功地使这些省份摆脱了动荡混乱的内战。"的确，如《利顿报告》所述，民国成立后，满洲"接受了既成事实，自愿听从袁世凯的领导"。但那是因为皇帝发了退位诏书，接受了优待条款，留在了北京。张作霖亲自向我保证，如果皇帝（或者更确切地说是摄政王），拒绝退位并将朝廷转移到奉天，满洲将会走上一条完全不同的道路。

因此，正如我已经说过的，在我们现在所关注的1919年及随后几年里，保皇派的希望仍然主要集中在满洲，这就不足为奇了。然而，我在北京没多久，就发现复辟事业和1917年的失败如出一辙。保皇派彼此不信任——也许过去的经历让他们产生了怀疑——他们的目标和方法一直缺乏和谐。至少有两个群体与被流放的满族王公有关，他们不被其他群体信任，因为他们被怀疑，旨在恢复君主制的人不是北京的少年皇帝，而是皇族流亡者之一。某些保皇派的确有此目标。他们的理由是，首先，少年皇帝没有为这项事业做任何事情，而且已经退位了；其次，在那些被流放的亲王中，至少有一个人为这项事业奉献了自己的生命和财产，却从未承认过共和制；最后，只要少年皇帝还待在紫禁城，就不可能采取任何积极的措施让他复位而不危及他的生命。

据我所知，持这种观点的人远远少于坚决反对取代少年皇帝的人，他们拒绝考虑任何皇位竞争对手的主张。但是这些人又被细分为不同的群体，他们在程序上持有或多或少不可调和的分歧观点。有些人赞成不采取任何直接行动，直到发现有可能将皇帝本人公开置于运动的领导地位，而只要他隐居在皇宫里，那就是不可能的事情。另外一些人则主张，"只要民国遵守《优待条款》，对皇帝保持信任"，就不采取任何行动。

与此同时，一直抱着在皇帝统治下建立"满洲"和蒙古新国家的想法的保皇派，发现自己面临着1911年以前从未有过的困难。实际上，满洲以及理论上的蒙古，都成了中华民国的一部分。到1919年，共和制度扩展到了满洲并控制了行政机构。张作霖并不同情共和派，但他很注意自己的利益，而且一开始他并不是后来成为的独裁者。如果皇帝前往满洲，他将被允许以和平方式获得先祖在奉天的皇位，这种说法已经不再正确了。当时已经有强烈不满的既得利益者与他对峙；满洲的复辟运动肯定会导致内战，就像山东或中国其他任何省份的类似运动一样。这一点得到了大多数君主立宪派的认可，导致了他们默许推迟一切行动，直到共和国因自身内在的腐败而灭亡——他们希望这是一种终结——或者直到东北发生一些可能导致外国干涉的事情。谁也不知道这种"事情"到底是什么；但有很多人相信，这一天迟早会到来——日本将被迫采取积极措施，以保护它在满洲获得的巨大利益，这是它在满洲土地上进行的两次战争的产物。日本和中华民国（或者那些在满洲冒充中华民国代表的人）——这些君主立宪派认为，这将给他们提供其想要的机会。对于那些可能指责他们背叛中国且与外国势力结盟的人，他们可以回答说，中国已经宣布满族人是"异族"，并据此将他们赶下了宝座。异族或异族家庭绝不会效忠于中国。中国人不能说："我们不效忠于这个异族，但这个异族应该效忠于我们。"作为异族，没有任何逻辑解释为什么满族人和那些对他们忠诚的人不应该选择自己的盟友。

1919年7月20日，我从私人来源收到以下报告："张作霖正在密谋恢复君主制，他的意图是试图在明年秋天让这位少年皇帝登上奉天的皇位，同时宣布满洲是一个受日本保护的独立王国。"

罗德尼·吉尔伯特先生在1922年3月18日的《华北先驱报》上写到，如果张作霖在与他的对手吴佩孚的预期斗争中被击败，他在"国家政治中的角色将会戛然而止，唯一的避难所将是在日本庇护下的满洲独立"。

1919年9月9日，天津的《华北每日邮报》发表了一篇题为《另一场复辟近在咫尺了吗》的文章，以下是摘录的几个片段：

> 中华民国的历史并不是一帆风顺的，今天我们发现，南北双方剑拔弩张。由此得出的唯一结论是，共和主义已经在中国被尝试过，结果发现并不可取。商人阶级和士绅是这片土地上的脊梁，他们已经厌倦了这一切内讧，我们坚信，他们会全心全意地支持任何能够确保十八省和平的政府形式。
>
> 我们不应忘记，存在着一个非常强大的保皇阵营，他们从未与共和政体达成和解，但由于显而易见的原因，他们在过去的几年里一直保持沉默。他们赞成目前的军国主义运动，这是不言而喻的，他们中一些比较有名者流连往返于各种各样的地方，这些地方的军事集会并不是毫无意义的。
>
> 那些暗中支持并希望成功复辟帝制者的论点是，共和主义者正在摧毁这个国家，这意味着，无论多么激烈，都必须采取措施，让它回到以前的繁荣与和平状态。
>
> 回归君主政体绝不可能受到各方的欢迎。相反，它很可能会在不止一个使馆中遇到相当大的外交抗议，但如果一次政变成功了，即使是如此强烈的反对也注定会烟消云散，因为我们都知道，一事成功，事事成功。

更重要的是下面这段话，出自奉天，刊登在1919年12月27日的《北京导报》上：

> 最近几天，北京的满族君主制即将复辟，并取代现有的中国共和政府的谣言在各阶层的土著人中流传，特别是在张作霖将军领导下的军国主义者中间广为散布。根据目前的说法，这一次帝制复辟始于张作霖将军和中国西北某些君主立宪派和军事领袖的合作。还有前将军张勋，那个曾在1917年7月将年轻的宣统皇帝推上宝座12天的人，也将会在其中扮演非常重要的角色。故事还补充说，目前，君主制运动唯一严重的障碍是段祺瑞元帅和西南部的某些领导人，甚至总统徐世昌和前总统冯国璋，鉴于国家目前悬而未决的政治局势和外部危险，也倾向于接受复兴君主制，而没有表示强烈的反对或不满。至于曹锟等次要的军事领袖，据说除了可以在各省任职外，还可以封他们为王侯、公爵或侯爵，如此便可让他们满足。据中国官方可靠报道，如果君主制的复苏在不远的将来成为事实，这是由国内和平会议的困境和比满清时代更糟糕的国家不统一所造成的，阴谋是将清朝统治者名义上置于中国政府的领导地位，而所有的政治、财政和军事实力仍将掌握在中国总理的手中。此外，国名也只有一个小小的变化，也就是说，中国将被世界称为"中华帝国"，而不是中华民国。中国的政府形式将是"君主立宪"，或者说，仿照大英帝国的模式，由名义上的国王或皇帝领导的立宪政府。

这篇报道的措辞显然不是出自一名公正无私的报纸记者。这是一份精心准备的声明，作者是一个支持该声明所描述的那场运动的人，发表的目的似乎是想让中外公众做好准备，迎接一场新的政治动荡。

一两年后，类似的谣言仍在流传，这可能来自1921年3月23日发表在《华北正报》（北京）上的一份声明——新的"满洲帝国"将被命名为华北帝国（即中国北方），其政府所在地为奉天。"谣言散布者说，张勋将军和前端亲王、义和团头目，以及在1917年被段祺瑞元帅打败的那些人，现在都在支持整个华北、蒙古和满洲的运动。"5月21日同一份报纸的另一段内容如下：

> 根据中国当局掌握的可靠消息……肃亲王和前总督升允的政策旨在恢复中国的满清王朝。报告补充说，如果不能做到这一点，那么满族复兴主义者将提出"满洲为满族而战"的呼声，希望在奉天重建颓废的满族。中国官员非常震惊，因为他们担心白俄军官阿塔曼·谢苗诺夫和肃亲王的联合运动与目前外蒙古的严重局势有关。

当时（1921年），人们的共识是，君主制阴谋的主谋是满洲的张作霖和1917年的"造王者"张勋。大家都不知道这两家有婚姻关系，也不知道他们之间有亲密的友谊（张作霖曾支持1917年的复辟，但他并没有积极参与运动，后来他试图让世人相信他是一个坚定的共和主义者）。张作霖付出了巨大的努力，但他一直小心翼翼地躲在幕后，并通过他人发挥作用，为张勋回归官场铺平了道路。他被派往扬子江担任重要的军事职务，很大程度上是由于这个计划的失败，复辟被无限期搁置，张作霖本人也开始萌生了其他的野心。但是，他和张勋打算在1921年恢复君主制，这是前总统黎元洪在接受《华北日报》记者罗德尼·吉尔伯特先生采访时所说的事实。他宣称它一定会到来，但可能会失败。

3月，吉尔伯特先生写道："据说，保皇运动的计划到目前为止进展顺利，许多满洲独裁者在中国各地的军事同伙都知道，支持清帝的公开示威必定在6月之前很久就开始了，它几乎随时都可能到来。"吉尔伯特先生还补充了几句理由充分的评论："同样明显的是，如果张作霖成功地让清帝复位，他也不会一直默默无闻在幕后太久。每个人都觉得，悬而未决的复辟运动，与其说是符合皇帝的利益，不如说是符合张作霖及其政治同僚的利益，他们觉得自己的地位现在岌岌可危。"

此前一段时间，张作霖曾试图否认与君主立宪派的阴谋有任何关联，但早在1920年初，他就授权并于1月10日在中外媒体上发表了以下声明，其中包含了一个重要的暗示，即不得干涉《优待条款》，而激进的政客及其报刊机构已经在抵赖了：

> 虽然可能有一些大清朝的前臣仍然对他们的前主人怀有同情之心，但是，只要中华民国尊重和维持满族《优待条款》，它就足以维持他们的权力，而无须渴求政治权力了。

我之所以引用上述报纸的报道，是因为我敢说这些不仅仅是空穴来风。正如我从我能接触到的其他信息渠道所获取的信息一样，它们都基于事实。了解到这一点，我发现很难解释《利顿报告》中的声明，即在1930年9月之前，满洲从未听说过"满洲独立运动"。除非假设——这种为了旧君主制的利益而进行的运动，其存在的证据还没有提交给利顿勋爵和他的同事们。

从1919年到1924年，我逐渐接触了许多对各种复辟帝制计划感兴趣的人，包括一些希望在计划实施中发挥突出作用的人，比如忠诚的老总督升允，他是一个蒙古人。我获取的大部分信息自然属于高度机密，我有义务不向英国或任何其他当局泄露机密。

皇宫里没有讨论复辟的计划，皇帝本人也不参与任何阴谋——如果可以称之为"阴谋"的话。他当然清楚地知道，在满洲、蒙古或其他地区，仍然有许多效忠者，他们并没有放弃看到他重新登上北京或奉天皇位的希望；但是，至于各种复辟计划的性质，他所知道的并不比他从报纸上了解到的多。他的中国老师和我都小心翼翼地回避这个问题，因为我们都认为，他个人不应该卷入任何可能被解释为反对民国的阴谋事件中。只有当他自己提到这个话题时（通常是在他刚刚阅读的报纸报道中提到的），才不可避免地会有一些关于这个话题的讨论。在这种情况下，我会毫不犹豫地尽我所能表达我自己的意见。我的大致观点是，任何类似于张勋在1917年企图发动的政变阴谋重建君主制的行为都应受到谴责；任何欺诈性的舆论操纵，如使1916年袁世凯的洪宪运动蒙羞的事件，也应小心避免；皇帝应该拒绝接受任何恢复帝制的邀请，除非那是自由选举产生的人民代表发出的真诚和自发的呼吁。在我看来，向他发出这种邀请的可能性似乎非常渺茫，我毫不犹豫地说了出来；我也没能提出任何方法，让中国人民在现有条件下公开表达自己的意愿，或者如何让意愿得以实现。自从革命以来，没有一个议会是真正代表人民的，这样的议会不可能是被选举出来的。尽管如此，下面这种情况是可能的——在我看来是非常可能的——如果一个真正的代表大会能够成立，或者如果君主制与共和制的问题能够通过这样的大会成为自由投票的主题，那么，支持君主制的人数将是庞大的，即使君主制的选择牵涉到最近被推翻的王朝复辟事宜也无妨。

1921年3月19日，《京津泰晤士报》在一篇主要文章中说，90%的人口支持皇帝的回归，这可能是一种保守估计，我相信这不是夸大其词。但我同意那篇文章的作者观点，他接着说，预期中的君主立宪派运动可能会失败，因为"拯救或恢复共和国已经成为一项利润丰厚的行动，军国主义者和其他寻求短暂财富之路的人不会轻易放弃"。

我看不出民众会找到一种表达媒介的可能性，因此也看不出复辟的前景，除非皇帝不动用，也不允许别人动用他的名义，事情才有转机。

此外，我向他解释说，如果我们假设人民欢迎复兴君主制的想法是正确的，那与其说是出于对皇室忠诚的根深蒂固的感情，不如说是出于共和政体的灾难性失败，虽然这种感情无疑比人们通常所认为的要强烈得多。人民群众渴望的是体面的政府，如果他们本质上是君主立宪派，那主要是因为他们认为——在他们都理解的传统政府体制下，比在他们尚未经历过的共和体制下，更有可能实现这一目标。

下面这段话摘自我1919年年初离开威海卫去清廷执行新职务之前，在威海卫所写的一份备忘录。

> 最深思熟虑的中国人想要的是一个稳定的政府，强大到足以消灭现在遍布中国许多地区的武装抢劫犯；敢于解散或控制在某些省份被认为比土匪更坏的各种军队；足以使国家免于卷入外国纷争并免遭全球金融危机的侵袭；对官员尽职尽责，不以牺牲公款为手段谋取私利。在我看来，共和制与君主制的问题并不是今天困扰中国人民的问题。他们会感激地接受任何形式的政府，只要该政府表明自己有能力和意愿治理国家。[1]

---

[1] 我绝不是唯一持有这种观点的人，请看下面一段摘录，它出自著名作家罗德尼·吉尔伯特先生于1922年3月18日发表在《华北先驱报》上的一篇文章。

"我们经常听说，人民不赞成民主，他们衷心欢迎君主制的复辟。表面上看，这种说法可以在中国各地官民的勤奋调查中得以证实。而此时，最让肤浅的看客满意的地方就是广西，因为就在去年，广西受到了'民主'的入侵。顺便说一句，此处的'民主'带有浓浓的洋人味儿，他们不懂宪法，只会穿着双排扣长礼服耍酷。当然，事实上，社会阶层宁愿和平，也不愿骚乱和混乱。在君主制下，他们可能没有完美的政府，但确实享有一些和平；在共和制下，他们一直没有享有良好的政府庇护或和平局面。这就是中国人民支持帝国复兴的全部理念，这也充分解释了广为宣传的民众对强者的渴望，无论强者是自私的还是仁慈的，他们能够并且将会恢复秩序。"

根据后来的知识和经验，我认为没有理由改变1919年年初所表达的观点。随后的几年里，在我在北京结识的有思想的中国人中，多数人在很大程度上分享了这些经验，即使是那些不支持君主制的人也不例外。其中之一就是胡适博士，他在文学、教育、哲学和政治等几个领域都非常有名。当有人问他，"少年中国想要无政府主义，而老年中国想要君主政体"是否属实时，他巧妙地回答说，两者都想要的是"太监制度"。

少年皇帝丝毫没有参与任何复辟阴谋的倾向。他经常向我保证，无论如何，他都不会同意再扮演张勋强加给他的那个角色了。他同意我的观点——即便复辟帝制是人民的强烈愿望，也是一件不大可能发生的事；共和政体，即便如此不堪，也很可能会继续存在下去，至少在未来几年里是这样。这似乎也没有使他感到遗憾或失望。他对自己家族历史的熟悉，对皇室祖先的自豪和孝敬，不禁让他感慨，康熙、乾隆这样强大的统治者建立起来的王朝，却以他之名而落得一个不光彩的结局。但是，那些怀疑和指责他日夜密谋破坏共和制，梦想着重新夺回被他的摄政王父亲和背信弃义的袁世凯从他稚嫩的手中夺走的权杖，却对这个被弃皇帝的性格和个性一无所知。

第十七章　龙躁

早在1920年后期，皇帝16岁之前，就成功地打破了一些规范他日常生活的惯例和礼节。他自己安排自己的工作和娱乐的时间。他步行或跑步，穿过把宫殿建筑隔开的庭院和长廊，不让人把他放在一个巨大的黄色轿子里抬来抬去。他对宫廷礼仪、接待礼节和周年盛典等许多典礼的冷漠或轻蔑的态度，使宫廷官员们大为震惊，在朝臣们的眼里，这些就是他生命的全部和终结的东西。他完全明白自己处境的不现实，他拒绝像对待自己那样对待朝臣，这让他们很苦恼。他们粗鲁的奉承让他感到厌烦，他察觉到了他们的虚伪。

当年英国哈伍德宫的主人埃德文·拉塞勒斯逃离阿比西尼亚欢乐谷的热情，也从未超过年轻的清帝走出紫禁城的城墙的渴望。他从御花园的一座假山顶上，或者从神武门顶上的亭子里，瞥见了那个世界，但这只会增加他的躁动不安。然而，当他请求允许他离开皇宫时，他总是得到同样的回答：时局危险，孙中山南方革命的使者正埋伏在那里伺机而动，他会受到侮辱、攻击，甚至被处死。总有一天他可以随心所欲地来去自如，但同时他必须耐心等待。自由的时刻还没有到来。当他终于被允许离开紫禁城时，却是一个令人悲伤的时刻。他的母亲醇亲王嫡福晋于1921年9月30日在北府去世——北府就是醇亲王的府邸，也就是皇帝的出生地。10月初，他去祭拜亡母，在北府住了半天。在他离开紫禁城之前，从神勇门向北经过煤山到鼓楼的街道上排满了警察和革命军。这条路穿过后门，这是从皇城到所谓的"鞑子城"外围的三重门户。通常，三重门的中央大门是关闭的，只有左右两扇门对公众开放。在帝国时代，中央大门只对皇帝开放，自从民国成立以来，只对总统开放。在这一次，以及此后直到1924年11月的所有类似的场合中，中央大门为皇帝的汽车敞开——这表明民国仍然履行着以帝王的荣誉款待大清皇帝的承诺。

北京西山的"神桥"

  他的车前面是他随从的车,他的车后面也跟着随行人员的车。街上挤满了人,他们来到这里,就是希望能看一眼这个曾经是他们君主的少年。不用说,对他而言,没有任何迹象表明"时局危险"。人群沉默不语,充满同情和尊敬。

  宫廷服丧期满后,他自然而然地表示,希望再次短暂地进城,但立刻引起了无数的反对。例如,他被告知,如果没有所费不菲的准备工作,他就不可能进行这种远足,必须与民国当局进行烦琐的谈判,必须在警察、士兵和后门看守人之间分发大笔款项,并且必须雇用大量汽车以供他的护送人员使用。当我以他的名义请求,允许他不带陪同,以纯粹私人的身份参观这座城市及其周边的乡村时,大家都认为这个建议不值得认真讨论。然而,在这次经历之后,皇帝坚持为自己买了一辆车,1922年5月13日,他开着自己的车去看望他的汉族恩师陈宝琛,后者患了严重的肺炎。那位老先生幸运地康复了,而且在87岁(1934年)的时候,身子仍然硬朗矍铄。同年9月26日,皇帝拜访了他将死的满族恩师伊克坦。在这两次事件中,朝廷官员和军事指挥官乘坐租来的汽车陪同他,这是完全不必要的。军官中有穿着民国军服的人,我很快发现,他们被委以重任,监督皇帝只能拜访西城的北府和他的恩师住所,而不能驱车前往设有外国使节区的"鞑子城"南区。在这件事上,宫廷工作人员和民国当局是合作的,但是由前者发起的。在两次私下采访中,徐世昌总统向我保证,只要他是总统,民国就不会限制皇帝的行动。另一方面，总统没有采取积极的措施，他本可以这样做，以结束朝廷的腐败和奢侈。他本可以推行改革，防止公权滥用，并减免补贴（已经拖欠数百万美元）。他没能做到这一点，显然是因为他不愿意激怒他的政治支持者中仍然有影响力的一部分——包括内务府和他庞大的朋友圈，许多皇室亲王，有权势的"共和派"领袖，例如段祺瑞、张作霖、张勋、曹锟，以及所有的秘密的或公开的君主立宪派——对紫禁城的真实情况一无所知，认为每一次对内务府地位和特权的攻击都是对皇帝或帝国尊严的抨击，或者是对《优待条款》的侵犯。

就在皇帝母亲去世前不到6个月，四位皇太妃之一死在了紫禁城的宫殿中。她就是同治皇帝的遗孀——庄和皇贵妃阿鲁特氏。她于1921年4月14日去世。诏书规定3天全丧和35天半丧，在这段时间里，她的灵柩都存放在慈安宫里，慈安宫曾是慈禧太后的住所。过了几天，宫门抄上登出消息说，皇上已经来到已故的皇太妃的灵柩前拜谒了。第二天，亲王和大臣们，包括我在内，也都履行了同样的礼仪职责。对于王公和官员来说，这个仪式包括在灵柩前朝拜和代祷，伴随着一群穿白袍的太监双膝跪地恸哭。而对我来说，就是同样的哀鸣伴随着我那不太讲究的三鞠躬。老太妃的葬礼（移驾到了东陵墓）大约在5月中旬举行。

庄和刚停止呼吸，她的太监们就开始争夺她宫殿里的珠宝和其他珍宝，从这一事实可以看出他们恸哭哀号的"诚意"。这一事件在紫禁城算得上一场丑闻，并不是因为真正的盗窃——人们似乎理所当然地认为，太监们会偷走他们死去的女主人的财产——而是因为盗贼们为了赃物而互相争斗，在死者的房间里引起了一场骚动，内务府的官员们认为这太丢脸了。如果太监们打劫的方式得体，这件事可能不会引起多少评论。没有做任何惩罚他们的事，甚至没有让他们吐出赃物。当皇帝（向我提起这件事时，他非常愤怒）试图让罪犯受到惩罚时，他不仅被朝廷告知，还被一些亲王告知（更令人惊讶的是，还有三个活着的皇太妃也这样告诫），这件事必须被忽视，这样死者的"面子"才能保住。这是一个相当令人吃惊的例子，说明了在中国，"面子"意味着什么。显然，如果皇太妃的仆人在她死后被判偷盗她的财产，这位老妇人会"颜面尽失"地进坟墓。因此，有必要掩盖此事，以避免如此严重的灾难。

我并不常听说真正的盗窃案，但紫禁城里发生的那些赤裸裸的诈骗和侵吞财物的事例，不断地吸引着我的注意力。皇家厨房的开支让我想起了一个可能虚构的故事，一个中国皇帝问一个下跪的官员早餐通常吃什么。回答是"两三个鸡蛋"。"太可怕了！"皇帝惊呼道，"我最多只能买得起一个。你这个皇帝的仆人，怎么能一天吃两三个鸡蛋呢？"这个官员知道朝廷的目光都盯在他身上，急忙解释说他吃的鸡蛋既便宜又脏：臭烘烘的鸡蛋，实际上根本不适合摆在宫廷的餐桌上。要是他熟悉英国关于鸡蛋的传说，他也许会说他的鸡蛋都是"副牧师的鸡蛋"[1]。

这些故事，无论真假，都准确地说明了大众对庞大的"压榨"制度的看法，而皇宫在全中国人民的心中都是臭名昭著的。一位法国作家讲述了一个故事，一位皇帝曾经捐赠了8万美元，用于修缮北京的使馆街。等这笔钱经过宫廷官员、承包商和其他中间人之手，到了实际负责维修的工人手中时，可以分配给他们的金额已经减少到80美元。

我还清楚地记得一次宴会，是由一位帝师举办的，当时有几个主要官员在场。话题转到最近在宫殿中举行的一次庆典上，这次庆典耗资巨大，结果必须抵押一批玉器和瓷器。我问为什么要花这么多钱在一个看起来很简单的仪式上。回答是，大部分的钱是付给太监的，用来挂灯和点灯，数量巨大。我刚才说过，这种服务完全可以由北京街头雇来的人来完成，总费用肯定不超过10美元。可是，按照那个"古老的习俗"，要花上几千美元才行。在这一次和许多类似的场合，当我问，为什么要花那么多钱来换取一些微不足道的服务时，有人提醒我说，在革命之前的日子里，在钱的问题上没有必要吝啬，剥夺皇宫里的侍从们习以为常的特权是一件困难的事情。我试图表明，随着时代的变迁，金钱不再像以前那么容易获得，应该尝试用更经济的方式来管理皇宫的事务，却遭到了冷遇。

皇帝拥有了自己的汽车，他几乎用不上，他提出了进一步的要求——用电话与外界联系。当然，内务府对该要求提出了各种可以想到的反对意见。例如，他们说，如果公众知道皇帝在打电话，他的敌人就会经常给他打电话，并发表侮辱性的言论。最后，他终于如愿以偿，第一次在皇帝的私人住处安装了电话，他充分利用了他的新玩具。

1921年和1922年皇宫发生了几次骚乱，我对此负有直接或间接的责任。其中

---

[1] 指"好坏混杂的东西"。——译者注

一次与皇帝的视力有关。1921年，我发现他是严重的近视眼，并推测他所患的头痛和其他身体疾病是由于眼疲劳。这个发现是偶然的。我碰巧注意到，皇帝坐在皇家教室的桌子前时，有一个习惯，就是转过身去看一个钟面嵌在墙上的巨型时钟（外国宫廷的礼物），而忽略了一个方便地放在他面前桌上的小闹钟。有一天我问："桌上有小钟，皇上为什么还不嫌麻烦地转过头去看那只大钟呢？"他的回答是："小的那个我看不清楚。"

我把这件显然很重要的事情告诉了醇亲王、其他帝师和内务府人员，他们对这件事的冷漠让我感到惊讶。当三位在世的皇太妃中最有影响力的那一位——端康皇贵太妃——听说英国老师请求请一位外国眼科医生时，她强调说，这样的请求是不能被批准的，因为像皇帝眼睛这样珍贵的东西，无法信任哪个外国医生去检查。当我以更迫切的形式重复我的要求时，她的反驳是，一个外国医生怎么可以冒昧地给皇帝配眼镜呢，"皇帝戴眼镜"是从未有过的事。我回答说："我对前皇帝们的行为一无所知，但这一位需要戴眼镜。"

端康皇太妃的反对意见，我无法接受，但我曾表示，到年底（1921年），如果仍然不准我请北京最好的眼科医生，那我就辞职不干了。最终，醇亲王和内务府只好极不情愿地同意了。到这个时候，如果我真的辞职，已经把我看成讨厌鬼的内务府会很高兴的。对他们来说，不幸的是，皇帝亲自结束了这场讨论，宣布他的眼睛问题留给我处理，我的辞呈不会被接受。

1921年11月7日，我带着宽慰和胜利的心情，写信给当时在北京协和医院工作的杰出的美国眼科主任H.J.霍华德教授，邀请他到紫禁城进行一次专业访问。我得补充一句，直到霍华德医生来了又走了，这位老太妃才知道这个决定。内务府的一个官员告诉我，如果她在这件事上受到蔑视，她可能会给自己注射致命的鸦片来表示她的不满。我忽略了这个悲剧的可能性。

眼疾检查于11月8日由霍华德教授及其中国助理李景模博士进行。他们给出的报告大意是，皇帝陛下患有严重近视和其他眼睛缺陷，必须佩戴他们按规定配制的眼镜，而且他的眼睛状况非常糟糕，需要在一年内再进行一次检查，以确定毛病是否已经消除了。这么严重的事情竟被忽视了这么多年，他们感到很惊讶。当我告诉霍华德医生，皇宫里有人反对采取任何措施时，他简直不敢相信。

眼镜带给皇帝的舒适感和总体幸福感极为显著。的确，不久以后，他对眼镜倾心得无以复加，一刻也不肯和它分开，甚至还要让人给他拍照或画像。

我还得补充一点，没有任何宫内人员或皇室成员对我所采取的措施表示满意，我认为，就算有中国帝师相助，内务府也从来没有停止过对我干涉这件事的怨恨。端康皇贵太妃是否原谅了我，我不知道，但无论如何，我不会因为缩短了她的生命而责备自己。我只能猜测她第一次看到"四眼皇帝"时的感受。值得补充的是，当医院官方拒绝收取为皇帝服务的费用时，皇室奉皇上之命，向医院捐赠了1000美元。还应该提到的是，霍华德博士后来被满洲土匪绑架并勒索赎金（这在当时可是稀罕事儿），这让他的殊荣更上一层楼。

在皇宫里发生的另一件令人震惊的事件，可能被认为与我有间接关系，那就是帝国军队——不敬的称呼为"辫子军"——的消失。皇帝曾多次表达了他渴望废除这个点缀物，但是，尽管他所有的叔叔和其他皇室成员已经剪掉了辫子，他还是被告知，作为满族的代表和首领，他必须留着自己的辫子，以表示对满族传统的尊重。他不再为此事争辩了，但有一天，他突然命令他的太监理发师把他的头发剪掉。理发师一想到，如果他服从这个命令会有什么样的下场，他就惊恐万分，于是恳求陛下召唤别人来执行这个命令。皇帝什么也没说，到另一个房间拿起一把剪刀，亲手剪断了自己的辫子。

几天来，宫廷里一片惊慌，许多人都在责备我；可是不到一个月，紫禁城里只能见到三个留辫子的人，前些日子还有1500多人呢。幸存下来的三个辫子的本主是我的三个帝师同事（很快就死了一个，只剩下两个留辫子的人），他们保留了自己的辫子，作为指责和抗议的外在和永久的象征。[1]

中国人和外国人都在胡扯八道，说"辫子"是"满族主子"强加给"汉族奴隶"的"奴役徽章"。事实上，满族人的确要求所有汉族男性剃掉前额并蓄起长

---

[1] 皇帝的辫子消失的传闻传到了英国。约翰·乔丹爵士最近刚刚结束了驻北京的英国大使职务，英国记者就此问题采访了他，据报道，约翰爵士说："皇帝是最开明的年轻人之一，他从他的英国籍帝师那里吸收了西方思想……剪掉辫子可能会被视为他赞成进步和改革的明显证据，这必将增强他的声望。"（1922年10月28日《华北先驱报》转载）

几天后，没有辫子的皇帝出现在了帝师们面前，帝师们凑了一首诗摆在皇帝面前，我用白话文诠释如下：丑陋的洋鬼子没有辫子，就算有辫子也丑得出奇。中国人的辫子越来越少，我们认为这是一大憾事。

辫子，以示对满族新王朝的忠诚，但是，将这种发型描述为"奴役徽章"是荒谬的，因为满族人自己——从皇帝到臣民——都戴着同样的"徽章"。起初，无论汉人多么不愿意接受这种新式样，他们还是很快因自己的长辫子而深感自豪，所以他们当初不可能认为长辫子是"奴役徽章"。在革命时期，剪辫子的强制命令常常引起许多痛苦和反感。在中国北部和西部的乡村地区，当然还有满洲，留长辫子的例子在今天并不罕见。在一些地方，那些被强行剪辫子的人又开始蓄辫子了。辛亥革命10年后，在1922年3月11日的《华北先驱报》上，四川省的一名记者这样写道："我注意到很多人又开始蓄辫子了，昨天我看到一个年轻人的小辫子好可爱哦。瞧，不同年纪的人都养起了长辫子，那是相当多啊！"就在这个遥远的西部省份的汉族人竭尽全力重新蓄起曾被剪掉的辫子时，那些曾经强迫臣民留长辫子的专制君主的子孙们却毫无心理负担地剪掉了自己的辫子。

更值得注意的事实是，到了20世纪初，满洲某些地区的满族人已经完全忘记——是他们自己的祖先强加给汉族人留辫子的习俗，并且认为这是他们的祖先模仿的汉族习俗。1911年辛亥革命爆发时，这些满族人切断了自己的辫子，他们认为，这是他们怨恨"汉人叛乱"的证据。

紫禁城发生了第三次"小地震"，我对此负有很大的责任，是因为皇帝开始对"少年中国"活动产生了兴趣。我不想让他成为一个反传统者，也不想让他成为新青年学派文学和社会改革者的门徒，事实上，我自己也不是一个不加批判的崇拜者，我认为一个像皇帝这样年纪和智力的年轻人，至少应该熟悉同时代年轻人脑子里正在酝酿的思想，不应该对一些运动的存在视而不见，这些运动无论时好时坏还是好坏兼有，都必然对中国文化的未来产生深远的影响。

皇帝没有从他的中国导师那里学到这些东西，他们根本不关心这些东西，因此我觉得应该把皇帝介绍给这个非正统思想的新世界。我本人认识北京"新青年"和"文学改革"运动的几位领导人，他们中的许多人都是我所在的一个国际"文友会"[1]的成员，这个协会定期开会，讨论我们共同感兴趣的话题。我当了一年的会长，我的继任者是著名的哲学家兼"文学改革家"胡适博士。我挑选了

---

[1] 该民间组织从1920年到1924年蓬勃发展。它的成员来自中国、美国、英国和英国属地、法国、荷兰和俄罗斯。

胡博士的一些中文著作，连同他和他的团队定期投稿的几本期刊，一并献给了皇帝。

结果，在1922年5月底，胡博士收到了一份私人谒见皇帝的诏令。还没到约定的时间，他就来和我商量宫廷礼仪，听说皇上肯定不会让他下跪，他松了一口气。我们知道，接纳一位著名的激进分子和危险思想的宣传者入宫会遭到强烈反对，所以，我们是通过电话邀请的，内务府对胡博士被召见一事一无所知。因此，当他出现在神武门的门口时，卫兵自然而然地拒绝让他进去。他等了很长一段时间，皇帝才下达命令，强制守卫让他过去。

6月7日，胡博士给我写了一封信，简短地记录了面谈经历，如下：

> 皇帝接见我的时候，和蔼可亲又彬彬有礼。我和他针对新诗、新诗的年轻作者，以及其他文学主题进行了探讨。由于神武门守卫的阻拦，削减了我面圣的时间，因此，我们谈话的时间也变得短暂。大约20分钟后，我向皇帝告别，出宫去赴一场重要约定……起初，我本打算不让这次面圣见报的，不幸的是，我平日里并不关注的某些报纸擅自渲染了此事。毕竟，对它们而言，这一事件颇具新闻价值……我必须坦白，我有幸见到中国的最后一位君主，这让我感触颇深。

信中还友好地提到了已经进入皇帝生活的新事物和新影响，如果没有这些新的血液注入，"皇宫就会成为一座禁锢知识分子的监狱"。

胡博士说得对，他和皇帝的面谈将被视为"颇具新闻价值"。这一事件还使他受到与之有关的"左倾"人士的遣责，理由是他在皇帝面前磕头（其实没有），称呼皇帝为"皇上"（这是真的）。三年后，胡博士仍然因为在这些问题上违背共和原则而受到攻击，尽管他称呼皇帝为"皇上"，只是表明他不愿意把《优待条款》当作一张废纸。

后来，胡博士又觐见了一次皇帝，比前一次还要短暂。这事儿发生在近两年之后的1924年3月27日。[1]

因为我对我所描述的各种令人不安的事件负有主要责任，还因为皇帝对现状日益增长的不满，所以到1922年，我被视为对宫廷体系稳定的一大威胁因子，也就不足为奇了。尽管我继续受到接替世续担任内务部大臣的绍英及其全体员工相当周到的礼遇，但我意识到我已经不再是皇宫圈子里受欢迎的人了。我对我的皇帝学生越来越同情，他又亲自劝我不要离开他，这一切都使我未能在那年年底前辞去清廷的职务。

---

[1] 美国专栏作家乔治·E.索克思于1932年在纽约出版的著作《亚洲的打火铁盒》（The Tinder Box of Asia）可以增长见识和启迪智慧，可惜的是其中对胡适博士和皇帝之间关系的描述有几处错误。一是没有"电话教育"；二是胡博士没有成为皇帝的老师；三是"只有在皇帝寝宫才可以免除朝廷仪式，因此会面就在该处进行"的说法没有根据。

第十八章　龙腾

　　1922年上半年是政治紧张局势稳步加剧的时期。当然，广东政府坚持不承认其北方对手的政策，但这一时期引起北方焦虑和冲突的主要原因并不是广东政府。问题的根源在于北方政治集团——皖系、奉系和直系——之间的互不信任甚至敌意，它们都旨在统治京城的政治生活。两个主要的敌对人物是张作霖和吴佩孚。前者明确表示，他不满足于对满洲大片领土的控制，他还希望成为北京的主人；后者——即使不是他自以为的大将军，也算得上勇敢的士兵；即使不是优秀的政治家，也算得上真正的爱国者——同样决心在不同于北方军阀所设想的基础上实现中国统一。

　　我在上一章中已经指出，至少在1922年之前，人们怀疑张作霖的野心是恢复君主制，旨在让自己成为皇权的幕后掌权人。从1923年的年中开始，他对宫廷的态度发生了变化。

　　早在前一年，我就发现紫禁城里的某些人是张作霖雇来的特工，他通过他们获取关于宫廷事务的秘密和定期情报，以及内务府和满族亲王的政治立场和支持倾向。直到1922年，他们都认为张作霖是他们最强大的朋友，指望他成为他们的捍卫者，以应对任何威胁帝国统治的危险。我的意思并不是说，内务府或亲王们是张作霖在复辟阴谋中的同伙。我不能代表所有的亲王发言，但我相信，内务府的主要关注点仅仅是维持他们自己宝贵的特权和报酬所依赖的《优待条款》。只要张作霖被内务府认为不仅对朝廷友好，而且是中国政坛中最强大的力量，内务府就乐意为他提供全力的支持和信任。

　　我可以从1920年夏天的一场短暂而激烈的内战中看到这一痕迹。几天来，北京似乎有可能被一群政治家和军事领导人控制，这些人是张作霖的敌人，据信他们对皇帝怀有险恶的图谋。当时我被带到了宫廷最深处的会议室，因为当皇帝面临人身安全的威胁时，我应该在他身边，所以，我应该时刻准备着，随时离开自己的房子，成为紫禁城里的临时居民。几天来，京城一带战事不断，我在皇上的住处一直放着一个已经打包好的行李箱。然而，突然间，情况发生了变化。张作霖在这场小小的战争中获得了胜利，他一到北京城门口，我就确信，对皇帝的担忧可以烟消云散了。陛下现在万无一失了，我可以自由地拿走我的行李箱了。

但是，亲王们和宫廷当局在1920年对张作霖的完全信任，到了1923年，便开始动摇了。在此无须描述逐渐导致吴佩孚崛起的事件，吴佩孚在河南洛阳建立了军队司令部，并逐渐扩大了他的权力范围，覆盖了中国中部和北方的大部分地区。在这些地区，特别是在北京的政治圈子里，人们普遍认为，吴佩孚很有可能成为北京的控制者，张作霖在长城以南（即使不是长城以北）的势力将很快被摧毁。这些观点在某种程度上得到了几个最有影响力的满族亲王和内务府的认同；正如我所说，满洲军阀通过那些在紫禁城里充当张作霖的密探的人而得知了一个令人不安的消息——满族朝廷开始和他在洛阳的对手建立友谊。当张作霖听说，康有为等知名君主立宪派曾到吴佩孚家做客，受到吴佩孚的盛情款待，并且在吴佩孚生日之际，内务府派人带着皇家的礼物到洛阳，被吴佩孚放置在了贵宾厅中央最尊贵的位置上，这时，张作霖心中的疑虑便烟消云散了。[1]

张作霖和吴佩孚对皇帝的友好态度，可能提供了共同政策的基础。但是，这没起到任何作用，只是加剧了他们之间的竞争，因为每个人对皇帝的尊重都不及对自己的尊重。张作霖从来没有原谅清廷，因为他认为朝廷对对手释放的善意是对他自己的公然侮辱，虽然他继续对皇帝表现出友好的关注，但从那时起，他对大多数满族亲王（但至少有一个例外）和朝廷官员采取了一种冷漠的态度。与此同时，他和徐世昌总统之间出现了严重的分歧，徐世昌的姑息妥协政策严重激怒

---

[1] 上面的文字表明这是1923年吴佩孚的生日。下面的评论基于私人信息，是我在1923年5月18日写给一位英国官员的信中说的。"在全国各地送给他的众多生日礼物中，有一件是皇帝的签名卷轴。他从黎元洪总统那里得到了一个类似的卷轴，但他把皇帝的卷轴挂在了大厅的中央，而总统的卷轴则被放在了旁边的附属位置。他还让皇帝的代表优先于总统的代表。"

了奉系军阀。更严重的是，徐世昌总统还介入了直系首领吴佩孚和亲奉系总理梁士诒之间的纠葛。此外，张作霖相信，总统一直在密谋反对他，故意引诱他参加一场不成功的战争，希望把他拉下台。事实证明，尽管出现了这些阴谋，满洲军阀的权力并没有被削弱，即使在北京，徐世昌发现他的总统宝座面临着日益增加的危险和困难。他失去了张作霖的支持，由于政策摇摆不定，给人的印象是以削弱别人的地位来巩固自己的地位，因此他也成了直系的敌人。

在1922年春天的政治和军事动荡期间，皇宫里的人们再次相信，可能出现的情况会使皇帝本人处于危险之中。因此，我被委以重任，与英国大使接洽，为皇帝在英国使馆安排避难所。贝尔比·阿尔斯通爵士（约翰·乔丹爵士的继任者）同情地听取了我的意见，最终同意以一种恰当的方式款待皇帝，并避免引起中国或英国之外的洋人怀疑——英国当局想干涉中国内政。他提议在英国使馆为我提供一所房子供我个人使用，而我作为皇帝的导师，可以邀请他来做客。与此同时，与此同时，他还与葡萄牙外交总长兼外交使团资深官员唐·巴塔利亚·德·弗雷塔斯，以及荷兰外交总长欧登迪克先生，共同安排了在紧急情况下接待其他皇室成员的事宜。

对皇帝来说，眼前的危险已经过去了，也就没必要搬到使馆区去了。张作霖和吴佩孚之间真正的实力较量推迟了几个月。然而，徐世昌的总统职位却遭遇了灾难性的动摇，他注定不久就会感受到张作霖反对的全部压力，并被孤立在一个敌人横行和朋友冷漠的世界里。

两年半后，"基督将军"冯玉祥与张作霖结成联盟，取得了引人注目的成果。其中，冯玉祥对1922年政治问题的解决所做出的贡献值得关注一下。1922年4月，"基督将军"在陕西引用天津一家报纸的话说，他从那个偏远的西部省份发出了一封电报，宣布他打算前来"捍卫民国，抵抗来自奉天的敌人"，他还声称，这些敌人企图摧毁民主制度，打算建立一个君主制度……他的电报实际上是向张作霖的军队宣战，而张作霖军队在过去几天里一直占据着他们的阵地。

与此同时，皇帝自己的焦虑并不局限于高层政治事务。他现在17岁了。他不仅发现紫禁城的生活越来越令人厌烦，而且他越来越清楚地意识到这个制度的弊端，他并不情愿居其核心地位。他开始明白，内务府只遵循一个原则，即"维持现状"。此外，他逐渐意识到自己的不光彩地位，有君主之名义，却无君主之责任。他极其爱国，热切地同情他的昔日臣民所遭受的冤屈苦难，并且热衷于中国的进步和繁荣，他开始感到自己作为民国无所事事的养老金领取者的耻辱。随着时间的推移，规定的补贴越来越少，不久他可能只是理论上的养老金领取者，这一事实并没有减轻他内心的愧疚感。即使是理论上的养老金领取者——用他自己在和我谈话时经常重复的话来说——也是他感到"羞愧"的元素之一。

1922年6月2日，徐世昌意识到他的任务已经不可能完成，他突然辞去了民国总统的职务，并离开了北京。他匆匆离开，毫无礼节，就像要去赶航班似的。我为他的辞职感到遗憾，既是为了皇帝，也是为了我自己。他是一位彬彬有礼、端庄高贵的老派儒家绅士，与其说他是一位政治家，不如说他是一位学者，但他真诚地渴望为长期受苦的中国人民尽自己最大的努力。他的习惯是邀请几位满族亲王和帝师（包括我自己）定期参加非正式的私人晚宴，在这些场合，他总是表现出他对前君主的幸福感兴趣，他总是对前任君主的福祉表现出亲切的关心。我相信，如果时运顺利、荣誉允许，他会很乐意把自己的总统职位置于皇帝的王座之下。当我们私下谈话，提及那个分崩离析的皇宫时，他总是说"本朝"，而不是"前清"。然而他没有把自己塑造成袁世凯那样的人，我相信他绝不会违背对民国的誓言。我在宫里的一些同事经常轻蔑地谈论这位总统，因为他在给皇帝送礼时，没有把"微臣"二字加在他的名字前面，因为所有忠诚的大臣在觐见君主时都必须这么自称。在这一点上，我总是毫不犹豫地向同事们表达我的异议，因为民国总统把自己描述成一个已经不受其统治、不再效忠的君主的"仆人"，对皇帝来说是一种毫无意义的恭维，对民国来说也是一种侮辱。

徐世昌辞职之后，一直隐居在天津的英租界，1934年，他在那里庆祝了他的八十大寿。

到1922年年初，与皇帝接触的所有人都清楚地看到了皇帝对现状的不安和不满，也就是皇室决心不惜一切代价维持的现状。皇帝的父亲醇亲王和其他大多数有影响力的满族贵族都不支持皇帝。除了载涛（与前摄政王的关系较为冷漠），所有人都与内务府的官员们意见一致，他们对皇帝表示了无限的尊敬和忠诚，不提倡皇帝打破现状，禁止皇帝放弃虚幻的宫廷宝座和有名无实的尊严。然而，他们开始意识到，必须采取一些措施来减少他对现状的不满。他们经过深思熟虑，最终决定为他选择一位皇后。

1922年3月11日，宫门抄刊登了以下的简短诏书："立荣源之女郭布罗·婉容为皇后。"

这并不意味着婚礼已经举行了，甚至不能保证婚礼能在不久的将来举行。从西方的角度来看，中国皇室婚礼的奇怪特征之一，就是年轻女子获得皇后之位的标志不是她嫁给了皇帝，而是封后诏书的颁布。一旦诏书下达，她就会成为皇后，尽管从法令颁布之日到婚礼之日可能需要几个月的时间（就像这个例子一样）。

当诏书颁布时，婉容和她的父母一起住在天津，他们好几年前就在那里安家了。她的父亲郭布罗·荣源是位满族贵族，是前吉林将军长顺的孙子。他在革命爆发时还只是一个年轻小伙子，在清王朝的统治下，他的封顶职位只是候补道台。他的第二任妻子，也即皇后的继母，是毓朗亲王的女儿，毓朗是皇室中的知名成员，也是乾隆皇帝的直系后裔（六世孙）。

在颁布封后诏书的同一期公报上，还刊登了一份诏书，宣布内务府主事小官额尔德特·端恭的女儿文绣为淑妃（次妃）。皇后和妃子都是满族人的事实，让很多汉族忠臣感到失望，他们希望皇帝能娶个汉人女子。事实证明，满族的保守主义和王朝的家训太过强大，这样的建议不值得认真考虑，尽管曾经有一个毫无根据的谣言说，陛下的新娘不是别人，而是徐世昌总统的女儿。

有关即将举行的两场婚礼的下一个官方诏书，刊登在了3月14日的公报上。他们通知朝廷，荣源已获准觐见，以答谢陛下封他的女儿为皇后的荣誉；文绣的叔父也通过内务府答谢了封他侄女为淑妃的荣誉。同时，皇后的父亲也得到了几道恩宠。他获得了一等勋章，成了皇家卫队的御前侍卫，有权进入皇宫，并被授予在紫禁城骑马的特权。不久之后，他被封为内务府大臣。最后，他被封为承恩公。

与一位皇后分享荣誉的期待前景，并没有安抚皇帝躁动不安的情绪，也许这并不全然令人惊讶，至少从西方人的角度来看，由于汉族和满族习俗，更不用说宫廷礼仪，使得皇帝不可能在婚礼前与皇后见面。他默许了自己的婚约，但他强烈抗议给他提供不止一个未婚妻，这让朝廷，尤其是皇室的遗孀们感到惊讶和震惊。当有人向他指出，根据古代的先例，皇帝不应该只有一个妃子，而应该有好几个妃子时，他回答说，西方文明的君主不实行一夫多妻制，他认为满族朝廷没有理由支持这种做法。关于这一点，发生了一些不体面的争吵，之后，皇太妃们泪流满面地责备他放弃了祖先的生活方式，皇帝只好妥协，同意任命一个淑妃——但只要一个妃子。可以补充一点，哭得最伤心的是敬懿皇贵太妃——同治皇帝的遗孀之一。

某些友好的皇室成员告诉我，我对皇帝的一夫一妻制原则的形成负有主要责任。然而，这种说法是完全不真实的，就像某个法国作家的公开声明一样荒谬——他说，我试图把皇帝变成他所谓的"英国花花公子"。在朝廷或与皇帝的谈话中，针对皇帝婚姻计划的任何方面，我所表达的唯一意见是，因为他只是一个16岁的男孩，他的婚姻问题最好日后再讨论。我没有料到这个意见会对皇室产生任何影响，事实也的确如此。

皇帝的订婚仪式在3月份举行。在接下来的几个星期里，这件事并没有占用他太多的个人注意力，这可以从6月里发生的一件大事上推测出来。事件发生后，我立即给一位讲英语的前官员写了一封信，这封信对此事做了充分的描述，在这几页中已经提到了皇帝。我只省略了几个不重要的段落。

亲爱的×××：

在最近的端午节假期里，我离开了北京，直到3号早上才回来。一回到家，我就听说了前一天发生的徐总统突然辞职和离开的消息。皇帝陛下在电话里得知我回来的消息后，便派密使给我送来一张用铅笔写的中国便笺，请我在3点到宫中他的私人住处去见他。他还指示我在同一时间派两辆汽车在东华门外等候，但没有说明他这样做的理由。最后，他希望我对他的信严加保密，不要让内务府和他的其他导师知道。我在约定的时间开着自己的车去了皇宫，并从一家公共车库订了第二辆车……我看见皇上在养心殿等我。面谈过程中没有第三人在场。谈话持续了一个多小时，这是我生平经历过的最痛苦的经历之一。第一件重要的事是，皇帝陛下希望我立刻带他去英国使馆。他在这个问题上已经打定了主意，起初甚至不愿意和我讨论这个话题。这解释了他让我订购汽车的指示。我和他一起坐一辆车去，他的几个私人随从坐另一辆车跟在后面。皇帝陛下接着说，他一到使馆，就打算给中国人民发一封电报，声明他羞于继续做一个无所事事的国家养老金领取者，并且不仅希望放弃民国政府承诺每年支付给他的400万美元的退位补偿金，而且还要放弃他的皇帝头衔和一切相关权利，包括占有皇宫的特权。他发完这封电报后，立即安排去欧洲访问，在国外访问的必要安排完成之前，不必去打搅英国使臣，接受他们的盛情款待。

我应该解释说，最近政治事态发展，不是皇帝陛下这一决心的原因，而是其催化剂。正如我在前文中已经说明的那样，在过去一两年里，他和我经常讨论他在民国政府中所处的地位问题，他越来越清楚地认识到他目前处境的反常和屈辱。即使北京的政局没有发生剧变，他也不会保持沉默太久。他不再是个乳臭未干的小孩子了。他已经到了一个完全能够形成自己观点的年龄，并且已经坚定地相信，他目前的地位从根本上是错误的，不改变它，他是不会罢休的……

皇帝戏剧性地突然宣布他要离开皇宫，并发布了他的放弃皇位的法令，这并没有真正使我感到惊讶，因为我知道他心里长期以来的想法，正如他知道，原则上我完全赞成他的建议一样。当然，这就是他信任我而不是别人的原因。在这个特殊时刻，我用来劝阻他实现自己目的的理由是这样的。我指出，如果他在总统被迫辞职和逃离北京的第二天离开宫殿，在外国旗帜下避难，这两件事必然会被媒体和公众视为皇帝和总统的命运以某种神秘的方式联系在一起，而总统下台后可能遭到的谴责，在某种程度上，也很可能是针对皇帝的人身攻击。人们倾向于认为徐世昌和皇帝一起参与了政治阴谋，皇帝的逃跑是由于良心不安。随后发出的放弃养老金和头衔的电报也无法消除公众的怀疑。有人会说，皇帝只是为了"保全面子"，摆出一副自愿放弃的样子，否则不久就会被武力夺走他现有的东西。

我进一步指出，陛下认为英国使馆在这种情势之下会接待他，这可能是错误的。的确，不久前，内战爆发时，北京有可能出现严重动乱，英国公使会听取我的建议，也可以保证，如果陛下受到人身安全的威胁，将在英国使馆内为他找到住处。但是，现在的情况大不相同。皇帝本人并没有受到实际危险的威胁，贝尔比·阿尔斯通爵士同意给予他英国保护的理由也不复存在了。皇帝陛下公开宣称，他的目的是在不受皇室和宫廷官员干涉的情况下，利用英国使馆作为一个地方，起草他给国家的电报，并为离开这个国家做准备。在这种情况下，我几乎可以肯定，贝尔比·阿尔斯通爵士将不可能向陛下提供英国使馆的盛情款待。即使他本人愿意这么做，在我看来，英国政府不太可能允许自己参与这种行动，这种行动可能很容易被解释为对中国内部事务的不正当干涉——无论这种解释多么不正当。我提议立即去使馆，把这件事交给公使来解决，并指出我可以很容易地在一小时内带回他的答复。然而，事实证明这是没有必要的，因为尊重我的意见，陛下非常不情愿地同意，暂时推迟一切行动……

你可能想知道，为什么我和皇帝讨论了很长一段时间的放弃民国养老金和帝国皇权的问题突然变得如此紧迫。我想我可以给出三个主要原因。

第一，请允许我指出，这位皇帝才智过人，深思熟虑，喜欢广泛阅读各种政治观点的报纸，是个无所不读的读者。他比许多博览群书的成年人更了解中国的现状，对自己的处境也不抱任何幻想。他现在对西方国家的政治和社会状况的了解远远超过了他的中国导师们，后者的学习仅限于自己国家的历史和文学，而他能够做出导师们不可能做到的对比分析。他对自己王朝的历史以及导致其灭亡的各种原因有着透彻的解读。他对那些引起革命和自己退位的人没有任何怨恨，尽管他以最坦率的口吻（许多忠实的君主立宪派将其描述为最无礼的口吻）谈论已故的慈禧皇太后这样的名噪天下却臭名昭著的人物。在他童年的所有岁月里，他自然而然地接受了那些事物的发展。1912年民国成立时，摄政王及其顾问与革命领袖之间发生了肮脏的讨价还价，他却从未想过要质疑那些对此事负有责任之人的智慧。然而，在过去的三年里，据我所知，皇帝陛下越来越真切地感到，他收受国家的巨额补贴而不提供任何服务的耻辱。目前存在大量未付欠款的事实并不影响这一原则……

第二，从皇帝的角度来看，如此紧迫的第二个原因是，他知道在皇宫里到处都是腐败，他对腐败的厌恶与日俱增。他在与我谈到某些人的不法行为时曾带着强烈的愤怒,我甚至不想在写给您的信中提及那些混蛋的名字;无耻的抢劫、贿赂、伪造账目、偷盗宫廷珍宝,以及在上下层之间瓜分赃物。他惊恐地告诉我,去年去世的庄和皇贵妃宫里的太监们是如何为了从已故公主安葬的墓室里偷来的财宝而斗殴的;他甚至更加愤慨地告诉我,当他想要杀一儆百的时候,由于亲王和大臣们,当然还有整个太监团体的强烈反对,他不得不罢手。皇帝陛下放弃头衔和补贴的愿望不但没有减弱,反而更加强烈,因为他知道放弃必然会导致这个有组织的骗局制度的崩溃,这有什么好奇怪的吗?当然,皇室成员不会平静地考虑失去一切有利可图的机会,而且,如果他们知道皇帝的意图,他们也绝非不可能想出一些强制手段来阻止它的实际执行。也许是因为对这一点的模糊认识,皇帝陛下才想到在紫禁城外寻找一个临时住所,作为他拟发的"放弃"电报的前奏。无论如何,皇帝陛下觉得没有义务紧紧抓住自己的补贴不放——只是为了那些花光巨额钱财而只留一点儿用于皇帝开支的蛀虫们,这一点也不奇怪。他自己在没有提供任何服务的情况下得到资助,以他的国家遭受苦难和几乎破产为代价,这已经够耻辱的了;然而,当他意识到,到目前为止,大部分的补贴都被用于支持大量不必要的、或多或少毫无价值的寄生虫时,这种羞辱就被放大了很多倍。

  皇室与民国的条约仍然有效,但陛下希望废除它,此外,每年向皇室支付400万美元补贴的规定也得废除。显然,这笔钱远远超过了支持退位的皇帝,以及宫廷中仅存的几位公主和妃子所需的金额。为了这个微不足道的目的,事实上,根本不需要民国的补贴,因为皇室家族的动产和土地财产本身就足以满足这些需要。当然,在过去的十几年里,这片土地遭受了管理不善和强取豪夺,真是丢人现眼。现如今,无论该地产的规模和价值如何,毫无疑问,在1912年,只要进行诚信经营,它就可以产生一种收入,使皇帝和那些适当依赖它的人远离贫困。皇帝陛下持有这种观点(我完全同意)——保皇派推进《优待条款》的真正目的不是为了维护皇帝和皇室的福利,而是为了让大批朝廷官员、太监和各种各样的食客无限期地过上懒散和奢侈的生活,他们会对必须走出家门，自己谋生的前景感到震惊，他们唯一的愿望就是为自己尽可能多地储蓄，以避免君主制的崩溃。我在紫禁城三年的经历给我的印象是，皇帝的真正利益从未被考虑过。毫无疑问，宫廷里的人都急于保住他的性命。如果他们没有做到这一点，他们可能都将卷入一场共同的经济灾难，这将使他们感到极度不安。然而，只要他活着，他们就彻底满足了，他们很少或根本不关心他的身体健康。对陛下的眼疾所表现出的极端麻木不仁，就可以证明我的意思。直到最后我威胁辞职，内务府负责官员才允许我为他聘请一位外国眼科医生。这件事发生在去年，也许是幸运的。如果推迟到现在，我威胁要辞职的话，会给内务府带来更多的快乐，而不是沮丧。

关于为什么皇帝认为建议放弃皇位和津贴是一件紧急的事情，我现在已经给出了两个主要原因。第一，他希望摆脱一种他认为无法忍受的羞辱。第二，他希望终结宫廷的腐败和骗局，并认为只有"彻头彻尾"的政策才能解决这个问题。对于那些建议他满足于推行渐进式改革的人，他已经听得不耐烦了。他认为，只要宫廷制度得以维持，共和政府的任何实质性补贴继续有效，腐败本身就会继续存在。

紧迫性的第三个主要原因是，在不久的将来，所谓的"旧议会"，或某些极端共和主义者的类似议会代表可能会卷土重来。在任何这样的议会中，可能会有许多人赞成对与君主制签订的条约条款进行大幅度修改。皇帝陛下充分认识到了这一点，他自然希望放弃他的头衔和津贴应该被视为他自愿的行为，并得到全国人民的认可。如果他的自愿放弃行为被人民解释为不是他自己决心做的事的结果，而仅仅是期待议会采取强制行动以"保全面子"的愿望的结果，那将会令他万分苦恼。

我已经给出了皇帝想尽快解决这件事的三大原因，我还想提到第四个理由——是我的理由而不是皇帝的理由——对于那些从未进过紫禁城，也不了解这里囚犯式生活的人来说，这个理由相对来说并不重要。然而，依我看，这个理由本身就足以证明，皇帝立即放弃他那些无用而烦琐的特权是正当之举。我指的是，他目前的环境不利于他的身心健康……他的中国导师陈宝琛试图安慰他说，中国所有的皇帝都不得不过着严格的与世隔绝的生活,并提醒他,他们的行动自由都受到各种各样的限制,受到无数令人讨厌的习俗的束缚。对此,显而易见的答案是,他的帝王前辈们至少得到了一定的补偿。那些前辈们是真正的君主,行使真正的权力,而如今,他们的不幸后裔显然只有一个空头衔,唯一的臣民就是太监和朝廷官员,即使在他自己的宫殿,他最合理的愿望也会不断遭遇他不信任和蔑视之人的阻挠……

我已向陛下强调了另一个推迟行动的理由。我已经指出,由于中国目前没有议会(目前甚至连总统都没有),没有任何机构或团体具备接受他放弃补贴和帝王头衔的资格。他可以按自己的愿望把电报寄给中国人民,但任何人或团体都没有资格接收或承认这份电报——当然,这份电报应该得到承认。陛下已经承认了我们之间这场争论的力量,我想这将有助于我阻止他轻率行事……然而,如果旧议会的重新集结或新议会的召开有任何不当的拖延,我怀疑,皇帝陛下是否会满足于让这样一场对他来说如此重要的行动被无限期搁置,而贪嘴的政客们正在为可能获得的官职而吵个不休。

有一个重要的问题我还没有提到。几个月前,当我第一次给你和刘体乾[1]写信,皇帝陛下已经向我透露,他愿意放弃每年的国家补贴时,你建议我提醒他,在对皇室的财政状况进行彻底调查之前,这样做并不明智。有人指出,由于过去12年中,宫廷官员的管理不善、盗窃和其他腐败行为,目前很难说清楚皇室的资产到底是什么,况且,即便有资产,在多大程度上也超过了负债。因此,为皇帝陛下的利益着想,在确知他所拥有的不动产和动产可以为他提供足够的生活条件之前,最好不要放弃补贴。在我的建议下,他同意任命一个特别委员会来进行必要的调查。如果指望现任的内务府大臣们进行一次严谨诚实的调查——这必

---

[1] 中国历史上有两个刘体乾。一个是明朝人,字子元,号清瓘,北直隶东安县(今河北省廊坊市安次区)人。嘉靖二十三年(1544年)进士,历行人、兵科给事、中司礼太、户部尚书。另一个是清朝末民初人,字健之,清光绪年间四川总督刘秉璋之长子,安徽庐江人,民国著名收藏家、金石学家、史学家。此处指后者。——译者注

然会揭露过去管理不善和贪污腐败的痛苦——显然毫无希望——于是，皇帝陛下明智地决定，委员会成员将不限于近年来处理帝国财政事务的人。因此，他欣然接受了我的建议，任命你和刘体乾为委员会的独立成员，并欣然同意任命你为"太保"，以表示他对你的信任和信心，当然，也赋予你在宫殿内的崇高地位和随时谒见的权利。如你所知，这两项任命都遭到了相关人士的强烈反对，而最终的任命完全出于皇帝陛下的固执己见和随心所欲。他非常坦率地告诉内务府大臣们，并指示他们通知前摄政王，他拒绝再被当作傀儡对待，在这件事情上，他不打算再任人摆布。这次他对大臣们讲话时所用的语言（后来他给我看了一份他讲话的书面草稿）可能永远也不会被他们遗忘——只要他们还活着。

不过，我想我应该警告你，你不能指望皇帝陛下在你们的委员会完成调查并起草报告之前，让这个放弃补贴的问题长期搁置下去。就我个人而言，我完全赞同皇帝陛下目前的观点，即放弃补贴不应取决于他的私有财产是否足以给他带来足够的收入。毕竟，如果皇帝陛下在确认其私人资源足以提供足够的财力支持之后推迟放弃补贴的行动，那就没有什么勇气和高尚的品格可讲了……

在我谈及皇室财政状况的问题时，我冒昧地提请你注意，因为你可能是调查委员会中最有影响力的成员，迫切需要与民国政府达成一项明确的协议，即什么动产属于皇帝本人可以绝对支配的私有财产。如果你读过《顺天时报》，就一定会注意到过去几个月里不时出现的关于出售某些宫廷珍宝的段落。有人对这些交易提出了多次抗议，理由是被处置的物品是国家财产，皇室无权出售。今天的《顺天时报》上有一段话，大意是说，最近有一些贵重的物品从宫中寄给了一个外国银行，由某个外国人充当中间人，暗示宫中当局打算出售这些物品，如此一来，"中国将会流失很多无价之宝"。

皇帝本人告诉我，这段话大体上是准确的，但是，这里提及的"某个外国人"指的就是我自己，这句话是完全错误的。不管怎样，我想你会认同这一点——这是一件与皇帝和皇室的荣誉息息相关的事情，不应该浪费时间把可能被认为是中国国家财产的东西从皇室个人财产中分离出来。

刘体乾先生在与我的谈话中，强调了陛下所考虑的两种财产之间的区别。他说，皇帝放弃民国补贴和皇帝头衔，是没有必要的，或许也是不可取的。即使他决定放弃前者，也可以保留后者，至少暂时如此。你有一封信让我觉得这也是你自己的看法。然而，在这一点上，我不确定我是否同意你的看法。废除整个宫廷制度，以及它所包含的一切，在我看来，非常符合陛下的利益。毫无疑问，只要他保持与民国签订的条约所允许他保留的空洞头衔，那么三方的个人利益将迫使他们继续维持皇宫和内务府的表面秩序。当然，结果将是，皇帝将继续过一种虚假的生活，不得不与一群饥饿的自我追求者分享他的私人收入，这些收入可能只够满足他自己的正当需求。如果你认为皇帝必须保留他的头衔，是为了表面形象，或者是为了忠于他的家族传统，我恐怕不同意。中国某些更为激进的媒体经常或多或少地发表过对他不敬和轻蔑的文章，只要他还保留着空头衔并住在皇宫里，这些抨击性语言就会继续出现。在中华民国中有一种并非毫无根据的感觉，即民国自成立以来的特点是软弱和不稳定，其原因之一在于皇帝的退位并不包括完全放弃他所有的帝国特权。例如，他授予荣誉的权力在原则上自然被认为是错误的，与真正的共和政体不相容。至于外国人的看法，我想指出的是，他们一般并不认为皇帝的地位与其他已经退位的君主有本质上的区别。对他们来说，他只是中国的前皇帝，在出版物和日常谈话中，他经常被这样称呼。因此，放弃空头衔，肯定不会让他在外国人面前"丢脸"。从外国人的角度来看，他现在是"前皇帝"，即使他公开放弃皇帝头衔，他还将继续是"前皇帝"。

你和其他人可能会说，如果他放弃了他最后的帝王尊严，他就永远不可能利用中国政治环境的任何可能的变化来复辟君主制。我不希望自己去关心任何像复辟君主制这样遥远的偶然事件，我更关心的是看到年轻的皇帝成长为一个身心健康的人，而不是看到他成为复辟运动的核心人物。尽管如此，如果中国人民转而认为君主立宪制是解决国家政治问题的最佳办法，我不禁会想，出于慷慨和爱国的动机，皇帝自愿放弃了1912年退位时得到的头衔和补贴，这一事实将增加而不是减少皇帝陛下重登皇位的机会。

朱尔典爵士曾经对我说过，也许有一天，当皇帝完成学业并出国旅行之后，他可能会被选为总统。这确实是一种可以想象的可能性；但前提是废除宫廷制度，永远放弃民国补贴和皇帝头衔。否则，可以肯定的是，只有保皇派才会支持他的候选人资格，而他们的行动会被他们的政治对手解读为向共和制的直接挑衅……

毋庸置疑，我在毓庆宫的帝师同事们与宫廷丑闻及阴谋毫无瓜葛，在道德上是无可指摘的。然而，作为老派的学者，他们与中国现代的政治、社会和文学运动完全脱节，总体眼界也远远狭隘于皇帝本人。他们从来没有出过国，也不懂任何外语，恐怕他们还不能完全相信，在中国以外存在着任何值得称道的文明。在某一方面，我必须表示最强烈的反对，帝师中有一个人似乎急于用这种政治思想来毒害这位少年天子的心灵。几天前，皇帝陛下告诉我，在与一位中国导师谈话时，他试探性地提出，鉴于目前政府的财政危机和人民的困苦艰难，希望取消规定的补贴。这位帝师却信誓旦旦地说，皇帝不必关心政府或人民的不幸，而应该把废黜他的中国人民视为自己的敌人。皇帝陛下的反驳迅速而有效，他说："如果他们是我的敌人，那我就更应该停止接收他们的钱了……"皇帝陛下绝对不会把中国人民看作敌人。他们把他赶下台，他不但不怀恨，我甚至从来没有听到他说过一句谴责与革命有关的任何个人或政党的话。有一次，我在和陛下的谈话中提到了那个南方将军的名字。陛下说，从报纸上的报道来看，这位将军似乎有能力，也很廉洁，如果他能成为这个国家的主导力量，那可能是一件好事。我认为这个人是个彻头彻尾的激进分子，和大多数南方领导人一样，他可能对皇室没有好感。陛下却说："如果他能为中国做点好事，那又有什么关系呢？"

在皇帝书房的墙上挂着一幅卷轴，勉励皇帝每时每刻都要把国家和民族的利益摆在首位。我对皇帝说，在听了他如何被告知要把人民当作敌人之后，如果有人再对他说同样的话，他应该把那位导师的注意力转移到那个卷轴上，并建议他把它取下并收藏起来，因为那个题字所依据的原则显然已不再有效……

我和陛下的关系一直非常亲密，否则我早就该辞职了。从外表上看，我与前摄政王和其他亲王、内务府大臣及我的帝师同事们的关系也都是理想的。但是，我觉得他们认为我（不是没有原因的）应该对这样一个事实负主要责任：在过去的一年里，皇帝陛下越来越不满和不安，越来越不愿意按照朝廷的常规和惯例来安排他的生活，并且对他的地位也越来越不满——无论是个人方面还是公共方面。如果皇宫里的现状得以维持，皇帝不得不默许这些情况，我就不可能继续担任现在的职位，因为我必须意识到，我为陛下所做的努力已经失败了。即使情况按皇帝陛下的意愿发生了巨大的变化，而且得到了我的衷心支持，我仍然觉得，如果在无数人被剥夺了职位之后，我还要保住自己的职位，就会陷入违心的处境。因为众所周知，我与皇帝陛下的关系比其他任何宫廷要员或内务府成员更亲密和更机密，我不应该不自然地——也许是正确的——对所有靠宫廷制度而谋生的人所遭受的灾难负主要责任。因为我是外国人，这一事实增添了他们看待我时的苦涩感觉。这本身可能会引起我一点小小的不适，因为我应该意识到我所做的仅仅是我的责任；但我不能让别人误认为，我在使许多人失去生计的同时，还小心翼翼地维护自己作为陛下的导师或机密顾问的地位……

你忠诚的朋友
庄士敦于北京
1922年6月8日

这封信揭示了我劝阻皇帝执行他的计划的一些原因，特别是在那个特殊的时刻，以提议的方式进行。我还有别的理由，我认为还是少说或不说为好。一是我担心内务府的官员及其在亲王中的盟友，面对他们赖以生存的制度的崩溃，可能会采取不顾一切的措施来挽救自己免于灾难。如果他们不采取更激烈的行动，至少也会撤掉当今皇帝的满族皇室首领之职位，推举另一个更温顺的皇族成员取而代之。毫无疑问，要保证这一计划的成功是困难的，但是，充分利用他们在共和圈子里仍然拥有的对权威人士的影响力，并明智地使用出售一些宫廷珍宝所获得的资金，即便北京政府不予主动支持，他们也可能会在默许的情况下完成。另一项非常困难的任务是迫使内务府官员们在解散前夕，对他们处理皇室私人财产的行为做出全面而准确的报告，这些私人财产完全由他们管理。至于那财产的范围和价值，谁也不知道，要核实他们提出的任何说法，恐怕都有难以克服的困难。

另一个让我深思的问题是，一旦皇帝离开紫禁城而成为民国的普通公民，他就极有可能成为复辟阴谋的核心。我已经解释过，君主制拥护者并没有试图将皇帝个人牵扯进他们的任何活动中，因为根据《优待条款》，皇帝的地位会使他难以成为他们阴谋计划中的一分子，而且也不光彩。但是，皇帝本人提议废除这些条款，也许会让他们觉得可以把他拉入他们的圈套，因为退位协议对皇帝不再有约束力。一旦他离开紫禁城，可以自由地选择自己的居住地，他就会发现自己被一群强大又活跃的保皇派包围，这些人可以承认他是他们的领袖，并期望他能这样发挥自己的作用。当人们呼吁一个兴致勃勃的十六七岁的男孩不仅要成为中国人民的救世主，还要效仿1900年前的光武帝，成为皇室财富的第二位创始人时，指望他无动于衷，也太不可能了。

此外，我非常怀疑，皇帝自愿放弃他的特权，是否会得到应有的感激回应。在我看来，他的动机很有可能被误判，那些不可调和的皇室敌人会指责他试图通过明显宽宏大量地放弃毫无价值的特权来摆脱退位协议下的义务。他们会怀疑，甚至可能公开宣称，这种表面上的宽宏大量只不过是他继续背叛民国的幌子。他们自然会认为，如果皇帝在公开放弃特权后，随后屈服于君主立宪派朋友们的劝告，并成为他们的积极领袖，那么，他们的怀疑是完全合理的。

正如信中所述，我确信，英国公使将拒绝允许皇帝在英国使馆的高墙内发表公开的宣言和政策声明，而且公使完全有理由拒绝[1]。在中国的年轻"知识分

---

[1] 后来，我确信自己的观点是正确的。我采取的行动得到了英国当局的完全同意，我转录的信件副本已经转交给了英国当局。我亲自把另一份副本交给了皇帝本人，很可能淹没在1924年11月那些将皇帝逐出皇宫的人没收的文件当中——除非他们觉得有必要销毁。随后，他们发表了一些在皇帝住所发现的论文，妄图在中国公众的眼中诋毁皇帝，还企图散布谣言说我和一些人参与了君主主义者的阴谋。假设我引用的这封信是他们在从皇帝的住处偷来的文件中发现的，那为什么不在他们决定出版的文件中呢？这就不难猜测了。他们的计划不包括让中国人民知道，被废黜的皇帝曾表现出了宽宏大量和爱国精神。

子"中,对英国的无理敌视已经变得越来越明显,在苏联使馆的直接或间接鼓励下,这种敌意在1925年的暴力反英运动[1]中达到了高潮。英国政府在中国的一言一行都将成为怀疑、诽谤和恶意歪曲的对象,这一时刻即将到来。毫无疑问,如果我按照皇帝的要求行事,如果英国大臣同意在使馆接待他,那么,他后来的所有活动都将被描述为"英国阴谋"。毫无疑问,我自己也会成为各方诽谤和谴责的受害者。宫廷当局在表达愤怒和仇恨时,可能比北京的政客、学生和记者更为激烈,尽管原因各不相同。皇帝放弃自己权利的宽宏大量,会被完全忽视或大打折扣。他会被指责为"英帝国主义者"的傀儡,后者通过他的英语导师诱使他参与他们剥削和掠夺中华民国和中国人民的邪恶计划。

因此,我对皇帝近期的计划与他自己的不一致。我的建议是,他应该召集王公贵族和官员到宫廷开会;他必须坚持尽快执行退位协议中规定的最终迁往颐和园的条款;他要督促成立皇室财政状况调查委员会,并及时任命官员迅速开展工作;他应该要求这个委员会起草一项大幅度削减宫廷开支和改革内务府的计划;皇帝迁至颐和园后,应尽快主动邀请民国政府与皇室进行友好谈判,以修订《优待条款》,并自愿放弃皇帝感到"羞愧"的特权及其他一切不合理的权利。当这些事情完全得到皇室(有别于完全名誉扫地的内务府)的满意和民国政府的支持时,皇帝就可以实现他梦寐以求的一个计划了——去欧洲和美国旅行,接下来,也许会在英国和美国的大学学习一段时间。

在上文引用的信件中,我提到了一件重要的事情,可惜,我没有充分了解事实就写下了那封信。那时我还不知道,紫禁城里大量珍贵的艺术品和其他珍宝(甚至连皇帝本人也没见过其中的千分之一)已被民国政府承认为皇室的私人财产。正如信中所说,中国媒体经常提到宫廷珍宝的出售,并且抗议这种出售,理由是它们属于"国宝"。然而,在我写完这封信后不久,我发现,民国政府本身并不把这些宫廷珍宝视为国家财产。因为该政府充分认识到这样一个事实,即宫廷珍宝有时会被内务府出售或抵押,以弥补日益增长的宫廷账户赤字。民国政府没有对这些交易提出异议,但在我看来,最令人遗憾的是,徐世昌总统或其继任者们没有把这些交易作为迫切要求内务府彻底改革的合理借口。他们不但没有这

---

[1] 此处指反帝爱国的"五卅运动"。——译者注

样做，反而遗憾和抱歉地承认，由于民国政府未能履行其在退位协议下应支付的年度补贴方面的义务，造成了皇室的财政困难，使得变卖贵重物品成了必要。

但是，除了紫禁城那部分仍然被皇室和内务府霸占的海量珍宝（其中少许用于赠送、出售、抵押，甚至被盗）以外，还有大量的字画、瓷器、青铜器、书籍、珠宝、玉器和其他物品，1911年革命之后，这些宝贝被人从奉天和热河的皇家宫殿运到了北京。1916年，其中一部分宝物被保存在民国接管的三座皇宫大殿中，但大部分被保存在文华殿和武英殿中，这两座大型建筑分别位于紫禁城的东部和西部。这两座宫殿（到1916年年底）作为"中国艺术博物馆"向公众开放。当然，要进入这两座宫殿，不是通过紫禁城的北部，也就是严格意义上的私人区域，而是通过东华门和西华门。1916年之后的几年里，博物馆宫殿里富丽堂皇的建筑给来自世界各地的成千上万的游客带来了源源不断的欢乐。

这些游客中几乎没有人（即便有人，也是屈指可数的几个人）对这些珍宝的所有权有了解——哪怕是最模糊的。人们认为，它们是由民国政府从皇室手中接管的，或者是由于革命的必然结果而移交给民国的，至于移交的条件，人们普遍不知情。直到1923年，为了回应我对准确信息的要求，我得到了一些中文文件的副本，这才让事情变得明朗起来。

其中一份文件是用中文原版翻印的，因为据我所知，它从未在中国出版过。如果说这本书不能让我那些碰巧是中国国籍的读者感到惊讶的话，也可能会引起他们的兴趣。日期是1916年9月11日。它解释说，民国政府和皇室曾派遣一个联合代表团到奉天和热河，从那儿的宫殿里收集了珍宝，并带回了北京；这些宝藏被认为是皇室私人财产的一部分，总共有7万多件真品，他们请来了独立专家对这些宝贝进行了估价；部分物品因价值特别及稀有而未能纳入估价；通过皇室和民国政府的共同安排，除了前者撤回的物品之外，所有物品都由民国政府按估价所列的数额进行收购；由于当时的财政拮据，民国政府无法支付收购价格，这些宝物被视为从皇室借出给民国，待民国经济允许时以现金清偿；与此同时，藏有大部分珍宝的武英殿，将作为国家艺术博物馆向公众开放；这些珍宝将由内务府一个名叫治格的官员保管，他将对它们的安全负责，既要向皇室请示，也要向民国政府汇报。

与此有关的另一份文件副本已交给我，它对估价中给出的数字做了如下有趣的总结。

奉天宫殿和热河宫殿的珍宝估价

地点 预估总价值	皇室撤回的珍品价值（不包括出售给民国的物品）	民国政府欠皇室的余额
奉天 $1,984,315	$520,171	$1,464,144
热河 $2,081,732	$34,400	$2,047,332
$4,066,047	$554,571	$3,511,476

从这张表中我们可以看出，关于从奉天宫殿和热河宫殿带到紫禁城的财宝，共和国承认支付给皇室的财产总额超过了350万美元，按照当时被视为正常的汇率来计算，总共大约351,147英镑。

我有宫廷当局的授权，可以证明这笔钱一美元都没付过。换句话说，在正式书面承认这些珍宝是皇室的私人财产，并将继续保留其原始所有权，直到完成了全部估价工作，民国政府无视自己的书面文字，并没收了所有的宝藏。它与皇室的书面协议就像《优待条款》一样，其实就是"废纸一张"。

虽然热河与奉天的珍宝无疑价值不菲（我有理由相信官方的估价太低了），但由于紫禁城的宫殿里（这些宫殿一直是皇室的领地）存放着大量的艺术品和其他珍宝，相比之下，这些千里迢迢"搬家"来的宝贝在数量和价值上都黯然失色。它们的总价值是多少——或者说，9年前，它们在没有任何合法权利或正当理由的情况下被没收之前的价值是多少——无法准确说明，但我从来没有听到过低于1000万英镑的估价。我们要铭记，1933年，由于日本和满族对北平（北京）的军事威胁，这些文物被匆忙转移到了中国中部的各个地方。它们最终的命运是什么，就将这个问题的答案交给未来吧；但是，所有热爱中国及其古老文化的人都真诚地希望它们不要散落到各地，也不要流失到外国。令人痛苦的是，至少其中一些将永远不会再出现在中国。

尽管紫禁城美丽壮观，艺术珍品价值不可估量，但它却是一个悲剧之地。毫无疑问，它有欣喜与狂欢的时光。居住在那里的人们，并不是所有人都过着悲惨的生活或在痛苦中死去。但是，如果我们有眼睛看、有耳朵听的话，那些在宫殿里鬼哭狼嚎的鬼魂就会排成长队，等待着向我们倾诉悲惨的故事。还有什么比明朝末代皇帝的痛苦更大的呢？他发现，除了一个忠实的太监之外，所有的大臣、仆从都抛弃了他！有人给我看了一个地方，据说就是在那里，他在绝望的狂乱中亲手杀死了自己的皇后。我曾站在一座小山上，俯瞰着宫殿，他就是在这座宫殿上结束了自己的生命，跟随他的皇后走出宫殿的奴役与束缚，进入了死亡的解脱与自由——如果死亡能带来自由的话。紫禁城下一任主人的生活应该过得更幸福些，因为他不是一个垂死挣扎的旧王朝的最后一位君主，而是一个充满活力的新王朝的第一位君主。然而，如果关于少年皇帝顺治（1644—1661年在位）生平的流传故事有任何事实根据的话，即使对他来说，紫禁城也没有多少幸福可言。我在别处已经讲过这个故事，在此只重复我在1920年写的结束语。

> 如果说有一座宫殿配得上监狱的名字，那就是北京紫禁城里的那座宫殿。在这座宫殿里，顺治渴望自由，他的最后一位继任者光绪帝，将近12年前就在这里结束了自己的凄凉岁月。这一堆不祥的建筑在260年前是皇帝的监狱，直到今天也是皇帝的监狱。

而现在，又一个年轻皇帝从1922年就开始躁动不安了。他焦躁地拍打着翅膀，这又有什么好奇怪的呢？

第十九章　龙凤呈祥

我们在上一章中看到，皇帝的婚约——或者更确切地说，皇帝颁布圣旨册封皇后——发生在1922年3月11日。从那一天到那年12月1日的婚礼，各种各样的诏书不时发布，伴随着中国皇家婚礼而来的是各个阶段的复杂仪式。[1]

3月15日，宫门抄报道，皇后的父亲荣源受到了接见，并答谢了皇帝，因为他晋升为最高官阶，被任命为大臣，以及在紫禁城骑马的特权。同一公报还颁布了一项法令，任命四位大臣负责婚礼的所有事宜。这四人分别是载涛亲王、帝师朱益藩、内务府大臣绍英和耆龄。

下一步就是把皇后护送到北京。这并不意味着她要进入紫禁城，更不用说在这个早期阶段觐见皇上，而仅仅是为了让她进入皇室的势力范围，接受必要的宫廷礼仪训练。因此，许多宫廷官员、太监和侍卫被派往天津，并于3月17日用专列将她安全接回京城。在车站迎接她的是一群穿礼服的内务府大臣，还有一些侍女，以及由民国政府提供的仪仗队。民国政府进一步表示了对这个年轻女士的尊重，当她从火车站坐车前往她父亲位于北京的官邸时，军队和警察早已在她途经的街道列队两旁，对她致敬。这是她到达北京和庆祝婚礼之间将近9个月的时间里一直居住的房子，坐落在所谓的北京"鞑子城"东北角一条名为"帽子胡同"的安静街道上，距离神武门大约3英里。从皇后到来的那一刻起，这座房子就被

---

[1]　关于皇家婚礼的场景，可以参见我分别于1923年2月3日和4月14日在英国《乡村生活》杂志和1923年1月22日在《泰晤士报》上发表的三篇文章。这是目前关于婚礼的唯一完整报道，因为婚礼不允许中国记者进入紫禁城，也不允许外国人出席如此盛大的典礼——我是个例外。

正式命名为"皇后府"。虽然她的父亲继续居住在那里，也要向他的皇后女儿让出这里的优先权。

4月6日早晨，皇帝穿着礼服，参观了景山后面的寿皇殿，里面陈列着各朝帝王们的画像。在那里，他按照皇家传统，庄严地向祖先们的威武神像报告了他的婚约。婚礼前一两天，在祭祖堂和太庙最里面的殿堂（后殿）举行了盛大的仪式，向皇帝的祖先宣布即将到来的婚礼。这些仪式分别由礼亲王和怡亲王主持。

最重要的预备婚礼仪式共有三场：10月21日，正式"纳彩礼"；11月12日，"大征礼"；11月30日，"册封礼"。这些日期都是钦天监选定的"吉日"。这三个仪式表面上有很多相似之处。每一次都有一支国家队伍，从紫禁城乾清宫出发，前往新娘父亲的住处，这位老父亲跪在前门外放在地上的深红色靠垫上，虔诚地默默接待了"天子"的使者。每一个队伍都由一名钦差大臣（有皇家血统的亲王）率领，他手持一根系着绶带的"节杖"——皇权的象征。仪式在各个方面都是相似的，但每个仪式都有其独特的重要性和意义。

10月21日上午送出的聘礼不是随机挑选的，而是严格按照朝代先例精挑细选的。其中，有2匹带鞍和笼头的马、18只羊、40匹绸缎、80匹布。随身携带的物品数量众多，全都装进了龙舆，龙舆外面裹着黄绸子，有点儿像迷你版的轿子。

负责向皇后传递聘礼的亲王、贵族和内务府官员们聚集在皇宫大殿前的大方庭里，在天子使者和司仪的引导下就座。随后，一位传令官进入大殿，站在王座的东侧，大声宣读了下面的诏书："奉天承运，已颁令诏示候补道台、世袭六品贵族荣源之女为皇后，现特令亲王持皇权节杖行纳彩礼。"

于是，节杖被人恭敬地从御座前的案上举起，交给皇帝的钦差大臣。他走在队伍的最前面，婚礼队伍缓慢地穿过紫禁城的曲折道路，从神武门出发，穿过熙熙攘攘的街道，来到新娘在帽子巷的住所。护送这支迎亲队伍的不仅有宫廷乐队和宫廷卫队，还有骑马和步行的民国士兵。这是一个有趣的迹象（北京民众不会忘记），表明在民国首都的街道上展示的帝国盛况，并不会被总统及其政府憎恨。

三周后举行的大征礼，标志着仪式的下一阶段的完成。一位传令官再一次站在王座旁，宣读了一份皇帝的诏书，除了最后一句，其他都与订婚仪式上宣读的完全相同，其中有一句是命令有关官员手持皇权节杖，进行大徵礼仪式。这也是一个给新娘及其家庭成员送礼物的场合。此外，这些礼物的价值远远超过了上一个仪式。送给皇后的礼物是：100盎司黄金、100盎司白银、1套金茶具、2套银茶具、2只银碗、100匹绸缎，还有2匹带鞍和笼头的马。给她父母的礼物是：40盎司黄金、4000盎司白银、1套金茶具、1套银茶具、40匹绸缎、100匹布、2匹带鞍和笼头的马、2套朝服、2套冬衣、1根绶带。送给皇后的两个兄弟（其中一个是10岁的孩子）的礼物：每人8匹绸缎、16匹布和1套书写用具。府邸中的仆人们也没有被漏掉，他们收到了400美元的赏金。

三场盛大的预备仪式中，最后一场也是最壮观的一场，于11月30日（也就是婚礼前夕）上午举行。在御座前放置了三张礼仪案，皇权节杖放在了中间的案上。东边的桌子上放着金册（记载国史的史册），西边的桌子上放着金印。金册和金印都要交给皇后，当她以新娘的身份进宫时，要把它们带回皇宫。

除了皇后的金册和金印，以及皇权节杖之外，还有一件具有重大仪式和实际意义的物品，被临时存放在乾清宫的大厅里，仿佛是出于神圣的目的。这就是一只由22名轿夫抬着的大花轿，很快就会把新娘从她父亲的家里送到皇帝新郎的宫里。这只轿子上裹着鲜红色和金色的绸缎，装饰得非常豪华和精致，上面绣着各种象征性的图案，其中最引人注目的是栖息在轿顶角落里的4只银凤。皇后新娘的轿子——"凤舆"——就是因这些凤而得名。"凤"是一种神话中的生灵，被认为是百鸟之王，象征着幸福和好运。但如果认为中国的"凤"和希腊传说中的"长生马"除了都是神话中的鸟之外，还有很多共同之处，那就大错特错了。在中国，凤是皇后的象征，就像传说中的龙是帝王的象征一样。

在宫殿的东侧和西侧屋檐下放置或悬挂着早前一个章节中描述的乐器。它们只用于宗教仪式，只有在庄严肃穆的场合才会使用。音乐家们随时准备从这些乐器上演奏据信可以追溯到中国有记载的最早历史的乐章。

当一切准备就绪，仪式开始时，皇帝穿上国服，进入宫殿，检阅金册和金印——他送给新娘的最后也是最重要的礼物，并登上金龙宝座。

与此同时，宫廷乐师们奏出"中和乐"中的"韶乐"。这首曲子出自舜帝之手，他曾在2000多年前统治这片土地。

音乐停止后，诸侯、钦差大臣、朝廷重臣以及所有参与婚礼筹备工作的人，都按顺序集合起来，列队在大理石台上进行三跪九拜的仪式。接着读了第三份诏书，它的措辞和前两份诏书一样，只是做了必要的修改。紧接着，专人从桌子上拿走了皇权节杖、金印和金册，交给那些负责把它们送到新娘家的人。当婚礼队伍在大方庭中摆出阵型的时候，皇帝从宝座上下来，这是给乐师们发出的信号，指示他们奏起"中和乐"中的"咸池"。

当婚礼队伍到达新娘的住所时，举行的仪式比前两次更精细，新娘自己也是第一次的参与者。她被要求正式而隆重地拥有金册和金印，并出席皇帝的诏书宣读仪式。在诵读过程中，她跪了下来，然后完成了一段精心制作的敬礼仪式，包括双臂六次垂下、头微微前倾、三次跪下、三次鞠躬。对于一个女人来说，这被认为是最虔诚的礼拜——九叩头。当仪式结束，婚礼队伍即将返回宫殿时，新娘在福晋的陪同下，一直到内殿（女性专用）的中门外。

大婚花轿——凤舆

当日（11月30日）清晨，淑妃入宫做新娘。她在皇后之前进宫的事实引起了许多无知和荒谬的闲谈——特别是那些爱嚼舌根的西方外国人。当然，仅仅是淑妃的存在，就涉及了"重婚"概念，至少破坏了外国人眼中大部分关联到帝王婚礼的浪漫魅力。然而，我们记得，皇帝的第二位妻子属于"次妃"。但事实上，她的地位也非常高贵。在某些情况下，妃子可能被提升为皇后，她的儿子可能成为皇帝。我没有在本书中详细描述她的订婚和结婚礼仪式，仅仅是因为该仪式的精华与皇后相似，只是在排场上要稍微低调一些。妃子第一个进宫的真正原因是，她可以在皇后到来的时候，站在所有宫女的前面，第一个迎接后宫之主。

新娘抵达皇宫的时间是12月1日凌晨4点。这意味着她必须在凌晨3点后就准备好离开父母的家，因为满族的婚礼（不像汉族婚礼）是按照古老的习俗在夜间举行的。这个时候有明亮的月光，因为天空很宁静，万里无云，月亮几乎是满月。

将凤舆从乾清宫运送到皇后的家中，本身就是一个及其重要和庄严的仪式。凤舆由太仆寺的普通轿夫抬到前院，然后交给太监们，他们会把它带进女性专用的主大厅或接待室。然后放置在一个特定的角度，以至于凤舆正对着东南部的吉祥之地——这是经占卜确定的当时"幸福之神"掌管的范围。

新娘穿着华丽的结婚礼服，在约定的时间准备就绪，由福晋请入凤舆。太监们立即抬起凤舆，抬出内殿，穿过各个庭院，在大门外放了一会儿。在那里，太监们把它交给了正规的轿夫，婚礼队伍便开始了前往紫禁城的旅程。新娘的家人不做陪伴，但新娘的父亲要走到外门，跪在红垫子上，直到迎亲队伍消失在视线之内。

伴随迎亲队伍而来的有民国骑兵和步兵、一个警察中队、帝国卫队和两个乐队，乐队分别演奏外国音乐和中国音乐——幸好不是同时进行。有一只空轿子，上面盖着黄色绸缎，顶部有银球；还有三辆老式的"北京马车"，和轿子一样装扮。这些是为皇后日后的私人出行准备的，因为凤舆再也不能使用了。在接亲的队伍中，有60人提着宫灯，70多人抬着龙凤旗和华盖，还有许多仆人抬着黄色的"龙舆"，里面放着金册和金印，还有新娘的嫁妆。钦差大臣庆亲王拿着皇权节杖，助理大臣郑亲王捧着皇帝诏书。大臣们的后面是手持香炉的人，香炉发出阵阵芳香的烟雾，然后是由22名轿夫抬着的凤舆。凤舆两边都有太监，凤舆后面是内务府大臣、侍卫和骑马的卫兵。

当迎亲队伍在凌晨三四点出发时，月亮已经消失，夜色一片漆黑。北京的街灯星星点点，微微点亮了黑暗。尽管如此，街道两旁还是挤满了彬彬有礼的观光客，他们耐心地站在一排排民国士兵和警察后面，满足于能瞥见庄严的宫廷服饰，因为这些是禁区之外很少见到的稀罕物。这位"小皇后"经过的每一条街道中央都铺满了黄沙（这符合古代皇室的特权），为最后一支——或许也不是最后一支——在北京举行的皇家婚礼之迎亲队伍，留出了畅通的道路。

它从一个大门的中央入口进入紫禁城，一直走到乾清宫前的大门才停下来。在大理石台阶下面，放了一会儿凤舆，以便让太监代替普通的轿夫。太监们慢吞吞地、庄严地抬着他们宝贵的"担子"，走上台阶，进入远处的大方庭。包括乐师在内的大部分参与迎亲队伍的人都留在了门外。对他们来说，靠近金龙宝座是不被允许的。那些有特权进入里面的人手持香炉，随着轿夫有节奏的动作摇摆，发出叮叮当当的音响。不一会儿，凤舆就进入了乾清宫，被放在御座前。宫内的两侧站着皇族亲王及其福晋们，还有成群的侍女和太监、内务府的官员，以及其他一些所谓的内廷高官，包括所有的帝师。

现在到了皇后新娘可以从凤舆上起身的时刻了，但宫廷礼仪要求她只能在女人和太监面前这样做。因此，所有的亲王和宫廷官员都离开了皇宫大殿，大门也关闭了。

皇后在福晋和太监们的协助下从凤舆上下来，通过御座后面的一扇门，到了乾清宫北面不远处的坤宁宫。她那16岁的丈夫在那儿等着欢迎她，他掀开了她脸上的盖头以后，才第一次凝视着他那16岁的新娘的容貌。

龙凤榻

随后的仪式在本质上与所有老式的满族婚礼相似，无须描述。主要的仪式包括喝交杯酒和共同参加在"龙凤榻"旁摆着的宴席。其他重要的仪式，如新郎向帝王祖先的敬奉，在接下来的几天举行。还有各种各样的宫廷庆典，给紫禁城的宫殿和庭院增添了生机和色彩，这些都是自老太后时代以来不为人知的活动。与皇室婚礼有关的最精彩的仪式之一，是12月3日的祝贺仪式。这一次，皇帝坐在乾清宫的金龙宝座上，接受满蒙亲王、朝廷命官和前朝大臣的祝贺，这些前朝大臣在过去忠心耿耿地侍奉皇位，至今仍对末代皇帝忠心耿耿。这些人都穿着帝国时期流行的正装或朝服。此外，还有一些民国的文武官员，他们的服装——洋装和晨礼服——与中国旧时的官服形成了鲜明的对比，后者的色彩与华丽的皮草和丝绸巧妙地融合在一起。其中一些官员以私人身份出席，另一些则代表民国当局。因为民国政府仍然急于表明它在精神上和文字上都尊重民国和皇权之间的协议条款。不可否认的是，在影响皇室婚礼的一切问题上，民国政府都忠于自己的承诺，在中国的土地上，对待清帝要像对待外国君主一样彬彬有礼。

重要的是，这种庆祝仪式的标志是与旧习俗之间的出其不意且抽钉拔楔一般的决裂。婚礼后仅仅两天，皇帝和皇后举行了这个王朝历史上的第一场非官方的"男女混合"的外宾招待会。老太后在临终前确实多次接待外国人，但她是作为事实上的君主接待外宾的，当时，她年事已高。此外，这些接待从来都不是完全不拘礼节，男女是分开接待的，而不是像这一次，男女是一起接待的。该招待会安排在正式接待满族知名人士、汉族官员和前朝大臣之前，皇后不出席后面这场官方招待会。大约有200名外宾，他们首先被带到乾清宫的皇宫大殿，那里有专人伺候他们吃点心，还能收到用小银盒装的纪念品。为了强调仪式的非正式性质，皇帝不用登上宝座，也不必在大殿接待客人，他和皇后都没有就座，客人们一个接一个地进去鞠躬，有时候还握手。这是一个叫西暖阁的小房间，可以通过御座西侧的一扇门进入。在这个房间里，皇帝和皇后并排站着，陪同的人有两位福晋、两位大臣和随时介绍来访者的四个人——外务部右侍郎梁敦彦和联芳、曾经的北洋水师管带蔡廷干和我本人。梁先生和连先生都没有在民国任职。据说袁世凯给了后者一个很高的职位，但是他给出的答案是，与其为民国服务，他宁愿靠拉人力车谋生。

参加这次招待会的外国人，全部或几乎都是外交总长；但要承认一个事实——他们不是被派驻满族朝廷，而是被派驻中华民国，他们以个人身份，而不是各自政府的官方代表来到这里。

外宾们一到就被告知，皇帝陛下即将来到他们中间，并发表几句欢迎词。当皇帝登上王座的高台时，大家都恭敬地保持着沉默。他的英语说得又慢又清楚："我们很高兴今天在这里看到来自世界各地的贵宾。我们感谢你们的到来，我们祝愿你们身体健康，事业兴旺。"他从梁敦彦的手里接过一杯香槟酒，向左右两边的人鞠了一躬，然后把酒杯举到嘴边。

对于居住北京的外国人来说,紫禁城的皇帝至今仍是个谜中谜。现在,他们第一次看到了一个很有人情味儿的大男孩,他在相当艰难的环境中表现出一种优雅的尊严,这似乎是清朝皇族的天性。由于他的态度单纯坦率,加上他明显很稀罕这次与来自欧美的男男女女接触的难得机会,种种迹象表明,对他来说,东西方之间的古老隔阂已经被扫除了。[1]

不用说,婚礼的费用是巨大的。另一方面,还有大量非常珍贵的礼物,包括超过100万美元的现金,这些礼物来自帝国的各个角落,最后送到了皇帝手中。婚礼后不久,内务府就发布了一本"红宝书",里面有礼物清单和献礼人的名字。这是一个有趣的汇编,因为它提供了一些迹象,在官方圈子和非官方圈子中,仍然存在对这个没落王朝的忠诚——虽然程度相当轻微。孙中山及其党派的名字明显缺席,虽然基督将军冯玉祥献上了一块大喜白玉如意,但"如意"所象征的美好祝愿似乎缺乏基督教的真诚。满族亲王和皇室成员("镶黄旗"和"正红旗",表示他们与皇室血缘关系的远近),以及帝师和内务府官员,都理所当然地出现在名单上。前总统徐世昌赠送了2万美元的现金礼物,还有许多贵重的礼物,包括28件瓷器和婚礼当天覆盖在洞房地板上的华丽的中国式龙凤呈祥印花地毯。

蒙古王子、"活佛"和其他高级喇嘛都在长长的名单中名列前茅。"造王者"张勋送了1万美元。其他的礼金通常伴随着各种各样的实物礼品,来自著名的民国官员,如吴佩孚、王怀庆将军、海军上将蔡廷干,以及曹锟将军(不久之后当上了总统)。满洲的代表性很强。张作霖自己送了1万美元,满洲的吉林省和黑龙江省巡抚也各送了1万美元,他们的许多下属每人送了几千美元。当然,在君主制下工作过的前官员数量庞大,其中包括一些前总督以及许多曾在皇权之下,也曾(在某些情况下)在民国时期担任中国驻外使节的人,如胡惟德,他曾担任驻俄罗斯、日本和法国的使节(1933年11月,这位杰出的外交官在北平逝

---

[1] 1922年12月5日,北京的一位作家这样描述这次招待会:"星期天是一个难忘的日子,因为它给了那些真正感兴趣的人们一个机会,以友好的方式提醒他们,小皇帝和小皇后正是人们所希望的那样——这是一对青春年少的新人,他们有着人性化的自然感情,这种情感令人着迷,且赢得了朋友。"

世）。继徐世昌之后的黎元洪总统也送了许多礼物，其中包括2万美元现金。值得注意的是，根据皇帝的特殊命令，总统的全部礼金都交给了一个慈善协会，分发给了北京的穷人。

有一位前官员，虽然家境贫寒，但为了显示自己的忠诚，他呈上了自己唯一的财富——康熙皇帝御笔亲书的一本《千字经》，这本书是他家200多年来的珍贵传家宝。

作为忠诚的象征，比献礼人的名字及其礼物的价值更重要的是献礼人的自称方式。前总督和许多曾在君主制下任职的小权贵们都自称"臣"，这暗示着他们仍然视自己为陛下的"奴仆"。许多国会议员也这样自称——既不羞愧，也不害怕。蒙古人和大多数满族人也称自己为"臣"，尽管一些与皇室有关的满族人使用了相当古老的自称语"奴才"——还有自谦语"卑职"。

革命党官员的用词并不统一。他们大多省略了"臣"，而写了"呈亲"或"躬亲"——"呈献"之意。W.W.严博士就是使用"跪亲"——"屈膝献礼"之意，这个词曾被张勋、张海鹏等亲信使用过。最后提到的名字主人是热河总督，很高兴他在生命的最后一个夜晚可以公开回归过去的忠诚。

这里可以提到的是，几乎所有皇帝的结婚礼物，以及皇后的礼物，后来都被一群士兵和政治家没收了，他们在1924年11月成了北京的主人，尽管民国曾庄严地保证皇室的私产不受侵犯。紫禁城的珍藏被没收，理由是它们都是国家财产，就好像皇帝和他的祖先是这片土地上唯一被禁止以私人身份收藏艺术品的人。不管这次没收的原因是什么，很难说，在皇帝不再是中国的统治者之后赠送给他的结婚礼物，也是中华民族的合法财产，了解他被剥夺这些礼物的原因是很有意思的。在皇帝的婚礼上和其他场合，一些最不值钱的礼物就是我送的。它们被包括在被没收的财产中，尽管我显然无意把它们送给"中国人民"。毫无疑问，1922年大多数送结婚礼物的人对于自己的意图也会这么说。也许，"基督将军"和他的"大喜白玉如意"是个例外，因为当时他用武力征服了紫禁城，而没有不辞辛劳地挑选自己的结婚礼，并把它归还给收礼的人。

在婚礼前不久，皇帝颁布了一项法令，将三位先皇遗孀提升为皇贵太妃，拟文如下：

敬懿、荣惠两位皇妃小心谨慎，全力侍奉穆宗先帝；

端康皇妃侍奉德宗先帝，态度端正敬畏，极为负责；

现值朕婚庆大典，朕特定赐三位皇妃"皇贵太妃"之称，以示尊崇。

着有司呈上典册，使之有效。

钦此。

皇室成员和帝师以及其他许多人都被授予了"婚礼勋章"。溥杰，皇帝的兄弟，成了辅国公，也就是二等公爵。我的官阶从二品顶戴晋升为一品顶戴，陈宝琛成为太傅，而我的另一个同事朱益藩成为太子少保。内务府大臣绍英升为太保。内务府二品官员耆龄升为少保。醇亲王的已故父亲（皇帝的祖父）也被授予了新的追授勋章。

婚礼上只邀请了宫廷的成员在皇宫剧院观看一系列的御前戏曲，于1922年12月3日、4日和5日连唱三天。

应邀到紫禁城去看戏被认为是一种极高的荣誉，因此每一份邀请都得颁布诏书。这种邀请函作为古代宫廷礼仪的纪念品，如今已成过去。下面是我收到的复制珍藏版。

敬启者
现由奏事处传出，奉
旨
赏庄（士敦）　　于十四、十五、十六日
在漱芳斋听戏等因，钦此，用特布达，专此即颂
公绥
内务府启

内务府信笺

敬启者现由奏事处传出奉

旨

赏莊 於十四十五十六日在

漱芳齋聽戲等因欽此用特布達專此即頌

公綏

内務府啟

内务府信笺之邀请函

当时中国著名的戏剧演员大多都参加演出，三天都是全天上演，一场接着一场，共上演全戏和折子戏 33 场。光鲜亮丽的满族和蒙古的王公贵族聚集在一起，他们都穿着全套礼服，佩戴着孔雀翎。在我们经常享用的类似的一次盛宴上，我的邻居是一位年长的公爵，他是老佛爷最喜欢的亲戚之一。他告诉我，紫禁城自 1893 年（就是甲午中日战争爆发的前一年）以来，从未有过如此欢乐的气氛。不幸的是，皇后和福晋们的缺席，让这一场面的光彩荡然无存。其实她们在场，无疑和我们一样欣赏这一奇观，可惜，她们躲在屏风和镶板的后面，不让我们看见。整整三天，朝廷的暮色似乎变得更明亮了，看起来像白昼一样——但实际上并非如此。

第二十章　阴谋之下

无论是皇室婚礼的精心准备工作还是婚礼本身，都无法使皇帝顺应宫廷的现状，也无法顺应他自己的生活。面对内务府官员及其亲王盟友的强烈反对，他坚持任命一个特别委员会，调查和改革紫禁城和皇家财产的管理事宜。到目前为止，内务府一直是一个非常注重其传统权利的团体，让外人窥探其秘密，并极有可能揭露其数不清的罪恶的建议是不可容忍的。更可怕的是，竟然有人提议，调查委员会的成员应该包括汉族人。到那时为止，内务府一直被认为是满族人严密保护的领地，其人员空缺实际上总是由一种笼络制度来填补。他们很快意识到，任命一个全权调查委员会，由全部或部分非满族人组成，将是打破满族内务府成员垄断的第一步。

在醇亲王的帮助下（内务府总是向他求援，提出反对一切改革的建议，而且并非徒劳），暂时挫败了我推荐一名汉族人作为内务府大臣进入其常设机构的努力，但未能阻止我的另一个建议，即调查委员会应包括汉族人。就我个人而言，我更希望委员会只由汉族人组成，或者至少不包括任何一个内务府的现有成员。这个理想没有实现，但我任命了两个汉族人，一个是第十八章所写的那封信的收件人，另一个是信中提到的刘体乾（健之）先生，一个土生土长的中原人。

最不幸的是，长期的重病使前者无法走马上任。他也非常悲观地认为，只要内务府存在，只要它得到前摄政王和其他有影响力亲王的支持，就不可能对宫廷制度进行真正的改革，他预计任何委员会都不会取得成功。刘体乾先生接受了这个职位，但他的同僚不仅都是满族人，而且都是内务府的官员，他的任命产生深远影响的前景渺茫。然而，打破长期确立的皇室事务完全由满族人掌控的规则，总比什么都不干好。

当时，我和内务府的关系变得前所未有的紧张。1923年年初发生的一个小事件可以说明当时的情况。

我经常提请皇帝注意这样一个事实——时不时地通过出售或抵押宫廷珍宝来获得金钱的方法还有许多有待改进之处。我没有责任抱怨（尽管我经常抱怨）销售交易本身。考虑到无法废除内务府，以及民国无法履行其财政义务，很明显，皇室必须设法筹集资金来支付自己的开销。我抱怨的理由是这些财宝的处理是极其腐败和浪费的。这种做法是把货物卖给一个小型且独家的经销商圈子，这些商人与内务府有着密切而永久的关系，这使得双方能够充分了解对方，以双方都满意的条件进行谈判。实际支付的价格远远超过了皇宫账目上的数额，但远远低于所售物品的市场价值。真实价格和虚拟价格之间的差别变成了一个小秘密，披露此事对任何一方都不利。少年皇帝对此也不会多问，他从未学过金钱方面的知识，而且对定期从宫廷宝库里取出来的物品价格没有一丁点儿概念。从内务府的角度来看，这个制度的运作是极好的，直到一个爱管闲事的外国人试图让皇帝看到他的幕僚极其谄媚和温柔的行为，并取得了部分成功。

在我提到的特殊时刻，内务府收集了许多珍贵的物品，包括一个大约4英尺高的纯金的微型宝塔，并请求皇帝允许他们加以处置。他指责他们贪污腐败，并以我的名义作为他评论的依据，他说，如果在北京或其他地方进行公开拍卖出售，这些宫廷珍宝将获得远远超过平日里私下出售给少数特定商人的方法所能获得的价值。

那天晚上，信使们从紫禁城来到我家，带来了所有的贵重物品，包括金塔，还有一封内务府的信，大意是陛下希望把所有的藏品都交给我，以我认为合适的方式处理掉。我向他们要求皇帝的书面授权，但他们拿不出来。于是，我吩咐他们把这些贵重物品带回宫里，并告诉他们，如果皇帝陛下对我有什么吩咐，我第二天去拜访他时，他会亲自下达命令。信使回答说，他们收到明确的命令，要把这些东西留在我家里，还要拿到一张收据。我反驳说，如果我不负责保管贵重物品，我就不给他们收据，他们留下的任何东西都要放在大门外的大街上。然后，他们伤心地退了出去，请求我为他们没有完成使命而免除一切责备。他们什么也没留下。

第二天，我把这件事告诉了皇上，皇上也同意我的说法，认为这是内务府故意要置我于难堪境地。当他愤愤不平地要求内务府为其行为做出解释时，唯一得到的答复是他的愿望被曲解了。事情就这样过去了。

以下是一个比"金塔传说"更惊心动魄的故事。1923年2月24日，星期六（皇室婚礼后不到三个月），民国总统黎元洪举行了一场招待会，我是宾客之一。在那里，我遇到了一位在北京的外国公使的妻子，她告诉我，她的丈夫因重感冒不能出席招待会，但有急事要尽快见我。我立刻去了他的使馆。他与我交流的内容如下。

三天前，皇帝的弟弟溥杰拜访了他，并告诉他，皇帝已经决定秘密离开紫禁城，想请公使帮助他执行逃离计划，首先在使馆接待他，然后帮助他立即前往天津。公使问溥杰，他或皇帝有没有跟我商量过此事。溥杰回答说没有，因为他们认为我会反对这个计划。他补充说，有一个亲王参与了这一计划，皇帝到了天津就住在该亲王在英租界的房子里，皇宫已经送来了大量的贵重物品。公使说，他会仔细考虑这个提议，并要了溥杰的电话号码，还有该亲王的电话号码。溥杰给出了两个电话号码。但后来，溥杰一回家，就亲自给公使打电话，急切地请求他无论如何不要给那个亲王打电话，因为该亲王不想有人向他问询。公使对我说，他已经仔细考虑过了，出于对那位违背自己意愿被关在宫中的少年皇帝的怜悯，他几乎下定决心在使馆接待他，并亲自陪同他到天津去。当然，他不会采取任何措施把皇帝陛下带出宫殿，但只要陛下到使馆来，他就会充当他的东道主。

听了这位公使要说的一切之后，我就偷偷地告诉他，去年6月，皇帝请求我带他去英国使馆，但我没有答应，还解释了我拒绝的理由。我还告诉公使，在我看来，皇帝只要离开紫禁城，太监和宫廷侍卫就不可能不知道，他们肯定会拉响警报，除非用贿赂去换取他们的沉默。

第二天，2月25日，我给公使写了下面的信：

> 我越想你昨晚告诉我的事，就越觉得"你的访客"[1]的计划非常草率，如果有人试图实施这个计划，结果可能对我们都十分关心的那个人来说是非常不幸的。既然如此，我就不可能参与这个计划了，我相信我

---

[1] 指溥杰。——译者注

的任何行动都会遭到使馆和英国政府的强烈反对。如果相关人士就这个问题向我征求意见，我会建议他不要采取所计划的行动，但我不会采取积极的措施来阻止计划的实施，因为这样做会辜负你的信任。

应该说明的是，这些事件发生在节日期间，从农历新年前夕到皇帝生日之后的几天。在这段时间里，帝师们不常到宫里来，除非他们受到召唤。如果我认为有必要与皇帝讨论这件事，那么，我将不得不要求一次特殊的会面。

我给公使的信未能改变他的决定。当日（2月25日）下午，他给我回了一封信，内容如下：

> 我的访客[1]告诉我，他的哥哥决意要执行他的计划，他已经深思熟虑过了，他打算今天晚上就去行动……我告诉他，我已经和您谈过了，可他一点儿也没感到惊讶。但如果您有同感，请今天下午去看看我们的朋友，如果可能的话，让我知道你们谈话的结果。

对此，我立即回复如下：

> 非常感谢你的来信。我决定今天下午不去看望我们的朋友。根据我对他的性格的了解，我确信我现在不能改变他的目标。特别是因为他很清楚地知道，我由衷地同意他的总体态度，而且一直非常强烈地赞成他的生活方式发生翻天覆地的变化。只是他最终决定采纳的那个特殊计划，我不能同意。目前我唯一能希望的是，这个计划能够成功，而我悲观的预感不会成真。他能得到像你这样一位有影响力且富同情心的朋友的帮助，真是幸运。

这些信件在使馆区和我家之间传递的时候，已经是傍晚了。我留在家里等待消息。那天晚上，直到最后一班火车开往天津，我的电话铃才再次响起。电话那

---

[1] 访客指傅杰。——译者注

头是公使，他的话十分简短："计划失败了，我们的朋友还没到。"

第二天早晨，我到使馆去听公使要说些什么，可他也所知甚少。在皇帝预订去使馆的时间之后（按照计划，溥杰要用他自己的马车把他送到那里），皇帝亲自打电话给公使，告诉他出事了，要他派一辆车到宫殿的一个门口把自己带走。公使拒绝这样做。他坚持自己的决定，只要皇帝亲自来使馆，他就会迎其进门，并陪同他去天津，仅此而已。公使继续告诉我，他已经为晚上去天津的旅行做了一切必要的准备，已经弄到了车票，还预订了包厢。到目前为止，他还不知道皇帝没有露面的原因。我自己直到第二天（2月27日）才知道实情。那天早上——正好是皇帝生日的前一天——他派我去他那里。溥杰是唯一在场的第三人。皇帝想当然地认为我知道他企图逃跑的事儿——有人已经告诉他了。他为自己没有与我商量而辩解，因为参与这一计划的亲王告诫他，绝不能和任何与朝廷有关的人讨论此事。这个秘密只有皇上、亲王和溥杰知道，外交公使也不例外，后者只负责安排皇上安全前往天津。

这个计划的失败是由各种各样的原因造成的。溥杰在紫禁城和使馆之间走了好几趟，每次离开宫殿，他都带着一些密封的公文包。他从紫禁城带到使馆的公文包共计14只。这一趟趟的往返，以及这么多公文包的转移，引起了一些宫廷工作人员的怀疑，也有一些理由相信，溥杰的仆人们已经向他父亲醇亲王做了秘密报告。与此同时，皇帝自己为离开所做的准备引起了一些宫中太监的注意。结果是，在出发的时刻到来之前，紧急电话留言已经把内务府大臣们召集到宫里，所有大门的卫兵都已经换了，如果皇帝试图通过他们中的任何一个离开紫禁城，此人都会挡住他的去路。他最后的希望是，他一直依赖的外国公使会想出办法把他带到使馆区。因此，他打电话以个人名义请求调用公使的车，但后者是绝不会派车去接前者的。

皇帝和溥杰都告诉我，主要负责这个阴谋的亲王决定"隐身幕后"，并且否认自己与此事有任何牵连。在他的鼓动下，或者更确切地说，在他的诚恳请求下，皇帝采取了沉默的策略。当醇亲王和内务府官员责问他是不是脑子里曾经有过偷偷离开紫禁城的念头时，他装出一副茫然惊讶的样子。在这一点上，我认为他错了，并毫不犹豫地说了出来。但在当时，我并没有意识到，如果他采取更大胆的策略，坚持他只要愿意就可以离开皇宫的权力，亲王和内务府就会请求民国政府的帮助，阻止他离开。

溥杰虽然在这种情况下不能否认自己参与了这个阴谋，但也拒绝回答问题，并告诉我他会继续这样做。作为最有影响力的亲王——前摄政王——的儿子和继承人，他不太可能因为固执而遭受粗暴对待。不幸的是，事实证明，在这场宫廷阴谋中扮演次要角色的卑微阶层并没有得到同样的豁免权。

对于这次失败，皇帝看起来没有我想象的那么沮丧。他对此事轻描淡写，如果他当时非常渴望摆脱皇宫的束缚，就很难做到这一点。这起初使我迷惑不解，我们的谈话还没有结束，我就确信，这个计划不是他首创的，而是另一个人策划的，他只是被说服在其中扮演主角而已。我确信，这个计划的"真正作者"是那位我不愿透露姓名的亲王，或者是某个躲在更阴暗的角落里利用亲王代办的幕后主使。

皇帝及其弟弟的顽固沉默使内务府官员们和亲王们感到困惑和沮丧，尽管其中一个亲王只是假装伤心而已。怀疑我是主要同谋者的消息很快就在宫廷圈子里传开了。第二天——2月28日，皇帝的生日——这种迹象就显现出来了，当天，按照习俗，我去皇宫参加了祝贺仪式。

在以前所有类似的场合中，我都受到了满族亲王和我的官员同事的特别关注和礼遇。这次他们完全不理我，把我一个人留在休憩室里，但照例有人用茶点招待我。从进宫到出宫，我只和苏拉和太监说过几句话。第二天，我的同事陈宝琛来看我，从他向我提出的问题可以明显看出，他受命从我这里获取一切可能的信息，特别是查出我在这场臭名昭著的"阴谋"中扮演了什么角色。当然，我不能把我所知道的或者甚至是我所怀疑的告诉他，虽然我能够诚实地断言我与那个阴谋无关，但很明显，他的怀疑并没有消除。

我的下一个造访者是民国总统的一名秘书，也带着类似的差事。他告诉我一个相当令人吃惊的消息：民国政府、国会议员、曹锟将军（即将成为总统）、吴佩孚元帅和前总统徐世昌都知道皇帝企图向某个外国使馆求助的事情；我的名字也被政府圈子提及，他们怀疑我就是那个罪魁祸首。我给他的回复和我对陈宝琛的回复差不多一样，仅此而已。我们随后进行了两次面谈，讨论了这个问题，第二次会谈时，他告诉我，由于政府决心查明真相，王怀兴将军被委以重任，从那些受贿的宫廷侍从和卫兵那里获取情报，这些人在这场阴谋中扮演了微不足道但必不可少的角色。当然，这意味着这些不幸的人可能会受到严刑拷打。

令人高兴的是，事实证明没有必要采取这些极端手段。真相——或者说大部分真相——很快便大白于天下，这件事引起的骚动来去匆匆，很快平息下来。4月18日，我给一位英国官员写了一封信，摘录如下：

> 皇帝本人没有受到任何严厉的对待或新加的限制；尽管他亲口告诉我，宫殿大门的守卫已经被警告过，谁允许皇帝出宫，谁就会被枪毙。甚至他的私人电话（他去年违背内务府的意愿安装的）也没有拆除，现在一切都进行得很顺利。当局显然满意地认为，我和这起阴谋没有任何关系，而且他们也尽量保持礼貌。我认为这件事必须保密的真正原因是那个亲王深入参与其中，而且他是一个很有影响力的人，不能动他一根毫毛。我了解到，皇上前段时间就是通过他在天津买了一所房子。它位于英国租界，毗邻该亲王自己的天津住宅。几天前，亲王亲自来见我，并和盘托出了来龙去脉，但同时要求我不要向任何皇室成员提及此事。如果皇帝成功逃走了，他就会去这座房子，看来我是要被派去那里和他会合，等待一个合适的出国机会……在我看来，很有可能，该亲王的意图是最终把皇帝的安全交给张作霖来守护。我碰巧知道张作霖和该亲王的关系非常融洽。

最后一句话包含了整个阴谋的线索。

皇帝本人并不知道这场阴谋的深远后果，以及他要在其中扮演如此重要的角色。他只知道，他离开紫禁城并出国的夙愿终于要实现了。他是第一个去天津英租界的。他被告知，当他在自己的房子里安顿下来，可以自由地做自己喜欢的事情时，就会有足够的时间去考虑自己未来的行动了。我只能从一点一滴的零碎证据中得出结论，整个计划的关键部分就是他要去满洲。保皇派将领张勋欢迎他到天津，并准备做他的守护者和保护者。皇帝到达后不久，就有人向他解释说，他有义务去奉天附近祭拜祖坟，以宣布他与伟大太宗皇帝的精神联系。太宗（1626—1643年满洲统治者）是第一个树立帝国尊严、建立独立国家并采用大清国号的满洲君主。一旦皇帝到达满洲（张勋会护送他去那里）他当然会进入实际统治者的直接监护之下。

由此可见，策划者不是别人，正是强大的满洲军阀张作霖本人。他与张勋有着密切的姻亲关系，而后者对旧王朝的忠诚从未动摇过。这位未透露姓名的亲王在这场阴谋中扮演的角色是必要的，但相对来说并不重要。他只是协助皇帝离开紫禁城，并安排他安全前往天津。从张作霖的观点来看，最重要的一点是，不论计划成功与否，他都不应被怀疑与此事有任何关系。这就是考虑了很长时间的阴谋计划在皇帝婚礼后几周内实施的原因。他们想要的是皇帝去满洲旅行的一个合理借口——那就是婚礼后的皇陵参拜仪式。

尽管尽了一切努力将此事保密，但皇宫里仍有传言说可能要出大事了。2月23日，也就是少年皇帝企图逃跑的前两天，少年皇后的父亲拜访了一位美国朋友，并告诉他，他非常担心政治局势，因为他从一位消息灵通的外国人（一位与匿名亲王关系友好的法国人）那里听说，"在五六天之内，将会发生一些事情，引起相当大的骚动"。那么，很可能就在皇帝企图逃跑的那天晚上，内务府和皇室成员都已处于戒备状态，而且，他们对他的监视比他自己所怀疑的还要严密。

原则上，当时华北的当权者，并不反对皇帝去他想去的地方。他绝不是政治犯。但是，如果有一丁点的理由怀疑他的最终目的地是满洲，而张作霖参与了把他带到奉天的阴谋，那么，局势显然是充满了最严重的可能性。其中一种可能性就是在满洲重建君主制，这本身不会在华北政坛引起太大的抱怨，因为那里很少有人以忠于共和原则而闻名；但是以张作霖为幕后主使的满洲皇位，将对以北京和洛阳为基地的政治和军事结构的稳定构成永远存在的威胁。如果策划者的最终目的是重新加冕皇位，那么，人们可能会问，为什么这个计划必须对除一位亲王之外的所有满族亲王和宫廷当局保密呢？这是因为，众所周知，亲王们和内务府更关心他们自己的命运，而不是皇帝的命运。他们会反对他撤回到满洲，因为这几乎不可避免地会导致民国当局占领紫禁城，以及内务府和许多亲王赖以生存和活动的体制崩溃，而这正是《优待条款》旨在维持的体制。因此，他们完全同意北京当局迫切需要阻止皇帝冒险去满洲。

到目前为止，我的一些读者可能已经假定，皇帝要去的使馆的外交公使，以及为他前往天津提供便利的外交公使，就是日本公使。其实，日本公使一点儿也不关心此事——没有直接关注，也没有间接打听。

应该补充的是，这位英国公使——我不能在未经他同意的情况下透露他的名字——对这一重大阴谋一无所知。他只以为皇帝实际上是被困在紫禁城里的"囚犯"——这种假设与事实相去不远——而且皇帝一直渴望自由。他只是提出，如果皇帝亲自到那里去，他就打开使馆的大门恭迎圣驾；如果皇帝要求他陪他去天津，他就陪他去。事实上，他准备要做的事情，和其他许多处于类似情况下的人所能做的差不多，仅此而已；他提出要做的事情，他会以一个彬彬有礼的绅士身份去做，而不是以他的外交身份去做。

至于那位匿名亲王，以及他那并不十分出色的"侠义的"行动计划，也许说得越少越好。我有理由相信，张作霖从未完全原谅他的失败，谈及他时也是带着不耐烦和轻蔑的口吻。对张勋来说，这个计划的失败带给他极大的失望，可能加速了他走向生命的尽头。他于同年9月与世长辞。

据我所知，没有任何关于皇帝试图离开紫禁城的消息传到媒体。但是，在阴谋失败后的一段时间，姗姗来迟的中国报纸和外国报纸都隐晦地提到了皇帝可能会去满洲祭拜他的祖坟，以及日益严重的政治可能性。例如，北京的英文报纸在3月23日，即阴谋败露一个月后，发表了下面这段文字：

> 据中国各界报道，前皇帝不久将前往满洲，到新城府去祭拜祖先。
> 据说，皇帝结婚后带新娘去祖坟是一个古老的习俗，但是，这个谣言在政界引起了极大的轰动，因为关于他与张作霖将军的关系，有许多说法。该报道尚未得到证实。

更为重要的是《京津泰晤士报》驻北京记者5月24日的通讯报道：

> 我不是危言耸听的人，本报记者认为，这个12岁的民国，其历史上的第五次革命即将到来……这场革命什么时候发生，谁在背后支持，都是有争议的问题。它将主要来自奉天和张作霖。所有所谓的老派政客都支持他——无论是经济上还是其他方面。他的野心是否在于恢复政府的君主制尚存疑问，但在这方面，可以指出的是，正是隐退的保皇派把他们的财富集中起来，认为他们可以把国家团结起来。本报记者暂时只想说，另一场君主制革命即将来临，而且张作霖和张勋都参与其中。本文

所依据的资料是费了好大的劲才得到的，但来自中国的官方资料，是不容置疑的。

这个记者的消息来源很可靠。他不知道的是，在他写下这段文字的三个月前，这个计划就已经失败了。

这件事已经成为过去，即使在私人谈话中也很少提及，皇帝开始以间歇性的热情投入到一个委员会的工作中，该委员会被任命调查皇室的财务管理。没有他个人的鼓励和坚持，委员会不可能在对抗内务府的顽固反对和"拒绝采取行动"态度上取得多大进展。毫无疑问，该委员会的所有委员都是内务府成员——有一个人除外。

当时皇帝发表的最令人不安的声明之一（从宫廷工作人员的角度来看，确实令人不安）是，除非内务府的开支从现有的每年约600万美元削减到50万美元，否则，皇帝是不会满意的。下一个打破内务府平静的是，他要求清点宫殿的珍宝，让他们经常随意挑选各种物品拿来供他检查。他经常叫我来，以便我们可以一起查看这些财宝。实际上，每一件财宝对他来说都是陌生的，对我来说也一样陌生。正如未破损的封条上显示的那样，其中大多数珍宝都被保存在世代未曾打开的容器中。自从被那些早已被人遗忘的贡奉者和省级总督送进宫之后，它们就再也没有重见天日。密封盒里的物品很少或从未被动过手脚，但是，对于其他物品，不久，皇帝就发现，清单上并没有显示出藏宝室的真实情况，他想要看的许多物品都是找不到的。皇帝发现实情之后的愤怒，在皇宫里引起了某种恐慌。

有一天，皇帝当着我的面说，他要亲自去视察储藏宝物的一些空屋和宫殿。其中一座被指定为早期考察的建筑，是位于紫禁城西北部的建福宫。6月27日凌晨，天还没亮，我就被我的仆人叫醒，告诉我皇上要求我立即进宫。有一段时间，我的车被一大群人堵住了，尽管时间很早，他们还是挤满了街道。我来到了神武门，却发现紫禁城的一部分陷入熊熊烈火。建福宫已经不复存在了——它被轰鸣的"火炉"吞噬了。附近的一些建筑物也起火了，如果不是意大利使馆及时送来的消防车，皇帝自己的宫殿和皇后的宫殿可能也会化为灰烬。

我发现皇帝和皇后站在一堆烧焦的木头上，悲伤地凝视着这一惨景。有几个亲王来到了现场，内务府的官员们正在小题大做地竭力指导纪律严明的意大利消防队员如何灭火。

我到的时候,火焰还在熊熊燃烧。刚走到皇帝面前,我惊讶地看到三个穿着晚礼服的欧洲人——其中一个是女士——早些时候还整洁无瑕,现在微笑着从烟雾中冒了出来。他们的外观给我的第一印象是,他们的礼服再也不能穿了。第二印象是,这三个人我都认识。他们是英国使馆的职员——加斯科因先生和卡森夫妇。当我把他们介绍给皇帝和皇后之后,帝后二人立刻感谢他们在帮助扑灭火灾中所表现出的热情和勇气,他们告诉我,他们从北京大饭店的屋顶花园看到了火,于是立即驱车前往紫禁城。起初,他们试图让警卫放行,结果却混在了意大利消防队员中间,成功地通过了大门。

即便不计入被毁建筑物的历史价值和建筑价值,这场火灾的损失也是巨大的。据后来呈报皇上的记载,被烧毁的贵重物品共6643件,幸免于难的有387件。丢失或无法修复的宝物包括2685尊金佛;1157幅画卷,主要是佛教作品;1675件黄金佛教祭祀用品;瓷器、玉器、青铜器435件,包括周、唐、宋、元等朝代的器皿,数以千计的书籍,以及31只装有貂皮和皇袍的箱子等。

紫禁城的大火自然在北京引起了轰动,中国媒体充分表达了一种普遍的看法,即这是太监们造成的,他们担心自己的不法行为会被立即发现。下面的例子展示的是当地报纸刊登的一些言论,内务府不予反驳。

> 6月29日,北京——现在看来,周三被火烧毁的紫禁城建筑物的财产,实际上已经开始清点了。少年皇帝曾下令对宝物进行详细的清点,火灾发生时,有两间屋子被烧毁了。这更加证实了这样一种观点,即那些逐渐洗劫宫殿的罪犯看到他们很快就会被抓住,于是采取了这种孤注一掷的措施来掩盖他们的踪迹。
>
> 中国人举了一个类似的例子,这类卑鄙的罪行发生在几年前。被蒙古人视为圣地的北海万佛寺遭到了抢劫,为了防止被人发现,这里突然发生了火灾,现在只剩下一个空荡荡的庭院,就在北海北著名的"九龙壁"后面。

火灾的起因由内务府进行调查,因此没有决定性的结果。这场灾难的真正原因从未被发现，或者即使被发现也从未被披露。有人试图说服皇帝，火灾是由电线熔断引起的，但他拒绝采信。几个负责被毁建筑物的太监，以及负责紫禁城照明的人，都被逮捕了。有几个人被解雇了，但没过多久，其中一些人又复职了。至于为什么直到火势大到建筑物和里面珍贵的东西来不及抢救时才发出火警，从来没有得到过令人满意的解释。内务府的态度似乎是，损害已经造成，无法弥补，说得越少，忘记越快，对大家都好。

但是，皇帝拒绝忘记这件事，也拒绝停止询问相关的麻烦问题。几个星期以来，紫禁城表面上看起来很平静，但事实证明，这是暴风雨来临前的平静。

火灾之后的建福宫遗址

火灾发生18天后，暴风雨就来了。7月15日，北京发生了一件比火灾事件更让汉族人和满族人激动的事情。在这一天，全部太监被驱逐出紫禁城，从而废除了在中国宫廷中延续了千年的制度。

皇帝的行动充满了活力和决心，这是皇帝的目的所驱，也为他赢得了声誉。我知道他的意图，从总体上讲（除了可疑但未经证实的火灾原因之外），我衷心赞成他的建议。我经常和他讨论太监制度，他知道这被西方世界视为野蛮的遗迹。然而，直到1923年的年中，在皇族、前摄政王父亲、内务府，甚至中国帝师的顽固和统一的反对之下，他已经对它的废除感到绝望了。然而到了1923年7月，他决定了一个行动计划，直到决定执行的那一天，他都对他们保密。

他告诉他父亲，他想去看看他。来到北府后，他立即私下见了父亲醇亲王，并告诉后者，他已经下定决心要除掉太监，并且要立即行动。醇亲王恳求皇帝重新考虑这件事，可惜规劝失败。他又向皇帝建议，如果真要废除太监，也应该事先安排合理的通知，并逐步解雇，不可一刀切。皇帝不同意，他指出，除非他的父亲愿意看到，整个紫禁城与建福宫同归于尽，否则废除太监的命令必须在一天甚至一小时内生效，而且必须同时驱逐所有的太监。随后，在监视之下，他们可能被一个接一个地重新安排入宫，目的只是让他们收集打包自己的个人财物。皇帝按照醇亲王的建议行事，仅仅告诉他们必须准备在规定的时间内离开紫禁城，这将是一个致命的错误，因为这将使他们能够相互勾结，洗劫宫殿，并且，他们可能在离开之前放火烧皇宫。

这是一次有点痛苦的面谈，后来皇帝详细地向我描述了。最后，皇帝说，他不仅坚决要求太监们离开，而且拒绝返回紫禁城，直到太监们离开。

醇亲王让步了，近乎歇斯底里。在一段短暂的间隔之后，又进行了一次父子间的会谈，皇帝在其间概述了他认为实现自己目标的最佳方法。王怀庆将军是一位民国军官，也是皇室的好朋友，他指挥着驻扎在北京的军队。皇帝想马上派人去请他，要他派一小队纪律严明且值得信赖的军队进驻紫禁城。与此同时，命令内务府大臣绍英召集所有的太监（大约有1000多人）到其中的一个宫殿庭院，并简洁地通知他们，奉皇帝的命令，他们必须立刻离开宫殿。如果他们表现出任何不安，或者任何可能破坏秩序的迹象，他们将被王将军的军队包围，并被赶出紫禁城。

皇帝的计划实施了，并且成功了。在王将军的士兵的眼皮底下，太监们聚集起来听取自己的命运。他们默默地听着自己被解雇的消息。在不到一个小时的时间里，他们都穿过了神武门，紫禁城不再把他们当作皇宫里的永久居民了。

三四天里，北京民众看到了一种罕见的景象：宫廷的太监们成群结队地坐在紫禁城北墙和景山之间的阅兵场上，郁郁寡欢，等着轮到他们三三两两地回宫领取私人财产，以及按年龄和资历分配的奖金。

在这件事上，皇帝遇到了一个困难，他不得不妥协。他现在已经长大了，也已经足够强壮，能够成功地对付一个胆小无能的父亲了。可他发现，对付三个泪流满面的女人就不那么简单了。这三个女人都是太妃，当她们得知，那些不可或缺且忠心耿耿的太监们不能继续留在她们身边，满足她们的每个需求并听从她们的私人吩咐，便悲从中来、痛哭流涕。在这场摄政王彻底失败的斗争中，究竟是她们的眼泪还是她们那种类似母性的权威给了她们胜利，我无法评说；但是，皇帝因此撤销了部分解职命令，任用了大约50名太监，他们的职责仅限于侍奉三个老太妃。

中国的报刊一致赞扬皇帝废除太监制度的行动，对皇帝性格和智慧的发展以及对现代思想的理解也给予了大量的赞扬。中国一家新闻机构这样描述此事：

> 前皇帝宣统的这一举动，受到了本报和广大民众的欢迎。宣统现在被誉为当今前清皇族中屈指可数的进步人士，如果他早出生三四十年，可能就不会有中华民国了。

一些媒体评论提到了我本人以及我对皇帝的所谓的影响力，但这种评论的语气并非不友好。在太监被开除后的几个月内，我收到了无数匿名信件，其中有些内容并非如此友善。他们用各种形式的奉承和威胁来诱使我说服皇帝改变他的决定。我的一些来信者很"体贴"地警告我，如果我不能恢复太监的职务，他们会让我付出生命的代价。

第二十一章　御花园岁月

建福宫的彻底毁灭是一场无法弥补的灾难，但它产生了一个小小的结果，却是完全有益的。它为皇帝提供了一大片土地，在废弃的建筑物被清理干净之后，这里将变成一个令人羡慕的游乐场。迄今为止，还没有足够的空间来实现这一目的。御花园规模小，假山、亭台楼阁、古树林立，令人赏心悦目。在新的娱乐场地，有足够的空间进行各种户外娱乐活动，1923年10月22日，草地网球比赛首次在紫禁城的城墙内举行。第一批运动员，一边是皇帝和他的兄弟溥杰，另一边是皇后的兄弟润麟和我。没有必要提及这场比赛的结果，如果同样的搭档在1934年再次对决，结果可能会相反。

除了户外娱乐，皇帝还有其他事情要做。除掉太监之后，他急于在宫中进行许多其他激烈的改革，但每一次都受到内务府的阻挠。他坚信，除非他能找到一个能干、廉洁、经验丰富的人来代替绍英担任内务府大臣，否则改革不会有任何进展。他也意识到，他不太可能在满族人中找到一个具备必要资历的人，这不免让他感到遗憾。

在得出这个职位必须由汉族人担任的结论之后，皇帝发现他的任务变得简单了，因为在过去的一两年里，已经有几位非常杰出的汉族学者和前政治家成为南书房中的荣誉成员，南书房原来是隶属于朝廷的翰林院秘书处。他们之所以被选中，不仅是因为他们的声望给晚清朝廷增添了光彩，还因为他们对朝廷一直忠心耿耿，而且有几次因为拒绝为民国政府服务而牺牲了光辉的事业。其中两个人——罗振玉和王国

王国维先生壮年小像

维——作为历史学家和考古学家的名声，已经传到了欧洲。第三个大名鼎鼎的忠臣，当时在国外不像现在这么有名，叫郑孝胥。

1923年下半年，这位非凡的人物第一次受到了皇帝的正式接见。他是由他的乡亲兼我的同事陈宝琛推介的。在两次觐见中，他的个性给皇帝留下了深刻的印象，后者表示希望我能认识这个人物。我们见了几次面，我和他以及他的一个儿子讨论了皇帝的事务和紫禁城的腐败问题。过了没多久，皇帝问我对郑孝胥的看法。我告诉他，在中国生活的25年里，我从未遇到过比他更值得尊敬和钦佩的中国人。郑孝胥，也就是他的朋友和文学界所熟知的苏戡，不是一个政治家。他曾在帝国统治时期担任文武两职，被官场视为前途无量的人物。和其他许多保皇派一样，他在民国建立时辞去了职务，投身于文学和书法事业。他无疑是他那一代中国最有学问、最有成就的人之一，也是在世的中国诗人和书法家中最杰出者，还是一位真正的儒家"君子"。我认识他的时候，他已经60多岁了，但他的能量和活力就像一个年轻小伙子。他从一开始就反对革命，不仅因为他对君主的忠诚——忠诚是苏戡等人信仰的一部分，还因为作为一名爱国者，他真诚地认为革命对中国来说是一个可怕的错误和灾难。1912年，他在收到皇上退位的消息后写了一首诗，诗中蕴藏着一个忧郁的预言——"大乱从此起"，后来的事实证明，这是千真万确的。

苏戡在另一首写给长子郑垂的诗中警告说，财富和荣誉的价值不过是一支鸿毛，而他也以自己职业生涯的事实表明，他对官场上的虚饰和私利是多么不在乎。他一次又一次地拒绝在一个他不承认其权威的政府下就职。除非他能一心一意地为民国服务，否则他就不会去任职，因为他既要效忠清朝皇帝又要承载爱国情怀。1923年，我第一次见到他时，如果他的目标是致富的话，他可能已经是中国最富有的人之一了。事实上，他宁愿过着默默无闻和相对贫穷的生活，他的大部分收入来自出售他的书法标本。

然而，尽管他坚决拒绝在民国的领导下就职，但还是尽职尽责地服从了皇帝的命令，协助他重组内务府。他成了内务府的第一个汉族总管。在名义上，他与绍英同任，因为有必要保全绍英的"面子"，但很快，紫禁城里的人都认识到，真正掌握大权的是郑孝胥。

他立即受到既得利益受到威胁的腐败同业者们的敌视和反对，这会让一个没有苏戡那么勇敢的人望而却步。在他被任命后的几天里，他成了一位蒙古王子（皇室的亲戚）午宴上的主宾。他给我看了他刚收到的两封信。两封信都威胁他说，除非他立即辞去新职位，否则会遭遇暗杀。他当着我的面把这两封信撕掉了。他对这种威胁不屑一顾，但不久，他就遇到了自己从未预见过的真正困难——内务府的官员们与一群有影响力的蒙古王公以及民国内阁中的一个强大派系结成了联盟，他们对他充满了恐惧和仇恨。

内务府试图迫使新总管辞职的阴险手段之一，就是在民国政府内部散布消息，说他接受任命的目的是为了获得对宫中珍宝的控制权。幸亏郑孝胥的声誉很高，因此这种指控是没有人当真的。与此同时，他不动声色地进行着自己的工作，不到三个月，他就进行了改革，使宫里的开支每月减少了好几千美元。种种迹象表明，如果不受干预，他将能够在相当短的时间内，向皇帝提交一份平衡预算。

在1923年年底之前，我与皇帝的关系已经变得十分随意，我的职位是伙伴而不是导师。他结婚后放弃了在毓庆宫的正常学习，虽然我仍然每天去拜访他，每天花相当多的时间陪伴他，但我没有固定的上课时间。我们通常会面的地点是：他自己的住处，或紫禁城中以前被认为是专供皇帝和宫中贵妇适用的御花园。

这个古老的和平之地——注定不久就会失去如此美名——它坐落在紫禁城最北端的中心，在乾清宫和坤宁宫的后面。它的假山、石窟、古老的树木和蜿蜒的小径，使它成为一个魅力绽放的美妙之地，我对紫禁城最快乐的回忆将永远集中在这里。

早在1924年，皇帝就给了我一个在历代宫中绝无仅有的恩宠——根据宫廷官员的说法。他把御花园里的一座楼阁分配给我，既作为我的私人住所（如果我恰好可以在那里过夜的话），也作为我白天可以读书写字的地方，皇帝本人可以在那里看到我，而不必拘泥于形式。这是花园西南角的一个大型的两层亭子，从皇帝自己的养心殿出发，步行几分钟就到了。它的名字叫"养性斋"，意思是修身养性之所。慷慨的主人为我布置了欧式家具——如果提前问我，我会说更喜欢中式家具——我还从自己的书房里带来了海量书籍，以增添它的吸引力。养性斋包括几间客厅和一间卧室。在毗邻的一个建筑里，还有几个房间，是为我自己的仆人准备的，也是宫里仆人来伺候我时备用的。我每天大部分时间都在那里度过，有时独自一人看书，有时与皇帝结伴。偶尔，他会不请自来，并留在养性斋吃午饭，通常情况下，宴席的食材是由他自己厨房里的仆人带来的。有几次他带了一两个年轻的满族亲王来和我们一起吃饭。我们经常在亭子或花园里碰到皇后或端康皇贵太妃（瑾妃），通常，皇后由伊莎贝尔·英格拉姆小姐陪同，她是皇后的美国朋友，在皇后作为新娘进入紫禁城之前和之后都是她的英国籍教师。有时候，我会从养性斋被召唤出来，去皇后的宫殿（储秀宫）与他们共进晚餐。

紫禁城御花园内的养性斋

皇上带到阁楼来的客人中，有个老当益壮的忠臣叫辜鸿铭，关于他，有些事已经在前面的章节中提到过。皇帝在养心殿召见了他，然后带他去花园吃午饭。这位老人以前从未见过皇帝，他几乎被这种荣耀给征服了。他来吃午饭的时候，仍然沉浸在一种敬畏的沉默之中（我以前见过他，在平常的场合从未见过他说不出话来），在我看来，即使是皇帝的青春活力和随心快乐，也没能引起他的共鸣。毫无疑问，在这位老人的灵魂深处，有一些我们听不到的旋律，只有他自己知道。我听说，辜鸿铭认为这是他一生中最值得骄傲的一天。不久以后，他临终时，也因想起这一天而感到安慰。虽然在苏格兰接受外国教育的辜鸿铭有很多外国朋友，但他总体上并不喜欢西方洋人，革命后对他们的厌恶加剧了，他把革命的爆发归咎于西方的影响。他讨厌把一种与中国精神格格不入的民主理想引进中国。他这样写道："这种崇拜暴徒的宗教，从英国和美国输入中国，这带来了这场革命和当前中华民国的噩梦,正在威胁要摧毁当今世界最宝贵的文明资产——真正的中国精神。"他还补充说,这种"暴徒崇拜",如果不立即予以镇压,"将不仅摧毁欧洲文明,而且摧毁世界上所有的文明",也有欧洲人这么认为。

庄士敦、婉容和伊莎贝尔·英格拉姆在紫禁城内

辜鸿铭从来都不是一个一流的中国学者,因为像许多在国外受过教育的中国人一样,他只学习英语及其他外语和学科,而忽视了中文的学习。回国后,他也没有成功地弥补自己的空缺。然而,他热切信奉儒家思想是中国文明发展的最佳基础,并对《论语》进行了极具特色的翻译,虽然译文有点儿散乱,也不总是准确的,但他的误译大多是情有可原的。他因自己精通西方语言而觉得了不起,其中包括一知半解的拉丁语;他夸大了自己英国文学风格的优点,与他同时代的许多年轻人相比,他的文学风格有点儿蹩脚;在讨论自己感兴趣的事情时,他总是固执己见,还咄咄逼人;他顽固地拒绝承认他那个时代的混沌中国也可能孕育某

种好事情；他总是坚持认为自己的同胞是世界上最有礼貌的人，因此是最文明的人，但却常常不能在自己的行为中体现出这种令人钦佩的品质。他的确既傲慢又粗鲁，尽管他的大多数朋友都认为，他从来没有故意失礼。在许多方面，他是一个令人钦佩的可爱人物，是正在消逝或已经消逝的旧中国留下的栩栩如生的遗迹之一。应该补充的是，他从来没有从他做过的任何工作中赚过钱，尽管他担任过各种各样的小官职，其中一些还提供了各种各样的"压榨"机会，但他从生到死都是个一贫如洗的人。

辜鸿铭引以为豪的中国礼仪是汉族的民族特色之一，但遗憾的是，在接待一位非常杰出的陌生人时，一部分北京学生却没有给出这种礼遇。1924年，这位陌生人是皇帝的访客之一。当年4月，拉宾德拉纳特·泰戈尔应一个文学团体的邀请——该团体包括胡适博士这样有声望的人，以及"新月社"领袖兼才华横溢的年轻诗人徐志摩（不幸的是，几年后，他因飞机失事罹难）——来到中国的时候，学术界和其他圈子正受到外来影响，从而导致他的肺腑之言打了水漂；他呼吁"少年中国"珍惜种族文化遗产中高尚而美丽的东西，但遭到了一些学生听众冷漠甚至敌意的对待。我希望，泰戈尔在离开北京之前能看一眼这个礼貌而庄重的中国，中华民族从未失去外国来宾的崇敬，因此，我向皇帝提起了泰戈尔，请求皇帝允许我带他去紫禁城。我还向皇帝展示了泰戈尔诗歌的一些中英译本。我的请求非常顺利地得到了批准，在御花园的养性斋里举行的会晤，当然给皇帝带来了快乐，我想，也给诗人带去了快乐吧。

郑孝胥也是当时觐见皇上的人之一，我很高兴能在皇上的支持下，把两个曾经因"精神血缘之纽带"而紧密相连的伟大国家中最重要的两位诗人聚到一起。

同一年，朝廷习俗和礼节的逐渐弱化使得皇帝能够结识更多的外国人，比他在早些时候见到外国人的机会还要多。在我以非正式的方式介绍的来访者中，英国海军驻中国基地的总司令、海军上将阿瑟·莱维森爵士及其家人、英国驻香港部队的总指挥官约翰·福勒爵士，以及驻北京的许多外国使馆成员。通常在这种情况下，会面的地点几乎都是御花园。

1923年到1924年，皇帝接待的外国访客大部分是欧洲人，但也包括一些日本人。其中一位是我自己介绍的，他就是我的朋友吉田先生，当时是日本使馆的参赞。多年以后，他曾经随同国联调查委员会调查满洲事件，最近，他在担任日本驻土耳其公使期间去世。据我所知,另外唯一拜访过皇帝的日本人,就是转达日本政府和人民对皇帝为地震救灾基金所做的慷慨捐赠的诚挚谢意的代表团成员。1923年9月3日,我第一个告诉皇帝,日本发生了大地震。皇帝被这场大灾难造成的破坏和痛苦的消息深深震撼了,他希望向救济基金捐赠一笔钱,要比内务府总管大臣认为他能负担得起的数额大得多。因此,他坚持要增加捐款,向日本公使捐赠了一批艺术珍品,并要求将它们出售,所得收入作为他的现金捐赠。日本公使芳泽克仁先生承认,这些藏品具有非凡的价值,在把这些珍品送到日本时,他建议说,如果把这些宝物分散出去,或许会有遗憾,但可以从皇家私囊中支付一笔相当于其估定价值的款子,如此,这些宝贝就可以完整地保存在东京的皇家收藏中了。后来有人告诉我,这个建议得到了执行,根据日本的一份声明,估价不低于20万美元。1923年11月初,日本派代表团来感谢中国皇帝的慷慨和慰问。皇帝陛下在御花园的一个亭子里接待了日本代表团。我没有出席见面会,但一位代表团成员告诉我,那是他参加过的印象最深刻和最感人肺腑的非传统的小仪式。

皇帝和泰戈尔在紫禁城的合影

我可以肯定地说，在这件事情上，皇帝的行为并没有政治动机，因为当他听到这场悲剧的细节时，我亲眼看见了他的激动情绪。慷慨和仁慈以及对苦难的同情，确实是他性格中最显著的特征。他从慈善活动中获得了真正的乐趣，他的大部分礼物都是匿名捐赠的。他向来是最慷慨的捐款人，捐款用于救济北京的穷人和中国其他地方的饥荒或流浪者，但他从不让自己的名字出现在任何捐献名单上，甚至他捐赠的无数基金的发起人，在大多数情况下都不知道他的身份。

中国访客经常要求我为他们请求觐见皇帝的机会，我的态度通常是拒绝，因为我认为，内务府才是适合他们的沟通渠道。但我牵线让皇帝亲自认识了一个中国人，我觉得，不说别的，单单因为他是名门望族，就值得皇帝注意。

1924年9月，我第一次认识了这个不起眼的贵族，我曾在好几期宫门抄中注意到这样的公告：

今朱侯到明陵祭祀。

朱侯延恩祭祀回归，陛下圣恩浩荡。

朱侯的本名是朱煜勋。他的姓"朱"是1368—1644年统治中国的明朝皇帝之姓。他的名"煜勋"意为"光辉功绩"。侯爵世袭的尊严，是由清朝世宗皇帝（雍正皇帝，1723—1735年在位）赐予他的一位祖先的，他自己的头衔是"延恩侯"。当然，这个头衔指的是清帝国的宽宏大量延伸到了被清朝取代的明朝后裔的身上，这是一种恩典。为了报答皇上的恩情，每一位明代侯爵都有一项职责，即每年两次到位于北京西北几英里处的十三陵进行礼节性的拜访。他必须报出离开和返回的日期，以及必须完成的祭祀仪式，作为回报，他得到了一笔钱，据信这笔钱足以支付他的旅费和其他费用。他的报告是通过内务府提交的，在1924年之前，皇帝从未见过他。我的同事中也没有一个认识他。他在他们的社交圈之外，事实上很少有中国人知道他的存在，更不用说外国人了。

1924年8月，我不知道满族宫廷的余晖何时会消退，但在那个月里，我偶然在宫门抄上看到这位侯爵的名字，我产生了一种强烈的欲望，希望清朝的末代皇帝能够与明朝的末代皇帝面对面地站在一起。我把这件事告诉了皇帝，结果第一次引起了他对延恩侯的兴趣。

延恩侯，明朝皇帝的后裔代表

9月初，内务府惊奇地收到陛下的通知，说他希望私下接见侯爵。面谈于当月7日在皇宫进行。同一天的下午，我正好在景山北边我自己的家里，一张访客卡被送了进来。卡片上的文字（转载于此）如下："朱煜勋，明裔延恩侯，字炳南，住在东直门北小街羊管胡同。"他穿着官服，戴着帽子走了进来，非常抱歉地解释说，他是奉陛下的命令来见我的。他是直接从紫禁城来的，皇上曾经很周到地接待过他，并告诉他，正是因为我，他才有幸谒见皇上。为此，他想向我表示感谢。

我发现，他是一个非常安静和谦逊的人，显然没有多少书本知识，但绝非不聪明。他告诉我，他已经43岁了，有两个儿子，一个9岁，一个4岁。他不以为然地跟我说，他们俩都是没脸没皮的小屁孩，没有头脑、没有礼貌，在这个问题上，我宁愿先观察，再得出自己的观点。因为他允许我给他拍照，我的读者可以自己判断他的外表怎样。当我告诉他我将很快回访他时，他恳切地请求我不要这样做，因为他住在一间小茅屋里，没有客房。他继续说："您千万别以为，我穿的礼服和戴的帽子是我自己的。我是为了这次会见而借来的。"说着，他站了起来，解开了他的外衣，给我看里面那些破旧不堪的衣服。他显然是真心希望我不要回访他，因为从我这离开后，他私下里和我的仆人们谈话，恳求他们劝阻我去看他，并指出借来的衣服当天必须归还给衣服的主人。

不久之后，我送给他一个小礼物，连同我拍的照片的复印件。我的信使向我报告说，朱侯的房子确实是一间摇摇欲坠的小屋，只见他衣衫褴褛，坐在一条破板凳上。出于对他的考虑——如果他不得不在这样"卑微"的环境中接待我，他会觉得"丢脸"的——我没有回访他。不过，他又来拜访我了，感谢我送他的小礼物。我对他的总体印象是，这位侯爵是一位君子，值得从祖先那里继承"延恩"。

1368年至1398年在位的明朝开国皇帝朱元璋，葬于南京，而不是北京附近，当时北京还没有成为都城。可能还有人记得，1912年民国成立时，孙中山（穿着不合时宜的大礼服和大礼帽）正式参观了第一个明朝皇帝的陵墓，并以庄严的精神正式传达了一个令人欣慰的消息，即皇位已从异族（满族）篡夺者手中夺回，中国再次属于汉族人民。如果说有一个王朝因自己的无能和朝廷的腐败而丧失了"天命"，那就是明朝。民国的缔造者们不要假装不知道，即使是最伟大的明朝皇帝也不能与康熙、乾隆这样的统治者相提并论。他们修复了陵墓，但无论是当时还是后来，民国当局都没有对明朝在世后裔的命运产生任何兴趣，也没有采取任何行动来表示对延恩侯的尊重和礼貌，甚至没有采取任何行动使他摆脱赤贫状态。此外，他的荣誉头衔也不再被民国承认。

如果轻视他需要任何借口的话，那也许就是这样的事实——1911年革命后，他仍然处于满族人的"庇护"之下，并在满清皇帝的支持下继续进行他对皇室祖先坟墓的礼节性拜访。

后来发生的事情表明，他的忠诚是真诚的。见面会于1924年9月7日举行。两个月后，正如我们将要看到的，皇帝成了民国（或者说，6个自称"中国政府"和"人民代表"的自选人士）的政治犯——不久就被迫流亡到天津租界。不久，延恩侯凑了几块钱，这是皇帝去天津的旅费。我认为，当他不久后跪在被流放的君主面前，对皇恩表示忠诚的感谢时，"延恩"这个名字对他来说再合适不过了。也许皇帝很快就会像他一样陷入卑微和贫穷。

第二十二章　颐和园内风波

我们记得,在《优待条款》中有一个条款,大意是清皇室可以暂时继续占领紫禁城,清帝的永久居住地将是颐和园,这是清皇室的乡村住所,外国人称之为"夏宫"。从我做帝师的第一年起,就一再提请满族亲王、内务府以及后来的皇帝注意这个条款的存在,并敦促他们主动实行。我支持自愿隐退到颐和园的主要理由如下。

第一,尽管迄今为止,民国履行条款义务的方式仍有许多不足之处,但这并不是皇室不遵守其契约的合理理由。诚然,民国还没有正式要求皇帝履行第三条的规定,腾空紫禁城,迁至颐和园(袁世凯是唯一有此意图的人)。除非他对这样一个正式的要求予以断然拒绝,否则不能公正地判定他违反了这一条款。然而,他"暂时"占领紫禁城的时间已经延长到了12年(到1923年年底),而皇室还没有丝毫搬迁的迹象。这很容易成为严重的抱怨理由,并成为指控皇帝违反退位协议的依据,即使不是在文字上,也是在精神上。那些希望取消协议的人——其中包括一大批非常活跃和恶毒的反清政客,以及不断壮大且汹涌动荡的学生大军——自然乐于把取消协议的责任从自己的肩上转移到皇帝的肩上。如果他们找不到比他没有把朝廷迁入颐和园更好的证据来证明他的不忠,他们无疑会利用这一事实来为自己的行为辩护,并宣布协议无效。

第二,我认为搬到颐和园,那里的满族宫廷生活方式一直比紫禁城简单得多,这将有可能实现巨大的开支削减,甚至使皇帝能够积累储备资金,在几年内足以使他摆脱目前不稳定的收入来源。通过大幅度裁员,将有极好的机会取消闲职。

这一论点的正当性使得朝廷官员及其扈从们极为反感。我记得在1923年,我和内务府大臣耆龄就这个问题进行了一次长谈。他反对皇帝搬到颐和园的主要理由是：住宅区太小，无法满足内务府官员的需要。我指出，这里的空间肯定远远超过了皇室家族和所有朝廷官员及仆人的居住范围，我只得到一种断然的拒绝——这一点与搬不搬家无关，裁减现有员工既不可行也不可取。他也没有被我的建议触动，我建议大幅度减少宫廷开支，以此积累财政储备，以备皇帝在近期或遥远的未来遇到逆境（我认为这种可能性是显然且必然的）时使用。

我经常和耆龄的同事们讨论这些问题，他们的态度和耆龄的如出一辙。他们只是表面上对皇帝毕恭毕敬，并不是真心效忠于皇帝。在皇帝有难时，绝不能指望他们牺牲自己的饭碗来拯救主子免于灾难。对于他们而言，裁减工作人员、薪金或津贴，取消闲职，撤除原先用来维持一个完全无用的庞大机构的资金，这一切都是一种不可容忍的"暴行"，必须不惜一切代价加以抵制。

他们对主人的命运漠不关心，除非他的利益与他们自己的利益相关，因此不能指望他们关注我赞成搬到颐和园的第三个主要理由，那就是改变环境对皇帝的身体健康、精神健康和道德健康都是极为有利的。我很难想象在这一点上会有任何诚实的不同意见。任何有理智的人，只要知道皇帝从小在紫禁城里长大时所处的不良环境，以及他可以在颐和园里工作和玩耍的健康氛围，都会毫不犹豫地选择颐和园而非紫禁城作为皇帝的家园。在我看来，当时张勋劝阻袁世凯（无疑是在众多相关人士的迫切请求下）不要实现要求皇室搬进颐和园的意图，是出于一种错误的忠诚感；皇族在接受张勋的干涉并从中获益方面也有同样的过错。

内务府对皇帝迁入颐和园的想法极为反感，他们动用了一切力量——成功地阻止他去那里，甚至连参观一下都不让。他们让他以为，这个地方已经破败不堪，甚至不值得陛下去视察，更不适合他居住。他们还断言，宫殿附近出现了大量土匪，如果他离开这座城市这么远，他的生命就会受到威胁——如果不是土匪，也会有政治阴谋家，或者那些相信只要皇帝还活着就会对国家构成威胁的"爱国者"。

在我看来，只有一个理由可以支持在紫禁城待得越久越好：也就是说，把大量的珍宝和价值连城的艺术品搬到颐和园是不现实的，而把它们留下就意味着它们会立即被民国当局没收。我同意，如果这些宝藏留在紫禁城，皇帝可能再也见不到它们了，他的所有权将产生争议，或者（更有可能）被忽视。然而，在我看来，所有权问题应该得到一劳永逸的解决。显而易见，而且越来越可能的是，由于皇室对紫禁城及其弥足珍贵的宝藏抱得太紧太久，可能会被强行剥夺；但如果皇室表现出妥协的意愿，并主动建议任命一个联合调查委员会，以期将可能合理地被视为"国宝"的物品分配给国家，那就可能会无可争议地拥有剩余的一切物品。

任命郑孝胥为内务部总管大臣的事实，给了我一个很好的机会，可以把这些问题提出来，进行比以前更全面的讨论。我很高兴地发现，虽然他在一些细节上与我有些分歧，但在一般原则上，我们意见一致。他同意我的意见，认为应该准备好遵守《优待条款》第三条的规定，让皇帝自愿迁入颐和园。然而，他强烈地认为，这些准备工作需要一些时间才能完成，而且首先必须改革和重组颐和园及其周边大片地产的管理，其中包括农田和玉澜堂，将其笨重无用的工作人员降至可管理的规模，进行某些小型修缮和改造，并使宫殿的财政——尽管有几个有价值的收入来源，但总是显示出巨大的赤字——变得井然有序。

到目前为止，颐和园一直处于内务府的控制之下。郑孝胥向皇帝建议，任命我为钦差大臣，全权掌管整个皇宫，只对皇帝直接负责。

因此，1924年年初，内务府震惊了，以前听说废除太监制度和任命汉族人担任总管大臣的时候，惊吓度也不过如此了。从他们的角度来看，这已经够糟糕的了，他们在这个朝代的历史上第一次被置于汉族人的统治之下；更糟糕的是，相当一部分帝国领土完全脱离了他们的控制，被置于西方蛮族的统治之下。也许最苦的一剂药是，给我这一任命的诏书必须通过他们正式传达给我。这份史无前例的文件的中文原件内容如下：

  敬启者
  本日总管内务府大臣面奉谕旨：
  著派庄士敦管理颐和园、静明园、玉泉山事务
  钦此
  用特肃函奉，闻即希遵照可也专此藉颂
  时绥
        内务府启

內務府信箋

敬啟者本日總管內務府大臣面奉

諭旨著派莊士敦管理頤和園靜明園玉泉山事務欽此用特肅函奉聞即希遵照可也專此藉頌

時綏

內務府啟

內務府信箋之任命詔書

内务府从痛苦的经历中认识到"祸不单行"的真理。就在颁布该法令的第二天,另一个霹雳落在了他们中间。皇帝与我进行了简短的磋商,之后他宣布,他和皇后当天去参观颐和园,并下达命令——令他和皇后的车在两小时内准备好出发。到那时为止,皇帝最长的旅程是到他父亲的住所——紫禁城北边的北府。他从未走出过北京城墙。内务府用尽一切可能的论据和预言来诱使他改变主意。当这些方法失败后,仍为名义上的总管大臣的绍英,请求我劝阻皇帝陛下不要进行这种鲁莽的冒险。当我回答说,这次冒险是我完全同意的。他试图恐吓我,声称如果皇帝陛下受到任何伤害,我个人要负全责。我对此唯一的回答是,我已欣然接受了这一责任。

内务府的下一步行动是与民国政府沟通,希望颐和园之行能被否决。这个策略也没有成功,只是,当局派出了6辆汽车的队伍"护送"皇帝踏上这段勇敢之旅,无疑是为了确保他不会突然改变目的地,不去颐和园,转而去拜访使馆区。内务府还租了另外6辆车,标上了他们个人的号码(包括绍英)。因此,到了约定的时间,我们从神武门出发,组成了一个由14辆车组成的队伍。第一辆车上坐的是皇帝和我,第二辆车上坐的是皇后和淑妃。

西山樱桃谷

在内务府之外的人们看来,这次探险在各个方面都很成功,皇帝对他第一次参观自己的国家和颐和园感到很高兴。颐和园本身绝不是一片废墟,这远远超出了他的期望值。他漫步在花园和无数分散的建筑之间,显然愉悦又开心。

在探索了建筑和爬上万寿山的顶峰后，我们搭乘了一艘驳船——皇后、淑妃及其侍女们在后面的一艘船上——参观了龙王岛，龙王岛是宫殿中的瑰宝之一。

就在这一天，我正式开始了我的新职务，并与众多的宫中官员进行了初步的会见，他们中的许多都是政界要员，现在都是我的直接下属。从那时起，我就把自己的时间分配给了紫禁城和颐和园，偶尔也会去短暂地参观一下我的四处住所之一，那是我在樱桃谷的山间隐居处，也是最宜人的地方。此后，皇帝频繁造访颐和园——后面总是跟着一排车队，里面坐着陪同的官员和士兵，这完全是多余的，而且非常昂贵。有时，他作为我的客人在颐和园吃午饭，在这些场合，他结识了我的许多外国朋友和几位我精心挑选的中国朋友。

1924年8月，我陪同他第一次登山漫步，当时他参观了西山南麓八大处的寺庙群（其中一处是他的伟大祖先乾隆最喜爱的度假胜地）。

在颐和园里，昆明湖上唯一的船只是笨重的驳船，这些驳船无疑是为了满足老佛爷和太监们的需要，但对于一个想学划船的少年君主，或是教他划船的外国导师来说，这就是毫无用处的摆设。为了他的利益，顺便也为了我自己的利益，我在天津、烟台和北京分别造了三艘船。一艘是带滑动座椅的桨叉架船，我把它命名为"阿里尔"；另一艘是有固定座椅的小划艇，它被命名为"阿特拉斯女巫"；第三艘是独木舟，名叫"阿拉斯特"。可惜，1924年11月的事件让我的职务戛然而止，因此，它虽然完工，但没有福气进宫。"阿里尔"和"女巫"，尤其是女巫，使皇宫侍从们大为惊奇，他们以前从来没有见过这样的东西；起初，当他们看到少年天子费力地划桨时，他们的惊奇中还带着恐惧，而他原本完全可以把这项艰巨而卑微的工作留给他的船夫。

由于可以自由选择颐和园里的住处，我首先选择了龙王岛。由于觉得这种舒适的环境不利于商业交易，我搬到了一个僻静的花园，花园有自己的围墙，还有亭台楼阁，流水淙淙。这个幽静的地方叫湛清轩，风格与谐趣园周围的建筑大同小异。

尽管我周围的环境很迷人，但我所从事的艰苦工作，以及与一群因新官上任而利益受到威胁的人们的关系，却没有多少"谐趣"可言。我在北京的一些欧洲朋友祝贺我从事了一种令人愉快的工作，在他们眼里，这就是一种业余爱好。他们根本不知道我所从事的工作是多么令人厌烦，我是他们嫉妒和敌视的对象，他们也不知道改革中国宫廷管理体制中固有弊端的每一次尝试都会遭到反对。宫里的官员们虽然彬彬有礼，却很少主动帮助我，特别是在我执行削减开支、裁减人员、调整薪级等极其微妙的任务时。他们总是冷眼旁观。夏天，一位朝廷要员去世了，我立即面临着关于他死后谁来接替的一系列建议。当我宣布这个职位是多余的，将被取消时，他们公开表现出了极大的反感。

在决定如何对各种建筑物进行某些修缮时，我的方法也遭到了同样强烈的反对。我得到了邻近海田村的两名承包商的名字，我确信，他们多年来一直被委托从事所有这些工作。我要求这两个人给出临时估价，结果发现价格高得离谱，于是开始登广告，征求北京市承包商的密封标书。这一过程引起了如此大的轰动，以至于中国媒体对此进行了评论；但结果是，工程得以有效地进行，所需金额不到两家享有特权的承包商认为的必要金额（我的工作人员曾试图说服我，让我相信这一金额是合理的）的七分之一。

我在颐和园花园里的住处

渐渐地，我成功地说服了一些比较聪明的下属，让他们相信改革和紧缩政策是有道理的，我们共同的责任是尽最大努力为我们的帝国主人服务。他们中的一些人开始对我所做的工作感兴趣，并与我合作。成功并没有像我期望的那样来得那么快，但在夏末之前，我自我安慰说，比起像过去一样成为皇帝资源的沉重负担，现在颐和园至少可以通过自己的收入来维持自己的生计了，包括农田的租金，游客在游览期间进入园子和玉泉山的门票，湖里的鱼可以卖钱，以及当地某些企业的利润分成，比如，喷泉酒店、苏打水厂、茶馆和照相馆。

他们用各种或多或少有些孩子气的方法试图让我辞职。在我1924年收到的许多恐吓信中，有一封据说是来自某个对我极为尊敬的人，因此他认为，他有义务警告我，有人企图谋杀我。有人雇用了一批土匪，准备在我（通常）骑马在紫禁城与颐和园之间穿梭的时候射杀我。那些土匪一定是一群笨手笨脚或胆小怕事的人，根本不值得他们雇佣，因为我往返于颐和园的骑行十分频繁，但他们从来没有成功地利用这么好的谋杀机会。

我必须面对的反对和敌意，不仅来自紫禁城里善妒的内务府，也来自颐和园里那些无用的食客，还来自学生阶层光顾的那部分报刊。那个时期有政治头脑的学生很大程度上受到了与俄国使馆有密切联系的极端激进政客的影响。代表他们观点的报纸欢迎任何攻击帝国主义（尤其是英帝国主义）或皇帝的机会，当然，他们总是轻蔑地称皇帝为溥仪。1924年间，他们发现了许多一石二鸟的好机会。至于他们是如何做到的，有一个例子也许值得引用。

1924年9月初，北京《大晚报》发表了一篇极其下流的文章，说溥仪的英文老师，出于卑鄙的动机，把女儿带进紫禁城，介绍给溥仪；溥仪凝视着她，发现她很美；英文老师为了讨个人情，把女儿交到了溥仪手中。

正如英文所述，该段的措辞相当冒犯，而中文措辞更糟糕。如果我认为有必要回应他们对我和皇帝的卑劣指控，我可以采取各种防御措施，但也许一种就足够了。报道中的"女儿"根本不存在。

胡适博士在给我的一封信中很好地表达了他的遗憾，他认为北京新闻界不应出现不实报道和类似的下流话。1924年10月10日，他写道：

> 你在皇宫里的工作，无论那些小人物如何极力抹黑它，我都坚信，从长远来看，有些人的意见比现在流传的谎言和攻击更有力度，他们一直并将永远欣赏和尊敬你。中国还有足够的侠义精神来认识和尊重侠义行为。中国仍然有足够的侠义精神来认可和尊重侠义行为。

在这封信中，胡适博士不仅仅是指北京卑鄙的垃圾报纸，他还想到了政界对我的各种攻击。我好几次被中国最腐败的议会里的一群政客围攻谴责。这个团体的领导者或发言人是李稣阳，此外，他还表示相信，我积累颐和园的收入是为了资助皇帝的复辟。这些攻击，不同于那些发表在一份不知名的晚报上的攻击，在我看来，似乎需要一个公开的回应。我用英文和中文回复了一些冗长的信件，我的回复引起了《华北日报》的如下评论：

> 皇帝和国会议员：
>
> 对于国会议员李龢阳先生针对清朝皇帝以及对庄士敦先生本人所做的毫无根据的诽谤性攻击，我们今天刊登了庄士敦先生最有趣和最尖锐的回应。凡是读过这篇文章的人，都会支持庄士敦先生不惜耗时所写的这篇文章，也会确信这样的回复是完全必要的。在中国目前的情况下，李先生的恶毒攻击不可能不引起注意。当民众情绪高涨时，情况随时可能发生，你们要记得，如果有人提出这样的指控，皇帝的生命就很容易受到威胁。人们不禁会想，当时的政治状况就是李先生这次猛攻的根源。随着共和政权——或中国自称的君主政体——的失败变得越来越明显，人们越来越倾向于认为，君主政体是摆脱无法容忍的无政府状态的唯一避难所。所有关于宣统殿下的传闻，都会让公众打心眼里怜悯清朝末代皇帝，正如弥尔顿在查理一世被斩首后，被迫向人民抗议他们对这场悲剧的无法解释的悲痛，所以，也许李先生也认为自己同样被赋予了竭尽全力抹黑皇帝人格和憎恨中国人民的使命。我想说的是，我们并不是要中国勉强接受皇帝陛下或任何其他皇帝。我们只是想弄清楚李先生心中的动机是什么。不管动机是什么，他犯了一个不可原谅的诽谤罪，他说谎的真相很容易被证实，顺便说一句，他诽谤庄士敦先生本人，他向中国人介绍庄士敦先生，说他利用自己的地位来阴谋复辟君主制。我们已经发表了庄士敦先生的文章，没有比这更能说明问题的了。现在只剩下李先生做他作为国会议员的职责所要求的了，那就是为他毫无根据的指控公开道歉，就像他当初公开发表诋毁文一样。

如果说，永远无须道歉，那就太猖狂了。不过，两个月后，在我的建议下，一位中国朋友在一次私人晚宴上介绍我与李龢阳先生面对面交流，当时（在别人的压力下）他亲自向我承认他被人误导了。

内务府（郑孝胥除外）和颐和园的大多数工作人员对我的冷漠和敌意，这是意料之中的，但是，中国媒体和政界对我攻击的持久性和恶毒性，却不是那么容易理解的。直到1924年10月，我的一个中国朋友才把这件事弄清楚了。他向我透露了一个阴谋，即不择手段地把我从为皇帝服务的职位上除掉。我写给另一位中国（广东）朋友徐善伯的信中提到了这件事，徐善伯是康有为的热心弟子，因此忠于皇帝。这封信也许值得引用，因为我用斜体标出的最后一句话预见了整整一个月后发生的事件。

……昨天来看我，告诉我，有一些议员和参议员正在策划一个阴谋，要把我赶出皇宫。他们已经在报纸上发起了一场针对我的谎言和诽谤运动，并打算指控我因为伺候皇帝陛下而成了百万富翁。当然，他们的最终目的是毁灭皇帝本人，将他驱逐出宫殿，并剥夺他的财产。

在1924年夏秋两季，我并不是唯一一个遭遇谎言和谩骂的人。我的好朋友兼同事郑孝胥也遭到了类似的攻击，不过他最不可调和的对手在紫禁城内，而非城外之人。几个月来，他高尚而朴实地奋斗着，不顾内务府和几位最有影响力的满族亲王的顽强反对，推行了各种广泛的改革。有一段时间，他感到非常沮丧，在1924年年中，他申请了无限期休假。但他并不打算放弃自己的任务，也不打算让他的少年君主独自面对即将到来的艰难险阻。

不用说，郑孝胥和他的儿子郑垂都是颐和园里备受欢迎的客人。我们的朋友王国维和罗振玉也是，正如前一章所提到的，这两位才华横溢的学者曾在帝国秘书处担任荣誉职务。这两个人的名字在欧洲和美洲都为所有认真研究中国历史和考古学的人所熟知，他们挽救了大量极其宝贵的未发表的历史材料，这些材料涉及早期的清朝君主制，当时，民国当局正打算把它们当作废纸销毁或卖掉。他们渴望找到一个安全宽敞的地方，可以存放、研究和编辑这些海量文件，并且很高兴听到我说，有些未经使用的建筑物在我的控制之下，我认为它们将非常适合这一用途。他们在颐和园和我待了一天，我带他们去了玉泉山西侧的一座巨大的建筑，这座建筑可追溯到乾隆时代，成功抵御了至少两次大火灾。他们同意我的看法，认为在北京或北京附近找不到比这更合适的建筑了。回到颐和园后，我们在湖边坐了一会儿，愉快地讨论了一个项目——把玉泉山上那个浪漫的地方打造成伟大的历史和考古研究中心、会议场所，以及各国学者和学生的避难所。可惜，那只是一个从未实现的梦想。

那天坐在湖边的三个人中，一个（罗振玉）现在就职于新"满洲国"枢密院，为他一直效忠的皇帝服务。一个（庄士敦）是在芬斯伯里广场的昏暗洞穴里教中文。最后一个人，王国维是一位绅士和学者，1927年6月2日，他又独自一人参观了颐和园，还孤零零地来到湖边，这是三年前我们三人讨论计划和梦想的地方。可他那时看到的只是中国和皇帝前方的黑暗，因此，他生命中的光明之灯已经熄灭。

那天傍晚，他们才发现他的尸体，并把尸体从水里捞出来。[1]

当颐和园被我掌管后，我成了大量文件的保管人，这些文件涉及12世纪以来中国皇帝在同一地点或邻近地点建立的各种郊区住宅和林园的起源和历史。作为这些文件之一，旨在解释颐和园的起源，并与我已经说过的老佛爷的性格，以及她与她的侄子德宗皇帝的关系有关，我已经为这些文件做了翻译。这是1888年皇帝颁布的一项敕令，当时他刚结婚成年不久，慈禧太后已放弃摄政，即将入住新宫。它公开表示，建造（或者说重建）颐和园的想法起源于皇帝本人，因此皇帝要为这种不必要的奢侈负责；显然，这也是为了抑制可能出现的任何棘手问题，例如为一项费用如此高昂的工程所做的财务安排。它引用了皇太后本人发布的一项法令，表示她以谦逊的态度勉强接受了宫廷的礼物，是对她充满感激和爱心的侄子的迫切请求的宽容回应。

---

[1] 关于王国维，还有几句话要补充。皇帝逃往日本公馆后，他忠心耿耿地拒绝离开皇帝，尽管他在紫禁城担任的职位纯粹是荣誉上的，而且他是个非常贫穷的人。他被邀请去担任清华大学历史系教授，这是一个好职位，而且非常适合他。他也很想接受这个职位，但还是拒绝了，因为他不能在皇帝处于危险之中的时候离开皇帝。清华大学校长和我很熟，他写信给我说："只有一个人可以说服王国维改变主意，那就是皇帝本人。您能请陛下和他谈谈吗？"于是我向皇帝解释了情况，结果王国维服从君主的直接命令，接受了教授职位。当然，王国维是纯正的汉族，他的辫子一直留到生命的尽头，有人告诉我，他赢得了学生们的尊敬和喜爱，从来不曾因为他忠于清王朝而遭受学生的骚扰。从1925年初到1927年6月，他在清华任教。那时，国民党军队向北京挺进，他的君主政治前景明显无望，这使他陷入了绝望。6月初的一天，他坐着租来的人力车去了颐和园，买了一张入场券，独自来到昆明湖，跳水自杀了。

颐和园石舫

光绪十四年（1888年）戊子二月癸未朔

谕内阁，朕自冲龄入承大统，仰蒙慈禧端佑康颐昭豫庄诚皇太后垂帘听政，忧勤宵旰，十有余年。中外莫安，群黎被福。上年命朕躬亲大政，仍俯鉴孺忱，特允训政之请。溯自同治以来，前后二十余年，我圣母为天下忧劳，无微不至，而万几余暇，不克稍资颐养。抚衷循省，实觉寝馈难安。因念西苑密迩官庭，圣祖仁皇帝曾经驻跸，殿宇尚多完整，稍加修葺，可以养性怡神。万寿山大报恩延寿寺，为高宗纯皇帝侍奉孝圣宪皇后三次祝嘏之所。敬踵前规，尤徵祥洽。其清漪园旧名，谨拟改为颐和园。殿宇一切亦量加葺治，以备慈舆临幸。恭逢大庆之年[1]，朕躬率群臣同申祝悃，稍尽区区尊养微忱。吁恳再三。幸邀慈允。钦奉懿旨。

懿旨：自垂帘听政以后，夙夜祗惧，如临渊谷。今虽寰宇粗安，不遑暇逸之心，无时少弛第。念列圣敕几听政，问民饥苦。凡苑囿之设，搜狩之举，原非若前代之肆意游畋。此举为皇帝孝养所关，深宫未忍过

---

[1] 这里指的是皇太后的六十大寿，为了庆祝这一盛事，人们准备了好几年。寿诞诏书于1888年颁布，直到1894年才迎来"大庆"。由于当时国家正处于与日本的灾难性战争中，当大喜的日子真的来临，皇太后却不得已下令取消大部分的盛大仪式和典礼。

拂。况工用所需，悉出节省羡余，未动司农正款，亦属无伤国计。但外闻传闻不悉，或竟疑圆明园工程，亦由此陆续兴办则甚非深宫兢惕之本怀。盖以现在时势而论，固不能如雍正年间之设正朝，建公署。即使民康物阜，四海乂安，其应仰绍前猷。克光令绪者，不知凡几尤当审时度势，择要而图。深宫隐愿所存，岂在游观末节，想天下亦应共谅。惟念皇帝春秋鼎盛，此后顺亲之大，尤在勤政典学，克己爱民，不可因壹意奉亲，转开逸游宴乐之渐。至中外大小臣工，尤宜忠勤共勉，力戒因循浮靡习。冀臻上理庶不负深宫殷殷求治之苦心。实所厚望，钦此。

朕钦承慈训。惟当祗服懔尊，不敢稍涉侈纵。诸臣亦应仰体圣慈谆勉至意，各勤职业，共赞升平。现在西苑将次告竣。

谨择于四月初十日。

恭逢太后銮舆驻跸。其一切值班守卫事宜，均照王大臣等前奏章程。敬谨办理将此谕令知之。

很难想象还有什么比这份文件更能说明清廷的虚情假意。我们很想知道它究竟是要欺骗谁，当然不是那两个以己之名颁布法令的皇权人物。老佛爷的头脑没有那么简单，以至于认为她的皇侄对自己的奉献和深情的关怀是像他的话所暗示的那样深刻；皇帝也不是那么愚蠢，以至于幻想他的皇姑接受他的禧年礼物——又新又美的颐和园，或者她在建造这座宫殿时要求节约的任何诚意。

不过，她当然希望能在一个愉快的隐居中度过一个安逸的晚年。这样，当她厌倦了在莲花中扮观音的时候，就可以定期到宫廷的政治和家庭生活中踱步；毫无疑问，就他而言，他热切地盼望着有一天，她会进天堂——无论是天上还是人间，这样她就不会闯入紫禁城了。

由于这两条法令的名义作者和必须阅读它们的部门官员都不太可能相信它们的表面价值。据推测，他们打算将这些法令记录在案，作为在国家陷入困境和财政紧张时期，朝廷如何能够为自己建造一个昂贵的新宫殿的授权解释。法令中没有任何迹象表明，这座宫殿是用从中国海军挪用的资金修建的。相反，正如我们所见，有关方面仔细解释，整项开支是透过僵化的经济体系所产生的盈余来支付。北京宫廷有没有试图节约，或者成功地做到了？当然没有，自从伟大的乾隆时代以来就不曾有过，他费尽力气却被指责为吝啬鬼。

也许这么说并非公平——老佛爷没有为中国海军做任何事来换取资金以重建她的"富丽堂皇的圆顶建筑"。她对中国海军的贡献至今体现于颐和园湖中的一艘石舫上，其中最好的说法是，当其他中国舰队在威海卫不光彩地消亡时，它注定要在中日战争和清王朝中幸存下来[1]。不幸的是，这对于老佛爷的审美情感和爱国主义一样没有什么功劳。

颐和园玉澜堂，光绪皇帝的接待室（王座左边的门是通往皇帝寝宫的入口）

慈禧太后在颐和园里留下了一座比石舫还要臭名昭著的纪念碑。

在湖的边缘，紧靠着老佛爷的皇宫大殿仁寿堂，她的习惯是在必要时在此举行正式的会见。这里矗立着一座建筑，曾经是光绪皇帝的避暑宫所在地，更恰当地说，是囚禁这位不幸皇帝的监狱，取名"玉澜堂"。在前面的章节里，我说过，那些如玉般的水波在光绪的监狱墙壁上荡漾，但他的耳朵听不见，眼睛也看不见。我这句话的意思现在必须解释清楚。

---

[1] 大众的看法正相反，他们认为，这种华而不实的石舫是慈禧太后奢侈的产物。其实可以追溯到乾隆时期。另外，苏珊·汤利女士在《我的中国笔记》（伦敦：1904年）第285页中，莫名其妙地将这艘石舫描述为完全模仿中国帆船建造的。

当我掌管颐和园时，玉澜堂是颐和园中为数不多的从未对游客开放的建筑之一。里面和外面的门都封上了，封条上的日期表明，它们已经有好几年没有被人动过了。自从上次被皇帝占用后，这座建筑就没有被使用过。我被任命的几天后，就把封条拆掉了。穿过大门，我来到一个铺着石板的大院子里，前面是正殿，两边是两座偏殿。正殿有四间房，中间的一间本应是皇帝的接待室或皇宫大殿，但实际上却是他唯一的客厅。里面有一个小小的宝座，按照惯例，它是朝南的。宝座两旁各有一门。西面的那扇门直接通向皇帝的卧室。这是一间通风不良的小房间，东西宽12英尺3英寸[1]，南北宽16英尺8英寸。其中一面墙上挂着山水画和鹿鹤图（象征长寿）。

宝座东侧的门通向另一间卧室，里面有徐会沣的书法作品和关于沈师桥的精美画作。在大殿和寝宫的西面还有一间房间，墙上挂着一块精美的黑木细雕，还有一幅风景画，上面有吴石仙的题字。

还有两座偏殿，如果这位帝王囚犯愿意使用，可以给他增加几个房间。打开这些建筑的门，我有了惊人的发现。在两座偏殿的整个内部，都有一堵坚固完整的砖墙。在墙和门之间，以及面向庭院的窗户之间只有几英寸的空间，几乎没有足够的空间让门向内打开。除非大门打开，否则从院子里是看不见这两栋楼的墙的。正是庭院西侧的建筑，使皇帝可以看到湖水的涟漪，但是两道内墙把他从东西两边的所有视线都挡住了，而他自己的住处和庭院前上锁的大门，同样有效地把他从南北两边隔开了。

我求助于宫廷工作人员，来解释这些砖墙的存在。它们是老佛爷设计的"巧妙有趣"的装置，用来提醒受害者意识到自己是罪人或囚犯。这些墙壁使它们所在的房间完全不能用于居住以外的任何其他实际用途，此外，它们还一直提醒着皇帝——他是一个俘虏；正是为了增加他的痛苦和羞辱，也为了剥夺他的居室空间和阻止他欣赏毗连湖水的美丽，他那残忍而报复心强的"女主人"产生了建造内墙的野蛮想法。如果她的意图仅仅是不让他与外界联系，她可能会满足于把一面朝向湖面而另一面朝向宫殿东部的窗户堵起来。他至少可以利用这两栋楼作为额外的起居室。但这不会给她同现在一样恶毒的满足感，因为她知道，一旦她的

---

[1] 1英寸=2.54厘米。——译者注

俘虏打开建筑物的每一座门，面前只会是一堵空白的墙。

皇帝住所内的偏殿（门内是一堵墙）

对我来说，这个发现是一个新的启示，揭示了在可怜的皇帝生命的最后十年里，老太后对他的恶意和仇恨。当我把这件事告诉光绪的皇侄溥仪时，他也是第一次听说此事。他再一次去颐和园的时候，陪我来到玉澜堂，第一次凝视着那些无窗的堵墙。

我不知道它们是否仍然存在，也不知道自从民国政府没收了颐和园之后，地方当局是否已经把它们拆除了。如果它们仍然存在，我们非常希望它们能被完好无损地保存下来，作为慈禧太后凶狠毒辣的本性的一个永久证据。这个偏执和报复心重的女人不仅毁掉了皇帝的生活，也毁掉了他的王朝，还对过去20年来一直饱受折磨、长期受苦受难的中国人民的混乱和苦难负有主要责任。

如果有一个荣誉名册准备纪念为中国政治和社会改革事业牺牲的烈士的名字，那么名册上最高的位置之一当然应该归属于不幸的光绪。今天的中国青年爱国者——他们的父亲任由他们自生自灭——很少听到他们对光绪说一句尊敬或怜悯的话。

第二十三章　基督将军发动政变

我们没有必要讨论导致1924年中国反复发生内战的那些政治事件。最初的争战发生在浙江和江苏两省的军事领导人之间，也就是卢永祥和齐燮元。所有旁观者都清楚，这场冲突不能局限于中原地区，因为满洲军阀张作霖是卢永祥的盟友，而吴佩孚和曹锟（后者于1923年10月花钱买官，当上了总统）是齐燮元的盟友。长江军阀之间的战争很快演变成两大对手吴佩孚和张作霖之间的武装斗争。

吴佩孚率领他的"问罪之师"来到北方，在北京城和附近待了几个星期，为他进军山海关做最后的准备，山海关是满洲的门户，长城从这里延伸到海边。他似乎对胜利充满信心，并吹嘘他将在一个月后到达奉天。

在1924年的9月和10月的大部分时间里，战争并没有在宫廷引起很大的焦虑。"基督将军"冯玉祥是吴佩孚在北方的最重要的统帅之一，他一直被视为潜在的威胁，但只要他效忠于吴佩孚，或者被吴佩孚直接控制的军队吓倒，他就不会伤害任何人。

吴佩孚有许多优良品质，为他赢得了许多朋友和崇拜者。他诚实勇敢，对金钱毫不在乎，他是一个宽容体贴的首领，也是一位真诚的爱国者。在困难时刻，他始终拒绝像他的许多同代人那样低声下气地到外国租界寻求庇护，因而受到尊敬。但他也有缺点和弱点，其中包括过分的虚荣心和对自己军事天赋的夸大认识。众所周知，他总是把自己比作拿破仑，而不关注自己的劣势。况且，他还有一种危险的倾向，就是轻视对手。他酷爱美酒，这也是个小瑕疵。据说，基督将军被他的贪杯特质所震惊，有一次送给他一瓶水作为生日礼物，算是个小警告。如果基督将军的反对原则十分坚定，那么，当他听到吴佩孚打开瓶盖时说的话时，可能会受到更大的冲击。

吴佩孚最大的缺点就是看人不准。他过于相信不值得交往的人，他经常被一些人欺骗和引入歧途，而这些人的地位使他们能够介入他和外界的关系。他的下属也一次又一次地让他"失望"，我们将看到，这就是他灭亡的原因。

总的来说，自民国成立以来，吴佩孚一度是华北地区最受欢迎的英雄人物。即使他没有体现"少年中国"的全部理想，但他也曾有一种天赋，能以近乎奉献的感情鼓舞许多有才干的年轻人——较之在世时的孙中山所激发的感情，当然要温暖得多，还不那么矫情。这些年轻人中有一些因迷恋吴佩孚而被戏称为"吴迷"，我知道他们接受这个绰号时也不失平静。

10月初，吴佩孚率领大军攻打满洲大门。前线的报道是乐观的——胜利进入满洲的首都奉天，似乎在不久的将来就会大获全胜。冯玉祥奉吴佩孚之命，率军进入古北口，古北口是中国北部边界和热河南部边界的重要关口。他的任务是守住北方的关口，防止张作霖发动排山倒海的攻击。

吴佩孚的为将之道没毛病，但他犯了一生中最大的错误，选择了基督将军来保卫北方的关隘。也许是因为他不想让冯玉祥参与他寄予厚望的"胜利进军奉天之行动"，同时他又不敢让冯控制北京地区。显然，他从来没有想到自己正中了一个对他积怨已久之人的下怀，这个人一直对他心怀怨恨，而且他的忠诚和军人般服从的名声早已令人怀疑。

10月17日，我发现皇帝心情忧郁，不是因为政治前景，似乎没有紧迫的理由，而是因为端康太妃（已故德宗皇帝的遗孀）生病了，据说快要死了。

那天，我出发去我的山中静修处（樱桃谷）稍做逗留。21号晚上，在山上散步和骑马之后，我来到了颐和园，并在那里过了一夜。也是在那里，我听到了端康太妃去世的消息。那是一个美丽的秋夜，我在湖边坐了很久。无论在不久的将来会发生什么，没有什么比颐和园的湖更远离这个饱受战争之苦的世界了。它就像华兹华斯用心灵之眼看到的苏格兰湖一样宁静——活生生的野鸭取代了诗人的梦中天鹅。

第二天我开车回了北京。各种各样的奇怪谣言在城市里传播，但表面上看，一切都很平静。那天我没有去紫禁城。

23日清晨，我的一个仆人非常紧张地告诉我，鞑子城北部发生了兵变，后门（我家北边几十码外的大街门）被军队封锁了，电话也不通了。街上的人都吓坏了，有钱人家已经举家搬迁至使馆区（当危险来临时，北京居民总是这样做），住进了六国宾馆。

关于这场骚乱是缘于当地一场兵变的说法，当然只是一种猜测，结果证明并非如此。事情是这样的，冯玉祥发动了一场惊人的政变。后来人们才知道，他从来没有到过长城那边的古北口，而是在离开北京的半道上停了下来。孙岳和胡景翼指挥着吴佩孚留在北京地区的大批军队，而这两位将军是冯玉祥的同谋，正是他们在23日凌晨的黑暗中打开了北京的大门，迎接冯军的归来。火车站和电报局被占领，电话通信中断。军队迅速地部署在总统府周围，以至于当这位不幸的总统从睡梦中醒来时，他逃往使馆区的路已被切断。

我不知道发生了什么，仍然认为军队兵变（这在民国时期很常见）是最可能解释这种骚乱的原因，于是我开车去了紫禁城。我注意到的第一个不祥的征兆——除了街道上空无一人之外，就是武装人员出现在吉安所的门口，那是一座属于皇室的礼仪性建筑。到了紫禁城和景山之间的空地，我又发现了更令人焦虑的现象。在那里俯瞰北京城，并不像往常一样寂静无人，而是呈现出一片军事活动的景象。一群群穿着制服的人站在山坡上，挤满了亭子。在正对紫禁城的大门口，站着全副武装的士兵，可惜他们穿的不是皇家卫队制服。

在神武门，一切似乎都很正常。我进宫的轿子正等着把我抬进紫禁城，卫兵像往常一样敬礼。一到皇帝的住处，我就被告知他在御花园的养性斋里等我，希望马上见到我。我在书房里找到了他，他立刻打发走了几个陪着他的仆人。

他对早上发生的事情知道的比我还少。一开始我没有提到这个话题，只是说到了端康太妃的离世，并表达了我的同情。他问我是否知道军队占领了景山，我回答说我看见了。他继续说："他们未经允许就去了那里，我不知道他们想干什么。绍英给他们送去了茶和食物，因为他认为我们应该把他们当作客人。"我问他们有没有表达感激之情，皇帝说："没有，他们的要求更多了。"他们就是这个德行呀。

我们聊了几分钟，也在花园里的小径上踱了几分钟。过后他说："我们去看看他们吧。"我们登上假山，假山上有一座亭子，可以俯瞰紫禁城的城墙，我们还用双筒望远镜观察了景山。那里挤满了士兵。

我们去了养心殿，我在那里和皇帝共进午餐。绍英等内务府的人进来商量事情。他们告诉我们,监狱里的罪犯正在被释放出来,一群兴奋的学生正在街上散发共产主义的传单。醇亲王等人到达的消息一宣布,我就让皇帝去和他们商量,我保证会尽可能地从使馆区获得情报。

在北京社会舆论界,政变当然是话题之一。似乎没有人确切知道发生了什么事以及为什么,但各种说法纷纭。社会舆论的无知反映了外国使节的无知。我穿过2英里长的街道,慢慢地走回家,希望在街道上打听到的消息比从外交官的房间里搜集到的多。事实证明,我散步时得到的两条消息是真的——曹锟总统曾试图逃到使馆区,但失败了,他被囚禁在自己的宫殿里。他的司库兼朋友——许多人称后者是前者作恶的共犯——已被逮捕,并被军方严密监禁。

溥仪站在屋顶,背景是景山

接下来几天发生的事情,我得简要总结一下。总统的司库没有全额吐出自己被怀疑私藏的钱财,所以,接受了10分钟的审判之后就被公开处决了。国会解散的原因是腐败严重,议员们出卖选票选举曹锟为总统;更讽刺的是,曹锟被迫签署了解散令,他受到的威胁是将要遭遇类似于他的司库的惩罚。对于政变的这一环节,除了议会成员,很少有人感到不满。从那天起,中国就没有议会了。至于我的敌人李釚阳,我再也没有他的音信了。

倒霉的曹锟,除了被要求解散他当选的议会,还被迫发布总统令,解除吴佩孚元帅所有职务，下令立即停止内战，并任命新内阁。还有另一项授权，同样是敲诈勒索，有待下一章讲解。

政变发动者认为必须尽一切努力给他们的行动披上合法的外衣，曹锟随后被要求辞去总统职务。然而，他的辞职并没有换来他离开北京的权利，他作为政治犯被关押了好几个月。即使在他重获自由并撤退到外国控制的天津地区后，他也没有认真尝试重新进入中国的官场生活。在中国，很少有人同情堕落且名誉扫地的曹锟——除了一贯忠于朋友的吴佩孚和一小群贪婪的政客（他们的财富与曹锟的命运息息相关）。冯玉祥的错误和罪行屡见不鲜，但如果他没做其他坏事，只是把曹锟从总统的位子上赶走了，那么，大多数有良知的中国人都会欣然原谅他。

大多数曾在曹锟内阁任职，并被认为是曹锟或吴佩孚提名的重要官员，很快就意识到立即换环境的重要性。其中之一就是外国总长顾维钧博士，他在使馆区躲了几个星期，后来在一个加拿大朋友的帮助下，乘坐汽车逃到了天津。即使在那里，他也认为自己不安全，还会遭遇追捕，不久，他就乘船去了威海卫。他本应选择当时英国管辖的领土作为自己的避难地，这一事实有些尖刻意味，因为他最近一直在以中国外交总长的身份，与英国当局就威海卫交还中国的事宜进行谈判。谈判以暂时的失败而告终，他现在有理由庆幸自己遇到了这档子事儿。正如下文将要讲述的，4年后，他有进一步的理由为同样的事情而沾沾自喜。

新内阁实际上是自选产生的，规模也太小，以至于每位成员不得不负责两个或两个以上的职务。（代理）总理是黄郛将军，外交总长是王正廷博士。

根据基督将军自己的说法，政变的目的是将饱受折磨的中国人民从内战的痛苦中解救出来。事实证明，这件事是彻头彻尾的败笔。内战变得比以前更频繁，更残酷，对中国和中国人民的灾难性打击更大，而且几乎没有间歇地持续到今天。但冯玉祥的真正目的是要毁掉吴佩孚元帅，这一点他成功了。关于他因为"打倒吴佩孚"而收获巨额答谢款的逸事，我就不在此赘述了，因为这个话题与这里的内容无关。

吴佩孚从北京得到这个惊人的消息，不得不中断与张作霖在长城的军队的联系，把注意力转移到背叛他的将军们身上。在此无须赘述随后的短暂战役之细节。吴佩孚和冯玉祥在天津和北京之战中相遇，结果吴佩孚损失惨重。他的军队被分散了,吴佩孚自己不得不和他的残余追随者一起踏上他的补给运输船。他从海上退隐到长江流域,在很短的一段时间内不再参与中国的战争或政治。冯玉祥及其军民同僚暂时在长城以南的华北占据了一个不容置疑的优势地位。当然,满洲军阀仍然是一股不可忽视的强大力量,但是,张作霖却因冯玉祥的背叛而免遭巨大的失败,显然,他会为此而心存感激。张作霖和冯玉祥的亲密联盟,看来几乎是近在眼前的事情。

因此,在1924年10月底和11月初,冯玉祥的大胆政变似乎取得了圆满成功。毫不奇怪,《北京导报》在10月26日的一篇文章中,将其描述为"毫无疑问是中国历史上最不寻常的政变之一"。

如果那篇文章的作者知道接下来的几天会发生什么,以及如果某些极其危险的建议占上风会发生什么,他的措辞会更加强硬。

与此同时,在紫禁城里,人们的恐慌情绪与日俱增。已故皇太妃说葬礼的准备工作正在进行中,但陪葬仪式却大大缩减了。孙岳是基督将军的盟友,他的军队占领了景山。他的军队对那些出现在紫禁城外的侍卫官兵越来越无礼,这说明,孙岳手下是在找借口来策动冲突。

11月2日是个星期天,天刚亮,我被召到皇宫开会。到了那里,我只看到了皇帝及其岳父荣源,以及郑孝胥。后者给出了各种各样的理由,他认为冯玉祥正在策划另一场针对皇帝的政变。我们讨论了是否应该立刻把皇帝陛下带到使馆区,但我们已经确定,现在进出紫禁城的每一道门,都受到了外面的严密监视。我曾亲眼看到,常守在神武门的皇家卫队哨兵,已经撤退到里面去了,而且孙岳的军队已经在外面集结了。

皇帝收集了一大捆重要文件和一个装有贵重物品的包裹。他把这些东西交给我,让我把它们放在安全的地方。随后,我把它们存入了汇丰银行。

后来我回到了皇宫,部分原因是为了去灵堂瞻仰端康皇太妃的遗容。履行了这个职责之后,我又去了皇帝的住处,告诉他,他托付给我的贵重物品已经安全了。

皇帝打开一个柜子,拿出一个小篮子,里面几乎装满了珠宝戒指。他说:"这些都是端康皇太妃的。"接着,他带着悲伤的微笑补充道:"如果留在老太妃的宫里,早就被人偷走了。挑选一件你最喜欢的,留个纪念,就当是缅怀老太妃吧！"我挑选了一枚戒指，上面嵌着一块精美的绿玉。

11月3日，我再次来到紫禁城，那里呈现出幽灵般凄凉的景象。许多工作人员要么躲起来了，要么失踪了。其他人则忙于举行与葬礼有关的仪式，穿着白色孝服进进出出。

11月4日，星期二，我和皇帝共进午餐，然后拜访了皇后。我们从她的储秀宫出发，来到御花园的亭子里，一起讨论他逃跑的计划。郑孝胥这时已经想出了一个似乎可行的计划，决定第二天设法让皇帝乔装离开紫禁城。

紫禁城的黄昏暮色漫漫，最终还是渐渐变成了漆黑的夜晚。

11月5日，星期三的早餐时间，我接到了一个电话，这时电话已经恢复了正常工作状态。电话那头的焦躁声音，我听出了是载涛亲王的声音。他的消息虽然很难说使我吃惊，但却使我极为不安。冯玉祥的一支军队进入了紫禁城，攻占并关闭了神武门，不允许任何人进出。皇帝陛下的电话线被切断了，我没有办法知道皇帝发生了什么事。我要不要去陪皇帝到大门口，试着出宫呢？

过了10分钟，载涛开着车来到我家，开进我家前院就走了。他宁愿开我的车去紫禁城也不愿开他自己的车。我在等他，我们没有浪费时间。几分钟后，我们来到了神武门，发现那里的三扇门都关着，戒备森严。我的车停在景山前，一名士兵走上前来查看。我出示了我的中文名片，告诉他我有权利进入皇宫。他拿着名片去询问一名官员。在他离开的两分钟内，深受感动的载涛亲王说："如果他们让你进去，你就说我是你的仆人。"

那句话给我留下了难以磨灭的印象。亲王在两种选择之间左右为难，一是害怕在这场危机中冒险进入紫禁城可能会面临的命运，二是在必要时冒着生命危险去救皇帝的忠诚。"身在其位即谋其职"的高尚精神占了上风；尽管他已经准备好面对进入紫禁城的严酷考验，如果我获准进入紫禁城的话，他抱着一个希望——毫无疑问是徒劳的希望——如果他作为我卑微的私人侍从跟随我进入宫殿，他自己也许能逃过士兵的注意。

骄傲的满族皇族还没来得及通过一位亲王之口说出这样的话，就已经陷入了悲惨的境地。强大的康熙或乾隆大帝，如果他们活着看到这一天——他们皇族的一个成员（一个皇帝的兄弟兼另一个皇帝的叔叔）为了偷偷进宫，只能伪装成洋人的仆人，他们会说什么呢？"老佛爷"不仅要从首都圣地，而且要从中国的每一寸土地上驱逐讨厌的"洋鬼子"，如果她预见到了这个悲剧结局，她会说什么呢？

我们的悬念是短暂的。那个拿走我名片的士兵回来说，无论如何我都不能进紫禁城。最高指挥部已经就此事发布了命令，而且是强制性的。

我们掉转车头开走了，载涛亲王泪流满面。"我们该怎么办？"他问道。"只有一件事可做，"我回答说，"我们必须立即去使馆区，请外交公使们尽一切可能保护皇帝。"

鉴于荷兰外交公使欧登科先生是外交机构的元老级人物，我们直接开车去了荷兰使馆。我们刚到那儿，就遇见了英国公使罗纳德·麦克利爵士，他正走下公使住宅的台阶。我立刻拦住了他，告诉他我们有非常重要的消息要传达，并请他和我们一起回去面见荷兰公使。他照做了，几分钟后，我们四个人在公使书房的圆桌旁坐了下来。

那天早上，英国公使和荷兰公使都没有听说紫禁城被入侵的消息。我们没过多久就向他们提供了我们自己的有限信息，但在采纳任何具体的建议之前，他们都会先进行一番讨论。最后，两位公使同意在当天下午拜访王正廷博士（新任外交总长），并提出任何必要的申述，以免皇帝遭受人身攻击。他们还一致同意，应将有关情况通知日本公使芳泽正见先生，并邀请他参加会议。他很乐意地答应了。

与此同时，北京的满族贵族中出现了一种恐慌的状态。有谣言说，紫禁城发生了大屠杀，皇帝和皇后，还有两个在世的太妃（同治先皇的遗孀）都死了，满清皇室的所有成员都将被处死。恐慌是一种"自食其力"且"自我膨胀"的东西。在这个多事之秋，数十名上层满族王公贵族和他们的妻儿挤进了使馆区，在德国使馆区空荡荡的大楼里找到了临时住所。我们在等待三位公使拜访中国外交部的结果。同时也看望了这些"逃难者"，并给予了他们力所能及的安慰。

当我还在使馆区的时候，就听到了一个好消息，最坏的谣言是不真实的，而且皇帝还活着。当天下午，他被驱逐出了紫禁城，警卫用他自己的车将他押送到了他父亲的住所——城北的醇亲王府邸。然而，紫禁城仍然处于冯玉祥及其同僚的统治之下，皇家卫队已被解除武装，内务府也不再行使其职能。一支部队已经被派往醇亲王府，皇帝现在是政治犯，暂住在他父亲的家中。

皇帝安然无恙的消息在逃到使馆区的满族人中迅速传开，他们的恐慌情绪也慢慢平复下来。大多数人开始返回城区——尽管许多人害怕回到自己的家——并接受了汉族朋友的盛情款待。

虽然我很想尽快见到皇帝，但我希望能告诉他，荷兰、日本和英国公使的行动及其结果。因此，我在使馆区等待，直到我能查明中国外交部发生了什么。

我是向荷兰公使欧登科先生提出申请的，他给了我第一个消息。三位公使曾一起见过王正廷博士，并要求获得有关入侵紫禁城的消息。他们还要求保证皇帝和皇室的安全。王博士起初有些傲慢和沉默，并且多次暗示，外国公使没有发言权，因为当前发生的事情只与中国的内部政治有关，与国际关系无关。然而，公使们并不允许这件事就此搁置，并回应说，为了人类的利益，如果没有别的原因，他们有权确认皇帝没有受到虐待或侮辱。他们还强调说，任何对皇帝的折磨都会引起他们各自政府的极大不满。

在那种情况下，一场有些尖刻的讨论圆满结束了。王博士看到公使们很重视此事，就改变了语气，向他们保证，皇帝没有危险，也没有受到虐待，他的人身自由不会受到干扰。事实上，这是他有生以来第一次可以成为一个随心所欲的自由人的机会。然后，他更详细地解释说，"中国舆论"一段时间以来要求修改退位协议，停止使用皇帝的头衔，废除朝廷和户部，并且，溥仪应该降格为民国的普通公民。内阁服从人民的意愿，因此与前皇室拟订了一份新的"协议"，其中包括一份关于皇帝地位改变的声明，这就是那天摆在溥仪面前，让他接受的协议。

据我所知，王博士对紫禁城那天早上的事情做了非常粗略的解释。没有提到皇帝离开宫殿的情况，也没有提到皇帝即使在离开之后仍被当作囚犯对待的事实，因为当三位公使和王博士进行会谈时，皇帝仍在紫禁城内或刚刚离开。很有可能，王博士本人对冯玉祥（或者他的手下，亲自指挥此事的鹿钟麟）执行"内阁"政策的残暴知之甚少。

王博士的陈述显然留下了很多未解之谜，但总的来说，听起来似乎是可信的，尽管"人民的意志"是无稽之谈。无论如何，公使们只能满足于这样的保证，毕竟，皇帝的生命尚未遭遇迫在眉睫的危险。

荷兰公使的声明只是略微缓解了我内心的焦虑，这时，我正驾车穿过三英里或更长的街道，这些街道把使馆区和醇亲王的宅邸分隔开来。我是否进得去北府，还有待观察。这时已是深夜，街上一片漆黑。我发现外面的大门紧闭着，冯玉祥的士兵们在外面严阵以待。我停车的时候，一个士兵走上前来，我把名片递给了他，并告诉他，我和醇亲王有个预约。过了一会儿，大门打开了，让我把车开进院子里。屋子里的一些仆人立刻认出了我，并告诉我，有人想见我，皇帝正在等着我。

他在一间大接待室里接待了我，那里几乎挤满了满族名流和皇室官员。整个人群中最不激动的就是皇帝本人了——实际上他非常平静，当我走进来时，他向我友好地微笑致意。最激动的是他的父亲醇亲王，他的举止和外表会让任何不了解事实的人认为，正在经受痛苦折磨的是他，而不是皇帝。我的首要任务是宣布三位公使拜访外交部的结果。他们已经从载涛那里听说了那天上午荷兰使馆的面谈情况，自然很想知道与王博士交涉时发生了什么。他们都认真地听着我要说的话，只有醇亲王除外，我说话的时候，他在房间里紧张地转来转去，没有什么明显的目的。有几次，他突然加快了脚步，跑到我跟前，说了几句语无伦次的话。他说话时轻微的口吃似乎比正常情况下更明显。他每次说话的主旨都是一样的："你让陛下不要害怕。"这是一句完全不必要的话，因为他自己显然比皇帝更加惊慌失措。当他跑到我跟前说这种空洞且莫名其妙的话四五次之后，我有点生气了，说："陛下就在这儿，站在我身边。为什么不直接跟他说呢？"但他太过悲伤，没有注意到我说话的粗鲁，又开始漫无目的地绕圈子了。

皇帝把我带到他的私人房间，我们在那里安静地交谈。皇帝的神态镇定且富有尊严，提及即将离开这里的其他人表现出的惊慌与困惑，他还以轻描淡写的逗乐口吻打趣。

他对那天早上发生的事情的简短叙述，后来由内务府官员详细地转告于我。清晨9点多，冯玉祥率领的一支部队，在参谋鹿钟麟的指挥下，来到神武门前，命令立即解除卫队的武装。鹿钟麟及其部下，还有一位在学术界和其他圈子里都很有名的李石曾，他们在大门口留下一支小分队，去收缴武器，防止未经授权的人进出，然后他们又进入宫殿，强迫一些被解除武装的卫兵带领他们通过迷宫般的道路，走向内务府的办公室。在那里，他们要求面见"溥仪先生"。一个侍从回答说，皇上在皇后的宫殿里。他们以咄咄逼人的声调大声宣布，他们来命令溥仪先生和他的妻子，以及两位在世的皇太妃，在3个小时内离开紫禁城。"如果他们再多待一会儿，一切后果将由他们自己负责。"

然后他们拿出一份文件，交给总管大臣绍英，要求给"溥仪先生"过目，后者必须立即接受文件中的条款。任何形式的修改都不能考虑，文件必须按原样被接受。它号称是对《优待条款》的"修正版"，而条款开篇的措辞使人觉得是由皇帝本人主动进行的修订。根据后来给我看的副本，这份文件内容大致如下：

今因大清皇帝欲贯彻五族共和之精神，不愿违反民国之各种规章制度仍存于今日，特将清室优待条款修正如左（下）：

第一条，大清宣统皇帝即日起永远废除皇帝尊号，与中华民国国民在法律上享有一切同等之权利；

第二条，自本条件修改后，民国政府每年补助清室家用五十万元，并特支出二百万元开办北京贫民工厂，尽先收容旗籍贫民；

第三条，清室按照原优待条款，即日移出禁宫，以后得自由选择居住，但民国政府仍负保护之责；

第四条，清室之宗庙陵寝永远奉祀，由民国酌设卫兵妥为保护；

第五条，清室私产归清室完全享有，民国政府当为特别保护；其一切公产，当归民国政府所有。

文件上的日期为民国十三年十一月五日（1924年11月5日），所附签名分别为鹿钟麟、北京督军兼市长王芝祥及警察总长张璧。当然，所有这些人都属于小帮派，他们和自封的"内阁"一起，篡夺了首都的控制权，自称为"中华民国政府"。

总管大臣气得说不出话来，他只好把这份文件呈给了皇帝。我们可以轻易想象到，"修正版"协议条款让这位总管大臣比他的皇帝主子更闹心。

对于皇室立即离开紫禁城的要求，唯一强烈的反对来自皇太妃们。这两位老太太立刻回答说，她们宁愿死也不离开。当皇帝讲到这一段故事的时候，他悲哀地说："我不知道她们经历了什么。两位都威胁说，如果被强行赶走，她们就自杀。"

皇帝和皇后把他们的一些私人物品放在一起——只允许他们带一两个仆人能带的东西——然后走进御花园，他们的车子在御花园北端等着他们。他们没有选择自己的目的地，尽管皇帝刚刚得知，他现在是中华民国的自由公民，可以选择自己的住所。

他们上了车，每个人只有一名随从。每辆车的司机旁边都有一名士兵，每辆车的踏板上都站着两名士兵，他们手举武器，显得十分粗鲁。他们刚刚经过神武门——也许是最后一次，其他几辆车就加入了游行队伍，车上装满了全副武装的士兵。汽车一路飞速向北，驶过了景山，越过了我家的围墙，穿过了通向所谓"皇城"后门（北门）的一个侧门。这是皇帝第一次体验中央大门。显然，"溥仪先生"必须毫不拖延地接受教育，他与其他市民没有什么不同，唯一的例外，或许是他的个人自由会受到某些令人遗憾的限制。

北府是皇帝父亲的府邸，不是皇帝本人或其朋友在他事业的关键阶段选择的住所。那是在城市的最北部，离北京的某个地方（外国使馆区）有3英里多，他知道，在那个地方，他会受到欢迎和庇护。毫无疑问，主要是出于这个原因：外国使馆区正是他的监护人不让他去的地方。

他是一个政治犯，这是一个事实。他到这儿才一个小时，这就给他留下了不愉快的印象。他想印证这个事实，就命令把他的车准备好，因为他要到城里去开车。这时，醇亲王自己的警卫队已经撤出了他们的住处，冯玉祥的一支武装部队不仅驻扎在房子的正门（这是一个很庞大且很杂乱的地方，有许多院子和大花园），而且还驻扎在其他所有可能的出口。指挥军队的军官一听说皇帝要出门，就暗示说，根据他收到的命令，"溥仪先生"必须待在家里。当皇帝把发生的一切都告诉我的时候，已经是晚上8点了。我问他是否愿意我在北府过夜，他一开始就热切地答应了。但稍作思考后，他说我应该与外交总长们保持联系，这很重要，因此他希望我回到使馆区。"我明天早上等你，"我们分手时他说，"把发生的一切都告诉那几个外国人。"

没等跟醇亲王道晚安，我就走到院子里，并上了车。外面的门关上了，也闩上了。在我的要求下，车被打开了，但在准许我把车开走之前，护卫队的警官走到我的车前，彻底搜查了一番。据说皇帝可能藏在我的地毯下面。

在使馆区花了两个小时左右的时间收发消息后，我回到家里，既焦虑又沮丧。那个无用的、昂贵的、无可救药的腐败机构——内务府——的倒台和最终解体，是没有人比我更渴望的结局。皇帝最终摆脱了颓废的宫廷制度的纠缠，这也不是一件值得惋惜的事情。但不幸的是，这些事并非出于皇帝自愿和我们的共同努力。我本应该感到宽慰和愉快的，但现在却陷入深深的悔恨和不祥的预感之中。事态的发展损害了中国和中国政府的名誉，或者更确切地说，也让那一小撮不可靠的士兵和政客颜面尽失。这些人僭越了政府职能，我知道，他们将会被那些仍然忠于旧秩序、仍然尊重皇帝甚至膜拜皇权的中国人深深怨恨，尽管后者通常不善言辞。我知道，也许更大一批正直的共和派人士唯恐他们国家失去好名声和好荣誉，他们的怨恨也会同样强烈。

我担心的事情不幸发生了。毕竟，废除宫廷制度和拥有附属特权的皇家头衔，不是因为慷慨而充满活力的少年君主的自愿行动，而是因为那些不知道、也许永远也不相信天子本人迫切希望放弃这些特权的人，动用了野蛮的武力。我在1922年6月14日的信中写道："很有可能，关于皇室未来待遇的问题将被提出来讨论。皇帝陛下充分认识到了这一点，他自然希望放弃他的头衔和津贴应该被视为他自愿的行为，并得到全国人民的认可。如果他的自愿放弃行为被人民解释为不是他自己决心做的，而仅仅是为了避免议会采取强制行动以'保全面子'的愿望的结果，那将会令他万分苦恼。"

早就预见到的强制行动终于实施了，实际上，不是议会，因为已经没有议会了，而是由一个自选的"内阁"组成的，他们对这个曾经是他们统治者的少年毫无任何善意的感情，而后者对中国和中国人民的热爱丝毫没有向前者屈服。皇帝永远不会因为他无私的爱国意愿而得到哪怕一点点的赞扬或感激。很少有中国人（可能也很少有外国人）会相信他曾经有过这样的意图。

我有更深层次的焦虑。要确定冯玉祥和他的同僚们不打算采取进一步行动，以确保这位前皇帝不再威胁国家的稳定，现在还为时过早。在北京和各省都有一群鲁莽的人，他们相信或者假装相信，只要前皇帝还活着，中国的政治环境就永远不会平静。冯玉祥同意这个观点，也是可能的事。我已经很清楚——第二天就更清楚了——王博士告诉三国公使，"溥仪先生"现在是中华民国的自由公民，但他没有说实话。

至于修改后的前皇室待遇条款，在我看来，它们几乎没有什么本质上远非令人满意的地方,然而,在内务府官员和宫中其他人的偏见眼光中,这是多么不恰当。我非但没有反对这些条款本身,反而认为它们比1912年最初的条款令人满意得多。只有一个瑕疵,不幸的是,这是个致命的瑕疵。它们没有包含任何形式的保证,即民国将忠实地遵守新条款。就我个人而言,我对草拟最初条款的人的信誉毫无信心;即使我对他们的判断有误,也不能保证这个由临时内阁起草并强行实施的单方面协议,在今后的日子里能够得到内阁的遵守。研究了这一包含新条款的文件后,我确信,起草这一文件的唯一目的就是为了给中国人和外国人的眼睛蒙上一层阴影,让他们相信皇帝受到了公平和慷慨的对待。后来发生的事件也证明了我没有冤枉这些人。我一直都不相信他们所谓的目的和诚意。

在书房的孤独生活中,我的思绪转向了颐和园,以及我希望在那里创造秩序井然的宁静小世界的梦想。我曾认为,皇帝将要在这个小小的世界里开始一种他从未体验过的自由、幸福和有益的生活,而现在,这个世界就像一个无根据的幻象,已然消失殆尽。宫殿依然存在,但它不再是我梦想中的宫殿。老佛爷的精神似乎要重新统治那片美丽的土地,毕竟,我只是那天的入侵者。她鬼魅般的野餐和寻欢作乐,再也不会因为一个多管闲事的"洋鬼子"的出现而遭到破坏了。观音菩萨不必担心不雅观的干扰,就可以在一群阴沉沉的太监们崇拜的目光之下,再次从莲花海中升起了。如果老佛爷的灵魂发现这样的行为与慈爱女神的性格是可以调和的,她也可以继续在她建造的那些无窗之墙上炫耀,以提醒她仇恨的受害者,他住的那一间是她的仙宫的牢房。

我不知道几个小时前我对他说晚安的另一位皇帝,是否也注定要经历他那位殉道的前任所经历的同样的死亡;想到这种可怕的可能性,我发现自己几乎是在盼望冯玉祥的最后一击——如果真要来的话,那就快点儿来吧。

这就是中国的11月5日,这一天,紫禁城里徘徊了13年的黄昏终于变成了黑夜。过去,我们常常告诫英国的少年务必记住这个日子,也许没有充分理由;现在,我们也请中国的少年铭记在心,这一天是忏悔和羞辱的日子。

第二十四章 军阀角逐

11月5日深夜,当我回到家时,发现家佣们都非常紧张。他们听说了紫禁城发生的悲惨事件,我长时间不在家,更加剧了他们的恐慌。他们告诉我,我的房子一整天都处于警察和侦探的密切监视之下,中国访客被拒之门外。后来我才知道,其中一位访客是我的朋友傅泾波,也是个好心人,很关心我的人身安全,并提醒,他认为我的危险迫在眉睫。

如果说有什么危险可以超乎想象,那可能是在政变之前的几个星期。现在皇帝被逐出紫禁城已是既成事实,除掉他的外国导师(有人认为我可能是政变成功的一大障碍)的主要动机已不复存在。但很快就有证据表明,我以皇帝的名义进行外交干预的行动,已使我成为人们深深怨恨的对象。

11月6日早晨,我的车停在醇亲王家门口,我被告知严禁进入。我有三个星期没有见到皇帝了。起初,除了我之外的其他人也被列入禁止令。六七年间,除了少数皇室成员外,任何人不得进出北府。这两天以后,我的中国同事可以进出了,包括郑孝胥和邵英,但是,对我的禁止令仍然被严格执行。我的抗议(以及皇帝本人的抗议)的唯一结果是,禁止令扩大到了所有外国人。

政变的头目们认为我的行为是不可饶恕的罪行,因为我打消了他们向世界证明他们在紫禁城所采取的行动不涉及武力或恐吓的希望。他们希望世人相信,无论是物质上还是精神上,皇帝都没有受到任何强迫,他是自愿离开紫禁城的,为自己新获得的自由而高兴,修订后的"协议"是友好协商的结果。这是他们试图通过受其补贴的中外新闻媒介和其他方式传达的印象;他们不仅希望引导中国和外国公众接受这一事件的解释,而且还希望恐吓皇室和他们的追随者,让他们至少保持沉默。

这个巧妙的计划一开始就被三位欧洲公使对外交总长王博士的抗议和警告所阻挠。不可能说服北京或者中国人民相信，冯玉祥的行动是出于对"紫禁城之囚犯"的善意，或者"囚犯"本主欢迎冯玉祥的士兵成为解放者。唯一相信这个版本说法的人是冯玉祥的一些传教士朋友，他们担心这位英雄失去声望，极不愿意改变他们对他的基督教义的真诚信仰。

这些外国崇拜者之一，是"原教旨主义"观点的传道者和复兴运动者，牧师戈福斯先生。有这样一个故事，在戈福斯先生的听证会上，有人宣称基督将军"变红了"，他便迅速回答："是的，他被耶稣的血染红了。"但不久之后，这位基督将军在战争中惨败，前往莫斯科朝圣。据胡适博士说，他在那里花了大量时间用中国毛笔画列宁的画像。从那时起，传教界对基督将军的热情在某种程度上消失了。

新当局小心翼翼地为针对皇帝的行动提供另一种辩解。正是冯玉祥及其同僚们及时采取了行动，使国家免于保皇党复辟。在这种情况下，已经不可能指责张作霖是这场阴谋的领导者，所以，这个角色就被分配给了被他打败的对手吴佩孚。

显而易见，冯玉祥和他的僚属希望能在文件中找到不利于皇帝的证据，可惜他们没有预料到，没有任何有力证据足以证明皇帝参与了复辟阴谋，因此，他们感到失望。然而，尽管王博士后来被迫承认没有发现这样的证据，但他的内阁起初不仅要让这个故事变得毋庸置疑，而且在他们自己的媒体上进行了最广泛的宣传。北京的一家英文报纸《远东时报》的社长兼编辑都是伯特伦·莱诺克斯·辛普森（他在中国之外更为人所知的笔名是帕特南·威尔）——足以宣传这个谎言，毫无疑问，一家著名的外国报纸对皇帝受到的诬告的认可，不仅为冯玉祥一党严厉对待皇帝和取消原来的退位协议提供了极好的借口，也使皇帝作为政治犯的身份而陷入了极度危险之中。皇帝的许多朋友认为，冯玉祥之所以不敢前来，是因为他害怕外国各方因素的纠缠，不敢让少年天子接受审判，或者不经审判就将他处死。而且，貌似没有什么比他知道的那些负责任的外国人（想必他们并无私心）准备支持中国对皇帝罪行的指控更能鼓励他毫不犹豫地走向这种极端。

以下是一个例子——一个英国人在这些关键的日子里故意散布的臭名昭著的谎言的。这篇文章发表在11月6日的《远东时报》上，也就是暴行发生的第二天。

君主立宪派的一场大阴谋——规模不亚于200年前欧洲复辟者代表"邦尼王子查理"的大革命——昨天下午在北京遭到挫败。为了利用国家动荡不安的局势,几个满族团体及其追随者正在密谋让年轻的宣统回归,成为真正的皇帝,而不是名义上的皇帝。最后的细节有待解决,如皇帝在登基典礼上要穿的服装、优先顺序、要授予的头衔和其他细枝末节……接下来是这一壮举的惊人之处,也许是内在原因。毫无疑问,吴佩孚一心想要复辟,如果他能胜利的话,他自己就是皇权的守护者。有一些非常奇怪的细节还在保密之中,可以证明他是在做这种部署。

4天后,同一份报纸补充了以下信息:

在满族圈子里,有一个事实不再有争议了——就在内战之前,曾有一名高级特使被派往洛阳,就复辟问题试探吴佩孚的意图。吴佩孚的答复足以鼓舞人心。特使向前皇帝宣统报告说,吴佩孚当然赞成这个主意,一切要看事态的发展而定……鉴于这些考虑,自11月1日以来,在清理宫殿和交出所有封印之前,包围并用沙袋堵住宫殿的入口的行动非常小心谨慎,因为在这个城市里发生政变的可能性始终存在,谨慎之人不可忽视。

所有这些指控中唯一的真相是,没有一个消息灵通的中国人不知道这样一个事实,即社会各阶层有很多人热切希望这个自称"民国"的疯狂的政治结构走向垮台,并热烈欢迎中国人民真正理解的唯一政府体系得以重建。无论是吴佩孚还是张作霖,本质上都不是一个共和主义者,尽管在《远东时报》的指控中可以看到,对于张作霖,人们保持了谨慎的沉默,他的君主主义同情心从前是公众议论的话题,比他的对手要强烈得多。但如果说皇帝亲自参与了复辟阴谋,那就大错特错了。保皇派自己也曾小心翼翼地避开让他参与他们自己的计划。至于内务府,我已经解释过,那个机构为什么小心翼翼地远离一切可能危及他们自身利益的政治活动。

《华北正报》在11月11日发表的文章中宣称,关于保皇派阴谋的报道,《远东时报》应负有责任，这表达了中外双方的共同观点——"众所周知，这纯粹是一场骗局"。同样，11月17日的《京津泰晤士报》写道：

> 复辟阴谋与皇帝没有任何牵连。所谓的复辟阴谋是捏造出来的，目的是为肆无忌惮的荒诞暴行辩护。王正廷先生无论如何也找不到撕毁退位条约的合理借口。现在很明显，对皇帝实际上的监禁是为了防止他公开拒绝临时掌权的无耻之徒强加给他的协议。

本段提及退位条约并非出于对《优待条款》性质的粗心误解。以下关于这个问题的评论摘自同一篇文章：

> 王先生对退位协议可以被视为条约的想法嗤之以鼻。段祺瑞元帅的奏折是确保退位的决定性因素，他是我们声明"人民军队"承诺"如果皇帝接受其条件，将向海牙法庭登记"的权威。我们想问一下，在海牙法庭登记非条约性质的协议，是否符合惯例？除了揭示民国方面给予退位协议条约地位的意图之外，是否还有可能以其他任何方式解释这一承诺？退位条款本身表明，双方的意图是缔结一项具有约束力的条约，只有通过双方同意才能更改或修订，而不是像现在这样，由一小撮在北京暂时掌权的布尔什维克"新贵"缔结。

尽管我试图证明的事实是，《优待条款》是由那些为了皇帝利益之外的目的而工作的人起草的，而且袁世凯在批准这些条款的时候欺骗了民国和皇帝，毫无疑问，无论我们是否认为这些条款等同于一项条约，无论是民国还是皇帝，都无权在未经对方同意的情况下取消或修改这些条款。我已经说得很清楚了，如果合适的话，皇帝会很乐意接受他们的修正案。而他们采取了暴力行动，还让非法内阁从一个非自由行动者的总统那里勒索总统授权，并单方面取消选举，这一点不容狡辩。

据我所知，11月5日法案的唯一授权，从未以英文或中文出版过，由于它是一件值得保存的历史珍品，内务府总管给我了一份。

据称，这是曹锟总统下达的命令，他当时是自己住处的囚犯，受到威胁，被迫下达所有绑架者认为合适的命令。该条文指出，鹿钟麟和张璧受命就修改《优待条款》进行谈判，但没有说明修改的具体内容。没有任何形式的"谈判"。"修正版"条款由内阁起草，并被带进紫禁城，而内务府只是被告知，它们将取代1912年的条款。

这项授权据说将由以下"内阁"成员批准：

国务院总理：黄郛

陆军总长：李书城

司法总长：张耀曾

财政总长：王正廷（兼）

外交总长：王正廷

内务总长：虚悬无人

海军总长：虚悬无人

教育总长：黄郛（兼）

农商总长：虚悬无人

交通总长：黄郛（兼）

大總統指令
派鹿鍾麟張璧交涉清室優待條件修正事宜此令
中華民國十三年十一月
國務院代行國務院總理黃郛
陸軍總長李書城
司法總長張耀曾
財政總長王正廷
外交總長王正廷
內務總長
海軍總長
教育總長黃郛
農商總長
交通總長黃郛

曹锟总统下达的命令副本

这份授权文件有一个有趣的特点——两名总长兼职五个职位，其余的三个职位都虚悬无人。

满族皇室及其朋友否认这一文书的合法性，并认为《优待条款》至今从未在法律上和宪法上被废除，这是否令人惊讶呢？正是因为这个原因，皇帝从未放弃他的头衔，尽管他以前愿意这样做。

皇上的朋友们相信冯玉祥对皇上有不轨的图谋，而他在北京故意制造敌视皇上的态度，更加强了这一信念。我们已经看到，这种态度已经存在于一小部分民众当中，特别是在学生阶层的一些成员中，但是过去没有，也从来不曾有过。北京民众对皇室家族怀有恶意，冯玉祥企图煽动这种恶意，结果惨遭失败。他很快发现，他非但没有获得民族英雄的认可，反而使自己成为中国最不受信任和最遭憎恨的人。对他背叛吴佩孚的强烈谴责文章被印成了小册子和传单；他对手无寸铁的皇帝的粗暴态度抑制了人们对他的掌声；他草率地抹杀了自称为"议会"的可鄙的"猪崽子"（汉语中嘲弄立法者的戏称）团体的行为，同样引起了一定程度的争议。

有一位西方作家用下面这段话描述了民众的态度，我们当然不能指责他同情君主制。

> 政府任意取消退位法案引起了广泛的恐慌。它给人的印象甚至比吴佩孚在元帅背后捅刀子的印象还要深刻……只有少数几个人赞成这一行动，其中包括与苏联使馆有密切联系的中国政治家和孙中山先生。

中国北方的外文版主导报纸宣称，冯玉祥在北京的第二次政变，和第一次一样，"根植于耻辱"，它构成了"所谓的中华民国的曲折历史中最令人不快的一章"。

上海的主导报纸也同样强调了上述观点，在谴责政变之后，它又提到了一场重建阴谋的"不堪一击的故事"，并补充说，虽然没有阴谋，但不可否认的是，对君主制理念的同情"在中国伪共和主义的可悲展示中变得更加高调"。它说，这种同情不会因为针对满族家庭的行动而消失，"因为它的发展，不是因为君主制度的阴谋者和策划者，而是作为一种政治实验的反应。它不是共和政权，到目前为止只在军事集团之间产生了竞争。许多中国人开始相信君主制,最好的理由就是死马当作活马医"。

在中国政治舆论的负责领导人所表达的观点中,没有一个观点比唐绍仪的观点更为重要。据我们所知,唐绍仪在导致皇帝退位和起草《优待条款》的谈判中发挥了重要作用。他在一次采访中宣称,"如果中国想要改变民国和清朝皇帝之间的关系,我们必须采取公正且绅士的方式"。他说:"我们同意这些条款,是因为满族皇帝退位,革命不必再继续下去了,民众也不必再做无谓的牺牲,这给了我们安定下来进行重建的机会。汪精卫是一个热心的革命家,他是向清廷让步的最热心者……无论我们个人的意见如何,我们作为中国人民的代表,与清朝皇帝签订了一项庄严的协议,在作出新的安排之前,我们必须遵守这个协议……但也许冯将军不再意识到,中华民族的道德基础……这不是政治问题,而是道德问题。这不是中国政府形式的问题,而是这片土地上是否还有正派感的问题。你可以通过你的报纸告诉所有的外国人,这些天发生的事件,不是中国对待政治和道德问题的态度之惯例。我们面对的是一个丑陋的局面,但是,中国人民的道德品质会重新得到体现,就像他们在面对更丑陋的局面时一样。"

"少年中国"的知识领袖之一胡适博士的观点也具有类似的特点。在写给王正廷博士的公开信中,他坚持认为,退位协议只能通过和平途径,经双方同意才能修改或废除,"黄郛内阁"和冯玉祥采取的方法,将被载入屈辱史册,成为"中华民国历史上最不光彩的行径"。

有一些强有力的抗议来自蒙古和满族亲王的代表,这并非异常,因为根据协议或保证,他们像满族皇室一样,拥有与《优待条款》相似的权利。他们很快意识到,如果民国可以单方面废除后者,他们自己的权利也可能随时被民国授权剥夺。蒙古人和藏族人没有参加过革命,也没有推翻满清王朝的意图。因此,除了他们自己的利益之外,他们对废除《优待条款》持最强烈的反对态度。

在最后一章中提到,曹锟内阁中逃往使馆区避难的成员之一是顾维钧博士。王正廷是新"政府"的重要成员,这个事实足以解释顾维钧在北京政坛的突然消失,因为长久以来,两人即使不是敌人,也是激烈的竞争对手,其中一人升任内阁成员,几乎不可避免地会使另一人黯然失色。他们是两颗无法在同一天空中闪耀的星星。我跟顾博士的交情不深,但到了11月中旬,我俩都被王正廷和冯玉祥的好友圈说成"狼狈为奸"。

11月15日，一家名为《世界晚报》的中国报纸发表声明，称造成首都骚乱的谣言源于两个恶棍——我和顾维钧，还有"某一家英文报纸"和"某一家英国新闻社"。据说，最近发生的事件破坏了外交部部长顾维钧的"饭碗"，使溥仪的英国籍帝师庄士敦大为不满，因此，这两个人为了颠覆新建立的政权而集思广益，每天在六国饭店（位于使馆区）的"某个房间"举行秘密会议，并与《京津泰晤士报》和匿名的英国通讯社代表合作策划阴谋。据说，后者曾被吴佩孚的联盟者齐燮元巡抚重金收买。不用说，这些"秘密会议"就像我被指控带进紫禁城的"女儿"一样神秘。

我有理由相信，冯玉祥夺取皇宫和驱逐皇帝的第一份真实记录，是通过英国渠道传给身在满洲的张作霖的。这引起了一个英国目击者的注意，他说，虽然他经常看到张作霖发脾气，但从未见过他发那么大的火，整个军队为之惶恐，那场面实在令人难忘。当然，他并不反对冯玉祥夺取北京，或是背叛吴佩孚。张作霖的胜利，无疑是建立在这次背叛的基础上。但是冯玉祥和他的同僚们没有征求他的意见，擅自占领紫禁城，撕毁退位协议。这是不可原谅的冒犯，即使他在原则上同意他们的行动也不行，更何况他还没同意呢。不管他对冯玉祥出卖吴佩孚有什么感激之情，都被他对紫禁城亵渎者的愤怒吞没了。某些中国愤世嫉俗者后来在我的听证会上宣称，他的愤怒可能部分是因为他相信，亵渎帝国神圣之物的人，也可能是皇家宝库的掠夺者。张作霖可能确实觉得，如果紫禁城的财宝不能由皇家保管，他自己也会和其他人一样成为合适的保管者；然而后来的事件表明，他仍然对皇帝的安全和福祉有所顾虑，他对冯玉祥残暴对待他们的亡国君主的愤慨之情，至少在一定程度上是真实的。

直到将近六年以后，我才得到了一个惊人的消息，据我所知，这个消息从来没有传到外国外交官的耳朵里。我的线人是一名中国官员，他自己曾是一群政治家和军事家中的一员，他们在1924年年底成了北京的主人。

如果这位官员给我的信息无误，那么，政变的策划者们并不满足于推翻民国总统、废除议会政府（就像过去那样）、将皇帝驱逐出紫禁城，并废除退位协议，而是认真考虑并讨论了进一步的梦想——强行占领公使区，给他们的"壮举"画上一个圆满的句号。自从1900年义和团围攻使馆以来，北京的"鞑子城"

区域一直处于外国列强在中国的军事和行政代表的垄断控制之下。由于这种控制权已由条约承认，因此，令人难以想象的是，有关国家竟能顺从地默许单方面地废除这种权力。此外，冯玉祥任何实施军事占领的企图，肯定会遭到各种使馆警卫的抵制，外国军队和中国军队之间的武装冲突，必然会给中国带来影响深远和灾难性的后果。想必这一可能性并没有被"黄郛内阁"中头脑更为冷静的成员所忽视。无论如何，对中国来说，幸运的是，这一行动被放弃或推迟了。

紫禁城里最不体面的皇家事件之一，特别是从中国传统的社会规范来看，是发生在丧礼期间，那时，端康皇太妃的葬礼实际上正在进行中。她的死对于阴谋者来说确实是一个尴尬的时刻，因为两个在世的皇太妃迟迟不愿意和皇帝皇后一起离开紫禁城，并且，这也是她们拒绝离城的主要理由之一，她们有礼仪职责去执行与已故太妃的葬礼有关的事务。这两个老太太拒绝受到来自太监传达的人身暴力威胁，当被警告如果她们不主动离开，就会被武力驱逐时，她们宣称宁愿自杀。

老太妃们的自杀无疑会加剧冯玉祥对待皇室的态度在北京和其他地方引起的反感，而且几乎肯定会给他自己和"黄郛内阁"成员带来不愉快的后果。他们很快意识到这一点以一种非常重要的方式表现出来。冯玉祥的副手鹿钟麟被派去拜访皇上，并说服他利用自己在众太妃间的影响力，让她们自愿离开皇宫，不要引起不必要的麻烦。皇帝觉得自己没有特殊的义务来帮助"基督教将军"摆脱尴尬的困境，但他知道，如果他在这件事上不采取任何行动，而这两位老太太实现了自杀的威胁，他的敌人无疑会试图把老太妃们的死亡责任推到他身上。于是，他提出让她们留到端康皇太妃的葬礼结束后，才同意劝说她们离开紫禁城。

11月19日，宫中的丧礼结束了，当天下午，一支没有了皇家荣耀的小型队伍护送着端康的灵柩从神武门出来，来到鼓楼附近的一座寺庙，在那里找到了一个临时的安息地，等待着最终将灵柩送至皇陵安葬。

两天后，两位在世的皇太妃最后一次穿过紫禁城的同一扇大门。一小群还算忠诚的太监陪同她们来到鞑子城东部的新家。也许只有那些太监才能充分见证两位老太太自从紫禁城内的宫殿被武力入侵以来所遭受的精神痛苦。除了对皇室成员和家庭成员，太监们从不谈论自己的经历，他们的嘴现在永远闭上了。

虽然冯玉祥的背叛造成吴佩孚兵力的分散，使张作霖轻而易举地进入北京，但他并不急于见到这个把可能的失败变成压倒性胜利的人。他来到天津,在那里待了两个多星期。在此期间,冯玉祥非常不情愿地拜访了他。两大军阀互相厌恶,这一点谁也没有隐瞒。根据传到北京的故事,他们在第一次面谈时发生了激烈的争吵,争吵的主要原因是紫禁城的事件。无论如何,毫无疑问,基督将军在天津受到了令他不舒服的接待。而且,与他关系紧张的不只是张作霖,段祺瑞也非常冷淡地接待了他。段祺瑞是张作霖提名的总统候选人,已经公开表示强烈反对任意取消《优待条款》的行为。他对冯玉祥政变的看法在其具有一定影响力的共和圈子里很有分量,如果只是因为他是1917年张勋短命复国时的"共和救星",在对退位协议进行任何修改之前,他已经获得了被征求意见的权利。当时,段祺瑞有权废除这一协议,并剥夺皇帝的特权,但出于通常被认为是完全正当和公正的原因(唯有国民党不这么认为),他没有这样做。因此,段祺瑞对冯玉祥的愤怒也就不足为奇了,因为冯玉祥在一件他无权干涉的事情上竟然厚颜无耻地采取了极端的行动。

冯玉祥怒气冲冲地回到北京,宣布将辞去军职,退休不干了。中国军队领导人喜欢谈论辞职,但他们并不认真打算将其付诸实施。人们的问题不是冯玉祥为什么要辞职,而是他下一步的打击目标是谁或是什么。

与此同时,在北京,人们开始知道,张作霖和段祺瑞即将到达首都,段祺瑞将是新政府的首脑——要么是真领袖,要么是名义上的头儿。人们纷纷猜测,这是否意味着"黄郛内阁"的消失,据我们所知,这个内阁是凭借一位被俘总统的虚假授权而上台的。猜测很快就平息了。两个元帅刚从天津来到北京,"黄郛内阁"就不复存在了。

对于新部门的构成,我们并不关心,但有一个非常重要的事实——郑孝胥长期以来的热情朋友和崇拜者段祺瑞,极力劝说这位皇帝的忠实仆人进入新政府。作为内阁成员,郑孝胥有能力保护皇帝的利益,因此,人们自然希望他接受这一任命。但他毫不犹豫地拒绝了。段祺瑞试图强迫他,让他担任内政部长,但是,连这一举动都没有成功。郑孝胥从来没有也永远不会在民国之下占有一席之地。他不能同时侍奉两个主子。

第二十五章　龙飞

段祺瑞于1924年11月22日进入北京，张作霖于23日随后进入。前者没有带军队，后者只有一个保镖。24日，段祺瑞以"执政"的头衔就职。"执政"取代了"大总统"的称号，这是由于议会已不复存在，因此没有举行总统选举的宪法手段。"执政"暗喻了一个临时政权，段祺瑞是作为政府的临时首领上台的。

第二天，中外报纸刊登了以下声明：

> 段祺瑞元帅昨日出任临时执政。他首先采取的行动是取消了对清帝的限制（这种限制曾引起强烈抗议），并通知帝师庄士敦先生，可以去看望皇帝了。

随后又发表了进一步声明，大意是"奉段祺瑞元帅之命，冯玉祥的部下于昨日撤出醇亲王的宫殿，由首都警察总部派出的卫兵取而代之"。

与此同时，还有一件更奇怪的事情发生在公众面前，那就是张作霖抵达北京时，拒绝见清皇室的任何成员，但"他对皇帝的外国导师的工作很感兴趣"，很可能会见他。

所有这些公开的声明都是真的。我收到执政官办公室的正式通知，我可以去拜见皇帝了，几乎同时，皇帝的一个信使给我带来了令人高兴的消息，说冯玉祥的士兵确实从北府消失了，要我马上过去见个面。

我开车去了北府，立即就被请进门了。皇帝在他住处的院子里等我。他握住我的手，好一会儿说不出话来。然后，他把我带到一个私人房间，在那里我们进行了一次不需要录音的长谈。就在我们谈话的时候，张作霖元帅直接给我带来了一条私人信息,要求我当晚在天黑后尽快去见他。我回了个口信,说我会去的。白天剩下的时间我都在皇帝的陪伴下度过,在我离开他之前,他给了我一张他的签名照,还有一枚镶有钻石的黄玉戒指,这是请我代为转送给张作霖的礼物。

6点,天已经黑了,我驱车来到城西的元帅总部。我唯一的同伴是醇亲王的管家张文治,他是元帅的老朋友,与他同姓,但不是亲戚。我们一到,就接连穿过了一连串的庭院,每个院子都由全副武装的卫兵把守。他以友好又随意的方式接待了我们(他穿着中国便服),在他的工作人员在场的情况下,我们进行了几分钟的常规交谈,之后,他请我们陪他去了一个小型的私人书房。在接下来的一个小时的谈话中,门一直关着,连端茶倒水的普通侍从都不曾进来。

我把皇帝的礼物交给元帅。他拿起照片,若有所思地看了很久,然后看了一眼戒指,把它还给了我。他收下了照片,但没有收下戒指。

然后,他又详细地解释说,他认为,冯玉祥和他的同僚们对皇帝采取的行动真是可耻可恨。他希望帮助皇帝,消除已经犯下的罪恶,但他说,他必须不采取任何行动,以免引起共和主义圈内人士对他意欲恢复君主制的怀疑。接着,他展开了一项计划,即皇帝可以恢复他的特权,而不必渲染他的恢复是由于满洲的支持。关于这个计划,我不能在这里详细说明;我只能说,他希望蒙古人、满洲人,以及那些出于忠诚或者出于对国家荣誉的考虑而希望不要单方面取消或修改《优待条款》中国人采取的最初的步骤。为了使他的计划行之有效,最好将某些信息传达给外交机构。原来,他跟我讨论这件事的主要目的,是想让我把这个消息传达给友好国家的公使们。

我同意按照他的建议去做,于是他要求我几天后再去拜访他,并把我在使馆区行动的结果告诉他。

面谈结束后,张文治回去禀报皇上和醇亲王了,我回去准备谈话备忘录,供各国使节参考。我复印了三份,当晚亲自交给了11月5日代表皇帝迅速行动的英国、日本和荷兰的公使们。荷兰外交公使是外交机构的元老级人物,如果他愿意的话,他可以把我的备忘录内容传达给他的其他外交同僚。他是否这样做了,我不能说,我的备忘录呈上之后会发生什么,这不是我可以随意讨论的问题。

有一段时间,一切都很顺利。我每天都去拜访皇帝,在过去的3周里,他以勇气和尊严承受着危险和焦虑。他自然对自己受到的待遇和侮辱感到厌恶,但他很高兴，因为他相信，冯玉祥、王正廷等人自称为中国人民的代表和代言人时，他们没有说实话。他从我这里得知，外国媒体对他们的行动的谴责是多么直言不讳，而且几乎是一致的（除了莱诺克斯·辛普森资助的报纸），这也使他感到欣慰和满意。

但两三天后，天空又开始变得乌云密布。现在有一些奇怪的谣言说，不久的将来可能会发生另一场政变。冯玉祥从天津回来后一直闷闷不乐。他说过要辞职，于是退到西山的一座寺庙里，在那里他只会见自己最亲密的伙伴。但是，当他说要辞职的时候，没有人相信他是真诚的。全世界都知道他"丢脸"了。他的监视皇帝的武装卫兵的撤离，就是这一点的典型例证。众所周知，尽管张作霖把他在内战中的胜利完全归功于冯玉祥对吴佩孚的背叛，但还是憎恨和鄙视这位基督将军。他们之间的"联盟"也不过如此，不可能持久。迟早，这两个"盟友"会开战。

没有人比冯玉祥自己更清楚地认识到这一点。但是，冯玉祥已经宣布自己是个和平主义者，因此，必须不惜一切代价避免战争。该怎么做呢？只有一种可行的方法，而且貌似简单得可笑。冯玉祥仍然控制着这个地区。张作霖只带了一个卫兵。还有什么比这更简单的呢？冯玉祥派兵包围并解除那个卫兵的武装，邀请大元帅到他自己的总部参加茶话会，然后在一个室内庭院里散步——这次散步最终会发生一件小小的意外，使元帅永远从中国政治的战场上消失！

这位基督将军正在冥想这样的妙计，这事可真可假。当然，皇帝的一些朋友相信这是真的，我从经验中知道，他们所接触到的信息来源要比外国使馆公使们的消息可靠得多。当我在使馆区提到我听到的一些谣言时，他们说我是一个危言耸听者。当我告诉我的英国朋友，张作霖元帅可能随时从民众的视野中消失——无论是因为某种神秘的"意外"，还是因为匆忙搭乘火车或汽车前往天津。我确信，北京的政治泥沼并没有泛起涟漪，大元帅已经接受了10天后在英国使馆用餐的邀请——当然，这证明他无意离开北京。

张作霖的一个特点就是无比自信，这也许是他从一个土匪升级到可以统治一个面积相当于法国和德国总和的地区的最高统治者的秘密。但他有一个更危险的特点——容易轻视对手。他对吴佩孚的傲慢和经常表现出的不屑，几乎使他的光彩夺目的事业走向了一个灾难性的结局。他连续几天拒绝认真听取关于冯玉祥险恶计划的反复警告，这似乎是致命的。倒不是因为他相信冯玉祥的诚实和善意，恰恰相反，我从他嘴里得知，他认为冯玉祥是一个善于变节的人。但是，直到有了确凿的证据，他才相信，可鄙的冯玉祥会敢对他这个满洲凯旋大将军下手。

皇帝的朋友们并不像大元帅那样乐观，我发现他们对前景越来越焦虑。我们多次讨论这样一个问题：既然皇帝不再是囚犯，他是否应该抓住这个随时可能失去的机会，离开他父亲的住所，去使馆区避难。然而，每次讨论的结果都是亲王、帝师和内务府官员一致同意，鉴于段祺瑞和张作霖为皇帝所做的事，皇帝去使馆区会遭到他们的强烈反对。因为这意味着，皇帝不相信他们的政权稳定，也不相信他们的善意善待。

11月28日，郑孝胥和陈宝琛来我家咨询。他们异常震惊于他们从自认为可靠消息来源获取的消息。他们告诉我，他们已经把自己的担心告诉了皇帝，皇帝指示他们考虑为他找一个新的住处，尽可能靠近使馆区。此时，外国报纸已经听到了预计北京将发生新一轮政变的谣言，尽管中国媒体——并非无视这些谣言——对此只字未提。我指出，貌似外国公使依然幸运地忽略了迫在眉睫的麻烦，但这并没有让他们打消疑虑。我们最终达成一致，必须面对得罪执政长官和大元帅的风险，第二天早上见面时，我们可能有必要把皇帝转移到一个比他父亲的住所更安全的地方。我们看到的地方是苏州胡同里的一所大空房子，在崇内大街附近，靠近使馆区的东入口。内务府已经开始谈判，要租下这所房子，用作自己部门的办公室。

第二天上午，也就是11月29日，当我到达北府时，郑孝胥还没有到，陈宝琛正焦急地等着我，他告诉我，据他得到的最新消息，冯玉祥增援了城里的部队，并且突然召集了几位高级将领到他西山的庙里开会。他随时都可能派一个自己人的武装卫队回到北府，段祺瑞和张作霖已经迫使他撤走了。那样的话，皇帝逃跑的最后希望也就消失了。即使现在也可能为时已晚，因为冯玉祥的军队遍布全城。我同意他的意见，不能再拖延了，必须马上行动。

陈宝琛建议，先告诉王爷（醇亲王）我们打算做什么。我强烈反对这个建议，因为醇亲王害怕皇帝逃跑会给他带来不良后果，可能会拒绝放他走。陈宝琛承认我的话是对的，于是让步了。

然后我们去了皇帝的房间，告诉他时局很危险，我们决定，他应该立刻去使馆区，寻求外交公使的庇护。他立即回答说，他在我们手里，我们认为怎么做最好，他就会照做。

我强调过，不能把我们的计划告诉北府的任何人，连皇后和他父亲都不能说。皇后可以稍后再来。如果她跟着我们，她在车里肯定会引起注意，我们可能会被拦下。他听从了我们的建议。

为了不使人怀疑我们的意图，皇帝没有做任何准备，也没有收拾东西，只递给我一捆珍珠和其他珠宝，我把它们塞进我皮大衣的隐蔽处。我们到前院准备出发时才给他订了车，幸好车上没有明显的标志。正当皇帝上车的时候，醇亲王的管家张文治突然从屋里出来，问我们要去哪里。陈宝琛回答说，我们只是出去兜兜风。张文治似乎既惊讶又怀疑，问他能不能陪我们一起去。没有人反对这个提议。当皇帝就座时，他请我坐在他的旁边，让我给司机做任何必要的指示——因为很幸运，他碰巧是皇帝非常忠诚的仆人之一。另一个仆人是一个年轻的满族男孩，也被命令上了车，坐在司机旁边。陈宝琛打发自己的马车回家，告诉车夫我们要去苏州胡同。然后，他在我的车里坐了下来，张文治也坐了进来。

大门开了，两辆车穿过大门来到公共道路上。一群警察驻守在大门口，他们是否会干涉我们，还有待观察。显然，他们没有接到这样做的指示，但两名全副武装的警察跳上了汽车踏板，陪同我们一起旅行。

我现在的目标是避开所有可能会遇到冯玉祥士兵的主要街道。更明智的做法是，避开那条穿过后门、经过景山和紫禁城的中央通道。在离开醇亲王府邸之前，我已经告诉司机，开车穿过城市的东段，因为我们要去视察内务府想租的苏州胡同的房子。陈宝琛已经给尚未到达的郑孝胥发了密信，告诉他我们打算把皇帝陛下带到使馆区，希望让他暂时住在那里的德国医院里。

我们的路线是曲折的，为了避开冯玉祥的两个小分队，我让司机改变了两次方向，本来应该是3英里多的车程，却变成了将近五英里的车程。但我们很幸运，一路上平安无事。天气对我们很有利，因为刮着大风，空气中弥漫着灰尘。当我们到达崇内大街，东面是苏州胡同，西面是使馆区，我突然告诉司机，不要马上去苏州胡同，而是向右转（西面），直到我们到达一家摄影店（由一个名叫哈东的德国人经营），陛下想去那里看看我跟他说过的几张照片。

"我知道这家店，"司机说，"在使馆区。""也许吧，"我回答，"一直往前走,直到抵达那里,然后停下来。"那两个武装警察什么也没说,这使我大为欣慰。

又过了两分钟,我们穿过了使馆区的东门,在那家摄影店前停了下来。我们下了车,走了进去。我们看了看,买了几张照片,就在我们这么做的时候,我犯了一个小错误,幸好现在已经没有什么大的影响了。出于习惯,我称呼皇帝为"皇上"。店里的中国人看起来很吃惊,其中一个跑到了街上。当我们离开商店时,我们发现一群中国人在等着我们;但他们只是好奇,不说话也不会惹麻烦。他们第一次凝视着他们的前皇帝。

我自己的车一路跟着我们,看到我可敬的同事陈宝琛脸上安静而满足的表情,看到他的同伴脸上困惑的表情,我觉得很有趣。

"我们为什么来这里?"张文治紧张地问道,"我们为什么不去苏州胡同?"

我没理会张文治,而是转向皇帝。我说:"迪普医生就在附近。我们去看看他吧。"应该说明一下,迪普医生,是一位著名的德国医生,在过去的一两年里,他经常被召进紫禁城。他的诊疗室在德国医院里,就在使馆区之内,离我们站立的地方只有一分钟的车程。

我们回到车上,开车去医院。然后,我们下了车,进了医院,我把名片递给了迪普医生,要求尽快与他面谈。他从房间里出来,认出了皇帝。我让他马上带我们去私人房间,因为我有重要的事要说。他带我们上楼去清空了一间病房。

我简单地告诉了他发生了什么,以及我们打算做什么。我说:"我马上要去见外交公使。我把皇帝交给你了。请务必保护好他。"

我拿出皇帝托付给我的那捆珍珠和珠宝,又递给了他。然后,我让陈宝琛留下来陪着他。张文治没有陪我们上楼。他要么惊愕,要么愤怒,要么又惊愕又愤怒,气得说不出话来,只好匆匆离去,去把早上发生的惊人事件报告给同样惊恐万状的醇亲王。

我先去了日本使馆。我之所以这样做,是因为我觉得在所有的外交公使中,日本公使最有可能(我希望)接待皇帝,而且愿意给予他有效的保护。

这时大约是下午1点光景。日本公使不在家,他出去吃午饭了。然后,我去了荷兰使馆,荷兰公使也出去了。最后,我拜访了英国使馆。罗纳德·麦克利爵士在家。我扼要地告诉他发生了什么事。我知道英国使馆的态度是强烈反对任何可能被解释为干涉中国内政的英国臣民的任何行动,我尽量不提自己在皇帝逃亡过程中所扮演的角色,只是说,按照皇帝的指示,我和他一起驱车进入了使馆区。

我接着说,我已经拜访了日本使馆,因为我的意见是,如果芳泽先生同意给予皇帝保护,这就是最好的依靠了。英国公使同意了,而且考虑周到地补充说,如果事情按计划进行,他希望我成为他在英国使馆的客人,以便我能尽可能地接近皇帝陛下。因为这两个使馆几乎是面对面的。

我回到日本使馆,但是公使还没有回来,我见到他的时候已经快下午3点了。他听了我要说的话,当我请求他向皇帝转达日本使馆要盛情款待皇帝时,他没有立即回答。他在房间里走来走去,考虑着这件事,然后把他的决定告诉了我。他愿意接待皇帝,但希望为他安排"适当的住宿",因此要求我回到德国医院等待消息。我后来发现,芳泽先生和他的妻子为皇帝准备的"适当的住宿"是他们自己的私人公寓——使馆里最好的房间。

我高高兴兴地回到德国医院,发现一名内务府人员刚到。他叫佟济煦,是该机构中为数不多的真诚效忠皇帝的成员之一,也是第一个跟随皇帝前往公使区的人。他问我皇帝在哪里,我把他带到楼上。在路上,我们遇到一位德国男护士,他问我们要去哪里。

我随口说:"去见皇帝!"

他警惕起来:"什么皇帝?这里没有皇帝。"

我说:"胡扯,我亲自把他带到这儿的!"

他看着我,似乎有点安心了。他说:"皇帝来过,但已经走了。"

我和佟济煦面无表情地看着那个人。"他去哪儿了?"我问道。

"我一点也不知道。"他立即回答。

"但是,我刚刚安排他去了日本使馆。"我困惑地叫道。

"那正是他去过的地方!"老实的护士回答。

这让我很安心,但我还是很困惑迪普医生在哪里。

"他回家了,"护士说,"他告诉我,如果有陌生人来找皇帝,我就说这里没有皇帝!"

我称赞了那个人回答我的方式,然后和佟济煦一起赶回了日本使馆。在那里，我们发现皇帝不是在公使家里，而是在竹本上校（日本使馆警卫队的司令官）的住处。郑孝胥和陈宝琛都跟他在一起，没有公使的踪迹。

这个谜团很快就被解开了。那天早晨，郑孝胥去北府的时候，似乎遇见陈宝琛的马车离开了。马车夫告诉他，他的主人已经跟皇帝和我一起乘两辆车去苏州胡同了。郑孝胥立刻坐自己的马车前往那里，但也没有看见我们。然后，他去了德国医院，在那里，他发现皇帝安然无恙，这使他大为欣慰。

不过，郑孝胥非常希望皇上能尽快住进一个使馆，因为他和竹本上校相识，竹本上校曾表示同情皇上的不幸，并强烈希望帮助皇上，他建议皇帝暂时接受竹本上校的盛情款待。皇帝同意了。就在我在公使书房里的时候，郑孝胥到竹本上校的住处进行了一次初步的拜访。竹本上校同意接见皇帝，并让郑孝胥以为他会立即将此事报告给他的公使，然而，他没有这样做。

郑孝胥随后回到医院，用自己的马车把皇帝送到日本使馆。马车夫无意中或由于不知道使馆区的确切范围，就沿着长安街，也就是说，在使馆区外跑了几十码。幸运的是，原先对我们有利的尘土飞扬的风，这时已经演变成了一场沙尘暴，有助于把马车和马车上的人隐藏起来，不让公众看见。几分钟后，马车又向南拐进了使馆区，沿着把英国、意大利和日本使馆隔开的一条小河行驶。竹本上校在日本使馆门口等着他们。他们在他的住处没待多久，我就加入了他们。只是在他们到达之后，竹本上校才与他的公使联系；我到达之后，公使芳泽先生才打开门，走了进来，迎接这位注定要在未来几个月作为他的座上宾的显赫访客（皇帝）。

不到一个小时，皇帝就在公使分配给他的舒适房间里休息了。夜幕降临前，他坐在一间同样舒适的接待室里，接受着紧张而激动的父亲、心烦意乱的满族贵族和一群喋喋不休的内务府官员的交替指责和祝贺。醇亲王对这次讨论的贡献是，向他的儿子发出了重返北府的紧急邀请——但被婉言谢绝了。

皇帝的逃亡在北京引起的轰动仅次于他被驱逐出紫禁城引起的轰动。关于此事的各种报道出现在媒体上，但由于信息不充分，而且大多是谣言，这些报道都不准确。日本公使当然遭遇了各种谩骂，尽管在12月2日北京报纸报道的一次采访中，他直截了当地、完全真实地描述了他如何成为皇帝的东道主。《京报》和《晨报》是骂人最多的报纸，我也被列为主要攻击对象。《晨报》被认为是学生运动的喉舌。

那两个踩着皇帝汽车的踏板进入了公使区的警察，他们不敢回去执行公务，因为他们担心自己要为没有在中国管辖范围内停车而承担责任。他们请求允许他们留在使馆区（请记住，那是完全在外国控制之下的），他们的请求得到了批准。他们在名义上暂时成为皇帝的侍从。警卫队没有命令皇帝不得离开北府，也没有理由对所发生的事情负责，但他们有理由担心，如果冯玉祥重新完全控制北京，他们可能会受到惩罚。因此，当皇后第二天试图与皇帝会合，准备出发时，她被礼貌地告知，她必须留在原地。

皇帝收到了皇后寄来的一封可怜的小信，他给我看了看，恳求我想办法救她。芳泽先生听说此事后立即采取行动。他派了一名公使秘书齐浦先生去北府，命令把皇后带回使馆，没有她就不能回来。不一会儿，公使秘书从北府打来电话，说皇后已经准备好了，急着要跟他一起来，但有人不允许她离开。

芳泽先生毫不犹豫地下令派车去见了执政官段祺瑞，并礼貌而又坚决地请求立即指示北府的卫兵，不要对皇后的行动有任何限制。不到一个小时，齐浦先生就带着皇后一起回到使馆。

11月30日晚，我决定第二次拜访张作霖，一方面是为了兑现我的诺言，回去报告我在使馆区应他的要求所采取行动的结果；另一方面是为了转达皇帝的口信，尽可能巧妙地解释他为什么到外国使馆避难。

我这次遇到的张作霖和几天前的张作霖完全不同。我发现自己面对的不是一个温文尔雅、富有同情心、彬彬有礼的中国绅士，而是一个傲慢、粗鲁、暴躁的满洲土匪。很难说，他的态度在多大程度上是假装出来的，但值得注意的是，这一次他不是在一间私人房间里接待我，而是在一个大厅里，大厅里有三扇开着的门，每扇门都站着一些感兴趣的听众。显然，这一次他不想隐瞒他要说的话。他没有做任何常规的开场白，就立刻猛烈地谴责我把皇帝带进了使馆区。从他说的话中，我推断北府故意把这件事的全部责任推到我身上。我试图解释几句，但显然很难在不触及张作霖自身处境不安全这一非常微妙之话题的情况下为我自己的行为辩护。在别人面前，我很难做到这一点。大元帅打断了我的话，问我，只要他张作霖还在北京，北府的皇帝会受到什么样的伤害。我几乎答不上来，这需要谨慎回答。正是因为我相信大元帅不会在北京待太久，所以我认为，有必要在他离开之前让皇帝紧急撤离。

关于我们之前的谈话，张作霖拒绝提及，也不愿听我说一句话。他突然结束了这次会见，没有说一句照例说的告别话就匆匆离开了房间。

在面谈时，张作霖是否已经意识到，他自己的处境正在变得危险，他可能不得不步皇帝的后尘，这很难说。如果他当时没有意识到这一点，那么，他在几天之内就意识到了。

12月一个寒冷的早晨，一大早，仆人走进我在英国使馆的房间（当时我是那里的客人），告诉我最新的消息。在那天早晨灰蒙蒙的晨曦中，张作霖乘专列离开了北京。首都再次处于冯玉祥的绝对军事控制之下。

在这种情况下，毫不奇怪，基督将军对张作霖策划的阴谋之细节从未被完全揭露。可能不超过六个人被委以这些细节的重任，鉴于满洲大元帅的逃脱，不久之后，冯玉祥和张作霖之间的战争导致了前者的失败，冯玉祥秘密的分享者们不太可能急于承认自己参与了一个流产的阴谋。然而，零碎的信息不时地出现在中国媒体上，至少也出现在一本由中国作家用英文写成的不那么出名的小书中。我指的是林志宏的《中国政党》。在那本书中，冯玉祥被奇怪地描述为"中华大阴谋家"。根据这本书中的叙述（证实了我自己从中国收集到的信息），西山秘密会议上决定了一场针对张作霖，也针对皇帝和其他人的政变。可以看出，冯玉祥当时住在西山的天台寺里，并假装隐居。

> 会议的第一项内容是对张作霖、段祺瑞、曹锟和前皇帝宣统（即现在的亨利·溥仪先生）的死刑宣判。李景林将军因直隶屯船事件与卢永祥发生争执，而对奉天领袖怀恨在心，他也参与了这个阴谋。
>
> 1924年12月初一个晴朗的下午，李景林突然离开北京，前往天津。经过仔细调查，得知李景林前往天津的任务是在北京处决沈阳的老元帅后，马上截断沈阳士兵的退路。张作霖和张学良父子被西山阴谋的泄露吓住了，半夜动身前往天津，只留下段祺瑞等人，事态的突变搞得他们全然不知所措。
>
> 看到张作霖和他的儿子被放跑了，"中华大阴谋家"认为，仅仅执行剩余的计划是不明智的。因此，段祺瑞、曹锟和亨利·溥仪——在当时的北京，他们要么是傀儡，要么是囚犯——免于被枪决的命运。

可以补充的是，这个被错误地描述为"亨利·溥仪"的人物，无论如何都会"免于被枪决的命运"，因为当阴谋实施时，他已经安然无恙地住进了日本使馆。

有一位勇敢真诚的追随者以文学和绘画的方式纪念了"龙飞"事件，他也是我的忠实读者，更是中国目前最杰出的大文豪——郑孝胥。

这首诗由八行诗节组成，即所谓的"七律诗"（一行七个字或音节），这是由作者对唐朝模式的完善之作。我的英文版本远远不能充分表达原作的力量和美丽。

该诗名为《11月3日随皇帝陛下前往日本使馆》。诗名下面的注释：陈宝琛和庄士敦陪同陛下到德国医院。我和郑孝胥跟着他们，随后，我们去了日本使馆。接下来就是这首诗：

十一月初三日，奉乘舆幸日本使馆。陈宝琛、庄士敦从幸德国医院，郑孝胥接踵而至，遂入日本使馆。
乘回风兮载云旗，纵横无人神鬼驰。
手持帝子出虎穴，青史茫茫无此奇！
是日何来蒙古风？天倾地坼见共工。
休嗟猛士不可得，犹有人间一秃翁。

这首诗最后两句的意思是，虽然在这场伟大的冒险中没有武装勇士可以"护驾"，但至少有一"秃翁"来保护皇帝陛下，那就是郑孝胥本人。和大多数中国古典诗歌一样，这首诗也含有典故，但不容易引起外行人的注意。文中提到了一场大风暴和一名英勇的武士，这表明诗人想到了一首著名的小诗《大风歌》，它出自公元前206年至公元前195年在位的汉高祖刘邦之笔。被称为"共工"的人物是神话中的超人，他试图用风暴和洪水摧毁世界。"秃翁"的说法可能借自《史记》的一段话。

在印刷文本中，郑孝胥的诗后面是他日记的摘录，内容如下：

壬子初三日。弢庵、叔言来。昨报载：李煜瀛见段祺瑞，争皇室事，李念言："法国路易十四，英国杀君主，事尤数见，外交干涉必无可虑。"张继出告人曰："非斩草除根，不了此事。"平民自治歌有曰："留宣统，真怪异，唯一污点尚未去。"余语弢庵曰："事急矣！"乃定德国医院之策。午后，诣北府，至鼓楼，逢弢庵之马车，曰："已往苏州胡同矣！"驰至苏州胡同，无所见，余命往德国医院。登楼，唯见上及弢庵，云庄士敦已往荷兰、英吉利使馆。余定议奉上幸日本使馆，上命余先告日人。即访竹本，告以皇帝已来。竹本白其公使芳泽，乃语余："请皇帝速来。"

于是大风暴作，黄沙蔽天，数步外不相见。

余至医院，虑汽车或不听命，议以上乘马车；又虑院前门人甚众，乃引马车至后门。一德医持钥从，一看护引上下楼，开后门，登马车，余及一僮骖乘。

德医院至日使馆有二道，约里许：一自东交民巷转北，一自长安街转南。

余叱御者曰："再赴日使馆。"御者利北道稍近，驱车过长安街。上惊叫曰："街有华警，何为出此！"然车已迅驰，余曰："咫尺即至！马车中安有皇帝？请上勿恐。"既南转至河岸，复奏上曰："此为使馆界矣！"

送入日使馆。竹本、中平迎上入兵营。弢庵亦至。方车行长安街，风沙悍怒，几不能前，昏晦中入室小憩。上曰："北府入知我至医院耳，庄士敦、张文治必复往寻，宜告之。"余复至医院，摄政王、涛贝勒皆至。因与同来日馆，廷臣奔视者数人。

上命余往告段祺瑞，命张文治往告张作霖。归作函使禹赴津。入夜风定，星斗满天，垂至日使馆，进奉果饵。日公使芳泽以所居大楼三屋，为上内寝。

随侍僮李德育，御者王永江，车右王小龙。

我们可以看到，记载中包含了对事实的正确描述，只是郑孝胥错误地认为竹本上校在同意在自己的住处接待天皇之前已经咨询过日本公使。日本使馆文武关系不如英国及其他国家使馆那样亲密友好，竹本上校是否认为自己服从于公使的权威,这是值得怀疑的。因此,他觉得自己没有义务向芳泽先生报告他与郑孝胥先生的谈话,他也没有这样做。事实上,他已经做好了充当皇帝东道主的准备,而且也不愿意被公使夺走他那位座上宾。因此,直到皇帝到达上校家,吉泽先生才得知皇帝已经进入使馆区。

我曾经说过,郑孝胥以文学和绘画的方式纪念了"龙飞"事件。在他的这幅微缩版照片中,我们可以看到紫禁城的一小部分墙壁和亭台楼阁在沙尘暴的阴影中只能隐约可见。暴风雨的另一个特征是树枝弯曲。左边近景中的古松特别值得注意。郑孝胥的松树画在当代中国画家中享有很高的声誉,这是他艺术创作的一个典型范本。在北京的大街上,什么也看不见,万物完全被飞扬的尘土所笼罩,在尘土飞扬的右上角,有一个物体隐约地闪耀着龙的光芒,仅此而已。但人们将永远记住,中国的"龙"就是天子威严的象征。

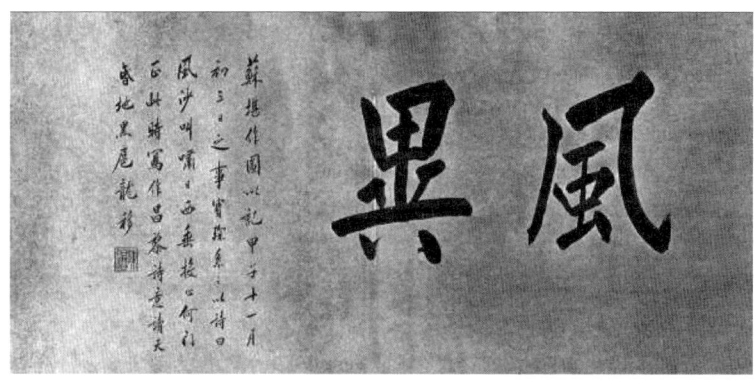

郑孝胥的书画作品

当这幅画以通常的中国方式装裱在一卷长长的丝绸上时，陈宝琛和我（作为"龙飞"事件的参与者）应邀对这幅丝绸卷的画作发表自己的书面评论，按照中国通常的惯例，这幅画留下了空白，留给批评家和艺术家兄弟们亲笔签名、加盖印章和"鉴赏"的空间。我自己的评论是用英文写的，仅仅是对上文所描述之事件的简要叙述，所以不必再重复。陈宝琛的贡献是他的这幅画以及其精致优美的书法，由两个大字组成——"风异"，意思是"一场风暴和一个奇迹"，后面是一个简短的注释和一首诗，内容如下：

郑孝胥画此画是为了纪念1924年11月20日所发生的事件，而我陈宝琛在画上写下了以下的诗句：
风沙叫啸日西垂，投止何门正此时。
写作昌黎诗意读，天昏地黑扈龙移。

应该解释一下，昌黎即唐代著名诗人韩愈（768—824）。韩愈被认为是郑孝胥最崇拜的榜样之一。他的文人朋友说，他的诗歌既受到韩愈的影响，也受到其好友诗人柳宗元（773—819）的影响，而郑孝胥则认为，韩愈的影响不仅体现在他的诗歌上，也体现在这幅画上。

这就是皇帝逃到使馆区的真实故事。对于这一事件的许多不准确的版本，没有必要提及，但我们必须抗议一位美国作家最近面对全世界所做的出格描述。

1924年10月，溥仪夫妇正在吃早饭，她的侍女跑过来哭着说，大批粗暴的中国士兵在门口喊着："杀了废帝夫妇！"皇帝和皇后从后门逃走了。他们去了英国使馆，但哨兵不让他们进去。他们穿过使馆区继续逃亡，并讨论了美国使馆会不会收留他们的问题，最后的结论是美国使馆也会拒绝他们。他们对要不要去日本使馆的问题也犹豫不决，但日本哨兵跑过去迎接他们，并关上了使馆的大门，不让追兵们进去。日本使馆的人们温柔又善良。公使的妻子还坚持说："可怜的难民帝后，衣服都被弄脏和撕破了，皇帝陛下换上公使的衣服，皇后殿下换上我衣橱里的衣服吧。"

虽然这些陈述是错误的，但如果不是因为断言英国使馆的哨兵拒绝为逃跑的皇帝和皇后提供庇护而对英国的荣誉和好客提出了非常严重的控诉，也许就没有必要提请注意这些说法了。我很高兴以同样的强调口吻反驳"他们讨论了美国使馆会不会收留他们的问题，最后的结论是美国使馆也会拒绝他们"的说法。我相信，美国使馆的官员们，他们在前几年不止一次地为被追捕的中国人提供住所和慷慨的款待，他们在政治上可能没有多少同情，但他们不会对两个被"粗暴的中国士兵"判了死刑的至尊逃亡者关上大门。

独具慧眼的读者们——无论是英国人还是美国人——都不太可能被这种说法误导。更严重的是，鉴于后来涉及中国、满洲和日本的政治事件，中国报刊和其他地方不断地对日本提出指控，说日本使馆对中国皇帝的接纳是日本"帝国主义者"的诡计所致，他们预见到皇帝陛下可能成为高级政治游戏中的一枚得力棋子。

从前面的文字可以看出，日本公使对皇帝抵达使馆区一无所知，直到我亲自通知他；他同意在日本使馆热情好客的围墙内给予保护，这源自我的诚挚恳求；日本的"帝国主义"与"龙飞"事件毫无瓜葛。

尾声　龙归

紫禁城的暮色已经变成了黑夜。随之而来的黑暗不在我的故事范围之内,也不是许多人在其他地方可以看到的新黎明之曙光。在这几页里,我们所能做的就是对这漫漫长夜所发生的事情做一个简短的总结。

从1924年11月29日到1925年2月23日,皇帝陛下一直是日本使馆的贵宾。当病入膏肓的孙中山先生到北京的时候,他还在那里。

张园,皇帝在天津的家

在那几个月里,皇帝从未离开使馆区,但他回访了一些外国外交官,他经常来我在英国使馆的住处,偶尔我们会在被排除在中国控制之外的那一小段城墙内一起漫步,那是使馆区的南部边界。从那堵墙里,他第一次看到了环绕在天坛周围的树木繁茂的公园。高大的白色大理石祭坛本身也看不见了,在幸福的日子里,他会以天子和子民父亲的身份来主持圣坛。从同一面墙上,他看到了紫禁城闪闪发光的黄色屋顶,虽然它在某种意义上可能是一个监狱,但也是他从小的家。有一天傍晚,在城墙边散步时,我看见一个孤独的黑影向我们走来。我低声告诉皇帝,当他走过时,我们要仔细观察。他就是苏联公使加拉罕。

随后,他在天津这个通商口岸的日本租界里度过了将近七年的漫长而沉闷的时光。从1925年2月一直持续到1931年11月。中国媒体和一个自称"反清联盟"的团体,谎称日本人试图引诱他去日本,在那里他们可能会利用他,作为他们帝国主义对中国图谋的政治工具,并承诺给他一座宫殿,供其居住。如果日本政府在1925年至1931年间的任何时候,向他传达一点点他在日本会受到热情欢迎的暗示,他都会很高兴地放弃他在天津单调乏味的生活,换取他在美丽的京都附近的乡村住宅,或者在看得见无与伦比的富士山的地方,过着自由宽敞的生活。他没有得到这样的暗示。恰恰相反,我告诉他,如果他出现在日本或者在日本租借的满洲关东地区,会让日本政府"非常尴尬"。

到1925年秋,冯玉祥和张作霖甚至不再是名义上的盟友了。吴佩孚和张作霖,这两位最近还处于交战状态的人组成了一个新"反冯"联盟,由资深政治家唐绍仪担任该运动的民政主席。虽然他很少参与最近的政治活动,但他几乎在所有的政治圈子里都很受尊敬,人们普遍认为他诚实能干。他对邀请的回复不置可否,说他不能承诺支持新的联盟,除非吴佩孚(他在长江流域疗伤,也在积蓄力量)保证,他不打算恢复曹锟的总统职位,也不打算召回那个因为贿赂选举而名誉扫地的议会。

唐绍仪借此机会,大胆而直言不讳地指出,流传甚广的谣言说新联盟打算宣布对皇帝采取的非法行动无效,并恢复《优待条款》所保障的特权。他并不满足于仅仅批准这项建议(由于各种原因,这项建议从未得到执行),他接着发表了一项声明,该声明在当时没有引起多大的轰动,但我们根据几年后发生的事件来阅读时,感觉它妙趣横生且意义非凡。他的这段英文声明于1925年10月底发表,下面是我引用并翻译的文字:

  关于满洲特权的恢复,唐绍仪说,满洲的征服者把满洲作为嫁妆带到中国。中国人民已经推翻了满族的统治,但满洲似乎仍然是满族人的合法遗产,应该允许前皇帝宣统恢复对那片领土的主权。

唐绍仪发表这一非凡言论后的几个月，我去了上海，与他进行了长时间的交谈，我对他当时的说法感到满意，因为他发表的报道没有歪曲他的观点。

唐绍仪在当时和后来都没有重返政坛，尽管他经常受邀从政。然而，新的联合取得了一些成功，其中最重要的是推翻了冯玉祥，冯玉祥似乎认为他的精神家园是莫斯科。1926年，他被迫从中国活跃的政治生活中退出，正是在莫斯科度过了一段时间。

这个"中华大阴谋家"此后多次出现在自己祖国的政治舞台上，但他的邪恶形象似乎注定无论走到哪里都会引起质疑，而且他现在在中国几乎没有朋友。对于那些有限的朋友来说，至少冯玉祥过去是，现在也是一位无私的英雄和爱国者。但更多的人指责他是无耻的叛徒，对朋友和敌人都虚伪和背信弃义。他头上戴上桂冠和玫瑰，身上却沾满了泥土和污垢。但也有人认为，他是一个真正的民主主义者，一个为劳苦大众而献身的工人，一个穷人和受压迫者的忠实朋友。在别人眼中，他是一个虚伪的流氓，戴着虔诚、谦逊、朴素和节俭的面具，仅仅是为了通过扮演人民的朋友和拥护者，更容易实现他自己的黑暗计划和猖狂野心。外国人对他性格的评价几乎和中国人一样褒贬不一。新教传教士们，曾经带着天生的骄傲，号称他们最杰出的皈依者是一个真诚的、无邪的基督战士，可惜，现在提到冯玉祥的名字时，热情已经消退了。

像约翰·朱尔典爵士这样的普通基督徒，由于他皈依了基督教，他的自然倾向对冯玉祥是完全友好的，可坦白地说，冯玉祥的一些言行让基督徒们感到震惊，他们向困惑的同胞道歉，说冯玉祥是"旧约"基督徒。这被视为一种解释，或许不能为他在"山上宝训"[1]中频繁出现的失误辩护。"我向基督将军致敬，中国的克伦威尔，"热心的传教士乔纳森·布朗特说，"我同意约翰·朱尔典爵士的说法，他是《旧约》的一个虔诚信徒，我热切地祈祷……在上帝的庇佑下，他可能成为中国的救世主。"

然而，在1929年，我们发现，冯玉祥被"反冯"联盟描述为反叛者，北方军邪恶的化身，"一只神秘又狡猾的狼"。他被指控犯有"十大罪行"，其中包括

---

[1] 原指《圣经·马太福音》中耶稣在山上所说的话，这里指冯玉祥的"西山阴谋"。——译者注

把外蒙古让给俄国；反抗国民政府；切断交通线路；以"妨碍我们已故领袖孙中山的葬礼"为由，毁掉了数十万年轻人的生活；用救济金和粮食来强化自己的军队；加入共和主义党派；强迫西北农民种植鸦片；掠夺人民财产，等等。"反冯"联盟宣称："这些罪行表明他是个多么邪恶的人。对于他的滔天罪行，死刑的惩罚力度都不够。"[1]

早在1920年，冯玉祥的基督教朋友们就告诉世人，"当所有的作物都被干旱摧毁的时候"，他曾呼吁附近的佛教徒和道士祈求降雨，"但求雨时，他们陷入了惊恐和绝望的混乱之中"。然后，冯玉祥自己祈祷，"很快就下了一场大雨"。然而，就在十年之后，他被陕西省的人们描述为"干旱恶魔"，因为他的出现似乎阻止了降雨。"奇怪的是，"一家英文报纸驻中国的记者说，"旱灾的结束恰好与冯玉祥在陕西的政权的终结时间相吻合……1927年他来到陕西，预示了三年的饥荒。就在他发电报辞职的那一天，我们经历了多年来最大的一场倾盆大雨。只要他剩下的部队全部撤离，干旱就会彻底结束，因为，从那以后，一直有雨水降临！"

冯玉祥的朋友们也许能从这一事实中找到些许安慰——他前往莫斯科的朝圣之旅发生在他被誉为"祈雨法师"之后和被贬为"干旱恶魔"之前。

我本人并不打算对这个陌生人的性格做出最后的评价，现在还不是时候。在我写这本书章的时候，他正在帐篷里生闷气，或者更确切地说，是在一座佛寺里生闷气，就在中国最著名的圣山泰山的山坡之上，我自己也在那里度过了许多心情愉悦，而非闷闷不乐的日子。我对大山净化和再生的力量力怀着强烈的信念，而泰山在很大程度上拥有这种伟大的能量。数千年来，它一直是一座圣山，在那些年里，它是诗人、贤哲、圣人、皇帝、士兵、僧侣、隐士、艺术家和神秘主义者的灵感源泉。冯玉祥是个军人，也许是个神秘主义者。他还可能是一个艺术家——如果他的列宁画像让他有资格冠以"艺术家"头衔的话。当他厌倦了生闷气而转向严肃的沉思时，伟大的事情就会发生。

你有一种声音，伟大的圣山！

---

[1] 这些指控的制定者不是君主立宪派，也不是皇帝的朋友。他们是反对满族和国民党的民族主义者，正因如此，1924年冯玉祥对皇帝的行动不在基督教将军的十项罪行之列。

> 要废除欺诈与痛苦的大量法典:
> 不是所有的人都能理解的古籍,
> 唯有聪明伟大善良者才可深感。

我不知道这位基督将军过去在政治、战争或实践道德方面的活动是否为他赢得了"聪明、伟大、善良"的声誉;但他可能会从泰山的高度成为一个新人。W.R.英奇博士曾告诉我们,那些爬过圣山的人总是能看到"远处的土地"。我们希望,冯玉祥至少瞥见了远方。如果他下到平原,没有比上山之前更聪明、更伟大或更善良,他就会显示出,他不配享有与圣山之灵交流的特权。在这种情况下,他不会参与废除那些"欺诈与痛苦的大量法典",而他不幸的祖国现在正为此痛苦不堪。

在使馆区居住的近三个月里,以及在天津逗留的早期岁月里,皇帝成了最下流、最不道德和最无侠义的辱骂对象。他不仅因为虚构的政治罪行和阴谋以及他所谓的"如果可能的话要推翻民国的意图"而受到谴责,而且他还受到公众的嘲笑和蔑视,他的个人品格也遭遇了无耻攻击。他还被宣布为一个邪恶的堕落者。针对他的宣传旨在影响外国人和中国人,而且在国内外都取得了相当大的成功。正是在天津的早期岁月里,一些外国记者把他称为亨利·溥仪先生(甚至简称为"溥仪先生""溥先生"),这种叫法逐渐形成,并且带有强烈的蔑视色彩,他们公然无视这样一个事实,即皇帝及其朋友们都从来没有将"亨利"和"溥仪"一起使用,而且这种混合称呼也没有遵循传统的礼节——规定前君主不应该被称为"先生",而应该被称为"前皇帝",或者被称为"皇帝"。此外,他们也不知道或忽视这样一个事实,即根据《优待条款》,大清皇帝有权保留完整的皇帝头衔(不带前缀"前"),而且这些条款从未被任何法律或宪法程序废除。[1]

---

[1] 由此可见,无论怎么称呼皇帝,都不曾停止皇帝的权利,即使他在1934年宣布成为满洲皇帝,也没有改变皇权的地位,而只是标志着一个王朝的过渡。大清皇帝的称号被废除,取而代之的是一个新的皇家头衔,意在表明一个新的王朝伊始。作为满洲的"执政",他没有正式号称皇帝,因为新满洲国还不是君主制国家。但是,在担任临时"执政"的整个期间,他总是被那些仍然忠于清朝或者否认1924年11月违宪"内阁"合法性的人们称为皇帝,至少在私下里是这样的。

反清联盟的存在，是为了持续不断地煽动反对皇室的情绪。它主张彻底废除《优待条款》的最后残余，包括1924年11月任意强加的"协议"；还提倡严厉的惩罚，甚至处决所有"君主立宪派"，包括皇帝本人。

1925年下半年，满室的敌人公布了一些信件，这些信件是在紫禁城皇帝寝宫的一个盒子里发现的。他们宣称这封信揭露了一个恢复君主制的阴谋，牵连了中国政界的几个重要人物。这些被公开发表的信件中，没有一封确实证明有任何阴谋的存在，尽管它们毫无疑问地表明，皇帝在中国各地仍有热情的朋友和同情者，这让共和派读者感到厌恶。其中一份文件是著名的改革家康有为写给我的一封长信，有人说这是最重要的文件，旨在怂恿我参与君主制的阴谋。信中包含了对皇帝陛下忠诚的信息，记录了他最近在中国中部的旅行经历，还提到了他在有影响力的地区观察到的人们对皇帝的友好和同情的态度。我把这封信交给了皇帝，请他仔细阅读，他把信件放在了他的文件中。当然，它没有任何证据表明，清朝皇帝或我本人曾参与过政治阴谋。然而，彻底镇压所有君主立宪派的联盟却高兴地抓住这封信（与其他信件一起，被复制成册，在全中国流传），作为"溥仪"的英国导师参与复辟帝制阴谋的确凿证据。

皇帝的敌人干的勾当还不止于此，他们公开宣称，我仍在从事这些邪恶的活动，并在外交界产生了有害的影响。下面是针对我的指控的一个典型例子，摘自中国《民报》，并于1925年8月11日出现在英文报刊上。

> 自从前皇帝来到天津，庄士敦先生就以他的学生之名，向欧洲帝国主义国家在中国的所有大使和领事主动示好。他竭尽全力通过提供各种让步来争取他们在复辟运动中的支持。由于他的阴谋诡计，英国事务受到了他的影响。自上海"五卅惨案"以来，庄士敦先生和英国人一起，在这场君主制阴谋中扮演了更重要的角色。

这些卑劣的谎言发表几周后，反清联盟发表了一封公开信，要求将我驱逐出中国。共青团声称，这是代表四亿中国人民提出的要求。它宣布，所有中国保皇派都将被处死；因为我的罪行是不可饶恕的，我的惩罚也应该是极端严厉的。

对我的指控是幼稚的，我本想置之不理，但我收到段祺瑞政府的私下暗示，如果我公开回复，他们会很高兴，因为这将有助于他们使"反清"煽动者的活动受到限制的努力。因此，我写了一封回信，并于8月12日刊登在《京津泰晤士报》和其他外国报纸上，以及各种知名中文期刊上。如果把我的答复全文放在这里，会显得有些过分，但是，由于最后一段提到了仍在对皇帝进行的基本攻击，可能会引来围观。

> 即使退位并隐居到天津，这位19岁的皇帝也无法摆脱敌人残酷无情的攻击。他们不满足于以武力剥夺他在最初退位协议中所享有的权利和特权，现在正试图以一切可能的手段剥夺他在去年11月政变时强加于他的修订协议中所享有的特权。还不断有人指控他，说他企图复辟君主制。例如，今天上午的中国的新闻报道说，他在天津被君主制政党的积极分子包围；他与驻天津的各个外国领事馆建立了密切的关系；他最近向某个外国势力申请保护，并承诺在恢复皇位时给予其在中国的各种宝贵特权；他与某个军事政党结盟，也是为了恢复君主制。几乎没有必要说，没有任何证据支持这些荒谬的断言。

反清联盟曾坚决要求段祺瑞政府逮捕所有保皇派犯罪嫌疑人，并以叛国罪对他们判处死刑，当段祺瑞政府拒绝采取任何行动时，该联盟表现得非常反感。1925年8月下旬，反清联盟最著名的发言人屠孝实（音译）在一份中英文备忘录中概述了该联盟的观点。

最近有传言称，段祺瑞政府打算将被没收的部分财产归还清廷，这一传言激起了反清联盟的强烈愤慨。屠孝实在备忘录中写道："政府采取这样的行动意味着什么，很难理解。如果没有其他猜测，这一行动将为'政府本身与君主复辟运动息息相关'这一信念提供充足的理由。"

1926年，为了处理"庚子赔款"的有关事宜，我有必要到回到英国做一次短暂的访问（这是我在中国居住28年以来的第二次回国）。在1927年，我又回到中国，出任英国驻威海卫特派员。在这个我曾担任多年行政官员和文官的"租界"里，我一直待到英国政府履行其长期承诺而将领土归还中国之后将近4年，在此期间我与皇帝陛下仍然保持联系，并多次拜访他。

在去威海卫之前，我在皇帝的陪伴下在天津待了几天，那是他的生日，也就是2月14日，我最后一次见到这位坚定的保皇改革家，我的名字曾经和他的名字一起，被指控犯有君主阴谋罪。皇帝生日的那天早上，康有为在其忠实弟子徐良的陪同下拜访了我，经过一番关于皇帝及其过去和未来的长谈之后，我们一起去了日租界的皇帝住处"张园"。皇帝热情地向我们打招呼，当这位老人（康有为）跪在皇帝面前时，后者从座位上站了起来，轻轻地拍了拍他的肩膀，并叫他坐下。从此，我再也没有见过康有为。他回到了上海，8月8日庆祝了自己的70岁生日。他的许多朋友和门徒都在这个场合表示了尊敬和爱戴之情。但那天，他最大的喜悦来自他的君主，后者派徐良从天津来转达了祝福并转送了礼物。几天后，他又北上，住进了他在青岛租的新房子，我们都已经商量好，夏天的时候，他要来威海卫看我。但我从青岛得到的唯一消息就是他的死讯。他在我到达威海卫接受新任务的那天早上就去世了——1927年3月31日。

在他的葬礼上，最感人的演讲之一来自他最著名的弟子梁启超，后者注定要随恩师的脚步走下去。在他的演讲中，他对中国改革的伟大先驱康有为给予了最充分的赞扬，因为他比其他人更早、更清楚地认识到，中国的选择要么是现代化的进步，要么是无望的衰落和毁灭。梁启超说："立志书写新中国历史的人，不能不把1898年的事件作为新中国历史的开篇第一章。"在这本书里，我遵循了他的提示。

我在威海卫的时候，皇帝和满族皇室陷入了一场巨大的灾难，除了那些了解中国人对祖先的崇拜，以及对祖坟具有崇敬之情的人，很难估计这场灾难的规模。

1928年7月3日至11日，皇陵（位于北京以东，也叫东陵）遭到了破坏和侵犯。

无论我们把肇事者描述为士兵还是土匪，都无关紧要。在中国国内混乱不堪的今天，他们之间往往没有多少区别。这起暴行的主要动机——如果不是唯一的动机——就是掠夺，因为中国的习俗是将大量的珠宝和其他贵重物品埋在帝王坟墓里。陵墓非常坚固，需要炸药才能炸开。令人惊讶的是，连棺材都被砸开了，尸体也被扔在了地上。中国历史上最伟大的君主之一乾隆大帝的遗体和"老佛爷"慈禧太后的尸体，都被砍成了碎片，骨头散落一地。皇帝的使者后来赶到时，看到的场面是难以形容的可怕。对此，详细的描述已经准备好，以供皇帝参考，并保存在皇室的档案中，这份文件的副本连同皇帝回复我的慰问信一起寄给了我。

有关部门专门设立了一个法庭来审判一些轻微的违法者，但他们即使受到惩罚，也只是轻微的惩罚。没有人试图逮捕包括军官在内的头目。他们逃脱了所有的惩罚，甚至被允许保留他们的赃物，其中大部分已经分散在世界各地。皇帝等待着来自中国国民政府的一句同情或遗憾的话，后者曾两次郑重承诺为帝王陵墓提供充分的保护。他的等待是徒劳的。无论是强大的国民党还是南京政府，都没有表现出悲伤或歉疚。

其他的一切都可以被原谅——侮辱、嘲笑、死亡威胁、没收财产、撕毁协议——但这种骇人听闻的野蛮行径和亵渎行为，实在不可原谅。从那时起，皇帝对中国的态度发生了变化，更确切地说，对那些对此治理不善负有责任的人的态度发生了变化。他天性宽宏大量，我从来没有听过他对最暴力的敌人发过一句怨言。但这是他永远无法忽视的东西。到那时为止，他还没有参加过他所知道的满洲正在兴起的独立运动，而他被邀请回到祖籍满洲老家的可能性，他几乎没有认真考虑过。他从未停止过希望中国会恢复神智，一切都会好起来。但现在希望破灭了。当我再次拜访他时，他的变化非常明显，在我看来，貌似他一直在和他那些愤怒祖先的灵魂交流，他们敦促他远离让自己和祖先蒙羞这片土地，把目光投向那块土地——300年前，祖先们在这里奠定了帝国的坚实基础。

其间，除了侵犯皇陵之外，中国北方还发生了其他的严重事件。国民党对北京的进攻取得了迅速的进展。张作霖当时在北京，他似乎已经完全掌握了整个北方，但他的地位只是在外表上有所保留。党内不同派别之间的分歧和激进的意见分歧，使他不可能向敌人展示强大的战线，尽管他在中国有一支备受争议的军队，他有充分的理由害怕，如果他派军队南下去迎战侵略者，他会在背后遭到致命的一击。他极不情愿，并且为自己在巩固中国本土权力的一切计划失败而感到痛苦不已，他决定带着他的军队撤回到"他的满洲王国"。他在返回奉天的路上发生了什么，全世界都知道，尽管这一切是如何发生的，或多或少仍是个谜。离首都只有几英里的地方，他乘坐的专列遭到轰炸，他自己也不幸身亡。这个曾经拥有中国现代史上最丰富、辉煌的职业生涯的大元帅，就这样终结了自己的一生。

在某些方面，人们似乎已经预料到，他的死亡将是满洲现有法律和秩序崩溃的信号；但他的死讯被小心翼翼地隐藏起来，直到采取了一切必要的预防措施，以确保他的儿子张学良的和平继承。记住，满洲当时只是一个名义上的君主制国家，对中华民国的中央政府只有一种模糊的忠诚。张作霖掌握的权力比大多数君主都要大，人们理所当然地认为，他的儿子会继承他的皇位。

　　北京未经一战就落入国民党手中。许多官员逃跑了，其中包括外交部长顾维钧博士，他的名字被列入一打人的名单，其中大部分是现在名誉扫地的安福系成员，南京政府对他们发出了逮捕令。顾博士7月20日乘英国蒸汽船离开天津，21日抵达威海卫。这已经不是他第一次为了躲避政敌的迫害而到英国租地威海威避难了，但这次他停留的时间更长了。他在英国人的保护下在那里待了5个月。12月，他去了欧洲。几个月后，当他经由加拿大回到远东时，他的名字仍然在南京政府的"黑名单"上。然而，他回到了东北，作为东北统治者张学良的贵宾和朋友，他在那里待了相当长的一段时间。当张学良决定改变其亡父的政策，承认国民党和南京政府的权威时，那个政府应该做点什么作为回报了。尽管老对手王正廷是南京政府的外交部长，但顾博士的名字已经从黑名单上除名，他被没收的财产（包括他在北京的房子）也归还给了他，不久他就重新为中国政府服务了。1932年，他被任命为国际联盟调查委员会的中国陪审员，陪同委员们访问满洲。

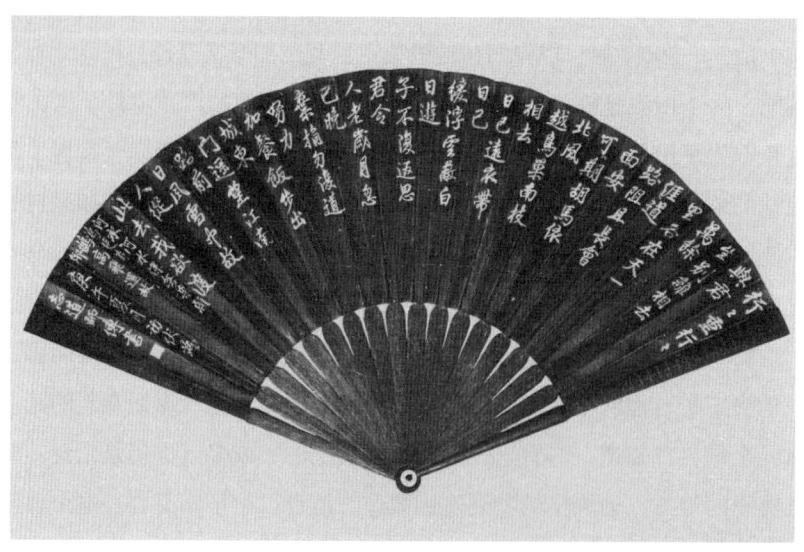

皇帝赠送给我的带有他亲笔签名的扇子，扇面上有两首中国古诗。

在结束威海卫职务的两周前,我到天津去拜见皇上,因为我即将离开中国,不知道以后还能不能再见面。我们讨论了未来的可能性,他给了我一些理由,让我相信他在天津的长期流亡生涯将很快结束……

1930年9月15日,我出发的那天早上,他很早就来到我的旅馆,一直陪伴着我,直到我要上船为止。我们一起开他的车去码头,他一直坐在我的船舱里,直到最后一刻。轮船花了将近半个小时调头,然后顺流而下。在那段时间里,他坐在码头上的汽车里,只要船还在视线范围内,他就一直待在那里。

他送给我的最后一件礼物是一把扇子,扇子上抄写了两首古诗:

> 行行重行行,与君生别离。
> 相去万余里,各在天一涯。
> 道路阻且长,会面安可知?
> 胡马依北风,越鸟巢南枝。
> 相去日已远,衣带日已缓。
> 浮云蔽白日,游子不顾反。
> 思君令人老,岁月忽已晚。
> 弃捐勿复道,努力加餐饭。

> 步出城东门,遥望江南路。
> 前日风雪中,故人从此去。
> 我欲渡河水,河水深无梁。
> 愿为双黄鹄,高飞还故乡。

1930年10月1日,我代表英国政府,将威海卫的主权归还给中国。自1898年以来,这片人口近20万、面积约为怀特岛两倍的领土,一直由一位直接对殖民地部负责的英国专员管理。它现在被交还给中国,这片领土的人民第一次进入中华民国的管辖范围,因为中国"租给"英国时还是一个君主制国家。

归还仪式结束之后,我立即回到了英国,不知道什么时候,甚至无法确定是否应该回到这个自己曾经度过30多年的国家。相当出乎意料的是,我在差不多整整一年后又回来了,部分原因是与"庚子赔款"有关的事宜,部分原因是作为参加两年一度在中国举行的太平洋会议的英国团体成员。

1931年9月18日,也就是在我出外航行的船到达日本的前几天,发生了著名的"九一八事变"。我继续前往中国,差不多一抵达上海,我就立即乘火车去天津,于10月7日到达。皇帝等着我,他的一个侍从在车站迎接我。在天津有一个很流行的谣言,说皇帝已经去了满洲。当然,我知道那是错误的消息。接下来的两天,我都有他的陪伴,我得到的信息使我能够预见不久的将来会发生什么。他亲自给我的消息被郑孝胥证实了。那天晚上,我们都是皇帝的客人,郑垂、陈宝琛、徐良也在客人之列。显而易见,谈话的主题只有一个。

10月8日,我去了北京。在那里,我遇到了张学良大元帅——无依无靠的满洲军阀。他听说了我在天津拜访皇帝的消息,显得很焦虑,想从我这里得到关于皇帝可能的行动信息。他从我身上什么都没打听到。在北京逗留期间,我接待了许多忠臣,他们无法相信我突然回到中国与满洲的惊人事件无关。他们处于一种压抑的兴奋和期待的状态。

10月15日,我回到天津,与皇帝进行了更深刻的会谈。21日,我到了上海,接下来的几天,我参加了会议。当时的中国媒体充斥着关于皇帝即将登上满洲皇位的谣言。有几家报纸提到了我对他的所谓的影响力,一些中国人找到我,希望我用自己的影响力来劝阻他离开天津。我可以补充一点,在他去了满洲之后,我才收到了类似的请求。我在一封长信中回答了其中一个问题,这封信随后发表在《国民评论》上。

11月10日,我在南京,接到一个紧急请求,要去拜访宋子文先生,他是中国财政部部长,当时也是代理外交部部长。在采访中,他给我看了一封来自北方的电报,说溥仪"有危险,需要庄士敦的帮助"。显然,中国当局希望我能回到天津,劝阻皇帝开始在东北的冒险。我告诉宋先生,皇帝知道我的行踪,可以随时直接和我联络。如果他有危险,需要我的帮助,他只要说一声,我就会去找他。但是这个消息必须来自皇帝本人。

11月13日,我回到上海,从一封私人电报中得知,皇帝已经离开天津前往满洲。

中国人竭力声称,皇帝已经被日本人绑架,并被强行带走了。这种说法在欧洲人中间广为流传，许多欧洲人相信这种说法，但这种说法完全不符合事实。最近公布的关于皇帝和皇后已经向南京的蒋介石和北京的张学良发出电报，"表示忠诚，请求庇护"，这些非同寻常的声明同样是假的。有人说，皇帝在成为满洲国王之前，曾与妻子签订自杀协议。不用说，皇帝最不可能向蒋介石和张学良寻求庇护，如果他想避免被绑架去满洲的危险，他只要登上一艘驶往上海的英国轮船就行了。他忠心耿耿的仆人郑孝胥，显然不是他的狱卒。他自愿离开天津去了满洲，忠实的随从就是郑孝胥（现任总理）及其儿子郑垂。

我不打算描述接下来发生的事情。在关东半岛和汤岗子温泉度过几个星期后，皇帝收到正式邀请，成了新政府的临时首脑。"执政"一词（与段祺瑞在1924年的职位一样）是一个含糊的词，意思是"行政长官"，学习汉语的学生很容易理解，它意味着临时的、暂时的，从来没有别的意思。从一开始，运动的最终目的就是建立君主制。

这条龙回到了自己的故乡。

他乘坐的专列一路向北，沿途在不同的地方停下来好几次，让当地官员向他们的君主致敬。他们跪在他面前，称呼他皇上。当火车经过奉天附近清朝祖先的陵墓时，发生了一个感人的事件。列车稍停片刻，好让皇帝向他的祖先致敬，不过他没有下车，算是完成了一半祭拜仪式吧。

其中一座陵墓是太宗的陵墓，他死于1643年，就在他的军队入关之后、进入北京之前。17世纪30年代，他是一个君主，完成了他的直系祖先开创的事业——让满洲完全独立。为了向世界证明，他已经否定了对中国朝廷的一切效忠，并且拒绝了对宗主国的一切要求，他采取了帝国的风格和地位，成了大清国的皇帝。在太宗即位后300多年，他的直系子孙回到了祖辈的土地，这片被他的家族一直视为"家乡"的土地，恢复了满洲皇帝的帝王风范和地位。这位前皇帝做了中国资深政治家唐绍仪于1925年宣布他有权做的事情——在被中国人民拒绝和抛弃之后，他重新获得了"合法遗产"，就是他的满洲先辈们带给"汉满联姻"的嫁妆。

很久以前，一位中国圣人教导他的同胞说："大难不死，必有后福。"意思是，从巨大的危险中幸存下来的人，他的未来幸福可期。

皇帝已经成功地经受了巨大的考验，没有人会否认这点。中国的革命充满了危险，袁世凯的狡猾野心，张勋的轻率忠诚，宫殿门口敌对军事集团的冲突，冯玉祥的冷酷无情，反满族狂热分子的残忍图谋，他自己忠实支持者的冲动，在1931年11月那个黑暗的夜晚之前和之后，针对他生活的各种阴谋和阳谋。那一夜，他逃离了那片他深爱的土地——他出生和成长的地方，而在那里，他以异乡人的身份被人蔑视、侮辱、抢劫和谴责——回到了他祖辈们生活的满洲老家。在他自己宫殿的黑暗角落里，潜伏着威胁他的道德和文化生活的危险——紫禁城的空气充满了腐朽、败坏的气息。他摆脱了一切威胁他的外部危险，居然可以安然无恙；即使在更致命的内部危险中，他也没有受到永久性的伤害。如果中国圣人的话是真的，他的未来幸福可期。但是，那些了解他性格的人确信他永远不会心满意足，除非他现在被召唤去统治的人民将会分享他的可期的未来、充足的财富、递增的幸福。